BENJAMINIANAS

FUNDAÇÃO EDITORA DA UNESP

Presidente do Conselho Curador
Herman Jacobus Cornelis Voorwald

Diretor-Presidente
José Castilho Marques Neto

Editor-Executivo
Jézio Hernani Bomfim Gutierre

Assessor Editorial
Antonio Celso Ferreira

Conselho Editorial Acadêmico
Alberto Tsuyoshi Ikeda
Célia Aparecida Ferreira Tolentino
Eda Maria Góes
Elisabeth Criscuolo Urbinati
Ildeberto Muniz de Almeida
Luiz Gonzaga Marchezan
Nilson Ghirardello
Paulo César Corrêa Borges
Sérgio Vicente Motta
Vicente Pleitez

Editores-Assistentes
Anderson Nobara
Arlete Zebber
Ligia Cosmo Cantarelli

OLGÁRIA CHAIN FÉRES MATOS

Benjaminianas
Cultura capitalista e fetichismo contemporâneo

© 2009 Editora UNESP

Direitos de publicação reservados à:
Fundação Editora da UNESP (FEU)
Praça da Sé, 108
01001-900 – São Paulo – SP
Tel.: (0xx11) 3242-7171
Fax: (0xx11) 3242-7172
www.editoraunesp.com.br
www.livrariaunesp.com.br
feu@editora.unesp.br

CIP – Brasil. Catalogação na fonte
Sindicato Nacional dos Editores de Livros, RJ

M381b

Matos, Olgária C. F. (Olgária Chain Féres), 1948-
    Benjaminianas: cultura capitalista e fetichismo contemporâneo – Olgária Chain Féres Matos. – São Paulo: Editora UNESP, 2010.
    341p.:

ISBN 978-85-7139-996-9

    1. Benjamin, Walter, 1892-1940. 2. Capitalismo – Aspectos sociais. 3. Fetichismo. I. Título.

100217.   CDD: 306.342
                                                      CDU: 316.74:330.85

Editora afiliada:

Sumário

Introdução – Benjaminianas: cultura capitalista e fetichismo contemporâneo   7

Parte I - Modernidade e Fetiche: o estado de exceção   11

1. Walter Benjamin e o zodíaco da vida   13
2. Walter Benjamin: *more geometrico* e estado de exceção   33
3. Walter Benjamin: do estado de exceção à terra sem mal   53
4. Democracia e visibilidade: princípio de realidade e estado de exceção   67

Parte II - Racionalidade científica e mercado   83

1. Cerimônias da destruição   85
2. A privatização do conhecimento: patentes e *copyrights*   105
3. O *sex-appeal* do inorgânico e a insurreição do desejo   121
4. Miragens: identidade e fetiche   131
5. Walter Benjamin: pólis grega, metrópoles modernas   143

Parte III - Modernidade e Fetiche: experiências do tempo   161

1. Mal-estar na temporalidade: o ser sem o tempo   163
2. *Aufklärung* na metrópole: Paris e a Via Láctea   195
3. Fetichismo: princípio de realidade e "moradas do sonho"   213

4 Baudelaire, um surrealismo platônico   229
5 Modernidade e angústia: cosmopolitismo e acosmismo   255
6 Fetichismo e luxo: valor de exposição e imagens de desejo   269

Referências bibliográficas   289

Introdução
Benjaminianas: cultura capitalista e fetichismo contemporâneo

Os ensaios deste livro se organizam segundo a concepção benjaminiana da modernidade que, da *Origem do drama barroco alemão* (*ODBA*) às *Passagens*, procura compreender o capitalismo atual, associando o fenômeno do fetichismo à vida política e ao estado de exceção. Procedendo a uma reformulação das concepções de Marx e de Freud, com Baudelaire e o surrealismo, acompanhamos as transformações identificadas por Benjamin no mundo moderno. O conceito benjaminiano de "*sex-appeal* do inorgânico" contém, modificando-o e ampliando-o, o fetiche em sua caracterização marxista e freudiana, pois Benjamin trata de um fetichismo inédito, marcado por sua capacidade em eliminar as barreiras que separam o orgânico do inorgânico, fazendo com que cada um possa se sentir "em casa" tanto no mundo inanimado quanto naquele de "carne e osso". De fato, citando Huxley e estabelecendo uma analogia entre o barroco e a modernidade, Benjamin (2006, p.446) anota:

> O século XV [...] é uma época em que os cadáveres, crânios e esqueletos eram ultrajosamente populares. Na pintura, na escultura, na literatura e nas representações dramáticas, a Dança Macabra estava onipresente. Para o artista do século XV, a atração pela morte, bem tratada, era uma chave segura para atingir a popularidade quanto o é, em nossa época, um bom *sex-appeal*.

O fetichismo vem a ser um fenômeno onírico que Benjamin apreende no conceito de "dialética na imobilidade" (*Dialektik im Stillstand*). Empreendimento paradoxal, uma vez que a dialética é movimento, devir e "inquietação permanente", e a imobilidade é repouso e espera – "páginas em branco às quais falta a contradição" – segundo a fórmula hegeliana –, ou o "cinzento pintado de cinzento" – o "falso movimento" das pseudorrevoluções – como o Segundo Império de Luís Napoleão em *O dezoito brumário* de Marx, como os sofismas políticos do século XX.

A dialética benjaminiana contém um movimento, mas suspenso, diferenciando-se tanto da astúcia da razão quanto da luta entre as classes e seus combates épicos pela vitória histórica. A estes, Benjamin dedica suas teses "Sobre o conceito de história", dias "carregados de história" – brilhantes, extraordinários, únicos – que pertencem a uma coletividade cuja ação é uma disputa violenta pelo poder político. Quanto aos dias comuns, cotidianos e rotineiros, são aqueles em que uma comunidade civil se cria e recria em torno do desfrute dos bens produzidos, vivendo de forma relativamente pacífica seus conflitos.

O século XIX é portador dessa dualidade, contém tanto a dimensão repetitiva dos cronômetros e relógios como a extraordinária dimensão do tempo. É estado de exceção e democracia, em uma fronteira difusa e imprecisa, de que as passagens de Paris e a metrópole são a mais completa expressão. Nelas se opõem a vida da produção e a vida do consumo, a que produz mais-valia e a improdutiva:

> essas passagens, uma recente invenção do luxo industrial, são galerias cobertas de vidro e com paredes revestidas de mármore [...] . Em ambos os lados dessas galerias, que recebem a luz do alto, alinham-se as lojas elegantes, de modo que tal passagem é uma cidade, um mundo em miniatura. (Benjamin, 2006, p.55-6)

Sociedade não apenas do consumo, mas do consumo suntuário, diz respeito à experiência de um tempo que não é o da jornada industrial, tampouco programado para a reprodução física ou intelectual da força de trabalho, mas é desejo de "perder tempo". Quanto ao prazer hedonista prometido, o mais exaltado na modernidade capitalista, é também o mais bloqueado, pois o valor econômico das coisas desejadas não apenas distorce, mas prejudica seu valor de uso; assim, a riqueza, se abundante ou excedente, inviabiliza desfrutar da mercadoria de luxo que se vê desprovida de valor de uso:

> as exposições universais idealizam o valor de troca das mercadorias. Criam um quadro no qual seu valor de uso passa para o segundo plano. Inauguram uma

fantasmagoria a que o homem se entrega para divertir-se. A indústria do entretenimento facilita-o, ao elevá-lo ao nível da mercadoria. Ele se abandona a suas manipulações ao desfrutar sua própria alienação. (Benjamin, 2006, p.44)

A circulação da riqueza na Paris do século XIX e das exposições universais é garantida pela modernidade política que é a da indistinção entre o público e o privado, de que o governo de Luís Filipe é o arquétipo:

> sob Luís Filipe o homem privado adentra o palco da história. A ampliação do sistema democrático, graças a um novo direito de voto, coincide com a corrupção parlamentar, organizada por Guizot. Sob sua proteção, a classe dominante faz história à sua imagem e semelhança. Ela estimula a construção de ferrovias para melhorar seu capital em ações. Apoia o poder de Luís Filipe como o reino do homem privado que administra seus próprios negócios. Com a revolução de julho [de 1830], a burguesia alcança os objetivos de 1789. (Marx, 2002)

Acompanhando as análises benjaminianas – que associam economia e política, fetiche e desejo – apresentamos a universalização do fenômeno do fetichismo e a indeterminação do princípio de realidade, em um momento de substituição do capitalismo de produção pelo do consumo. Assim, ao capitalismo baseado no estoque – que produzia e se acrescentava a longo prazo – segue-se o capitalismo do descartável, em uma relação inédita do dinheiro com o tempo; o longo prazo, a durabilidade são considerados "perda de dinheiro" e "perda de tempo", com a obsolescência contínua e programada de coisas e valores. No que diz respeito ao espaço público, a fusão da economia e da política dissolve o ideário iluminista da experiência de uma esfera comum e acessível a todos, espaço de autonomia com respeito às determinações diretamente materiais de sobrevivência imediata.

Ao retraçarmos as reflexões de Benjamin sobre a fusão entre economia e sociedade, os governos se destacam como representantes das razões econômicas às quais se adaptam, o que constitui um poderoso redutor do pensamento crítico. E, na ausência de um sujeito do conhecimento e de uma subjetividade autoconsciente, o "falso" vem a ser o protótipo do verdadeiro, e são as fantasmagorias que efetuam operações sobre o real e o produzem. Também a dimensão temporal, cristalizada em um presente perpétuo, abole o futuro, instaurando um estado de infantilização crescente dos indivíduos. Com efeito, o consumo alienado se realiza por "rivalidade mimética" ou "mimetismo de apropriação": deseja-se o que se supõe ser o desejo de outro, tomado como obstáculo à realização de meu desejo. Produzindo fantasmagorias e nadificando a *philia* social, o capitalismo contemporâneo produz os duplos tematizados nas reflexões benjaminianas sobre a metrópole contemporânea.

A coletânea organiza-se em torno de três eixos: 1) *Modernidade e fetiche: o estado de exceção*, cujos ensaios procuram analisar as relações entre o fetichismo e a política, de que fazem parte "Walter Benjamin e o zodíaco da vida", "Walter Benjamin: *more geometrico* e estado de exceção", "Walter Benjamin: do estado de exceção à terra sem mal", "Democracia e visibilidade: princípio de realidade e estado de exceção"; 2) *Racionalidade científica e as razões do mercado*, em que se mesclam fetichismo científico e economia agressiva, cidadania e idealizações da mercadoria, com "Cerimônias da destruição", "A privatização do conhecimento: patentes e *copyrights*", "O sex-appeal do inorgânico e a insurreição do desejo", "Miragens: identidade e fetiche", "Walter Benjamin: pólis grega, metrópoles modernas"; 3) *Modernidade e fetiche: experiências do tempo*, em torno do tédio e do consumo, do *Spleen* ao Ideal, em que se encontram: "Mal-estar na temporalidade: o ser sem o tempo", "*Aufklärung* na metrópole: Paris e a Via Láctea", "Fetichismo: princípio de realidade e 'moradas do sonho'", "Baudelaire, um surrealismo platônico", "Modernidade e angústia: cosmopolitismo e acosmismo" e "Fetichismo e luxo: valor de exposição e imagem de desejo".

Desprivatizando o tempo da mercadoria, os ensaios desta publicação podem ser lidos segundo uma "desordem produtiva", no sentido em que Benjamin se referia aos fragmentos de suas *Passagens*, um convite à *flânerie*.

Parte I
Modernidade e Fetiche:
o estado de exceção

1. Walter Benjamin e o zodíaco da vida

"Nasci sob o signo de Saturno, o planeta da revolução mais lenta, dos desvios e das demoras." Regente da melancolia, o planeta governa sua natureza dupla e contraditória, em que tudo tende a tensões sem solução. Benjamin refere-se ao astro do luto impossível, da tristeza e da criatividade, também da insanidade e do gênio. Mas, "sob a influência de Júpiter, as influências malignas se transformam em inspiração benéfica, Saturno torna-se o protetor das investigações sublimes" (cf. Benjamin, 1984).[1] Disposto o mais distante na órbita do Sol, ele preside a meditação e uma particular forma de atenção, a contemplação. Em sua *ODBA*, Benjamin volta-se para a tradição médico-filosófica de Galeno e para a concepção da melancolia como desproporção entre êxito e catástrofe, êxitos sempre transitórios e catástrofes sem remissão. A Saturno, o senhor do destino, só escapam os deuses que por isso são "os bem-aventurados". O destino, porém, não incide inapelavelmente sobre cada um, só tornando-se fatalidade se, diante de sinais, o homem não for capaz de os reconhecer e utilizá-los a seu favor. A sorte é o que libera, na trama da vida, da voragem do fado, da rede das chances infelizes. O destino só se torna fatal quando, por escolhas inoportunas, se produz infortúnio e má sorte: "O destino é má sorte e erro" (Benjamin, 1981). São as decisões do melancólico, tomadas cedo demais ou tarde demais que transformam sua vida em destino, destino anunciado pela presença de um

---

[1] Benjamin não atribui à astrologia unicamente a revelação mítica do destino, mas também um entrelaçamento mimético com a vida de cada um para, justamente, esquivar-se do destino (cf. Benjamin, 1981; 2000b, p.63-4).

anjo. Dentre eles há o *Agesilaus Santander*, o "Anjo Satã" que, saturnino, prende o melancólico à Terra, ao mais distante da luz e de Deus, à matéria opaca e fria (cf. Agamben, 2007; Larue, 2001).

Agesilaus Santander foi o projeto de autobiografia[2] escrito por Benjamin em Ibiza quando Hitler ascende ao poder em 1933, em que o destino liga-se ao nome que recebemos ao nascer. De início arbitrário, torna-se, ao longo da vida, necessário, e passa a nos pertencer, pois criamos a realidade do nome. Por isso os dois nomes secretos de Benjamin: Bendix Schönfliess; o filósofo refere-se à tradição judaica[3] segundo a qual os nomes são trazidos por um anjo e nos quais já se prenunciariam seu destino e seus amores infelizes.[4]

Em seu *Angelus Novus*, Benjamin transmite a preocupação de seus pais que, para evitar as "vicissitudes de um destino infeliz" e dissimular seu judaísmo em caso de perseguição política, deram-lhe um segundo nome.[5] No período de ascensão do nazismo, contudo, Benjamin começa a publicar seus ensaios adotando a estratégia oposta e embaralhando os nomes: em vez de tornar públicos os nomes secretos, vale-se de *Agesilaus Santander*, em lugar de Bendix Schönfliess. De veleidades "marranas", *Agesilaus Santander* dificilmente o manteria incógnito e revelava, segundo seu amigo Selz, um Benjamin *malin génie*, "obstinado em nos enganar". Assim, e paradoxalmente, Benjamin os transforma em nome secreto que os judeus dão a seus filhos no nascimento.

Em correspondência com Benjamin, Scholem indica de que maneira seu amigo associava angelical e satânico ao amor, observando que *Agesilaus*

---

2 "Angelus Novus" é também o título de uma revista que Benjamin deveria ter editado em Heildelberg em 1922, o que não se concretizou (cf. Wohlfarth, 1999).
3 Para melhor entendimento, cf. Scholem (1985), em que o autor nota que estes nomes soam críticos não por alguma tradição esotérica e religiosa, mas apenas porque não são utilizados. Scholem considera que esse nome secreto só o é porque os "judeus assimilados" simplesmente não o utilizavam, e não por pertencerem a algum saber hermético.
4 Os nomes, para Benjamin, seriam pura blasfêmia, convenção e invenção (cf. Wohlfarth, 1999).
5 Benjamin atesta o conflito de uma geração de judeus alemães que não se renderam a uma suposta assimilação, judeu e alemão constituindo os dois polos de uma condição oscilante. Para Scholem (1983, p.61), Benjamin, Freud e Kafka não confiaram na fraseologia da assimilação, não se sentindo inteiramente alemães: "São estes os mais preciosos autores que se denominam germano-judeus, e sua vida testemunha esta distância e o *pathos* decorrente [...]. Sabem que são escritores alemães, mas não alemães [...]. Ao mesmo tempo que se sabem ligados à língua alemã e a seu universo mental, não sucumbiram nunca à ilusão de aí estarem em casa. Eram, no sentido mais forte da palavra, homens do estrangeiro e sabiam disso".

Santander[6] seria o anagrama de "Anjo Satã", ao qual sugere o acréscimo da letra "i" (cf. Scholem, 1983). "I" de "Ibiza", cidade onde Benjamin encontrara Asja Lacis, marxista diretora de teatro infantil em Moscou, lituana por quem se apaixonara e a quem deveu "ter sido comunista sem ter sido marxista" (Scholem, 1983). Em 1924, Benjamin encontra-se em estado de abandono financeiro e, sem o auxílio dos pais empobrecidos,[7] afasta-se de suas origens burguesas, procurando-se nos deserdados e na revolução proletária, encontrando-a em longos diálogos "dialético-amorosos" com Asja Lacis. Anos depois, Benjamin se refere a alguém "muito especial", a pintora holandesa Annemarie Blaupot ten Cate. Em cartas de 12 e 13 de agosto de 1928, ela é o *Agesilaus Santander*, a contrapartida feminina do *Angelus Novus*, a "Angela Nova". Anjo ainda o de Baudelaire: "perdido nesse mundo desanimador, empurrado pela multidão, sou como um homem cansado cujos olhos só veem lá atrás, nos anos profundos, desenganos e amargura, e diante de si senão uma tempestade em que nada há de novo, nem ensinamento, nem dor" (Baudelaire apud Benjamin, 2000b, p.103-49). Anjos, ainda, os da Cabala e Klee, com os quais Benjamin constrói o Anjo da História, anjo fatalizado pelo progresso (cf. Benjamin, 1994; Gagnebin, 2005). Com seu *Angelus Novus*,[8] que é também um *Angelus Satanás*, Benjamin sugere que um anjo, na vida de cada um, ameaça permanentemente transformar-se em demônio, em particular sob os efeitos de uma paixão.

Em cartas trocadas com a artista ten Cate, Benjamin dá a conhecer um clima passional, mas somente por parte do filósofo. No rascunho de uma correspondência não remetida, Benjamin anota: "Em seus braços o próprio destino se imobiliza e não tem poder sobre mim. Não pode me surpreender, nem com o terror nem com a felicidade".[9] Na sequência de sua vida, acres-

---

6 O Anjo Demoníaco esconde ou anuncia o Anjo Novo. *Angelus Novus* evoca também *Angelus Silesius*, místico cristão, médico e poeta, nascido na Polônia em 1624.

7 Benjamin não demonstra muito afeto por seus pais, *marchands* de antiguidades, de quem dependia financeiramente. Procurou convencê-los, sem sucesso, de lhe deixarem como herança um pequeno capital que lhe permitiria "ter uma participação em uma livraria de livros usados". A família conseguira bem-estar econômico, malgrado "a hostilidade e o desprezo das classes de origem feudal e do ressentimento antissemita das classes médias. [Benjamin] busca sua salvação ao lado da 'assimilação vermelha' [...], mas reconhece a ambiguidade de suas posições" (cf. Bouganim, 2007, p.37).

8 A melancolia alada de Dürer é detalhadamente estudada por Benjamin em sua *ODBA*.

9 Benjamin (1972-1989, v.IV, p.279).

centa-se ainda o nome de Jula Cohn, a quem escreve: "Você sabe o quanto a amei. E mesmo agora que estou a ponto de morrer, minha vida não possui dom mais precioso senão o que lhe conferiram os instantes em que sofri por você" (Scholem, 1985, p.210). No Anjo Satânico, Benjamin reúne traços de Asja Lacis, Jula Cohn e Annemarie ten Cate, escrevendo: "Tive três mulheres bem diferentes em minha vida e tenho em mim três homens. Escrever a história de minha vida significa apresentar a construção e a ruína deles e o compromisso entre eles. Poder-se-ia dizer: um triunvirato". Amores impossíveis teriam desenvolvido no filósofo a virtude da espera: "Quando este homem se encontra, de repente, com uma mulher que o enfeitiça, ele sem dúvida decide, no caminho de sua vida, ficar atento e esperar até que ela – doente, envelhecida e de vestido surrado – lhe caia nos braços".[10] O amor sob o signo da espera relaciona-se ao "demônio do meio-dia", a luz negra da melancolia,[11] mas também ao amor cortês da Idade Média provençal, a mais pungente das manifestações de alumbramento.[12] "O amor cortês, amando à distância e sem esperança, é, de algum modo, a preparação para o fracasso" (Lacan, 1988). Em carta a Carla Seligson, de 5 de junho de 1913, Benjamin (2010, p.36-49) citava Ibsen: "A felicidade nasce de uma perda, só permanece eternamente o que foi perdido". Dora, com quem fora casado, diria sobre Benjamin a Scholem, que "sua espiritualidade se opunha a seu Eros" (cf. Chaves, 1999).

Na contramão do preconceito antibiográfico da filosofia, Benjamin é quem realizou a mais autobiográfica das obras, cuja autobiografia possui o mesmo sentido por ele atribuído à *Recherche* de Proust, esse misterioso entrelaçamento da arte com a asma, essa "íntima simbiose entre a criatividade particular e esta enfermidade particular que tão somente uma estilística fisiológica poderia desentranhar" (Benjamin, 1994). Além do estilo, Benjamin diverge do cânone oficial na universidade alemã – o do filósofo profissional e da escrita técnica – preferindo aproximar-se da filosofia por via indireta, estudando a cultura do passado, sem ser antropólogo, a história da literatura sem ser seu historiador e, na maior parte das vezes, re-

---

10 Op. cit., v.VI, p.522.
11 Kristeva, 1987.
12 A expressão "Iluminação profana" é cunhada por Benjamin no ensaio "O Surrealismo: último instantâneo da inteligência europeia" (Benjamin, 2010, p.21-35).

cusando a filologia, o método de pesquisa tradicional na academia alemã. Não lhe convinha o espírito de síntese ou de sistema e, não o desejando para si, lia os filósofos sem estudar longamente suas escolas. Filosofava "de passagem", nada tendo contra os metafísicos que, para ele, eram "os verdadeiros trovadores de uma razão esquiva".[13] Nem filósofo nem teólogo, tampouco tradutor profissional ou linguista, historiador ou poeta, colecionava livros, cartões-postais, borboletas, selos, brinquedos, citações.[14] Trazia sempre consigo três cadernetas de notas, uma delas em letras minúsculas com endereços e observações do cotidiano, outra com listas dos livros lidos e, por último, uma de citações que lhe poderiam ser úteis. Benjamin se autodenominava "pesquisador itinerante". Além de dissidente, Benjamin era um "diletante", o que os mestres das academias identificavam em suas pesquisas, sua linguagem alegórica, excêntrica e "amaneirada". Como anota Brecht em seu diário, quando da estada de Benjamin em Svendborg, Dinamarca: "Benjamin, ei-lo aqui, trabalha em um ensaio sobre Baudelaire [...]. Curiosamente o *spleen* permite a Benjamin escrever. Ele parte de algo que denomina aura [...]. Ela estaria a ponto de desaparecer, bem como os cultos [...]. Atitude mística e ao mesmo tempo, antimística. Eis como se faz a adaptação do materialismo histórico! É assustador!" (25 de julho de 1938).[15] Seu materialismo inclui a aura, aquele halo espectral que tem algo

---

13 Cf. carta a B. Brentano, 22 de abril de 1939.
14 Esta multiplicação de temas e áreas de interesse não se separa da questão da autobiografia, abrangendo a concepção benjaminiana da nomeação e dos nomes próprios. Quando Benjamin se refere a si mesmo como sendo "três" em seus amores, este desdobramento da personalidade se exprime como vários autores no mesmo. Benjamin opera com a possibilidade de outras identidades, o que não exclui uma ruptura no "ser próprio" em que o prazer de mudar de personalidade se associa à catástrofe da identidade, a um sofrimento assim dissimulado. Para além da condição de "ser um outro", confirma-se a trama de um destino que se separa daquele que o traçou. Em seus diversos escritos sobre diferentes questões, Benjamin constrói para si diversos destinos, cada *persona* traçando para si uma memória quase que autônoma, com uma difícil unidade do Eu. Comparado à radicalidade da heteronímia de Fernando Pessoa e à autarquia e alteridade de cada uma de suas identidades, a de Benjamin poderia ser dita "semi-heteronímia", pois as identidades não se separam inteiramente de seu autor. O que há, em Benjamin, é, sobretudo, a crítica da ideia de consciência como Una e a assunção de um pensamento disjuntivo e sem sínteses, como o atestam o pensamento por "imagens dialéticas", "alegorias", o "tratado medieval", o "mosaico", as "constelações". Aqui conceitos e nomes não têm nada a esconder, mas "tudo a mostrar" (cf. Bolle, 2000; sobre a heteronímia, cf. Moisés, 2002).
15 Respeitou-se a grafia do autor que utiliza letras minúsculas.

do espiritismo e dos *revenants* e que nas obras de arte, na mulher amada, nos objetos de coleção, nos vencidos e em acontecimentos únicos da história envolvem a reverência do culto, sacralizando o profano.

Diversamente da historiografia positivista que consagra os vencedores, os vencidos da história previnem a adesão ao progresso, aos dominantes, como também de ser conselheiro ou parasita em uma corte barroca. Pessimista, o barroco luterano não espera nenhuma iluminação divina, como também não deseja mudar o mundo, cercando-se de fragmentos e ruínas, restos com as quais bricola o mundo em meio à vertigem de suas vaidades e desvarios. Suas personagens encontram-se à deriva no palco e se encaminham para a catástrofe, que só pode ser suspensa pelo decreto principesco do estado de exceção. A história é um *Trauerspiel*, um drama que não pretende distrair nem consolar, no qual não se distingue o essencial do acessório; os motins e transtornos políticos nada têm de escatológico, apenas representam a queda em um universo sem saída. Tanto a salvação pela obra ou pela graça são inúteis e não garantem nada. Neste mundo não existem soluções definitivas, e o *Trauerspiel* está repleto de fantasmas. Diferente da tragédia antiga, inteiramente separada do mundo das coisas, no *Trauerspiel* estas dominam os homens, de maneira angustiante: "[O *Trauerspiel*] evoca o pesadelo que os objetos materiais fazem pesar sobre a ação. Para a forma terminada do drama da fatalidade, não se pode abstrair o acessório. Mas a seu lado há os sonhos, as aparições de espectros, o pavor cercando o fim das personagens" (Benjamin, 1984, p.143). O monarca absoluto é pura vontade de poder, é exercício do poder pelo poder, por isso não tem ilusões sobre a evolução do mundo, menos ainda sobre a moralidade, deixando-se tentar pela ditadura. Quanto aos conspiradores, são tão somente rebeldes plebeus, sem fé nem lei, mais frondistas que revolucionários, movidos mais pela licenciosidade do que pelo generoso desejo de emancipação. Este materialismo heterodoxo ironizado por Brecht, Benjamin o reencontra em Baudelaire, poeta maldito e reencarnação de Hamlet, que assume sua marginalidade conferindo-lhe uma poética, a da blasfêmia. Sua rebelião é anticonformista, antissocial e radical, réplica dolorosa e heroica da lei do mercado capitalista, cristalizador da complexidade das relações entre os homens, perversor de seu universo simbólico; não respondendo a necessidades, mas suscitando-as indefinidamente, impõe-se cada vez mais ao consumidor.

Às noções de burguesia e proletariado, praticamente ausentes de suas reflexões, Benjamin prefere os excluídos. Confinados em cubículos, os deserdados das grandes cidades nada podem fazer senão dar vazão à ociosidade, aos sonhos e ao jogo, ilustrando, à sua revelia, a sociedade sem classes, o mundo do sonho, do jogo e da poesia. Embora reconhecendo a maldição sem fim da cadeia de montagem em que se encontra enredado o operário, a revolução não será, para Benjamin, obra exclusiva do proletariado. Seu marxismo é mais sensível às repetições da moda e ao fascínio que ela exerce do que às promessas revolucionárias de que o proletário é o porta-voz: "o eterno [...] é muito mais um drapeado em um vestido que uma ideia" (Benjamin, 2006, p.505). A dialética, exigida por Horkheimer e Adorno quando avaliadores de Benjamin, faltante em "Paris, capital do século XIX", não era, para Benjamin, a não ser uma forma de sofisma, oscilando entre o pró e o contra, não dizendo nada, mais perturbando o espírito do que lhe servindo de alguma coisa. "Esquemático, simplista", concluía Adorno, o ensaio de Benjamin permanecia no plano da "superestrutura", sem as mediações materialistas. Sua dialética era mais encantatória que operatória, simples protesto contra a tendência da filosofia em reificar seus objetos de meditação.

É que as "imagens dialéticas" de Benjamin se alimentam do surrealismo e da teologia, de Fourier e de Baudelaire, a quem se dedica pela preocupação messiânica de salvar os excluídos: "Faço ascender aos céus meu Baudelaire cristão, carregado por anjos puramente judeus".[16] Sobre sua aura, Benjamin anota em *Parque central* (2000b, p.151-81): "O personagem Baudelaire entra de maneira decisiva na composição de sua glória. Sua imagem foi, para a massa de seus leitores pequeno-burgueses, uma imagem d'Épinal, a carreira de um debochado ilustrado".[17] Maldito, tinha horror de ser "útil à sociedade". Esse diabolismo revela um duplo rosto, o de Baudelaire e o de Benjamin. Sobre Baudelaire, Benjamin declara: "como não possuísse convicção pessoal, adotava diversas figuras possíveis. O *flâneur*, o apache, o dândi, o trapeiro foram seus diferentes papéis, pois o herói moderno não é apenas um herói, ele representa o papel de herói cujo heroísmo se revela como um dra-

---

16 Carta de Benjamin a Adorno, 6 de agosto de 1939. Trata-se dos anjos do Talmud que, na tradição, eram criados para cantar a glória de Deus para logo desaparecerem no nada (cf. Gagnebin, 1997).
17 As "imagens de Épinal" eram espécies de santinhos fabricados na cidade de Épinal.

ma (*Trauerspiel*); é um papel representado pelo herói e que lhe é exterior, devendo ser-lhe atribuído" (Benjamin, 2000b). Esses disfarces constituem o satanismo e o método das antíteses, o herói ora é carrasco, ora vítima, porque Satã é o senhor do Mal e o grande vencido. Baudelaire, duplo de Benjamin, é o duplo de si mesmo, em cujo pensamento se encontram marxismo e teologia, como nas teses sobre a História; positivismo e misticismo, segundo Adorno, nos ensaios "Paris, capital do século XIX" e "Alguns temas baudelairianos"; judaísmo místico, em "Sobre a linguagem em geral e a linguagem humana"; utopia romântica em "O narrador"; neomarxismo crítico nas *Passagens* e nas teses "Sobre o conceito de História"; expressionismo e surrealismo na *ODBA* e nas *Passagens*. Dividido ainda entre matriarcado e prostituição, como em seu ensaio sobre Bachofen; entre Lesbos e Atenas, Sócrates e Safo, no fragmento de 1916, "Sócrates"; tratando da linguagem edênica e da linguagem decaída em "Sobre a linguagem em geral e a linguagem humana"; otimista e pessimista em "O caráter destrutivo". Benjamin duplica também fato histórico e ficção. Na *ODBA*, confrontam-se Guerra dos Trinta Anos e Dürer, Hamlet e ditadura; nas *Passagens*, Eugène Sue e Balzac, Flaubert e Proust. Que se pense também na primeira tese de "Sobre o conceito de História" e nos vários disfarces do materialismo histórico: fantoche turco e anão corcunda.[18] Benjamin, um *Grenzgänger* no limiar de dois mundos, criador de "extravagâncias filosóficas" na vida e no pensamento, empreende diversas formas de leitura: livro, *flânerie*, haxixe, borra de café, linhas da mão, grafologia, estrelas, pois "apenas na embriaguez, no êxtase ou em outra experiência de fronteira, nas quais se pode libertar de limitações empíricas, dão-se as condições da verdadeira percepção" (Van Reijen; Van Doorn, 2001, p.37). Nesse sentido, Benjamin se refere à "embriaguez" autêntica do jogador que vive a fantasmagoria do tempo, tudo apostando em

---

18 "É conhecida a lenda do autômato capaz de responder, em uma partida de xadrez, a cada jogada de seu parceiro e se assegurar do sucesso da partida. Uma boneca vestida de turca, narguilê na boca, está sentada diante do tabuleiro. Um sistema de espelhos cria a ilusão de que o olhar pode atravessar a mesa de ponta a ponta. Na verdade, um anão corcunda, mestre na arte do xadrez, escondeu-se aí e que, por fios, dirige a mão da boneca. Pode-se representar, em filosofia, uma réplica deste aparelho. A boneca que se chama 'materialismo histórico' ganhará sempre. Ela pode espertamente desafiar quem quer que seja se ela tomar a seu serviço a teologia, hoje, sabe-se, pequena e feia e que, além do mais, não pode mais mostrar-se" (Benjamin, 2010, p.222-32).

um único gesto, convencendo-se da trama lúdica da existência, podendo sempre recomeçar, no próximo lance, do zero. O que está em jogo é o destino, a aposta de uma outra vida em vez da atual. Em "Breves sombras", Benjamin escreve: "o que ainda hoje faz viver cartomantes, quiromantes e astrólogos [é que] eles sabem nos colocar nessas pausas silenciosas do destino [...] em que um outro destino poderia nos ter sido reservado". Pelo jogo, o homem confronta-se a "circunstâncias divinatórias" e ao acaso, em que os instantes do tempo se sucedem com rapidez, fazendo surgir ao jogador constelações inteiramente inéditas: "Seriam os baralhos das cartomantes anteriores àqueles com os quais se joga? Representaria o jogo de cartas uma deterioração da técnica divinatória? Afinal, saber o futuro é decisivo também no jogo de cartas" (Benjamin, 2006, p.554). Na adivinhação, mais que o frenesi do ganho, atrai o corpo a corpo com o destino.

Assim também o corcundinha dos versos da canção infantil – o *bucklich Männlein* –, que acompanha a vida e a obra do filósofo em seus infortúnios e faz dele um "deslocado". Esse "anão maligno" apareceu "em torno de 1900", na expressão que a mãe repetia à criança todas as vezes em que Benjamin quebrava alguma coisa, a esquecia ou perdia: "Bom dia, senhor Desjeito", saudação de que nunca pôde se desvencilhar: "Ele andava sempre à minha frente em toda parte. Solícito, colocava-se em meu caminho. Fora isso, nada me fazia, esse procurador cinzento, senão recolher [...] qualquer coisa que eu esquecesse. 'Quanto a meu quartinho vou/meu mingauzinho provar/Lá descubro o corcundinha/que metade quer tomar'. Assim encontrava frequentemente o homenzinho. Só que nunca o vi. Só ele me via. E tanto mais nitidamente quanto menos eu me via a mim mesmo".[19] *Alter ego* do filósofo, o corcundinha, quando aparecia, deixava Benjamin "a ver navios" (*Nachsehen*): "as coisas [iam diminuindo de tamanho], até que em um ano seu jardim se transformasse em um jardinzinho, o quarto em um quartinho, o banco em um banquinho. Eles encolhiam, e era como se crescesse neles uma corcova que os incorporava por longo tempo ao mundo do corcundinha". Esse *Nachsehen* manifesta aquele instante da decisão depois do qual tudo está perdido; as coisas são feitas inoportunamente, quando as causas não são apreensíveis ou seu reconhecimento chega

---

19 Cf. Benjamin (2000a, p.71-142).

tarde demais.[20] O corcundinha representa a ocasião perdida, o fracasso,[21] pois falta à criança "presença de espírito", a atenção vigilante para as exigências do mundo adulto. Em um jogo de espaço e tempo, as catástrofes que resultam do *Nachsehen* e do *après-coup* reportam-se a perdas espaciais e temporais, no sentido em que, ao passar do tempo, as coisas parecem encolher – o que não significa que desapareçam: "há, antes, um desvanecimento a partir do presente, e as coisas tornam-se pequenas, deformadas, corcundas, mas, ao mesmo tempo, imagens que podem manifestar-se novamente na recordação e mostrar mais claramente seu enigma" (Ferraz, 2003, p.51).

O enigma, no interior do qual a criança torna-se adulta, não provê uma passagem em continuidade da infância à idade adulta, ou do passado ao presente, mas desastres sem reparação. De onde Benjamin construiu sua *ODBA* reavendo a força epistêmica da alegoria, pois esta é sempre a alegoria do não--compreendido e do esquecido, emblema de acontecimentos encobertos por um recalque histórico, o reprimido que retorna em espectros e assombrações. O século XVII, como o século XX, é feito de fantasmas, conspirações e morte. Que se pense em Hamlet e na aparição do espírito de seu pai, na Melancolia I de Dürer, abandonada nas ruínas de uma construção inacabada e no soberano barroco violento e dilacerado por contradições insuperáveis na *ODBA*.

Apresentada como tese de livre-docência na Goethe-Universität de Frankfurt, a *ODBA* foi sumariamente recusada como incompreensível, her-

---

20 Mas este sinal de infortúnio pode se tornar signo favorável, como na primeira tese "Sobre o conceito de História", em que o anão corcunda, figura da deformação – como os insetos e animais em Kafka –, favorece a vitória do materialismo histórico. Ideia recorrente em Benjamin, a do "momento oportuno": "quem interroga videntes sobre o futuro dá sem o querer uma indicação íntima do que vai acontecer, mil vezes mais precisa do que lhe é dado ouvir lá. [...] Presságios, pressentimentos, sinais atravessam dia e noite nosso organismo como choques de ondas. Interpretá-los ou utilizá-los, eis a questão. [...] Apenas quando deixamos escapar [a profecia] ela se decifra. Nós a lemos. Mas agora é tarde demais. Então, quando inopinadamente [...] de um céu sereno vem uma notícia de morte, num primeiro momento o terror mudo, um sentimento de culpa, a informe censura: você não o sabia? Na última vez que você falou do morto, o som não possuía já em sua boca uma sonoridade diferente? [...] E se um objeto que você amava se perdeu não havia já horas e dias antes um halo de derrisão e de luto que o traía? Como raios ultravioletas a lembrança revela a cada um no livro da vida uma escrita que, invisível, na condição de profecia, glosava o texto".

21 Essa personagem comparece também na primeira tese "Sobre o conceito de História".

mética e sem rigor acadêmico. Situação tão mais decepcionante quando seu primeiro trabalho, de 1919, sobre "O conceito de crítica de arte no romantismo alemão", na Universidade de Berna, Suíça, obtivera a menção *summa cum laude*. Considerada uma obra-prima, o estudo se desenvolveu entre germanística e filosofia da arte. De alguma forma o doutorado reaparece no trabalho de livre-docência, na análise dos dramas barrocos em sua forma estética e sua expressão linguística. Esses dramas, rejeitados pela academia alemã, não eram aceitos, na época da redação da tese, como objeto nobre de pesquisa. Contrariando os cânones universitários que os consideravam um gênero subalterno praticado por autores menores e pouco encenados, Benjamin se perguntava o porquê da quase inexistência de estudos sobre eles. Subestimados e desvalorizados, eles o são, para Benjamin, quando se esperava deles a mesma estrutura das tragédias clássicas. De fato, Benjamin jamais poderia escrever, como La Bruyère o fez sobre os clássicos do século XVII francês, Corneille e Racine: "parece que um imita Sófocles, outro Eurípides". Na *ODBA* não se trata de *eleos* e *phobos*, piedade e temor, culpa e expiação, mas de uma queda sem redenção. Dramas melancólicos para uma época enlutada, a Guerra dos Trinta Anos deixa pestes, sofrimento e morte em um mundo privado de transcendência divina.

Mas os dramas barrocos ampliam também o que Benjamin procurava em sua primeira tese sobre o romantismo. A livre-docência sobre o barroco refletia, filológica e filosoficamente, sobre a ausência de referências em um mundo sem Deus, buscando seus corolários no "espírito" alemão – o sentimento do "estrangeiro", do "deslocado", sua condição de judeu-alemão. Grande promessa universitária, o fracasso da *ODBA* não poderia ser mais clamoroso, pois determinou as errâncias posteriores do filósofo, inviabilizando uma vida de professor universitário, muito embora a Scholem Benjamin dissesse que, se aprovado com a tese e contratado pela universidade, sua primeira medida teria sido "pedir afastamento".

A universidade alemã com seus "mandarins" e sua estrutura de poder não era seu lugar natural. A rigor, seu lugar não era um, nem como intelectual nem como alemão; pois se coube a um judeu salvar do esquecimento o *Trauerspiel*, esta reabilitação do barroco em meio a um suposto classicismo, dificilmente lhe garantiria a *Habilitation*. Benjamin, em seus anos de juventude, gostava de se representar, em conversações com Scholem, como um certo Dr. Nebbich da "Universidade 'virtual' de Muri", onde imaginava as disciplinas mais esdrúxulas: *"Kostproben: De Leibniz a Bahlsen* [Aperitivos: de Leibnbiz a Bahlsen]; *Theodor Fontane. Wanderungen durch Mark und Bein* [Theodor Fontane. Caminhadas até a medula das pernas]; *Im medizinischen Seminar: Übungen im Liquidieren* [Nos seminários de Medicina: exercícios de queima total de estoque]". Esta contrauniversidade dá a conhecer sua amargura com respeito à universidade que não aprovara seu trabalho, trabalho que Benjamim comparava à "Bela Adormecida", ligeiramente disfarçada com a toga burlescamente acadêmica e que ele se atrevera a tecer com uma "antiquada roca". Na introdução de seu manuscrito, esta formulação fora resposta a um artigo publicado em 1912 por um certo Sombart, que aconselhava aos judeus a renúncia voluntária de seus postos públicos, apesar de garantidos pelo direito constitucional. Weber, em seu ensaio " A ciência como vocação", de 1919, dava como fato consumado que os judeus deveriam abandonar toda esperança de encontrar vagas nas universidades alemãs, razão pela qual, quando Benjamin apresenta sua tese sobre o *Trauerspiel*, esta iniciativa não passou, como notou o filósofo, de um "experimento sociológico", expressão com que designaria, mais tarde, a candidatura de Baudelaire à Academia Francesa. De resto, o "intelecto (*Geist*) não pode receber *Habilitation*", um jogo benjaminiano com Klages que opusera a "alma" (alemã) [*Seele*] ao "intelecto" (judeu) [*Geist*].[22]

---

22 Lembre-se de que a unificação tardia da Alemanha como Estado Nacional na Guerra Franco-Prussiana em 1871 determinou a construção de uma identidade nacional que opõe *Kultur* e *Zivilisation*, os valores espirituais (alemães) contra o mundo das convenções (civilização francesa). A "civilização" é reconhecida como opressora da " alma alemã". A cultura alemã é aquela que resistiu à romanização e que reavê – para além da civilização latina e neolatina – a cultura grega. A *Kultur* seria portadora dos mais altos valores alemães e a *Zivilisation* francesa promoveria uma padronização do modo de vida que estaria ameaçando a Europa. Já Kant (e mais tarde Nietzsche, de *O nascimento da tragédia*, e Thomas Mann) escrevera: "Somos cultivados no ponto mais alto pelas artes e pelas ciências. Somos ao mais alto ponto civilizados e excessivamente quando temos que realizar todo tipo de civilidades e convenções sociais. Mas antes de nos considerarmos moralizados (*moralisiert*) falta ainda muito. Pois a ideia de moralidade pertence, também ela, à cultura; mas a utilização dessa ideia só conduz a algo que se assemelha aos costumes no domínio do amor-próprio e das convenções externas, o que forma simplesmente a civilização". Face ao militarismo prussiano, o francês é pacifista, republicano, afeiçoado aos ideais de 1789. A esse "burguês francês" se oporá o "Bürger alemão", cosmopolita, livre, adversário da política. Em *Considerações de um apolítico*, Thomas Mann escreve: "a diferença entre espírito e política contém a diferença entre cultura e civilização, entre alma e sociedade, entre liberdade e direito de voto, entre arte e literatura; e a germanidade

Em 1928, quando publicada sua *ODBA*, a obra não foi resenhada, mas definiu o início de contato do filósofo com Carl Schmitt, o jurista especializado em direito público, teorizador do decisionismo e da ditadura, crítico da democracia parlamentar e das liberdades civis e políticas, consideradas mera "formalidade" (cf. Schmitt, 1991; 1993; Taubes, 1999). Em 1930, Benjamin endereça a Carl Schmitt um exemplar de seu livro, e na carta que o acompanha anota: "O senhor logo perceberá o quanto este livro lhe é devedor na apresentação da doutrina da soberania no século XVII. Permita-me dizer, além disso, que, graças a seus métodos de pesquisa em filosofia do Estado, encontrei, em suas obras posteriores, particularmente em *A ditadura*, uma confirmação de meus métodos de pesquisa em filosofia da arte". Com efeito, diferentemente dos que, como Curtius, escreviam sobre os dramaturgos alemães como críticos de literatura, Benjamin investiga a tristeza e o luto nos dramas de martírio, atribuindo às paixões um sentido epistemológico e político, dando a conhecer um mundo "anti*Erfahrung*", dominado pela afasia e pela impossibilidade de subjetivações na ausência de laços duradouros e na sequência de traumas paralisadores: "não se notou que os combatentes [da Primeira Guerra Mundial] voltavam mudos dos campos de batalha? Não mais ricos, mas empobrecidos de experiências comunicáveis?". Benjamin viveu o traumatismo da Primeira Guerra Mundial. "Guerra da técnica". Ela inaugura a República de Weimar, o assassinato de Rosa Luxemburgo, Carl Liebknecht, Leo Jochiges e o bombardeio de populações civis. Depois da guerra e nos anos 1930 tem fim a Idade de Ouro do sucesso acadêmico e pais afortunados; com a morte dos pais, Benjamin enfrenta a penúria. Benjamin, o herói "saturnino da cultura moderna", "um fracasso exemplar",[23] um *outsider*, um "maldito".

Em 1931, pouco antes do exílio, escreve em seu diário: "Estou cansado. Cansado principalmente da luta, da luta pelo dinheiro. Cansado também do

---

é a cultura, a alma, a liberdade, a arte – e não a civilização que é a sociedade, o direito de voto, a literatura". Se Thomas Mann apoia a guerra levada a termo por Guilherme II, é por reconhecer nela uma defesa do espírito alemão contra a civilização do Ocidente europeu. Esta especificidade da Alemanha no interior da Europa, opondo-se à Europa ocidental romanizada ou "civilizada" permanece na Alemanha pelo menos até a Segunda Guerra Mundial (cf. Elias, 1994).

23 Expressões sucessivas de Susan Sontag e Hans Meyer.

[...] aspecto de minha vida pessoal".[24] A partir de 1933, com o fim da República de Weimar, passa a viver em Paris, permanecendo menos de um mês no mesmo endereço, mas frequentando um santuário, a Biblioteca Nacional, onde se dedica em particular a Baudelaire, anotando em suas *Passagens* a vida errante do poeta que, em um ano, mudara mais de trinta vezes de endereço. Benjamin, como Baudelaire, que inventava a modernidade a partir de suas dificuldades materiais, criava a onirocrítica como método. Como Baudelaire escrevia a seus credores, Benjamin dirige-se ao intendente de Finanças: "Berlim, 19 de julho de 1931, Egrégio Senhor, com a presente peço-lhe conceder um novo prazo para o dia 10 de outubro de 1931 para as somas a serem pagas. O Sr. teve a gentileza de levar em consideração meu pedido do ano passado, quando o Sr. teve a oportunidade de constatar que eu não dispunha de nenhum recurso [...]. Não pude até agora tomar posse de minha herança dada a conjuntura atual, pois não detenho nenhuma soma em dinheiro. Minha situação é, neste momento, a mais difícil que se possa imaginar. Respeitosamente". Pedido recusado, essa situação constrangeu o filósofo-colecionador a desfazer-se pouco a pouco de suas coleções – de bonecas, brinquedos e livros. Cada um deles, liberado da corveia de ser útil, convertia-se em valor de puro afeto e objeto de contemplação. É dos afetos que trata em "As afinidades eletivas de Goethe", que é, para Scholem, uma narrativa autobiográfica (cf. Scholen, 1985; Wohlfarth, 1999).[25] O ensaio investigava o "teor de verdade" da obra literária, a utopia do adultério consentido e a beleza sensível, "fenomênica", da mulher amada. O estudo termina pelo mistério da esperança e da felicidade, próximo da afirmação de Stendhal em seu livro *Do amor*: "Como descrever a felicidade se ela não deixa recordações?".

Desafio teórico, a felicidade é "sobrevivência e vazio". Para cingi-la, Benjamin necessita de uma razão não discursiva, próxima à imaginação kantiana, cujo modo de conhecer consiste em "representar na intuição um objeto mes-

---

24 Cf. *Gesammelte Schriften*, op. cit., v.6, p.422-41.
25 Na autobiografia encontram-se, além da multiplicação da identidade e da heteronímia, vários autores no mesmo, havendo, pois, um Benjamin marxista revolucionário (nas teses "Sobre o conceito de História", por exemplo), um teólogo político (na *ODBA*), um romântico melancólico (em "O narrador"), um pessimista clarividente (nas *Passagens*).

mo em sua ausência". Os objetos da memória são *phantásmatas*, imagens de algo que não é mais, são imagens de nada. A memória da felicidade está destinada a reificar-se em um momento que só pode aludir ao que a felicidade passada realmente foi. Assim, a recordação legada como herança ao presente é silenciosa: "a felicidade a que podemos aspirar não concerne senão ao ar que já respiramos, aos homens com os quais poderíamos ter falado, às mulheres que poderiam ter-se entregue a nós. Dito de outro modo, a imagem da felicidade é inseparável da liberação. [...] O passado traz consigo um índice secreto que reconduz à redenção. Não é à nossa volta que plana um pouco do ar respirado pelos que já passaram? Não é a voz de nossos amigos que por vezes é um eco das vozes daqueles que nos precederam na terra assombrada? E a beleza das mulheres de outras épocas não se encontra na de nossas amigas? Existe um acordo tácito entre as gerações passadas e a nossa. Na Terra, todos fomos esperados".[26]

Se a descrição da felicidade é tão árdua, talvez não seja impossível compreendê-la. Ela exige prévia decifração de hieróglifos mudos, como os de efígies desgastadas de moedas antigas e de talismãs. Para isso, Benjamin coloca-se na senda do dândi Baudelaire que formula, de maneira concisa, ser necessário, para reaver a felicidade, "a força do amuleto demonstrada pela filosofia".[27] Benjamin toma para si a tarefa de presentificar a felicidade em sua ausência, provendo-a da demonstração filosófica ansiada por Baudelaire. Em outras palavras, a relação com o passado não pode consistir em uma "idolatria do fato puro". Como observa Michael Löwy (2005, p.35-6), felicidade e redenção encontram-se como afinidades eletivas: "Benjamin a coloca [a redenção] primeiramente na esfera do indivíduo, sua felicidade implicando a redenção de seu próprio passado, a completude (*accomplissement*) daquilo que poderia ter sido e que não foi. Segundo a variante desta tese que se encontra nas *Passagens*, esta felicidade (*Glück*) implica a reparação ao estado de abandono (*Verlassenheit*) e desolação (*Trostlosigkeit*) do passado. A redenção não é senão esta realização e esta reparação, segundo a imagem da felicidade de cada indivíduo e cada geração".

---

26 Cf. Tese n.2 de "Sobre o conceito de História". *Obras escolhidas I*, op. cit. Trad. modificada.
27 Cf. Baudelaire, "Meu coração a nu", 1995, p.524-50, LXXXII.

Benjamin reencontra essa imagem da felicidade em Proust e na memória involuntária – aquela que depende do acaso revelar-se a nós ou para sempre silenciar. A memória do tempo reencontrado advém, justamente, de sua não linearidade e de seu não encerramento no passado: o passado e o futuro, graças às reminiscências, possuem uma identidade de essência, sem nunca haver continuidade linear em seu devir. Tudo se desenvolve como se, para cada momento vivido, houvesse a possibilidade não de *uma*, mas de *duas* vidas momentâneas: uma vida agora e uma vida mais tarde. É duas vezes, em dois pontos da duração absolutamente separados, que o mesmo momento é vivido, que o mesmo sentimento é experimentado. Isto significa haver dois momentos quase idênticos que se justapõem. Esta temporalidade pode ser revirada como um par de meias (Benjamin, 2000b).

Não por acaso Benjamin, acompanhando o tempo proustiano, enuncia "escovar a história a contrapelo". Aqui, para escapar à história como veredicto do vencedor, história contínua e homogênea em seu fluir abstrato, Benjamin procura contar a história "a contrapelo", com a memória proustiana, que não é pura " vivência", imediatez sem profundidade ou extensão temporal. O tempo é, neste sentido *principium individuationis*, experiência que evoca um instante transcorrido no qual tivemos uma "mesma impressão" que a do presente, e que se apresenta como imagem: a *madeleine*, as torres de Martinville. A imagem torna presente uma coisa ausente, é seu "eco", eco de um som, de uma cor, de um aroma, ressurreição interior de uma sensação do passado. É uma "alucinação verdadeira".

Neste ponto, Benjamin reflete sobre a sensação do *déjà vu:* "já foi muitas vezes descrito o *déjà vu*. Será esta expressão verdadeiramente feliz? Não se deveria antes falar de acontecimentos que nos atingem na forma de um eco, cuja ressonância parece ter sido emitida em um momento qualquer da escuridão da vida passada? Além disso, acontece que o choque com que um instante entra em nossa consciência como algo já vivido, nos atinge, o mais das vezes, na forma de um som. É uma palavra, um rumor ou um palpitar, a que se confere o poder de nos convocar desprevenidos ao frio mausoléu do passado, de cuja abóbada o presente parece ressoar apenas como um eco. Estranho que ainda *não* se tenha buscado o sósia deste êxtase: o choque com que uma palavra nos deixa perplexos tal qual uma luva esquecida em nosso quarto. Do mesmo modo que esse achado nos faz conjecturar sobre a desconhecida que lá esteve, existem palavras ou silêncios que nos fazem pensar na estranha invisível, ou seja, no futuro que se esqueceu junto a nós" (Benjamin, 2000b, p.89). O presente é capaz tanto de nos despertar quanto de ser ele mesmo despertado e, com isso, invertem-se as relações do tempo, por sermos, simultaneamente, a infância, a maturidade e a adolescência, isto é, memória. O sinal distintivo do *déjà vu* é o de "misturar-se" aos "arcos do passado", revolucionando nossas relações com o tempo. O filósofo elabora a temporalidade no duplo registro, epistemológico e autobiográfico, em particular na crítica à temporalidade hegeliano-marxista, porque, por meio da memória, Benjamin alcança a redenção do tempo, sua reversibilidade. Compreendê-la requer uma dialética que, paradoxalmente, não é devir e inquietação, como em Hegel, mas "dialética na imobilidade" (*Dialektik im Stillstand*), "dialética em estado de repouso".

Em tempos de marxismo militante social-democrata e comunista, trostskista e stalinista, Benjamin concebe uma dialética à qual associa "imagens", Brecht e Rosa Luxemburgo, Marx e Blanqui.[28] Mundo de violência, catástrofe, ruínas e mortes, ele é o da repetição histórica, repetição que vem carregada de acídia, como na tese n.7 de "Sobre o conceito de História":[29] "a acídia", escreve Michael Löwy (2005, p.56), "é o sentimento melancólico da onipotência da fatalidade, que retira todo valor às ações humanas. Ela conduz, consequentemente, à total submissão à ordem das coisas existentes. Enquanto mediação profunda e melancólica, ela sente-se atraída pela majestade solene do cortejo dos poderosos. O melancólico, por excelência, dominado pela preguiça do coração – a acídia – é o cortesão. A traição é seu elemento [...]. Seu equivalente é o historiador conformista.

Dialética, para Benjamin, é o método do surrealismo, método da colagem e da montagem, pois os acontecimentos não constituem um *medium* de representação entre o significado e seu referente objectual. Para Benjamin, o

---

28 Interessa a Benjamin *L'Éternité par les Astres*, de Blanqui, a monotonia das mesmas e repetitivas configurações celestes das revoluções astronômicas, o mecanicismo da natureza vindo a paralisar a ação do homem na história, tanto coletiva quanto individual. Até hoje esta história é a história do vencedor e do vencido, é repetição de uma única e mesma catástrofe histórica, pela identificação clandestina com os poderosos por parte daqueles que lutam pelo poder e aspiram o mesmo lugar, como na tese n.9 de "Sobre o conceito de História".

29 "Os teólogos da Idade Média consideravam a acídia a fonte da tristeza. [...] Flaubert que a conhecia bem escreveu: 'Poucos adivinharão o quanto foi preciso estar triste para ressuscitar Cartago'." Esta tristeza provém da identificação com o passado, da empatia.

significado do objeto constitui-se no momento em que os termos extremos se tocam, o irrepresentável e sua representação, como a revolução de 1830 que marcou suas jornadas com novos Josués: "Conta-se que à noite do primeiro dia de combate, em diversos lugares de Paris e ao mesmo tempo, atirou-se nos relógios das torres. Uma testemunha ocular que deve talvez sua adivinhação à rima escreveu: quem acreditaria?/Dir-se-ia que irritados contra o dia/Novos Josués ao fim de cada via/atiravam nos quadrantes para parar o dia".[30] A contiguidade do heterogêneo – o tempo que é irrepresentável – e a imagem de uma possível representação produzem o efeito de um "alarme" que Benjamin reencontra nos retóricos barrocos que buscavam em suas alegorias, no acúmulo de estereótipos e emblemas, a promessa que o pensamento por conceito não pode cumprir, com sua maneira substancialista de doar sentido ao objeto em sua totalidade. O barroco, diferentemente, trabalha, na vida e no pensamento, com o efêmero, o acidental, o não-redimido.

Em oposição ao "terrorismo intelectual dos conceitos universais", a Dialética benjaminiana alia barroco e surrealismo, desfazendo-se do pensamento por contradição – o de Hegel, o de Marx – que, por temor de dissolver-se no caótico, prefere infamar a imagem e tratá-la como "falsa aparência". Por isso o tempo benjaminiano é um tempo estético, pois é no momento da imobilização dialética que se dá o "agora da cognoscibilidade", o momento do perigo. Mas também a epifania do passado e de seus significados que o presente torna atual, explicitando suas promessas em vez de traí-las. Aqui, história e destino são noções contraditórias, pois felicidade e beatitude conduzem para fora do destino. Diferentemente do destino, a felicidade reabre o passado.

O materialista histórico, como alegorista barroco, procura a felicidade sabendo que ela estará sempre tocada de nostalgia. Melancólica, a felicidade implica a "dor do retorno", o regresso ao universo dos sonhos e da memória, retorno ao que na história e em nossa história se dispersou, se perdeu e se esqueceu. Nas *Passagens*, Benjamin fala nas "moradas de sonho", as arcadas de Paris do século XIX, referindo-se a Péladan, mago de prestígio, frequentado por surrealistas, simbolistas e decadentistas, entre os quais Breton, reavivando a diferença entre *oneiros* – os sonhos ligados à

---

30 Cf. tese n.15 de "Sobre o conceito de História" (Benjamin, 2010, p.230).

oniromancia, às predições, visões e profecias – e *enypion* – os sonhos não oraculares, em favor do primeiro. Na *Carta às videntes,* Breton diz que sua meta não é o aprendizado que provém da experiência vivida, mas da experiência do que ainda não se viveu. "Iluminações profanas" e "acaso objetivo" constituem o "plano" programático da atitude surrealista, o contato com realidades que não a dos fenômenos no espaço e no tempo, com o que Breton se faz *flâneur*, afeito ao inesperado.[31] Disposto a recomeçar a vida todos os dias, Breton escreve algo retomado por Benjamin: "A rua, a quem eu acreditava entregar minha vida, com seus surpreendentes desvios, a rua com suas inquietações e seus olhares, era meu verdadeiro elemento: lá eu recebia, como em nenhum outro lugar, o vento do eventual". Oxímoro antirracionalista, o "acaso objetivo" estabelece uma relação mágica com a cidade, em que a deambulação do *flâneur* é recomeço da vida a cada dia, é "magia propiciatória". Por isso, Benjamin dizia ser Baudelaire um caminhante desgarrado, o sacerdote do *genius locci,* um profeta do presente que, atualizando em permanência o passado, mescla as ruínas da modernidade e a Paris da memória na urbanização de Haussman. Na "vida anterior" inscreve-se um criptograma que, enigmaticamente, contém a profecia doadora de sentido que não se deixa fixar pelo método histórico e sua objetividade. A felicidade revela sua natureza dialética, não temporal, mas imaginária, no que ela comporta de acaso: "A felicidade das próximas vinte e quatro horas está em que nós, ao acordar, saibamos como apanhá-la".[32]

Para Benjamin, o acaso de ser judeu-alemão transformou-o em estrangeiro no tempo de nacionalismos e guerra. Foi um "fracassado brilhante", "vítima exemplar" da história do século XX. No corcundinha benjaminiano, Hannah Arendt reconhece – no sentimento de exílio interno e, em seguida, externo dos judeus-alemães – um "desjeito" flagrado, em Benjamin, pelo corcundinha. Para ela, Benjamin tinha um instinto infalível para estar no lugar errado na hora errada.

Com efeito, em setembro de 1940, Benjamin encontrava-se em Port Bou, na fronteira entre França e Espanha, de onde deveria alcançar a América. Suicidou-se um dia depois da proibição de um salvo-conduto e um dia an-

---
31 Cf. Willer, 2007, Introdução.
32 Cf. "Madame Ariadne, segundo pátio à esquerda" (Benjamin, 2000a, p.63-4).

tes da reabertura da passagem. A vida de Benjamin não foi nem êxito nem fracasso exemplar, pois o filósofo-alegorista teve sua morte programada pelas circunstâncias históricas, em meio às quais escreveu a obra mais significativa de nosso tempo "quando era meia-noite no século".[33]

---

33 A expressão "meia-noite no século" é do revolucionário e intelectual Victor Serge, ex-trotskista, simpatizante do anarquismo no início do século XX. Em 1919, segue para a URSS, inscrevendo-se no PC. Militou na França onde permaneceu preso por cinco anos. Em 1936, é liberado, graças a um movimento iniciado por Trotski, então exilado no México, e demais revolucionários perseguidos por Stalin. Escritor profícuo, publicou diversas obras sobre a revolução socialista democrática, denunciou o stalinismo, foi poeta e novelista. Participou da Revolução Espanhola de 1936 a 1939. Faleceu na penúria no México em 1940.

2. Walter Benjamin: *more geometrico* e estado de exceção

O *Drama barroco alemão*, do século XVII, é um discurso do método que procede à crítica do *more geometrico* que, por meio de Descartes, Espinosa e Leibniz, constituiu um gênero de reflexão para justificar o mundo natural e humano a ser conhecido ou o direito do Sujeito do conhecimento a ser Sujeito. Semelhante aos tratados jurídicos, o método de conhecimento é um exame indiciário para encontrar a verdade. A dedução é o arquétipo dessa investigação, cuja natureza é a dominação – de objetos, na ciência, de súditos, na política – segundo "hierarquia e coerção": "a exclusividade das leis lógicas", escrevem Adorno e Horkheimer (1985, p.42), "tem origem nessa univocidade da função, em última análise no caráter coercitivo da autoconservação. Esta culmina na escolha entre a sobrevivência ou a morte, escolha essa na qual se pode perceber ainda um reflexo no princípio de que, entre duas proposições contraditórias, só uma pode ser verdadeira e só uma é falsa" (cf. Adorno; Horkheimer, 1985, p.42).[1] Assim também na história que é "rua de mão única", cujo critério de verdade é adequação dos fatos à consciência de um Sujeito, partido ou classe social, a razão na história confirmada pelos que tomam o poder porque "nadam no sentido da corrente". Aqui, trata-se de um progresso continuísta e ininterrupto, homólogo à física me-

---

[1] A lógica e o pensamento analítico estabelecem uma cadeia ininterrupta de razões abstratas para o funcionamento automático do pensamento, incidindo na política como forma de pseudoteoria do real que, em sua "objetividade", propicia o decisionismo político que provém do culto à facticidade. A essência da decisão é a de focalizar uma única opção e deixar morrer outras alternativas (cf. Rancière, 2005; Sloterdijk, 2005a, p.618).

cânica, o tempo natural substitui a história, para distribuir-se em uma sucessão progressiva segundo um princípio causal. Seu método tem por base o princípio de identidade, abstrato e vazio, que se traduz na empatia historicista, a curiosidade, a "preguiça do coração": "[a empatia] mascara a simples curiosidade com o disfarce do método [...] Nessa aventura, a falta de autonomia característica da presente geração sucumbiu ao peso impressionante do barroco, ao defrontar-se com ele" (ODBA, p.91). O barroco é o "fardo do passado". Curiosidade e preguiça do coração dizem respeito à identificação com o acontecido, "tal qual ele efetivamente foi", fundamentando-se o historicismo – social-democrata ou marxista – em sua "essencialidade" ou "objetividade". Nos dois casos, capturam-se diretamente os fatos, pois trata-se de uma visão "confortável" e "preguiçosa", a empatia sendo a dogmática subordinação do passado à experiência do presente: "o espírito de nosso tempo", anota Benjamin (1984, p.76),

> apropria-se de todas as manifestações de mundos intelectuais distantes [...] Como um doente que arde de febre transforma em ideias delirantes todas as palavras que ouve, nosso tempo realiza uma identificação afetiva com o passado [...] e, por substituição, procura colocar-se no lugar do criador como se este, por ter criado sua obra, fosse também seu melhor intérprete [...] Eis o que recebeu o nome de empatia.

Patologia do conhecimento, a identificação com o passado e o princípio da não-contradição convertem o mundo experienciado[2] em ideias e abstrações,

---

2 O conceito de experiência benjaminiano possui diferentes definições, tanto do ponto de vista histórico quanto etimológico, transitando do campo filosófico e suas configurações pré-kantianas à dimensão crítico-materialista. Polivalente, compõe-se de perfis filosófico, estético, político e social, abrangendo todas as dimensões do conhecimento: visão, observação, contato vivido, intuição, compreensão. Em "Experiência e pobreza", "O narrador", "Paris, capital do século XIX", "A obra de arte na época de sua reprodutibilidade técnica", *Rua de mão única* e nas *Passagens*, a experiência é aquilo que se vive e que só em parte é consciente, e o processo pelo qual se apropria do vivido e o sintetiza. Como em Aristóteles, na contraposição entre *"empeiria"* e *"epistemé"*, ela é um saber que se adquire em situações diversas e que é objeto da práxis, um saber sobre o que não se transforma, objeto da ciência. A *empeiria* é uma *dímanis*, uma faculdade produtiva conseguida por observações particulares e com o auxílio da recordação: "nos homens, a experiência deriva da memória. De fato, muitas recordações de um mesmo objeto se reúnem para constituir uma experiência única" (*Metafísica*, I,I, 980b 25). Vitais para a experiência e sua interpretação são a recordação e o esquecimento, pois ambos

seus objetos vêm a ser dados da consciência por ela anexados, pois o "caráter de posse é imanente [à consciência]". "O saber é posse" (Benjamin, 2006, p.51). E a ordem fornece o rigor, pois segue a geometria. "Aplicar por ordem" os pensamentos é, para Descartes, respeitar a ideia de uma necessidade constrangedora: "De fato, dada a equação de uma curva, a todo valor de uma abscissa corresponde, necessariamente, uma ordenada".[3] Disposto para o estudo das paixões humanas, o *more geometrico* pode estender-se a todo o saber, aspirando à universalidade: "Euclides", observa Espinosa (1972, p.201),

> que só escreveu coisas simplíssimas e assim tanto mais inteligíveis, é facilmente entendido por todos em qualquer língua; não é preciso senão um conhecimento comum, quase rudimentar; também não é necessário conhecer a vida, os estudos ou os costumes do autor, nem a língua, o destinatário e o tempo no qual escreve, o destino do livro e suas diversas lições [...] E aquele a que chamo aqui Euclides abrange todos aqueles que escreveram às voltas com argumentos que, por sua natureza, são inteligíveis.

Benjamin reconhece no classicismo metodológico – a "ordem das razões" na ciência, a "empatia", na história – a tentativa de se restaurar, na República de Weimar, a herança cultural de Schiller e Goethe – considerada in-

---

geram a plasticidade da experiência. No mundo medieval-cristão, trata-se da experiência antes e depois da queda. Assim, "Antes do pecado original o homem conhecia o bem e o mal: o bem por experiência (*per experientiam*), o mal por ciência (*per scientiam*). Mas, depois do pecado, o homem conhece o mal por experiência, o bem por ciência" (cf. Libera, 1986, p.63-79). Benjamin, em seu ensaio "Sobre a linguagem em geral e a linguagem humana", coloca-se nesta tradição. No início da idade moderna, a experiência individual transforma-se em uma espécie de sabedoria em um mundo cheio de perigos e em contínua mudança, trazendo consigo a melancolia; ou então, torna-se "agudeza de engenho", arte sublime de sobrevivência, como em Balthazar Gracian. De Descartes e seu *more geometrico* a Hegel e sua *fenomenologia do Espírito* como "ciência das experiências da consciência", trata-se de encontrar um caminho soberano para a filosofia, uma saída da *ingens sylva*, da selva das semelhanças, que não fosse pura errância, mas um procedimento progressivo e seguro. O que se encontra em toda a tradição dos "romances de formação" e na fenomenologia. Quanto à dimensão do sentido do esquecimento e da recordação, dos traumas e choques da modernidade, é Freud o interlocutor benjaminiano. Acrescente-se também a experiência com as drogas, Baudelaire, De Quincey. Para o "comedor de haxixe", "nem Versalhes é suficientemente grande, nem a eternidade suficientemente longa" (Benjamin, 2006).

3 Nas *Regras para a direção do espírito,* Descartes utiliza, para a dedução, o léxico conveniente às longas cadeias de razões: *catena* e *catenatio,* de onde não estão ausentes constrangimento e aprisionamento.

cólume diante das catástrofes políticas do presente, depois da guerra de 1914-1918. Retornar ao século XVII é recuperar a memória não de uma tradição unitária, como pretende o classicismo, mas apreender suas tensões e contingências, contrapondo-se a uma continuidade meramente "racional" e "eterna", pois esta é, para Benjamin, a tradição do vencedor. Pois se esta consiste na continuidade espiritual e na transmissão passiva de valores, o barroco questiona o classicismo como tradição, depois do colapso da cultura clássica alemã. O palco do século XVII é a Monarquia Absolutista e as guerras de religião, em particular a dos Trinta Anos, cenário de ruínas e devastações, guerra que se inicia em 1618, só terminando com a Paz de Westfália em 1648, século de incertezas e medo. No que diz respeito à Guerra dos Trinta Anos, em 1622 Glocau é ocupada por tropas mercenárias, em 1622 é tomada por soldados imperiais, tendo início a reconquista católica e a expulsão dos protestantes. Em 1631, destruída por um incêndio, vê a peste alastrar-se pela Silésia, dizimando mais da metade da população. Em 1635 a Paz de Praga restabelece a soberania dos Habsburgo na Silésia, garantindo-se a supremacia católica. Século que abriga a proposta científica de um espaço homogêneo e mensurável, por um lado, e a busca da finalidade moral do homem, de outro, o divórcio entre ciência e religião – a mundanização – é um processo ambíguo:

> de uma maneira contraditória fez-se um uso "sagrado" da ciência. Galileu, condenado pela Igreja por sua concepção de mundo, por ele elaborada de maneira coerente com as leis objetivas do movimento que contribuiu a descobrir, esse mesmo Galileu "funda" a verdade da física sobre o conceito do entendimento infinito de um deus matemático. Uso sagrado da ciência, visto que, em suma, a essência da religião subsiste em sua abstração e que os conceitos científicos vêm, por assim dizer, dar-lhe conteúdo e conferir-lhe autoridade própria. Mas no mesmo ato e de maneira contraditória esse uso sagrado da ciência é um uso profano da religião. (Desanti, 2006)

O desencantamento do mundo faz migrar a religião, a magia, o mito da transcendência para a imanência da História: "não existe escatologia barroca", escreve Benjamin (*ODBA*, p.90),

> por isso mesmo há um mecanismo que reúne e exalta tudo o que nasce na Terra, antes de consagrá-lo à morte. O além esvazia-se e agora se expõe à luz do mundo

de forma drástica, para se desembaraçar de um último céu e para colocá-lo [...] em condições de um dia aniquilar, dentro de si, com catastrófica violência, a Terra.

As motivações do soberano não possuem caráter religioso, permanecendo no âmbito da ordem ética e social, mas em um mundo sem transcendência e sem Deus. Razão suficiente para Benjamin reconhecer nesses dramas barrocos o eclipsamento do divino. O recinto da corte é o lugar da secularização, assim como o cenário barroco transforma-se em anfiteatro estilizado na qual a alegoria – o *allos agorein* – é a palavra privatizada no recinto da corte, ela diz uma coisa para significar outra, dissociando-se o significante do significado, linguagem cifrada e secreta dos salões absolutistas. No *Trauerspiel*, à linguagem simbólica e abstrata da ciência do *more geometrico* contrapõe-se "um estilo linguístico violento, que esteja à altura da violência dos acontecimentos históricos" (Benjamin, 1984, p.77), uma linguagem oposta à clareza e à distinção. Nos dramas proliferam neologismos:

> hoje, como antes, exprime-se em muitos deles a procura de um novo *pathos* [...] O ponto de honra [da linguagem desses escritores] não era o uso de frases metafóricas e sim a criação de palavras metafóricas, como se seu objetivo imediato fosse, ao inventá-las, inventar as palavras da língua [...] O perigo de cair dos pináculos da ciência no abismo profundo do espírito barroco é grande e não pode ser desprezado. Encontramos, frequentemente, nas tentativas improvisadas de apreender o sentido dessa época, uma sensação característica de vertigem, produzida pela visão de um universo espiritual dominado por contradições. (Benjamin, *ODBA*, p.78-9)

Assim, na contramão da metafísica iluminista do progresso, Benjamin (1913) se volta, ao mesmo tempo que ao barroco, para os românticos:

> tivemos o romantismo [Schlegel, Novalis, mais tarde Hoffmann, Molitor, Bachofen – e também Baudelaire e os surrealistas] e lhes devemos a compreensão profunda do lado noturno do natural, pois, diferentemente das concepções modernas do social, o romantismo não o reduz a uma questão de *Zivilisation* como a luz elétrica.[4]

---

4 A época assistiu ao confronto de duas concepções de *Aufklärung*, a *"blosse Aufklärung"*, simples desenvolvimento das inovações técnicas, e a *Aufklärung* como emancipação humana por

Nesse âmbito, Benjamin refere-se, na *ODBA*, a Pascal por ser ele o filósofo que radicaliza a condição trágica da natureza do homem, que se expressa por oposições insolúveis e paradoxos inconciliáveis. Se o paradoxo é a figura lógica da impossibilidade de resolução e conclusão, a tragédia é o paradoxo da existência, pois o mundo é tão somente ocasião da inevitável gratuidade de nossas ações, inteiramente vinculadas à mais completa contingência: "essas afirmações dizem respeito", escreve Benjamin, "tanto à condição interna do soberano quanto a sua condição externa, e há boas razões para associá-las ao pensamento de Pascal" (*ODBA*, p.167). O tirano tem todo o poder e todo o medo, a história é palco de disputas e intrigas, não há momento nem lugar certo onde ocorrerá uma traição, nele impera o Soberano, suas ambivalências e ambiguidades. O Príncipe é, simultaneamente, a encarnação da história e criatura mortal, senhor de todos e súdito do Criador, mas em um mundo luterano, "sem Deus".[5] Herdeiro da acídia medieval, da "tristeza do coração", ele é o mal que aflige o eremita em seu retiro nos desertos do Egito, sol negro desesperador porque, em plena luz do dia, paralisado no céu, produzia uma duração insuportavelmente longa. A acídia, doença culpada, provocava, no acidioso, o abandono de Deus, fazendo-o desprezar a vida que leva e o lugar onde está.

A acídia retira qualquer valor às ações humanas, por isso o Príncipe e o cortesão experimentam o peso de um sentimento enlutado diante da onipotência da fatalidade que induz à total submissão ao *status quo*. Destino e acaso conjugados expressam, mesclando-as confusamente, necessidade e fortuna – com o que Benjamin dá voz a Maquiavel (1973, I, 6) cujo Príncipe é aquele que deve fabricar a estabilidade temporal: "como todas as coisas humanas encontram-se em movimento e não podem permanecer fixas, esta instabilidade as leva a ascender ou descer, e frequentemente acontece que a necessidade conduza aonde a razão não conduziria". Na ausência de Deus, o acaso ocupa o lugar da necessidade. Porque a natureza do mundo não é permanente e regular, nem duradoura e controlável, tampouco estável e causal, a tarefa do

---

desenvolvimentos e por realizações do mundo da cultura e do aprimoramento dos costumes e da civilidade.

5 No afastamento protestante do divino, na distância entre o finito e o infinito, na doutrina da predestinação e da graça, o homem encontra-se abandonado em um universo sem garantia de salvação (cf. Weber, 1992; Gauchet, 2005).

Príncipe é violenta, devendo prolongar, por meio de artifícios e da força, o que por sua natureza é acidental, para transmutar o mundo inconstante em algo costumeiro e familiar, e o homem em um ser de hábitos. Por isso Benjamin (*ODBA*, p.119) enfatiza o recurso barroco à metáfora do relógio:

> a imagem do movimento dos ponteiros, como demonstrou Bergson, é indispensável para a representação do tempo recorrente e não-qualitativo da ciência matemática. É nesse tempo que estão inscritas não somente a vida orgânica dos homens, como as manobras do cortesão e as ações do Príncipe que, segundo o modelo de um Deus que tudo governa, intervindo em ocasiões específicas, interfere de forma imediata nos negócios do Estado, a fim de ordenar os dados do processo histórico numa sequência regular e, por assim dizer, espacialmente mensurável. *Le Prince developpe toutes les virtualités de l'État par une sorte de création continue. Le Prince est le Dieu cartésien transporté dans le monde politique.*

Se Deus é a garantia epistemológica no conhecimento das deduções, fundamento da permanência da verdade de cada elo dedutivo e das longas cadeias de razão, o Príncipe detém a possibilidade de controlar a história, tornando o homem previsível. A história se converte em natureza, é "história-natural", é veneração do *fait accompli* e do *status quo*: "a acídia", escreve Michael Löwy (2005, p.71-2)

> é o sentimento melancólico da todo-poderosa fatalidade, que priva as atividades humanas de qualquer valor. Consequentemente ela leva a uma submissão total à ordem das coisas que existem. Enquanto meditação profunda e melancólica, ela se sente atraída pela majestade solene do cortejo dos poderosos. O melancólico por excelência, dominado pela indolência do coração – a acídia –, é o cortesão. A traição lhe é habitual [...] O equivalente moderno do cortesão barroco é o historiador conformista.

Ao historicismo – social-democrata ou bolchevique – subjaz a crença em uma "perfectibilidade infinita" da história.[6] Trata-se da "fé na ciência, fé na

---

6 Nas teses "Sobre o conceito de História" e no arquivo N das *Passagens*, Benjamin critica tanto o revisionismo, o reformismo, Berstein, Kautsky e Dietzgen quanto o marxismo do Partido Comunista Alemão, tomando para si as críticas de Karl Korsch, expulso do partido em 1928 por suas críticas ao marxismo reificado das organizações de base do partido (Korsch, 1968; Korsch, 1971; Rusconi, 1970; Matos, 1996b).

lógica da história, a emancipação de toda metafísica e toda mística" (Benjamin, 1972-1989 v.I, 1243).

Na separação do que pertence à ordem da natureza – pré-dada, predeterminada, exterior e inconsciente – e da história – da qual o homem é autor – esse atributo iluminista se desfaz. A modernidade esclarecida tem sua origem no desencantamento da cultura do qual o drama barroco é a expressão.[7] Por isso, Benjamin recorda que esses dramaturgos eram luteranos. Se o método de conhecimento preside a construção de um mundo secular e mundano – objetivo –, é por revogar o místico, o mítico, o sagrado e o profético para constituir o domínio pleno dos objetos. O método, sendo *mathesis universalis*, é ciência geral da ordem e da medida, porque ele é matemático. *Ta mathemata* é, em seu sentido originário grego, o matemático como circunscrição e definição essencial de um objeto, de modo que nenhuma das mudanças que advenham possam alterar sua natureza; assim, a inteligência teórica e a ação ética e política possuem um domínio total do objeto assim delimitado:

> *ta mathemata* significa para os gregos aquilo que o homem conhece de antemão ao examinar o existente e ao considerar as coisas: o corpóreo dos corpos, o vegetal das plantas, o animal dos animais, o humano do homem [...]. Quando sobre a mesa encontramos três maçãs, conhecemos já o três, a tríade. O que quer dizer: o número é algo matemático. Apenas porque os números constituem por assim dizer o sempre-já-conhecido que mais se impõe [...] e logo o matemático se reservou como denominação do numérico. Mas de forma alguma se determina a essência do matemático pelo numérico. A física é em geral o conhecimento da natureza e em particular o conhecimento do corpóreo material em seu movimento [...] O fato que a física se estruture expressamente em uma matemática significa: mediante ela e para ela, de modo acentuado, se decide de antemão algo como já-conhecido. (Heidegger, 1979, p.70-1)

Assim, a física torna-se matemática quando define de maneira permanente o que seja "o" natural, "a" natureza, podendo exercer sobre ela, portanto, um domínio absoluto.

---

7 Na *ODBA*, o desencantamento do mundo, a abolição da transcendência, a desdivinização do homem e da natureza encontram-se na base do conceito de "história natural", mecânica, repetitiva, causal, fruto do cristianismo protestante.

Se Benjamin analisa a modernidade segundo uma história-natureza, é por ser ela concebida em termos "ciência-naturalistas", mecanicistas,[8] apta a ser controlada, pois o tempo é espacializado, "homogêneo" e vazio, "sem qualidade":

> a vida orgânica do homem não é a única que se desenvolve neste tempo; a atividade do cortesão e a ação do soberano também, que, segundo a imagem ocasionalista do Deus reinante, intervêm a cada instante e imediatamente nas engrenagens do Estado para nelas pontuar os dados do curso da história em uma sucessão de alguma forma harmoniosa, regular e mensurável no plano espacial.

Diferentemente da tragédia, cujo decorrer é "temporal e por saltos", o do drama barroco desenvolve-se "no *continuum* do espaço – poder-se-ia quase dizer de maneira coreográfica" (Benjamin, ODBA, p.114-5). Como o tempo espacializado das ciências naturais, o do drama barroco se repete regular e indefinidamente, qual movimento dos ponteiros de um relógio, tempo estagnado e paralisado como por um feitiço, reificado, convertido em natureza.[9] Onde há destino, fatalidade profetizada, "um pedaço da história tornou-se natureza", como a incógnita na álgebra é o desconhecido sempre já-conhecido de antemão:

> quando, no procedimento matemático, o desconhecido se torna a incógnita de uma equação, ele se vê caracterizado por isso mesmo como algo de há muito conhecido, mesmo antes que se introduza qualquer valor. A natureza é antes e depois da natureza quântica, o que deve ser apreendido matematicamente. Até mesmo aquilo que não se deixa compreender [...] é cercado por teoremas matemáticos. Através da identificação antecipatória do mundo totalmente matematizado com a verdade, o esclarecimento acredita estar a salvo do retorno mítico. Ele confunde o pensamento com a matemática. (Adorno; Horkheimer, 1985, p.31)

---

8 Nas *Passagens*, Benjamin refere-se a Korsch por ser ele o crítico do marxismo determinista da social-democracia alemã e do marxismo dogmático do Partido Comunista Alemão: "[Os intérpretes ortodoxos de Marx] reintroduziram seu próprio atraso filosófico [sua concepção de matéria do século XVIII mecanicista] na teoria de Marx [...]. O destino histórico da ortodoxia marxista aparece, assim, de forma quase grotesca: ao defender-se dos ataques revisionistas, ela acaba por chegar, em todas as questões capitais, ao mesmo ponto de vista dos adversários" (Benjamin, 2006, p.527).
9 É este tempo que dominará o período do Segundo Império nas *Passagens* de Benjamin.

Meios técnicos e racionalidade de dominação coincidem e encontram suas raízes nas mesmas necessidades básicas do mito: sobrevivência, autoconservação e medo. Se a racionalidade iluminista destitui o mito por ser mera superstição, ela recai em mitologia, no mito da "falsa clareza", porque a ciência que dessacraliza a natureza não vence o místico, mas mitifica o Soberano como governante infalível. Representante de Deus, reintroduz-se a teologia na política, despojando o homem de ações e deliberações, do julgamento do útil, do desejável, da busca do Sumo Bem, agora nas mãos do Soberano providencialista.

Nesse sentido, o tempo do drama barroco é mítico e se diferencia da tragédia clássica, pois se nesta a história emerge do mito, ela se emancipa das forças demoníacas, pois o homem é vencedor do destino. Em seu ensaio de 1916, "A felicidade do homem antigo", Benjamin indica de que maneira o herói mítico quer dar a si mesmo sua felicidade, exibir-se como seu sujeito e seu proprietário: "a felicidade do homem antigo encerra-se na celebração da vitória, na glória de sua cidade, no orgulho de seu distrito e de sua família, na alegria dos deuses e no sono que o transporta ao céu dos heróis". Quanto ao drama barroco, a história sucumbe e torna-se natureza, é a imanência da natureza que triunfa sobre a história.[10] A repetição fazendo parte do tempo cíclico da natureza é o "espetáculo sempre recomeçado" da "ascensão e da deposição dos príncipes" em conformidade com a natureza do processo histórico. Em muitos dramas, a queda é comparada ao pôr do sol "segundo os procedimentos da alegoria que justamente transforma a história em natureza, fazendo do histórico um *analogon* do processo natural". Se na tragédia o homem luta com o destino, competindo com ele ao enfrentar a morte, revelando-se superior aos deuses imortais, e assim caindo em *hybris*, é para descobrir-se autor de si mesmo; já no drama, o homem é subjugado pela sorte, só lhe restando representá-la passivamente. O drama é, pois, mais trágico que a tragédia, a história natural é a história que se tornou destino. História a-histórica não significa apenas a história fisicalizada, mas a história no estado de criatura, de natureza decaída, de sujeição e culpa.

No *Drama barroco*, a história natural é fruto da secularização, em contraste com as sociedades religiosas que se esforçavam para preservar-se do que a

---

10 Nas *Passagens*, Benjamin analisará o torpor mítico que se abate sobre o século XIX com o capitalismo triunfante, em seus aspectos arcaicos e primevos.

história implica de mudança e de temor do desconhecido. Abolindo periodicamente o tempo, cingindo todos os acontecimentos na narrativa mítica, anulando no novo o que ele trazia de inédito, as sociedades desencantadas são as da queda do homem na História, como o protestantismo no qual se ausenta o Deus; o "Deus absconso", na linhagem do judaísmo, descobre um tempo irreversível e de mão única. No momento em que o infinito se afasta do finito e que a obra de emancipação recai nas mãos do homem, a "total secularização da história no estado de Criação" (Benjamin, *ODBA*, p.115) atesta tristeza e ações sem consistência: "aqueles que cavavam mais haviam se colocado na existência como em meio a um campo de ruínas, [realizavam] ações incompletas, inautênticas" (Benjamin, *ODBA*), apenas representadas no palco e controladas espacialmente: "na cena do teatro se exprime a mesma tendência metafísica que levou, simultaneamente, a ciência exata a descobrir o cálculo infinitesimal" (Benjamin, *ODBA*, p.115). Na secularização e no teatro o movimento é captado e analisado em uma "imagem espacial", o tempo convertido em espaço, tudo ocorrendo em um "espaço de tempo". Desalojada a Terra de sua posição central no universo, com o fim do cosmos e a partir de Nicolau de Cusa, Giordano Bruno, Copérnico e Galileu, resulta, para o homem, a perda de sua posição única e privilegiada, de que desfrutara no drama teocósmico da criação e de que fora até então e ao mesmo tempo o figurante central e o palco. Ao fim e ao cabo, silenciada a *natura loquax*, a culminância dessa evolução é o mundo aterrador do libertino pascaliano diante do infinito. Em *Do mundo fechado ao universo infinito*, A. Koyré observa que os séculos XVI e XVII, mesmo não podendo afirmar a infinidade positiva do mundo, ele foi suposto sem limites, "interminado", "indeterminado". O Homem, prisioneiro de sua finitude, pode, não obstante, pensar adequadamente o infinito recorrendo às matemáticas – infinitesimais *avant la lettre*. Do mundo circular e fechado – a *physis* em que as coisas possuem um lugar fixo de atribuição e qualidades imutáveis com uma finalidade tranquilizadora, onde os saberes convergiam para um ponto fixo em um planeta fixo – passa-se ao espaço aberto, infinito ou indefinido, como em Descartes que reduz o espaço à geometria e às matemáticas, espaço agora mecanista e quantitativo.[11] O deslocamento da

---

11 Antecedentes do espaço infinito encontram-se, já no fim da Idade Média, em Nicolau de Cusa que, em sua *Douta ignorância*, rompe com o universo aristotélico e com a unidade do mundo,

teoria à *práxis*, da contemplação à ação aboliu a ataraxia pela necessidade da ação que joga o homem para fora de si mesmo. A passagem da quietude à inquietação é o preço do progresso, é a angústia da mudança incessante.

Essa mudança – que é a história terrena e sublunar – faz do século XVII um tempo obcecado pelo "estado de exceção", caracterizado por "guerras, revoltas ou outras catástrofes", como a guerra dos Trinta Anos. Nesse horizonte, a liberdade dos modernos, a ideia de infinito e do sem limite, faz com que a liberdade degenere facilmente em ditadura, desaparecendo a segurança e a paz, em um clima de violência e terror, de maneira que se inviabiliza o exercício da liberdade, sendo fator de equalização entre violência e política. Tributário da teoria da soberania de Jean Bodin, o governante tem o poder de decisão, pois promulga e abole leis, com o poder de vida e morte sobre os governados. Desenvolve-se, aqui, um ideal de "plena estabilização", cuja garantia é pedida ao soberano "destinado a ser o promotor de um poder ditatorial no estado de exceção". O soberano, detentor dos segredos de Estado, assimila-se ao divino, possuindo as mesmas prerrogativas de Deus, entre elas a perfeição e a infalibilidade, de tal forma a ser ateísmo e blasfêmia disputar sobre o que Deus pode fazer ou desfazer.

Reúnem-se, em Deus, epistemologia e história: "o Príncipe", escreve Benjamin, "desenvolve todas as virtualidades do Estado por uma espécie de criação contínua". Deus fabrica o mundo continuamente e é responsável por nossos pensamentos, porque o paralelismo da *res cogitans* e da *res extensa* é construído como um relógio em que o ponteiro dos segundos estabiliza tanto os acontecimentos da natureza quanto os políticos. O desejo de controle milimétrico do tempo convertido em natureza regular provém da percepção de seu desordenamento: "é necessário estar atento", escreve Descartes, "aos desarranjos do tempo dos relógios a fim de substituirmos a contingência da fortuna pela necessidade do decreto providencial de Deus" que, nas palavras de Benjamin, "tudo determinou desde sempre e para a eternidade". Isso porque "se o homem põe, Deus dispõe", tudo se passando neste mundo de

---

com as hierarquias medievais do cosmos, anunciando, com a teoria de um universo sem limites, Giordano Bruno. Este, na segunda metade do século XVI, concebe inúmeros centros do mundo de que a circunferência está ausente. De início cheio de entusiasmo, o século XVI deixava uma prisão fechada e abria "vastos espaços e tesouros inesgotáveis, antes de culminar no niilismo e no desespero".

maneira diversa do previsto, e mesmo quando tudo ocorre na normalidade, tudo transcorre de outra maneira – o que constrange a não esquecer que o planejamento e a ação do homem dão-se na fratura de uma passividade inultrapassável, a ação resultando no contrário do que se espera, o homem sendo mais agido que agente. A naturalização da história equivale à predestinação, à necessária ruína e à catástrofe. Onde há história, ela é destituída pela natureza e a natureza tem a fisionomia da história. Por isso, natureza e história confundem-se na catástrofe entendida, no século XVII, como pertencendo à dimensão da história natural. Eis por que, para Benjamin, o barroco se vale de metáforas naturais para tratar de fenômenos políticos e morais: "esse tipo de comparação só é apropriado", escreve Benjamin (*ODBA*, p.113),

> quando uma transgressão moral é justificada pura e simplesmente por um recurso a fenômenos da natureza. "Evitemos as árvores que estão para cair"; com estas palavras, Sophia se despede de Agripina, que se aproxima de seu fim. Essas palavras não devem ser compreendidas como características da pessoa que fala, mas como máximas de um comportamento natural que tem analogias com o comportamento da alta política. Os autores tinham a sua disposição uma grande reserva de imagens, graças às quais podiam dissolver convincentemente conflitos histórico-morais em demonstrações baseadas na história natural.

Com efeito, na indiferenciação entre natureza e história desaparece a ideia tradicional da natureza como exterioridade com respeito à ação e à vontade, pois na história não há ação, apenas repetição na "roda da fortuna", e por isso ela é passividade, é "drama barroco" e não "tragédia": "pois é necessário para a verdadeira ação trágica", escreve Hegel (1979), "que esteja despertado o princípio da liberdade individual e da autonomia, ou, no mínimo, a autodeterminação de querer se responsabilizar livremente pelo próprio feito e por suas consequências". Autonomizado o tempo com respeito à compreensão do que se encontra em nosso poder e o que há de fortuito nas coisas, a ordem – da natureza, da política – não é senão um caso particular do aleatório e da desordem essencial de tudo.[12] Essa é a razão de o "sem razão", a lei, a deter-

---

12 Quanto mais a modernidade se concebe como criação humana, mais ela escapa ao homem. Tudo é ação humana e nada se encontra verdadeiramente em seu poder. Assim, ao tratar de

minação não constituírem a regra, mas a exceção. Papel do soberano: restaurar a ordem no estado de exceção, exercendo a ditadura "cuja vocação utópica será sempre a de substituir as incertezas da história pelas leis de ferro da natureza" (Benjamin, *ODBA*, p.97). Na *Origem do drama barroco alemão* o "pessimismo oficial da história" mescla a apatia estoica com o desejo moderno de poder.

Para compreendê-lo, Benjamin acompanha Hamlet, o "Príncipe do pensamento especulativo", no deslocamento de sua figura de vingador do assassinato paterno para o melancólico inibido pela reflexão, compelindo o espírito do pai a aparecer uma segunda vez para "aguçar a quase embotada resolução de Hamlet" (ato III, cena 4). Desde o início até a metade da peça, o vingador, para cumprir sua missão na história, não faz praticamente nada senão organizar uma representação teatral, a armadilha que lhe permite convencer-se de que o espírito do pai não é um demônio dos infernos. Em Hamlet exprime-se a fortuna e não o destino porque um destino planejado não seria destino. Hamlet é o "grande trágico do acaso", ele "quer respirar [...] com um hausto profundo, o ar impregnado de destino. Ele quer morrer por obra do acaso" (Benjamin, *ODBA*, p.159-60). A vida subordinada ao acaso possui dupla significação: a de pagar um débito à natureza e a de conformar-se a suas leis: "o homem shakespeariano [...] não se deixa circunscrever inteiramente no domínio do que é. O que dá a certeza de sua ação trágica é estar previamente dada e ligada a algo exterior e fundador, a fortuna"

---

catástrofes recentes – como o ciclone que atingiu a costa estadunidense do Golfo do México em 2005 –, Jean-Pierre Dupuy mostra a maneira como o acontecimento foi tratado à época nas comparações com as vítimas do atentado de 11 de setembro, atribuídos à organização terrorista Al Qaeda, o Katrina como *"the man-made disaster"*, como catástrofe histórica revelando a fragilidade da sociedade americana, o abandono das populações pobres etc. Já fenômenos como a bomba atômica em Hiroshima e Nagasaki, os campos de extermínio, terrorismos e catástrofes nucleares como a de Chernobil são tratados como *tsunami* ou schoá – como catástrofes naturais: "um risco natural caracteriza-se pela combinação do *acaso* (do fenômeno geológico gerador) com a *vulnerabilidade* (o efeito sobre os agrupamentos humanos) [...] O que caracteriza hoje um risco, no plano do seu impacto, o que faz dele uma catástrofe, é a *exposição dos homens*. Nessa medida, uma das conclusões do Decênio Internacional para a Prevenção de Catástrofes Naturais (DIPCN) em 2002 foi considerar que não fazia mais sentido falar de 'catástrofe natural'. Se o acaso natural existe, e não o podemos impedir, é a vulnerabilidade social que transforma tudo em catástrofe" (Dupuy, 2007, p.416).

(Motta, 1997, p.47). "Distopia essencial, a felicidade que exige a estabilidade é afetada pelo tempo, fator de heteronomia e marca de impotência. Não havendo nenhuma escatologia no mundo secularizado, o céu é transferido para a terra, o monarca – mártir e tirano – não poderia suportar o peso de sua coroa e o cetro, tanto é pesado o seu fardo. Mas o sentido desta "história de tiranos" e desse "drama de mártires" só pode ser explicado pela teoria da soberania, pela incapacidade de decisão do tirano, pois o príncipe, sobre quem recai a decisão de decretar o estado de exceção, é incapaz de tomá-la: ele permanece imóvel no trono, empunhando o cetro e perdendo-se na loucura. Entronizado como a "secularização da salvação", o rei não é senão uma criatura tão frágil quanto as demais. O Príncipe é a encarnação da História, mas, ao mesmo tempo que tem todo o poder, tem também todo o medo: "por mais alto que ele esteja em seu trono acima de seus súditos e do Estado, seu papel se inscreve no mundo da criação, ele é o senhor das criaturas, mas não deixa de ser criatura".[13] Assim, Hamlet, quando deveria agir, pensa; quando deveria refletir, passa subitamente ao ato – ele não tem nenhuma prudência: "neste espaço [...] a voz da sabedoria é ilusória como a de um espectro" (Benjamin, ODBA, p.180). Por isso, a passagem do *fatum* antigo do tempo dos deuses para o profano – que comporta liberdade e acaso, predestinação e livre-arbítrio – é de inação, é "fatalidade terrestre", é história natural e processo cego que escapa às deliberações humanas: "os tempos vão conturbados", exclama Hamlet. "Por que haveria eu de ter nascido para os corrigir?". Nunca uma verdade garantida e sim a mudança na maneira de errar. Se a história é história natural, não há ação do homem na história, como tampouco há responsabilidade ética, o soberano investido da salvação mundana está impossibilitado de realizá-la, porque "a vida é uma fábula, contada por um tolo, significando nada". E a indecisão do príncipe não é senão "acídia saturnina", Saturno torna os homens "apáticos, indecisos, vagarosos". Se o soberano é destruído pela inércia do coração, a infidelidade – a outra face saturnina – afeta o cortesão. Sendo o *Trauerspiel* o drama que retrata a monarquia absolutista, Opitz destaca, em 1650, seus temas: "a vontade dos reis, assassinatos, desespero, infanticídio, parricídio, incestos, guerras e insurrei-

---

13 Cf. *ODBA*, op.cit.

ções, lamentações, gemidos e outros temas semelhantes" (Benjamin, *ODBA*, p.86). Mundo inteiramente dominado pelo acaso, a modernidade é o estado de exceção em permanência. A democracia, como a forma de viver com o máximo de segurança e liberdade, cede espaço para o elogio da insegurança e ao medo: a "democratização da morte", já que todos passam pelos mesmos perigos (cf. Agamben, 2002a; Foucault, 2000). Trata-se aqui da civilização que se pretende lógica, que produziu a catástrofe da Primeira Guerra, a destruição pela técnica, com seus aviões bombardeiros e o massacre das populações civis, no descompasso entre os desenvolvimentos poderosos da técnica e a escassez de recursos morais da sociedade para fazer dela o seu órgão. Por isso, da lógica resulta uma natureza ambiente inteiramente dominada. Na Primeira Guerra "toda a região circundante tinha se transformado em terreno do idealismo alemão, cada cratera produzida pela explosão de uma granada se convertera num problema,[14] cada emaranhado de arame construído para deter a progressão do inimigo se convertera numa antinomia,[15] cada farpa de ferro se convertera numa definição,[16] cada explosão se convertera numa tese,[17] com o céu, durante o dia, representando o forro cósmico do capacete de aço e, à noite, a lei moral sobre nós.[18] Com lança-chamas e trin-

---

14 No processo de formalização do entendimento, Kant estabelece a maquinaria lógico-conceitual para a ciência objetiva: "Problema são proposições demonstráveis que necessitam provas ou o são como para expressar uma ação cujo modo de realizar-se não é imediatamente certo" (Kant, 1992, parágrafo 38).

15 Antinomia é "uma tentativa decisiva que não deve mostrar necessariamente uma inexatidão, oculta nas proposições da razão" (Kant, 1974). Uma antinomia é o conflito em que se encontra a razão consigo mesma em virtude de seus próprios procedimentos de poder afimar tanto uma tese quanto sua antítese e prová-las.

16 Na *Crítica da razão pura*, Kant escreve: "a definição é a apresentação do conceito original e pormenorizado de uma coisa dentro dos limites estabelecidos para o conceito", sendo a pormenorização utilizada no sentido de "clareza" e suficiência de características, "limites" refere-se ao número preciso de características no conceito pormenorizado, e "original" vem a ser a determinação dos limites que não deriva de nenhuma outra coisa.

17 Nas "antinomias" da razão pura, "tese" é o enunciado afirmativo da antinomia. Na dialética pós-kantiana, como para Hegel, a tese é o elemento positivo ou de posição inicial de um desenvolvimento dialético.

18 No ensaio "Sobre o programa de uma filosofia vindoura", Benjamin empreende a crítica ao conceito kantiano de experiência, seu caráter de "forma *a priori*". A "lei moral" tem como seu único princípio adequado a "conformidade universal à lei" ou a conformidade à lei como tal. Na filosofia teórica a "conformidade à lei de todos os objetos da experiência" define o as-

cheiras, a técnica tentou realçar os traços heroicos no rosto do idealismo alemão" (cf. Benjamin, 2010, p.61-72).[19] A razão que domina a natureza se traduz, na política, em massacre.

O século XVII, com seus métodos e encadeamentos pseudológicos, na ciência e na política, erigiu o homem a "rei da Criação", mas como para a Reforma tudo é arbítrio insondável dos desígnios de Deus, a razão humana confundiu liberdade e autoconservação, como Espinosa: *"conatus esse conservandi primum et unicum virtutis est fundamentum"* [o esforço para se conservar a si mesmo é o primeiro e único fundamento da virtude].[20] Se a autoconservação tem origem no medo e vincula-se à vulnerabilidade do homem, a liberdade é o avesso do controle e da onipotência da razão na Ciência e da repetição na História. Por isso a crítica ao *more geometrico* é antecipatória, pois os totalitarismos tomaram os homens na literalidade do método, tratando-os como "retas, superfícies e corpos sólidos"; quanto ao historicismo e à linha reta ou espiral, ele constitui a continuidade da violência e do terror.

Mas o *Trauerspiel* que é luto é também lúdico, e a repetição tem o sentido de transgredir o modelo, nele buscando o arsenal de suas imagens radicais, revertendo o destino em acaso favorável. E aqui a referência de Benjamin são as mônadas leibnizianas. Com efeito, na *Monadologia* lê-se: "este corpo [a mônada], para a conexão de toda a matéria, exprime todo o universo, e também a alma, enquanto representa aquele corpo que lhe pertence em um modo particular, representa todo o universo" (Leibniz, 1985, parágrafo 65, p.173-4). Como mônada, não se separa o particular e o universal, o indivíduo e a história coletiva, pois Benjamin compreende que cada um de nós é uma história universal.[21] Na ideia de mônada – que permite apreender a riqueza do

---

pecto "formal da natureza", que complementa seu aspecto material como "conjunto de todos os objetos da natureza" (Kant, 1974). Essa "conformidade à lei" é "conferida" à natureza pelo entendimento, tornando possíveis a experiência e os objetos da experiência. O céu constelado corresponde à admiração e ao respeito pela lei abstrata e formal, isto é, racional, "dentro de mim".

19 Ainda sobre os processos de despersonalização e abstração do pensamento lógico-transcendental: "A guerra, como abstração metafísica, [...] é unicamente a tentativa de dissolver na técnica, de modo místico e imediato, o segredo de uma natureza concebida em termos idealistas [...] e suas vítimas não são apenas os filhos dos homens, mas os filhos das ideias".

20 Espinosa, 2008, prop. XXII.

21 Afastando-se de Dilthey, que considera uma individualidade hiperbólica e sem transcendência, bem como de uma universalidade vazia, sem causa final do neokantismo, Benjamin pro-

mundo e do devir em uma estrutura individualizada, em um ponto de vista singular que não contrasta com o universal, mas seleciona um de seus ângulos –, Benjamin concebe que "as ideias são estrelas, em contraste com o sol da revelação. Não brilham no dia da história, operam apenas invisivelmente nele". Assim como o conceito de mônada se associa à descontinuidade dos números inteiros, a mônada é a concentração de toda a realidade na unidade: "a ideia é mônada", anota Benjamin (*ODBA*, introdução), "isso significa que cada ideia contém a imagem do mundo". Assim, o objeto histórico é mônada que o materialista histórico apreende por não aspirar uma exposição homogênea e contínua da história, mas a pré e a pós-história dos fatos: "graças a sua estrutura monadológica, o objeto histórico encontra representada em seu interior sua própria história anterior e posterior (Assim, por exemplo, a história anterior de Baudelaire, conforme apresentado nesta pesquisa, encontra-se na alegoria, e sua história posterior, no *Jugendestil*)".

Se o século da "clareza" e da "distinção" pretendeu prover o homem de "presença de espírito [...] conduzir por ordem as razões e andar com segurança nesta vida" – como dizia Descartes –, "o barroco revela sua sombra, a total ausência de espírito" (Benjamin, 1994). Nesse sentido Benjamin (*ODBA*, p.121-2) escreve: "é, com efeito, característica do século XVII, que a representação dos afetos se torna cada vez mais enfática, ao passo que o delineamento da ação se torna cada vez mais inseguro. O ritmo da vida afetiva ganha tal velocidade que as ações serenas e as decisões maduras ficam cada vez mais raras". A chegada discreta do Messias, que entrará por uma pequena porta (tese n.18 de "Sobre o conceito de História") do passado, é a força messiânica, é presença de espírito, vinculada à experiência do que paradoxalmente não se viveu. E é isso "o que faz ainda hoje viver as cartomantes, quiromantes e astrólogos".

Porque o tempo, o momento oportuno, a felicidade se cingem no instante de sua imobilidade, e porque o passado é carregado de "agoridade" (*Jetztzeit*), o revolucionário é um profeta da pré e da pós-história, e sua redenção é um momento messiânico, um acontecimento no limiar do tempo. Seu entendimento encontra-se em uma parábola contada por Benjamin a

---

cura a coincidência imediata entre particular e universal, o que o filósofo encontra na mônada leibniziana.

Scholem e que profetiza: "para instaurar o reino da paz não é necessário destruir tudo e dar início a um mundo completamente novo, basta afastar só um pouco esta xícara ou este arbusto ou esta pedra, e assim todas as coisas. Mas este pouquinho é tão difícil de realizar e tão difícil é encontrar sua medida que, no que concerne ao mundo, os homens não o fazem e é necessário que chegue o Messias".[22]

---

22 Cf. Bloch (1998). Referindo-se a uma resenha sobre o romance *Lesabendio*, de Scheerbart, Benjamin escreve a Werner Kraft: "sobre este nosso planeta muitíssimas civilizações andaram sobre ruínas, no sangue e no horror. Como é natural, é necessário o anseio de experimentar uma civilização que tenha deixado para trás tanto o sangue quanto o horror. E assim estou inclinado a conceber, como Scheerbart, que nosso planeta não faça outra coisa que esperar uma tal civilização". Scholem nos diz que Benjamin, motivado pela leitura de Scheerbart, projetava escrever uma obra sobre *O verdadeiro político*, de que constariam as partes "Destruição da violência" e "Teologia sem objetivo final".

3. Walter Benjamin: do estado de exceção à terra sem mal

Tragédia e tristeza constituem, na *Origem do drama barroco alemão*, dois conceitos fundantes, aptos a proceder à hermenêutica do presente. Se o fenômeno trágico prende-se à Grécia antiga e à fatalidade, à tragédia barroca corresponde uma filosofia da história na qual se encontram tensionados natureza e história, imanência e transcendência, *chronos* e *kairós*. Da tragédia antiga depreende-se o destino, força exterior e implacável, que transita entre os excessos heroicos e a ordem divina. A morte do herói trágico é teleológica, inteiramente vivida por uma necessidade interna que lhe é própria, assim encontrando-se consigo mesmo, o que o confere identidade heroica ao herói. Diferenciando-se da tragédia grega, o *Trauerspiel* é a apresentação filosófica e histórica do presente que se tornou profano. Razão pela qual Benjamin anota: "não existe escatologia barroca".

Porque a cosmotragédia grega desaparece com o protestantismo, Benjamin lembra que os autores das tragédias barrocas alemãs eram luteranos. Com isso, à teoria da história Benjamin associa uma filosofia da religião, uma vez que não é estranha à ODBA a problemática jansenista do *Deus absconso*, inteiramente desconhecido ao homem que ignora os desígnios da Providência. Nesta perspectiva, cada indivíduo encontra-se observado simultaneamente por um deus escondido e confrontado ao destino que se impõe como necessidade histórica. No afastamento do divino, a Terra perde o eixo do Sol e se encontra à deriva no Universo.[1] O sentimento de tristeza e desamparo

---

1 Por isso, não é possível ao barroco deduzir o mundo a partir da lógica, segundo os enunciados de Descartes e Espinosa, como o atesta a Melancolia I de Dürer com os objetos da geometri-

de uma Terra sem céu faz do planeta, do ponto de vista da "história do Ser", um astro errante (Heidegger, 1958). Aqui manifestam-se os perigos detectados por Pascal na nova física ateia que mergulhava o filósofo no pavor dos espaços infinitos e o "silêncio eterno". O homem, sem vínculos com a transcendência e abandonado ao acaso, só reconhece Deus quando ele irrompe em sua vida produzindo milagres ou pela ação da graça. A Reforma protestante e a tragédia barroca "organizam o pessimismo", destruindo o *ethos* histórico: "lá onde a Idade Média apresenta a caducidade do mundo e a fugacidade da criatura como estações no caminho da salvação", escreve Benjamin, "o *Trauerspiel* alemão imerge profundamente na desolação (*Trostlosigkeit*) da condição terrena. Se conhece alguma redenção, esta se encontra mais nas profundezas da sorte do que na realização de um plano divino" (*ODBA*, p.82). A época barroca, em que o homem é uma criatura fraca, pecadora e mortal, seculariza conceitos teológicos no Absolutismo político. A escatologia cede o lugar à catástrofe, uma vez que o homem se encontra, neste mundo privado do além, sem nenhuma saída do labirinto da história.

Valendo-se da *Teologia política* de Carl Schmitt, na qual o deus todo-poderoso torna-se legislador onipotente, Benjamin reconhece na jurisdição política moderna "conceitos teológicos secularizados". Estes surgem na tragédia barroca como "estado de exceção", o que leva Benjamin a interrogar o conceito de Soberania: "é soberano", lê-se na *ODBA*, "quem decide o estado de exceção", o que significa identificar em que medida o Soberano se vincula à Lei e ao Direito, e quando cessa a ação legislativa e opera o arbítrio. Assim, o Soberano, podendo abolir o contrato das promessas e obrigações entre ele mesmo e o povo, não necessita responder ao que pensam seus súditos, pois decretar a exceção resulta de uma decisão (*Entscheidung* ou *Dezision*), no instante em que ele decide que a "ordem pública" se encontra ameaçada e o Estado em perigo. Eis por que potencialmente o governante já se encontra na posse de plenos poderes e virtualmente acima da Lei: "aquele que reina", escreve Benjamin, "já está de antemão designado para investir-se de um poder ditatorial no estado de exceção". No aparelho jurídico do século XVII, o governante por direito divino é o monarca que se identifica com Deus, por definição, "infalível": "a teoria da soberania, na qual o caso

---

zação do espaço inutilizados por serem insuficientes para combater o sentimento melancólico do mundo.

particular torna-se exemplar, impõe a realização plena da imagem do soberano no sentido do tirano cuja tarefa é restaurar a ordem recorrendo ao estado de exceção".[2]

Para analisá-lo, Benjamin refere-se ao campo atual que o tornou possível: o fim da experiência, da ação exemplar e do modelo moral, do desejo de autoconhecimento e de aperfeiçoamento de si, com o fracasso do papel filosófico e existencial da cultura, substituído por um mundo antigenealógico, científico e técnico. Sob o impacto da técnica, a Primeira Guerra Mundial transformou a Terra inteira em um permanente campo de batalha e em trincheira. Com o conflito químico instaurado, o complexo industrial-militar produziu a economia baseada na guerra, bem como desemprego, hiperinflação e moedas sem valor, a paisagem foi tomada por arames farpados, o céu tingiu-se com o vermelho dos bombardeios. Quanto ao homem, ele se encontrou "descoberto em uma paisagem onde mais nada era reconhecível, a não ser as nuvens, e, no meio de tudo isso, em um campo de forças atravessado por tensões e explosões destruidoras, o minúsculo e frágil corpo humano" (*Experiência e pobreza*). De tudo isso resta a ruína que não deixou intacta a noção de cultura.

Com a proclamação da República na Alemanha em 1918, a cultura,[3] que o poder de Estado se esforçou em preservar, seria protocolada em Weimar para onde foi transferida a capital. Esta cidade foi a tentativa de restaurar a herança cultural de Goethe e Schiller, considerada incólume diante das catástrofes do presente. A Weimar de Goethe (cf. Seligmann-Silva, 2005) é a sua descoberta das ruínas gregas no sul da Itália e, depois, em Herculano; Bach foi organista em sua catedral. E, em meio a este classicismo oficial e na decepção com respeito às humanidades clássicas, e diante da realidade dos

---

2 Entre os anos 1914-18, precisamente em 1916, Benjamin escreve "Trauerspiel e Tragédia", um dos estudos preparatórios à *ODBA*, redigida em 1924 e publicada em 1928. "Trauerspiel e Tragédia" em meio à Primeira Guerra; o segundo em plena hiperinflação, crise social, terrorismo de esquerda e direita e ascensão do nazismo. De 1919 a 1933 a Alemanha viveu em estado de exceção.
3 Se as ruínas do *Drama do Barroco Alemão* são a consequência das guerras de religião, a modernidade assiste àquelas engendradas pelas forças anárquicas da ciência e da técnica a serviço do capital, prefigurando a Primeira Guerra Mundial antes mesmo de deflagrada. As sobrevivências da Alemanha guilhermina na República de Weimar se fazem presentes no período da história alemã que teve início e terminou com uma guerra.

campos de batalha para onde a juventude foi enviada a partir de 1914, Benjamin observa a "negligência" e o "desprezo" das tragédias barrocas alemãs. Com efeito, a ausência de estudos nas Universidades e de suas encenações, Benjamin o creditava a um recalque histórico. No *Trauerspiel*, o filósofo encontra "um estilo linguístico violento à altura da violência dos acontecimentos históricos" (*ODBA*, p.77). De onde o sucessor do barroco é o expressionismo moderno.

A imposição dos valores clássicos nos anos da República de Weimar faz com que Benjamin se desvie do século XX ao século XVII, observando ser o *more geometrico* o resultado do mundo abandonado de Deus, só restando compreendê-lo por "retas, circunferências e planos". À linha reta da "cadeia de razões" cartesiana ou das demonstrações da Ética espinosana, Benjamin substitui o *clinamen* do pensamento, pois o racionalismo como doutrina filosófica e o historicismo como filosofia da história são homólogos: à noção de continuidade dedutiva e ordem das razões correspondem as filosofias do progresso e as ruínas que o progresso não vê. Razão pela qual a *ODBA* se inicia pela crítica do conhecimento que, segundo um *continuum*, faz com que o texto converta-se em doutrina, pois, para Benjamin, a doutrina filosófica propriamente dita funda-se na codificação histórica, não podendo ser evocada *more geometrico*. O discurso racionalista resulta de um julgamento no qual as palavras se pretendem signos linguísticos neutros, representantes da essência das coisas: "dada a equação de uma curva, a todo valor de uma abscissa corresponde, necessariamente, uma ordenada", escreve Descartes na *Géometrie*. Tanto que Euclides é paradigma do *more geometrico*: "Euclides, para tirar o globo terrestre de seu lugar e transportá-lo para outra parte", escreve Descartes, "só pedia um ponto que fosse fixo e seguro" (*Discurso do Método*). Sua universalidade potencial faz com que suas verdades sejam compreensíveis em qualquer língua, independentemente também de mudanças nos costumes e nas instituições, prescindindo de condições de espaço e tempo ou da aprovação do público.

Se em Descartes a noção de ordem é necessária e natural do ponto de vista do entendimento, ela é nominalista do ponto de vista das coisas. Assim, o século XVII se vê dilacerado entre o "extremo subjetivismo" – fuga do mundo em direção ao Eu que ficciona um mundo representado pelo Sujeito – e a fuga da Terra em direção ao universo com o desenvolvimento da nova astronomia de Galileu.

O sujeito moderno se expandiu à medida do espaço físico ou de sua desmedida, interpretando-o matematicamente como *res*-extensa, enquanto o espaço psicológico foi metafisicamente tomado como *res cogitans*. Também para Espinosa a ordem é essencial, dado que a ordem e a conexão das ideias é a mesma que a ordem e a conexão das coisas. Não atendendo a um princípio de razão, no barroco a ordem das coisas não é a mesma das ideias. Assim, o elemento barroco no pensamento de Descartes é, para Benjamin, o dualismo hiperbólico que leva ao delírio de grandeza, como os "insensatos" (*insanis*) da primeira Meditação, que asseguram ser reis quando "são muito pobres, que estão vestidos de ouro e púrpura quando estão totalmente nus, ou se imaginam colmeias ou ter um corpo de vidro", terem uma "cabeça de argila" ou o corpo ser uma abóbora. Na *Recherche de la Vérité*, Descartes (1996, p.511) escreve: "esses melancólicos [...] pensam ser colmeias ou ter alguma parte do corpo de tamanho enorme". Nesse sentido, a *ODBA* considera a "drenagem do sujeito" para o exterior, o esvaziamento do sujeito convertido em puro ato de pensar, com a perda do mundo externo e interno, resultando em delírio, delírio de grandeza, quando o doente se vê "de tamanho gigante". Delírio de orgulho na Idade Média, a loucura é, na modernidade, desvario da razão: os muito pobres "acreditam-se vestidos de ouro e púrpura". Vaso de barro, colmeia ou cabeça de argila, o corpo extravagante é oco e vazio, como uma abóbora ressecada e esvaziada de sua substância. Um homem cujo corpo é de vidro é um ser desencarnado em uma fantástica sublimação, como o desejo insensato "de ser um corpo de uma matéria tão pouco corruptível, como os diamantes, ou ter asas para voar, como os pássaros" (*Discurso do Método*).

O recurso cartesiano ao diamante ou ao vidro revela que a matéria translúcida corresponde à lucidez da razão na ordem da extensão, como na quinta parte do *Discurso do Método*: "essa transmutação de cinzas em vidro é mais admirável do que outra qualquer que ocorra na natureza, por isso tenho particular prazer em descrevê-la". Se o corpo de barro é opaco e oco, o vidro é matéria imaterial que a transparência espiritualiza. O louco é um "inspirado", diz coisas cheias de sabedoria, mas não deste mundo. A negação epistemológica do corpo – o corpo é de vidro – resulta no desconhecimento do sujeito com relação a seu próprio corpo e de si mesmo, já que se torna descarado. Benjamin (*ODBA*, p.165) escreve: "a autoabsorção levava facilmente a um abismo sem fundo. É o que nos ensina a teoria da disposição melancólica". Benjamin reconhece no temperamento atrabiliar o sujeito prisioneiro de suas próprias abstrações, pois o racionalismo filosófico e científico só aceita o princípio de identidade e o de contradição, no mais o mundo é acaso ou necessidade: "Descartes considerava que o real era o resultado de uma loteria entre os possíveis e Espinosa que todos os possíveis se realizam efetivamente" (Compagnon, 1979, p.375).

O triunfo do racionalismo filosófico e científico significou o fim do antropomorfismo no conhecimento da natureza, na exclusão do finalismo, da teologia e da ideia de Deus, e determinou o crescimento desmedido da ideia de natureza na qual se incluiu o homem convertido à condição de sujeito do conhecimento e, ao mesmo tempo, objeto natural. Disso resulta que a lei deve regular a natureza como um rei o faz com seus súditos: "Deus estabeleceu as leis na natureza", escreve Descartes (1996, p.145),

> assim como um rei estabelece leis em seu reino [e não há] nenhuma em particular que não se possa compreender se nosso espírito se puser a considerá-la, e elas são todas *mentibus nostris ingeniae*, assim como um rei imprime suas leis no coração de todos os seus súditos se ele possuir esse poder [...] Pode-se dizer que, se Deus estabelecera estas verdades [as da ciência], ele também pode mudá-las, como um rei faz com suas leis.

A analogia entre natureza e política, ou natureza e história, revela universos intercambiáveis, pois só o costume (*usage*) faz história, e tanto o costume quanto sua codificação dependem do soberano e são direta competência sua.[4] Nesse sentido, Benjamin reúne a crítica ao historicismo do barroco pela empatia. Por detrás do triunfo do historicismo no século XIX, oculta-se a realidade de uma radical negação da história em nome de um ideal de conhecimento que encontra seu modelo nas ciências naturais. Os dramas barrocos – cujo cenário é um vale de lágrimas de vastos lamentos – foram esquecidos sob o impacto do otimismo histórico em voga a partir do iluminismo; e a modernidade compartilha um mesmo ofuscamento.

Essa naturalização da história é entendida na *ODBA* como *repetição* de um tempo espacializado e mecânico. Nos acontecimentos políticos a destruição é periodicamente renovada,

---

4 Acerca dessa consideração cf. Descartes, 1996, p.61 e 87.

à semelhança das forças naturais [...] O *Trauerspiel* expulsa o acontecimento para uma pré-história construída de certo modo nos moldes da história natural [...] É Lohenstein quem vai mais longe nessa direção. Nenhum outro poeta usou como ele a técnica de privar de sua força qualquer reflexão ética através de uma linguagem metafórica destinada a equiparar o acontecimento histórico com o natural [...] toda atitude ou discussão eticamente motivadas são radicalmente banidas. (Benjamin, 1984, p.112, 111)

Desse ponto de vista, a *ODBA*, ao estabelecer a transitividade entre as leis da natureza e a política, encontra em Descartes o esvaziamento da realidade do agir humano, uma vez que o mundo político se rende à vontade arbitrária do Soberano. A ciência e suas leis não constituem, porém, um centro estável, porque, no barroco, as coisas caem no vazio onde não há sustentação ou orientação. Na *mathesis universalis* da ciência matemática, o tempo é contínuo e não-qualitativo. É neste tempo

> que estão inscritas não somente a vida orgânica dos homens, como as manobras do cortesão e as ações do Príncipe que, segundo o modelo de um Deus que governa intervindo em ocasiões específicas, interfere de forma imediata nos negócios do Estado, a fim de ordenar os dados do processo histórico numa sequência regular, harmônica e, por assim dizer, espacialmente mensurável. "O Príncipe desenvolve todas as virtualidades do Estado por uma espécie de criação contínua. O Príncipe é o Deus cartesiano transposto ao mundo político". (Benjamin, 1984, p.119)

Criador de estabilidade e segurança, o Príncipe e o homem de ciência olham o mundo na articulação funcional de elementos construtivos como um relojoeiro pode ver seus próprios artefatos (*Paixões da Alma*), como um engenheiro (*mécanicien*) hidráulico (*Dióptrica*) pode considerar os jogos ilusionistas dos jardins seiscentistas ou pode se assegurar de que os edifícios sejam construídos sobre a rocha e não sobre a areia (1ª parte do *Discurso do método*). A lei aqui desempenha um papel apenas formal, pois o elemento estoico na moral barroca significa vencer a fortuna segundo a perspectiva de "pagar um débito" à natureza e conformar-se a suas leis. Contra a desordem, a "legalidade", diríamos hoje, e não "justiça" (cf. Descartes, 1996, p.367).[5]

---

5 Sobre a permanência da tradição do "estado de exceção" ou do "golpe de Estado", conferir a metáfora cartesiana da "vida dos navegantes", dos perigos de naufrágio – de que Descartes se

No barroco, tanto o mundo natural como o político desconhecem a utopia. Como escreve Benjamin: "segundo a tese do tempo [do século XVII], o espírito se comprova no poder; o espírito é a faculdade de exercer a ditadura".[6]

No mundo desencantado, sem deuses ou demônios, sem valores transcendentes, sobrevive, clandestinamente, o pensamento "pré-moderno" do passado e do mundo antigo. Na ODBA, Benjamin se refere à determinação absoluta das ações humanas por causas ou forças implacáveis, representadas por abstrações incompreensíveis como as noções de Destino, deuses, Deus, Natureza e, por último, a História.

Sem genealogia, o homem é um deus nascido de si mesmo, que preenche o vazio deixado pelo fim do "outro" mundo identificando-se com seus objetos e suas abstrações. Nesse sentido, Benjamin, na Premissa Gnoseológica da ODBA, reavê Bergson e sua crítica ao tempo "sem qualidades" das ciências naturais, já que foi este o filósofo quem, pela primeira vez, tratou esse tempo com a expressão *homogêneo* (*Essais sur les données immédiates de la conscience*), o mesmo que Benjamin reconhece na Paris do Segundo Império. Aproximando-se de Bergson, Benjamin não considera o desencantamento do mundo o princípio causador da quantificação do universo e do determinismo natural, mas é da confusão entre o espaço e o tempo, preparada pela tradição ocidental greco-latina e judaico-cristã, que é deduzido o princípio de causalidade, ao transferir o tempo das ciências para as questões metafísicas e suas verdades atemporais. A evolução criadora, ao contrário, diz respeito ao tempo que é *arché*, origem que não é o pressuposto do tempo, mas simultaneidade de diacronia e sincronia. A este tempo bergsoniano, Benjamin acrescenta a ideia de pré-história[7] e de pós-história em que o acontecido e o que está por vir, em sua heterogeneidade, ocorrem de maneira simultânea. O que a ciência da história considera separadamente coincide na imediatez em que a pré-história e a pós-história se manifestam em uma unidade movente.

---

vale para ilustrar a existência do Soberano e a magnitude dos riscos que o ameaçam. Sobre a justificação do recurso ao maquiavelismo (Descartes, 1964, p.367).

6 *ODBA*, op. cit., p.120. Para uma caracterização mais minuciosa sobre o duplo poder do Rei, cf. Ribeiro, 1984, p.133-6 e 168-9.

7 O termo utilizado por Benjamin é *Vorgeschichte* – pré-história, proto-história ou história primeva.

No horizonte da crítica bergsoniana, Benjamin reflete sobre o século XVII no palco barroco, no espaço teatral de sua espacialização. Se o espaço é um *continuum* homogêneo e simultâneo, o tempo é um *continuum* homogêneo e sucessivo. E se o tempo trágico é "temporal" e se dá por saltos, no *Trauerspiel* "pode-se dizer que a história se desenrola no *continuum* do espaço quase de maneira coreográfica",[8] de onde decorrem consequências éticas: ao homem, embricado no plano do mecanicismo da natureza, só resta executar seu plano. Desaparece, de fato, se não de direito, a experiência da liberdade, pois esse universo, em sua indiferença, contém e explica toda a ordem da natureza e do homem, à revelia de sua vontade ou consciência. Benjamin não critica o racionalismo e o historicismo por seu "relativismo ético" ou sua "ausência de convicções" com respeito a valores tradicionais, ou pela "ausência de valores humanos" universais, mas pela tendência profundamente germânica e dominante na cultura alemã nos anos da Primeira Guerra Mundial de fazer do conceito *Kultur* o porta-voz de seus mais altos valores. Assim, a diferença entre o espírito e a política contém a diferença entre cultura e civilização, entre direito de voto e política, por um lado; arte e literatura, liberdade, de outro. A germanidade é a cultura, o espírito, a liberdade, a arte. Desse ponto de vista, todas as forças que se opuseram à Guerra, reunindo-se contra a Alemanha, o teriam feito em nome da "civilização". De onde a guerra levada a termo por Guilherme II ter sido declarada em defesa do espírito alemão contra a civilização ocidental europeia.[9]

Para Benjamin, este era o espírito presente em grande parte da vida intelectual e política alemã, que compreendia a História como "progresso ininterrupto da cultura", esquecendo os vencidos e falsificando seus combates.[10] A concepção continuísta do tempo na física mecânica é estendida à História, de maneira que o tempo natural toma o lugar do tempo histórico, como o Reich dos Mil Anos de Hitler. Por isso Benjamin critica o *more geometrico*, nele incluindo as variantes do racionalismo na política. Nesse sentido, Guenancia escreve: "o mecanicismo, tal como o concebe Descartes, não é nem contrário nem conforme à liberdade humana, ele lhe é totalmente

---

8 *ODBA*, p. 97.
9 Cf. Mann, 2001; Simmel, 1911; Cassirer, 1995, entre outros.
10 Nesse sentido, Benjamin se refere à Liga Spartakista e a Blanqui, nas teses "Sobre o conceito de história" e nas *Passagens*.

estranho [...] O mecanicismo expulsa, pois, o homem do Universo depois de tê-lo regrado sob um modo de funcionamento uniforme" (Guenancia, 1983, p.26). O que, sabe-se, Descartes consegue pelo domínio da natureza exterior ao homem pela mecânica, domínio da natureza no interior do homem pela medicina e pela moral.

Contrariando o otimismo cartesiano e seu ideal da evidência racional, bem como a óptica e a dióptrica que pretendem expulsar os fantasmas da visão, o barroco entende o mundo como uma "utopia ao revés", paródia da "realidade", pois esta é *sono e sonho*. Como podemos ler na *ODBA*, Gryphius, entre os alemães, foi quem mais valorizou tudo o que diz respeito a espíritos, fantasmas e sonhos proféticos (Benjamin, 1984, p.157). Porque fábula ou teatro são o mundo e a procura da verdade (cf. Champiguy, 1959, p.370-7). A realidade assim transfigurada se encena no "gran teatro del mundo", teatro de ilusões no qual nunca poderemos estar seguramente de posse da verdade. No universo em que todas as verdades podem se contradizer, não se está longe de afirmar que "a contradição é a verdade" (cf. Merleau-Ponty apud Motta, 1997, p.59), pois, no barroco, todas as coisas caem no vazio, adágio que reavê temas do estoicismo e do materialismo antigo de Lucrécio que, no *Da natureza das coisas*, nega a organização divina do cosmos, pois esse céu está povoado de divindades inúteis.

Se no plano do conhecimento o homem se perde na impermanência das aparências, no plano da ação é colhido na "roda da fortuna". O retorno da deusa do panteão antigo no barroco corresponde à nova economia mercantil europeia, dos empreendimentos da concorrência econômica e a da ontologia do risco. Ao contrário da Idade Média e seu gosto pela estabilidade, que alertava contra a *vanitas* sobre a qual tinha poder a caprichosa deusa que manifestava a tendência de todas as coisas à derrocada final, a modernidade depreende da roda do destino uma metafísica da sorte, da ascensão e da queda, todos os riscos da *vita activa* na qual domina o acaso para os êxitos ou fracassos na vida. Fator de heteronomia e marca de impotência, a fortuna tem poder sobre a contingência que impera nos assuntos humanos. Assim, se a natureza está sujeita ao aleatório, o hábito e o caráter estão ainda mais, pois se o hábito leva à repetição, a simples constância não garante a necessidade de se fazer o que já se fez e fazê-lo sempre, o acaso pode produzir ações incontinentes no homem virtuoso, e promover o injusto a prudente: "de que contrários consiste o homem! Que Impossível mistura! Vício e Virtude, corrupção e eternidade e, em um único homem, levam-no à perdição".[11] Para metaforizar este estado, o barroco constrói cenas noturnas às quais Benjamin se refere na *ODBA*, associando *caos* e *noite*, como em *Otelo*: "*chaos is come again*". Em *O rei Lear*, a tempestade é o caos, a natureza inteira é uma vertigem do cosmos, gira ao redor da crueldade incompreensível da natureza, da natureza exterior e da humana. Em *Macbeth* o mundo noturno é o dos assassinos e feiticeiras e, segundo uma opinião generalizada à época, a meia-noite é a hora em que o tempo para, como o ponteiro de uma balança: "o drama de destino", escreve Benjamin,

> atribui importância dominante à hora dos espíritos [...] Como o destino, a verdadeira ordem do eterno retorno só pode ser concebida temporalmente num sentido figurado [uma vez que o tempo é repetição, é destino e fatalidade] [...] suas manifestações [as do destino] procuram o tempo-espaço. Elas se imobilizam no meio da noite, janela do tempo em cuja moldura reaparece continuamente o mesmo vulto espectral.[12]

A modernidade é, para Benjamin, o retorno do destino e domínio do acaso. O tempo da modernidade é espectral, sua atemporalidade é a do tempo paralisado, como o sol negro da acídia que estigmatizava uma "eternidade negativa", em um dia insuportavelmente longo. A hora barroca é a das aparições, porque "o medo dos espíritos não tem história".[13]

A empatia – tanto do positivismo quanto do historicismo – se realiza pelo determinismo dos fatos ou por seu essencialismo, empatia com o que há de obscuro e malogrado, identificação com os fantasmas do passado. Seus "mistérios" suscitam a curiosidade e o desejo de buscar em magos e adivinhos a contenção de angústias. Benjamin identifica neste procedimento uma prática de imediação própria à *Einfühlung* em sua dogmática subtração do passado à experiência do presente. Ela é a idolatria do *acontecido*. A *Einfühlung* é, para Benjamin, "preguiça do coração", é acídia que evoca a ideia de curiosidade: "a empatia (*Einfühlung*) mascara a simples curiosidade com o disfarce do método [...] Nessa aventura, a falta de autonomia carac-

---

11 Chapman, 1998.
12 Cf. *ODBA*, p.158.
13 Idem, ibidem.

terística da presente geração sucumbiu ao peso impressionante do barroco, ao defrontar-se com ele".[14] O homem barroco não tem fé, só crenças substituíveis e intercambiáveis.

No ODBA, a acídia é o sentimento melancólico da onipotência da fatalidade que destitui de qualquer valor as ações humanas, conduzindo à submissão total à ordem existente, à consulta de astrólogos e árvores genealógicas que prosperaram na República de Weimar na época de ascensão do nazismo. Como meditação profunda sobre a condição decaída do homem pelo pecado original que o reduz à condição de criatura, o *Trauerspiel* põe em cena a contingência de um mundo em que tudo se equivale, em que o homem é simples suporte (*Träger*) de constrangimentos e coerções: dominado por esta "lógica" que ele não domina, deixando-se atrair pelo cortejo solene e majestoso dos poderosos. Desse modo, pode-se dizer que a Primeira Guerra Mundial, como fantasmagoria, se tornava cada vez mais inapelável e definitiva à medida de sua aproximação.

Inapelável é o curso da história que se desenrola no palco barroco, porque ele é a temporalidade da repetição: "É sobre a repetição que se baseia a lei do *Trauerspiel* [...] [Este] esgota artisticamente a ideia histórica da repetição"[15] que, diferentemente da tragédia antiga, não produz imortalidade, mas somente espectros e assombrações, porque "onde não há mais deuses, reinam os espectros" (Novalis). Nele se dissociam significante e significado, de tal forma que as ações e as coisas podem ter qualquer sentido ou sentido algum. De onde o conceito de história natural, a queda da história em natureza segundo a ideia de ciclo ou de repetição.

O pessimismo histórico do barroco alemão compreende que o homem é cego, sem vontade própria ou com vontade fraca: "a humanidade atual vacila, às cegas, em um labirinto cuja entrada, saída ou estrutura ninguém conhece. Eis o que chamamos a história".[16] Se a escatologia pensava em acelerar o tempo histórico para a chegada do Messias e para a redenção, o barroco não acredita no além, o fim dos tempos é a catástrofe que é preciso retardar e evitar a qualquer preço por meio da soberania inviolável do go-

---

14 *ODBA*, p.76.
15 *ODBA*, p.258.
16 Aqui Benjamin acompanha Cortez apud Schmitt, 1988, p.67.

vernante.[17] Na *ODBA*, Benjamin observa: "o soberano representa a história. Segura nas mãos o processo histórico como um cetro".[18] Seu duplo moderno encontra-se na *Ditadura* de Schmitt, em que Benjamin reconhece a história que se torna natureza, a modernidade aparecendo em sua *facies hyppocratrica* como "estado de exceção em permanência".

O estado de exceção se manifesta entre a política e o direito, em uma circunscrição incerta e paradoxal, pois, como no artigo 48 da Constituição de Weimar, apresenta-se como a forma legal do que não poderia ter nenhuma legalidade. Dando continuidade à análise da exceção benjaminiana nos séculos XVII e XX, Agamben analisa a suspensão das liberdades individuais e direitos civis por Hitler no "Decreto para a proteção do povo e do Estado", de 28 de fevereiro de 1933, decreto vigente por doze anos no período do Terceiro Reich:

> o totalitarismo moderno pode ser definido, neste sentido, como a instauração, através do estado de exceção, de uma guerra civil legal, que permite a eliminação física não apenas dos adversários políticos, mas de categorias inteiras de cidadãos que, por uma ou outra razão, parecem não integrados ao sistema político. A partir de então, a criação voluntária de um estado de emergência permanente (mesmo não sendo declarado em seu sentido técnico) tornou-se uma das práticas essenciais dos Estados contemporâneos, inclusive daqueles denominados democráticos. (Agamben, 2003a, p.11)

Nesse sentido, trata-se de uma indeterminação entre democracia e absolutismo. História-natureza significa que a natureza é o reino do inorgânico, retorno do vivo ao inerte, à condição de objeto ou coisa sem defesa.

Contra a hegemonia da história historicista e positivista e sua idolatria do símbolo e do fato consumado, de sua utopia do significado único dos acontecimentos, a alegoria barroca recupera seus desvios e deslocamentos. Nesse sentido, Benjamin cita, nas *Passagens*, obras que recenseiam diversos períodos da história e a arquitetura dos arcos do Triunfo, da Roma Antiga a Napoleão III. Que se pense nas alegorias barrocas dos baixos-relevos dos

---

17 O absolutismo monárquico foi preparado pelo assassinato de Henrique IV na França durante as guerras de religião, quando os protestantes recusaram o poder da cúria e não permitiam destituir um príncipe considerado tirano.
18 *ODBA*, p.65.

arcos de triunfo em que príncipes vitoriosos, no alto de triunfantes carruagens, arrastam atrás de si vencidos escravizados e baús transbordantes de ouro, joias, cortejos triunfais, mas abalados na marcha por um instante de interrupção temporal, de iluminação. Contra *chronos*, o *kairós*.

Na senda de Maquiavel, o *Jetztzeit* é *virtù*, a tentativa de vencer a dramaticidade do desencontro entre o Eu e o Mundo, revelando uma experiência histórica em que dois momentos separados no tempo se relacionam e, sendo messiânico, reconcilia o passado e o presente, vencendo o que no passado esteve separado de si mesmo e se perdeu. Se os acontecimentos na história se apresentam em sua desunião, o *Jetztzeit* é união do que se desuniu, se perdeu e dispersou. Se a experiência histórica é quase sempre trauma e choque, interrupção da identidade e dissolução, o *Jetztzeit* é desalienação radical, é o verdadeiro "estado de exceção".

Nos *Rastelli Raconte*, Benjamin comenta Veneza e seu corso, durante o carnaval que "é um estado de exceção", derivado das antigas saturnais, quando o alto e o baixo trocam de lugar e os escravos se faziam servir por seus senhores. Ora, um estado de exceção só pode se definir em oposição total a um estado costumeiro, pois, aqui, terminada a festa tudo volta ao normal, o alto retomando seu lugar. No "verdadeiro estado de exceção" não há mais poderes coercitivos – como o "estado de exceção" da ditadura schmittiana – nem alto nem baixo. Será a sociedade sem classes e, de maneira mais fundamental, a da divisa: *ni Dieu ni Maître* (cf. Benjamin, 2010, p.226).[19]

---

19 Cf. Benjamin e seu ensaio sobre Bachofen e o matriarcado, bem como a utopia do feminino como não dominação, como no fragmento "Sócrates", em que Safo é personagem de Eros e Sócrates, do logos (Rochlitz, 1992; Löwy, 2005; cf. ainda a antologia do anarquismo em Guérin, 2005).

4. Democracia e visibilidade:
princípio de realidade e estado de exceção

"Paris, capital do século XIX" não é um lugar nem uma data, mas uma época, a da emergência do capitalismo moderno e da universalização do fenômeno do fetichismo. Não por acaso, Benjamin observa que um "torpor mítico se abateu sobre a Europa". Reativação, portanto, de forças desconhecidas que produzem pensamentos e induzem comportamentos. Passividade radical, no capitalismo, mesclam-se consciente e inconsciente, trabalho vivo e trabalho morto, capitalismo milionário e insurreições operárias, democracia e estado de exceção. Este se caracteriza pela indecidibilidade entre a norma e sua suspensão, dissolvendo o princípio de realidade, a separação entre fato e direito, o que é da ordem do hábito e da repetição inconsciente e o que pertence a deliberações e à autodeterminação da sociedade. Nesse sentido, nas *Passagens*, Benjamin refere-se a Turgot e à democracia ateniense: "[nos povos da Grécia], os espíritos estavam sempre em atividade, a coragem sempre excitada; as luzes do pensamento cresciam a cada dia." (Benjamin, 2006, p.520). Isso significa, como observa o helenista Moses Finley, que Atenas inventou a política e a democracia por um acontecimento que a diferenciou da Antiguidade oriental e dos bárbaros: a visibilidade e a liberdade de expressão e pensamento.

Não mais explicadas as relações sociais pela interferência de forças exteriores, transcendentes e invisíveis com respeito à pólis, o poder político separou-se de formas heterônomas da autoridade: o poder privado do chefe da família, do chefe religioso e do chefe militar, a personagem de um rei concentrando simultaneamente os poderes econômicos da vida privada e da vontade pessoal, do sagrado e da guerra. No universo da pólis o poder não mais se identifica com o pai, o sacerdote ou o comandante. Na tragédia *Os persas*, de Ésquilo, tomada de estupor, a rainha Atossa, mãe de Xerxes, pergunta ao arauto que lhe comunica a derrota do "rei dos reis", do mais poderoso e temido imperador do mundo antigo, que homens ousaram desafiar o invencível e temido chefe, a que o mensageiro responde: "não são senhores nem escravos de ninguém". A Atenas democrática repeliu o invasor. Na feitura das leis, no debate das opiniões e no conflito dos argumentos, dá-se a visibilidade no espaço público e a igualdade de todos perante a lei. Membros natos das assembleias e dos tribunais, partícipes da força militar e por isso "cidadãos armados", estes tomam a palavra que migra do recinto fechado do palácio e do saber secreto para a circulação na praça pública.[1] O sentido da política se expressa nas palavras pronunciadas pela deusa Atena na Oréstia de Ésquilo: "aqui fundo um tribunal inviolável, sagrado, mantendo uma fiel observância para que os homens possam dormir em paz".[2]

A "bela totalidade grega" é um cosmos que reúne cosmologia e política, ética e estética:

> a pólis é vista espacialmente como a expressão de duas dimensões, uma cosmológica, outra política. Assim, ela é circular como a Terra e o universo, e como eles tem um centro, a Ágora. Esta organização cósmica é geometricamente isomórfica a uma organização política, baseada nos conceitos de equidistância de todos os cidadãos ao centro político, e de simetria, equilíbrio e reciprocidade [...] O princípio da isonomia também era usado em relação à saúde, para expressar proporções justas e o equilíbrio entre os elementos opostos do corpo [...] No contexto desta visão de mundo, o conceito que lhe é nuclear e totalizante é o de comensurabilidade, que está intrinsecamente ligando em um todo Religião e Cosmologia, Filosofia, Política, Estética e noções de Saúde corpórea e bem--estar. (Logopoulos, 1998, p.280)

A pólis inventa a política e a graça (*charis*) como busca da vida justa e do bem-viver, sendo a felicidade uma forma de atividade do *logos*. Diferenciando-se da pura *phoné*, a voz transforma-se em palavra apta a expressar o útil e

---

[1] Por isso, na senda de Debord, o Maio de 68 francês – a "segunda Revolução Francesa" – inscreveu nas paredes da cidade: "basta de atos, queremos palavras". E também: "não tomem o poder, tomem a palavra".

[2] Sobre a importância do diálogo e da linguagem na vida política em Debord, cf. Aquino, 2006.

o prejudicial, o justo e o injusto, o bem e o mal. Porque os gregos indiciavam um sistema político e social baseado no segredo da informação e no poder despótico de um monarca, separavam-se com respeito aos bárbaros. Bárbaros "balbuciavam", "rugiam", não tinham clareza na comunicação (Ferreira, 2005).

A língua – *medium* de individuação e de intersubjetividade – é modo de associação e participação, cuja quintessência foi a pólis clássica. Esta consistiu na decisão política e intelectual, levada a termo por Clístenes, de transformar o sistema tribal da vizinhança e da consanguinidade e uma simples população – dispersa em um mesmo território – em povo, em identidade coletiva, em pertencimento a um destino comum. No compartilhamento de esperanças e valores dignos de renome e fama, havia a elaboração de um Ideal de Ego que, na sociedade, se estabelece como Superego, em costumes, na ética e na moral. Se na Atenas democrática a existência do trabalho escravo e outras tarefas subordinadas à reprodução imediata da vida material e biológica atesta "alienação" da vida do espírito, a separação entre trabalho manual e trabalho intelectual manifesta graus de conhecimento. A *empeiria* sendo uma faculdade produtiva adquirida pela observação e com o auxílio da recordação não é inteiramente alheia à *epistemé* e ao universal. Assim, a experiência é uma modalidade de conhecimento que diz respeito à vida prática, é uma sabedoria da experiência, é práxis na qual se adquire um conhecimento que vai além da própria práxis, da própria produção e de seus eventuais resultados. Assim, por sua origem, a experiência grega não se contrapõe à razão mas constitui um saber prático no plano dos fatos singulares, é pré-requisito do conhecimento racional e tem seu fundamento em princípios universais. Assim a *techné* não é pura "imediaticidade", simples know--how e "saber fazer", mas produção baseada em princípios universais. Transportada para a política e para a vida democrática, a práxis é um saber da experiência que não separa *a priori* quem detém o conhecimento da vida em comum e quem dele está excluído por algum déficit na faculdade de julgar. As leis de Clístenes favoreceram a reunião de indivíduos, fora do âmbito restrito e familiar, criando outros modos de afeto, ternura, admiração e sublimação que são o *demos* e a *philia*, para os quais é essencial a palavra: "a sociedade grega", escreve Bernard Stiegler (2006a, p.33), "constituiu-se pela socialização participativa da escrita alfabética, como técnica de memória e trocas simbólicas. É pela prática desta técnica que se realiza o cidadão – e de maneira tal a modificar a relação com a língua que se torna assim um *logos* – como cidadão, isto é, como sujeito de direitos".[3] Com efeito a ciência grega não separava o saber do saber-viver, o que o homem grego procurava conhecer desejava também viver, razão pela qual se perguntava pelos fins últimos, se úteis e desejáveis para a realização do Sumo Bem.

Desse modo, a ciência moderna constituiu uma ruptura entre o homem e o mundo, a substituição da *vita contemplativa* pela *vita activa* foi um ato de alienação e de estranhamento cuja fonte foi a revolução cosmológica da ciência moderna. No texto clássico de Koyré, *Do mundo fechado ao universo infinito*, o filósofo da ciência indica de que maneira, entre os séculos XV e XVI, tem fim o cosmos antigo e o mundo fechado, fruto das transformações nos quadros do pensamento que abrangeram todos os domínios da vida, da ética à política, da religião aos costumes. Copérnico foi o primeiro a desestabilizar a ordem tranquilizadora de um universo cujo centro imóvel era a Terra. Com ele, o Sol é fixo e a Terra gira, espécie de anomalia compensada pelo círculo que fundamenta as certezas matemáticas eternas, prova de sua perfeição, à imagem e semelhança do criador, pois sua geometria é a da harmonia platônica das órbitas e dos círculos que os planetas descrevem em torno do Sol divino. Em seguida, para Kepler, a harmonia não é a dos círculos mas das elipses, figura aberrante porque carente de centro. Depois Galileu descobre manchas no esplendor do Sol e amplitudes inimagináveis dos astros e do universo. Também a geografia revela distâncias antes impensáveis na Terra, a nova cosmologia ampliando as dimensões até então aceitas do universo, e Deus, que se acreditou tão próximo deste planeta, agora se distancia em um espaço infinito em que muitos iriam perdê-lo para sempre, na consciência trágica do abismo que separa a criatura pecadora do Criador perfeito. Mais adiante, a modernidade capitalista vem a ser a morte de Deus, a cultura científica é a do "desencantamento do mundo". Com Darwin, o homem não

---

3 Se a pólis é o lugar de entrecruzamento do pensamento e do espaço público, o encolhimento da esfera pública atrofia o pensamento, é passividade que compromete a democracia. Já para Debord, há alienação na democracia ateniense, na separação do poder com respeito à cidade: "o poder partilhado das comunidades gregas existia apenas na *dépense* de uma vida social cuja produção permanecia separada e estática na classe servil. Somente aqueles que não trabalham vivem. Na divisão das comunidades gregas e na luta pela exploração das cidades estrangeiras, estava exteriorizado o princípio da separação que fundava interiormente cada uma delas" (cf Aquino, 2006).

apresenta nenhuma dignidade própria, é somente um primata superior. Para Nietzsche, Deus e valores morais são fruto de obscuras forças reativas e da "potência" dos escravos e fracos. Marx aloja Deus no âmbito da ideologia e da ilusão religiosa, encobridoras das relações de poder e dominação na sociedade e é o "ópio do povo". Quanto a Freud, Deus é a ilusão de homens que sentem medo do desconhecido e da morte e, assim como a superstição é uma religião privada, a religião é uma superstição pública.

Destruição do cosmos, geometrização do espaço e desencantamento do mundo significaram o advento do espírito geométrico, contrafação à geometria cósmica e ao espírito de geômetra antigo, que preparavam o espírito ao "mais elevado", à contemplação da harmonia das esferas dos astros fixos e dos errantes, imponderáveis e luminosos. Completando sua trajetória, os corpos astrais eram governados pela "máquina do mundo", pelo artesão do Universo, que punha em movimento "o céu e outras estrelas". Com o fim do cosmos hierarquizado medieval e seus graus de realidade e perfeição, de Deus a Demônios, nasce um universo "interminado", indefinido, infinito:

> o abalo do mundo foi a passagem também da *theoria* à práxis, da meditação à ação. Da mesma forma, foi talvez ainda o fim da ataraxia, pois, nessa necessidade de ação, naquilo que de alguma forma joga o homem para fora de si mesmo, reside a passagem da quietude à inquietação, como preço do progresso, do despertar, da liberdade. (cf. Queval, 2004, p.90)

Se completude e perfeição encontravam-se na ideia de limite, a modernidade passa a entendê-lo como barreira, confundindo liberdade e onipotência, extinguindo os ideais de moderação das paixões e dos desejos. O espírito geométrico é o da mensuração e do esquadrinhamento de um espaço isótropo onde o distante é reconduzido a um ponto de proximidade, abstrato e matemático, em que todos os lugares se equivalem. Dessa passagem, Galileu e Descartes são os protagonistas:

> a filosofia – entenda-se a ciência da natureza – é escrita neste grande livro que está constantemente aberto a nossos olhos. Quero dizer, o universo. Mas ele não pode ser compreendido sem que antes se aprendam a língua e os caracteres nos quais ele foi escrito. Foi escrito em língua matemática e os caracteres são os triângulos, círculos e outras figuras geométricas sem as quais é humanamente impossível compreender dele uma só palavra. (Galilei, 2000)

O saber domina o universo pelos números e pelos aparelhos que alteram a percepção das coisas, o microscópio distanciando o que é próximo, o telescópio aproximando o distante. Hannah Arendt atribui ao telescópio o primeiro ato de alienação do homem com respeito a seu mundo, coloca o homem no lugar de Deus, fazendo-o ingressar no mistério da criação, conhecendo-o tal como Deus o criou. Não mais se perguntando pelos fins últimos e pelo Sumo Bem, a ciência abandonou a questão metafísica do por que os corpos caem pela questão pragmática "como os corpos caem?". Passagem também da *vita contemplativa* à *vita activa*, ao *homo faber* e suas preocupações com este mundo. Este é o homem de ciência que fabrica seu próprio destino; no entanto, é desterrado do mundo que ele próprio criou. A ciência, ao redefinir a Natureza, o conhecimento e a técnica, alienou-se do homem, não mais interrogando os fins últimos, se úteis e desejáveis. Na *Dialética do esclarecimento*, Adorno e Horkheimer explicitam as consequências da ciência moderna e da razão instrumetal, que pretende o domínio da natureza para fins de produção, de consumo e de manipulação tecnológica, concepção negativa da técnica que só procura vencer a impotência originária do homem diante da natureza, esta sempre mais forte e ameaçadora. Saber é poder, domínio da natureza é progresso. A ideia de progresso identifica progressos da ciência e da técnica com o progresso da humanidade, dissimulando suas regressões.

Na contramão da ideologia da racionalidade tecnológica e do controle científico do mundo mediante leis, encontra-se o pensamento de Paul Scheerbart que se opõe à onipotência e à operacionalidade das ciências naturais. No conto "O terror que vem do vidro", o autor narra a fantástica história da vitrificação de pessoas, animais e coisas em uma grande superfície do território alemão, subitamente recoberto por uma carapaça de vidro, sendo que nenhum cientista – e tampouco o protagonista-professor de química – consegue explicar o fenômeno: "tudo isso está em manifesta contradição com as leis da natureza. Eu, no entanto, sempre digo: não temos a mais pálida ideia das leis da natureza. Na Terra existem combinações entre elementos que ignoramos completamente" (Scheerbart, 1982, p.174). Diante do espanto e da impossibilidade em reduzir os fenômenos a uma lei que garanta sua constância e reprodutibilidade, "o governo proíbe a Universidade de falar de agora em diante de 'leis da natureza', já que graças àquela camada liquefeita de vidro a capacidade de raciocínio humano se mostrara insuficiente para conhecer-lhe a lei" (Scheerbart, 1982, p.180). Walter Benjamin procura em Scheerbart refutar o perigoso mito segundo o qual os desenvolvimentos da ciência e da técnica culminariam automaticamente no aprimoramento das condições sociais de vida e da liberdade, e que o desenvolvimento material poderia instituir uma sociedade emancipada da insegurança e do medo. Benjamin insistia em que o progresso capitalista industrial – acrescente-se o pós-industrial – determinou uma notável regressão social que transformou a vida moderna exatamente no contrário do paraíso realizado – em inferno. Benjamin encontra no modo de produção contemporâneo de mercadorias, o trabalho mecanizado, a padronização e a produção em série de um mesmo objeto. O inferno da repetição é a origem da abrangência do fetichismo e sua expansão a todos os fenômenos urbanos e à política, a forma-mercadoria criando e recriando uma visibilidade fantasmagórica. Trata-se do fim da experiência conquistada ao longo do tempo e do advento de um campo de desconhecimento do saber e do sentido das coisas que se separam do sujeito e recaem na dimensão do segredo.

O desaparecimento do valor de uso no valor de troca, o caráter abstrato das mercadorias no capitalismo moderno constituíram o eixo das análises de Marx em que se desvelou o segredo da mercadoria, abrindo-se ao pensamento o reino enfeitiçado do Capital. Com efeito, em "O caráter de fetiche da mercadoria e seu segredo" Marx expõe a maneira na qual o Capital produz ocultamento ao deixar tudo à vista, sendo provável que Marx, ao escrever sobre o caráter de fetiche da mercadoria, tivesse em mente o Palácio de Cristal, construído para a exposição universal de Londres em 1851. Dando continuidade às análises de Marx, Benjamin considera o vidro, translúcido, um material onírico onde se alojam as contradições inerentes à sociedade industrial, como na descrição de um de seus brinquedos de infância em *Rua de mão única*, artefato cheio de magia que o aguardava nas visitas à sua tia Lehmann – a mina subterrânea.

O brinquedo permite apenas acionar o mecanismo que o põe em movimento, como as engrenagens de um relógio. Para a criança, o carvão transfigura-se, nas profundezas da mina, em minerais nobres e brilhantes, em filigranas de prata. Mas são também galerias subterrâneas das quais Benjamin é o arqueólogo. A esse respeito Peter Sloterdijk (2005b, p.251) observa:

a interpretação que Benjamin dava [das passagens de Paris, essas construções em ferro e vidro] inspirava-se na ideia marxista realista, embora trivial, segundo a qual, por detrás das superfícies brilhantes das mercadorias dissimula-se um mundo de trabalho desagradável e, por vezes, sinistro [...] O contexto mundial criado pelo capitalismo era enquanto tal, o inferno [...] O belo mundo sob o vidro era um dos avatares do inferno de Dante.

Trabalho diabólico, nos ínferos da terra, ele é também repetitivo e sempre igual, automatizado e objetivado com respeito ao trabalhador de tal modo que, em suas relações com a máquina, os operários aprendem a ajustar e coordenar uniformemente seus próprios movimentos aos do autômato (Benjamin, 2000b, p.103-49). Valendo-se das análises de Marx em *O capital*, Benjamin interpreta o trabalho repetitivo do trabalhador no interior da grande indústria como perda da experiência e do saber fazer, perda de seu sentido e destinação. Diversamente do trabalho artesanal, o trabalho especializado moderno não é aperfeiçoamento progressivo, mas um alheamento de si nos mecanismos de estímulo e resposta, sem continuidade e sedimentação do saber e do fazer, isto é, sem experiência. Para Benjamin, a modernidade é o inferno, é repetição desesperadora de penas eternas e sempre novas, do aprisionamento do trabalhador na cadeia de montagem, em uma circunstância que Benjamin assimila à de Sísifo, condenado ao eterno retorno da mesma punição. Como à entrada do Inferno de Dante, vale à fábrica a mesma inscrição: *"Per me si va nella cità dolente,/per me si va ne l'etterno dolore,/per me si va tra la perduta gente"*[4] (cf. Alighieri, 1979, Inferno, canto III, 1-3, p.120).

O processo produtivo encontra-se também na visibilidade, exibição e exposição das mercadorias e da multidão que se desloca na metrópole, tão mecanizada quanto o modo de produção, feito de rupturas constantes e justaposições ilógicas, como na cadeia de montagem de uma grande fábrica. Labilidade, incessante novidade, recepção distraída de acontecimentos envolvem toda mercadoria, criando e recriando uma "epifania fantasmagórica", o que Debord, por sua vez, designa na expressão "sociedade do espetáculo" que cinde representante e representado, dissociando o que deveria se

---

[4] "Por mim se vai à cidadela ardente,/Por mim se vai à sempiterna dor,/Por mim se vai à condenada gente".

manter em uma relação imediata a si, na autonomização do sentido que deveria pertencer aos produtores: "o espetáculo não diz respeito ao olhar, mas antes é o que escapa à atividade dos homens, à reconsideração e à correção de sua obra. É o contrário do diálogo", isto é, da comunicação. O "mundo comum" induzido pelo espetáculo revela sua natureza anticomunicativa: "o espetáculo", escreve Guy Debord (1997, parágrafo 20), "é a realização técnica do *exílio* dos poderes humanos em um mais além". Esse mais além é o que escapa à razão autônoma em sua livre faculdade de julgar, o que se dirige a um público prescindindo da compreensão, para persuadi-lo pela comunicação imediata, sem dispor de nenhuma demonstração. Se Aristóteles, em sua *Retórica*, avaliava que a demonstração procede da lógica, do verdadeiro e do necessário – partindo de premissas certas concernentes à elaboração de um saber teórico –, e a persuasão releva da lógica do verossímil – cujas formulações contingentes e prováveis pertencem ao campo da política e da opinião, em ambas – na lógica e na persuasão –, trata-se de um mundo que se constitui por uma linguagem comum cujo solo é um "mundo comum". Já no espetáculo moderno, que separa a imagem das coisas, "os homens são separados pelo que os une" (cf. Agamben, 1997, p.69).

Assim, a informação como modalidade da comunicação corresponde ao processo de abstração em que "as relações entre as pessoas é mediada por imagens" de tal forma que se vê perdida a capacidade individual de compreensão dos fenômenos. Para Benjamin, a difusão da grande imprensa jornalística tem essa característica: se o jornal se propusesse a fazer com que o leitor pudesse se apropriar das informações como parte de sua experiência, perderia inteiramente seus objetivos. Mas seu intento é exatamente o contrário, e este ele obtém. É o de excluir rigorosamente os eventos do âmbito em que pudessem atingir a *experiência* do leitor. O princípio da informação jornalística (novidade, brevidade, inteligibilidade e, sobretudo, falta de qualquer conexão entre as notícias) contribui para este fim, bem como a paginação e a forma linguística (cf. Benjamin, 2000b, p.103-49). Quando as imagens construídas e escolhidas pelos meios de comunicação de massa se tornam a relação principal do indivíduo com o mundo, a imagem passa a reger a vida social como um todo, segundo seu modo de desempenho próprio que é o da justaposição de imagens sem que elas se contradigam, simplificando o mundo sensível por constantes e arbitrárias surpresas, sem deixar espaço e tempo para reflexão, proscrevendo a compreensão, prescindindo do pensamento do espectador. As reportagens televisivas de catástrofes no Brasil comportam sempre a pergunta "o que você sente", jamais "o que você pensa".[5] A informação produz um mundo em que tudo é mostrado, que procura identificar, ver e saber, mas que é um "sensível suprassensível", como o fetiche da mercadoria.

Debord (1992, p.30) compreende o capitalismo contemporâneo como o efeito combinado de cinco traços principais: "a inovação técnica incessante; a fusão econômico-estatal; o segredo generalizado; o falso sem réplica; um presente perpétuo".[6] A fusão da política na economia, a indecidibilidade entre o manifesto e o escondido, a cópia sem protótipo e o futuro como tempo perdido correspondem a falsas necessidades. Falsas, pois não são fruto de escolhas e decisão conscientes, nas quais os homens escolhem – mas inconscientemente – pois são predeterminadas pelo mercado. O verdadeiro é "um momento do falso" porque, diversamente do que foi idealizado por Hegel, para quem o falso era um momento do verdadeiro, a falsa consciência é a verdadeira, a forma-mercadoria corresponde ao arcaísmo do Id e é assim realização de desejos. Assimilada a ideologia do mercado pela realidade, esta não mais se diferencia das mercadorias, portadoras de atitudes e hábitos pré-dados: "os produtos doutrinam e manipulam, promovem uma falsa consciência imune à falsidade" (cf. Marcuse, 1973, p.32).

Na sociedade do espetáculo – a da separação universal – cuja manifestação primordial hoje é a dissociação entre o sentido e as coisas, dá-se uma

---

5 Em *Simulacro e poder: uma análise da mídia*, Marilena Chaui, indicando a substituição do espaço público pelo da intimidade, explicita a operação de destituição do pensamento e a adoção do "sentir" imediato. No caso de entrevistas, por exemplo: "entrevistadores (que aparecem nos noticiários, mas também em quase todos os programas televisivos e de informação e comunicação em geral) não perguntam aos entrevistados o que pensam ou o que julgam dos acontecimentos, mas o que sentem, o que acham, o que lhes agrada ou desagrada. E, em 1986, quando do bombardeio ao palácio de Kadafi, presidente da Líbia, pelo governo de Israel, uma rede de televisão brasileira lhe perguntava, no calor dos acontecimentos, em uma entrevista exclusiva: "o que o senhor sentiu quando percebeu o bombardeio? O que o senhor sentiu quando viu sua família ameaçada? Nenhuma pergunta sobre o significado do atentado na política e na geopolítica do Oriente próximo; nenhuma indagação que permitisse furar o bloqueio das informações a que as agências noticiosas norte-americanas submetem a Líbia" (Chaui, 2006, p.6).

6 Sobre a aceleração do tempo segundo o mercado mundial, as novas tecnologias, a perda do futuro e as patologias que isso implica, cf. Aubert, 2003.

mutação no aparelho psíquico do homem, com o desaparecimento do "esquematismo da imaginação". Kant o compreendia como a faculdade que permite a transição dos dados imediatos das sensações ao entendimento lógico-científico, do empírico ao abstrato, da dispersão dos objetos no espaço a seu sentido. Expropriado pela sociedade espetacular-mercantil, o esquematismo realiza-se, na sociedade do espetáculo e da indústria cultural, pelo mercado que oferece as coisas já organizadas para o consumo, privando da possibilidade de pensá-las; não impõe convicções, mas impede que elas se formem (Duarte, 2008). O espetáculo moderno é uma das formas do segredo, o mais visível recai na dimensão do sem-sentido. Se Benjamin considera o capitalismo moderno como estado de emergência, é justamente por constituir uma zona de delimitação incerta entre democracia e absolutismo, entre estado de direito e estado de exceção. Indicando o caráter equívoco de toda evidência, Debord, por sua vez, reserva para a sociedade do espetáculo a designação de "segredo aplicado": "onde se manifesta o mais visível, lá se esconde o que mais se dissimula" (Dewerpe, 1994, p 108).

Na modernidade, os processos de abstração do pensamento – o pensamento analítico, esvaziado de conteúdo e de sentido – se traduzem, na cidade, no advento da multidão e seu anonimato. Não por acaso, Benjamin encontra em E. A. Poe e em Baudelaire reflexões sobre a multidão e a emergência do romance policial: "o conteúdo social primitivo do romance policial é a obliteração dos vestígios do indivíduo na multidão da grande cidade". Ela suscita o pânico, é massa anônima e sem rosto, manifesta o número infinito de sósias que vêm roubar nossa alma e nosso destino. Benjamin refere-se ao conto "O mistério de Marie Roget", cuja protagonista é assassinada ao dirigir-se à casa da tia. Uma das hipóteses é ter sido ela morta assim que deixara a pensão de sua mãe. Mas o detetive acredita, ao contrário, que simplesmente ela não encontrou ninguém capaz de reconhecê-la em seu caminho porque o número de pessoas que se deslocam nas avenidas e ruas é infinitamente maior do que as possibilidades de serem identificadas na multidão. O anonimato permite os disfarces, as várias identidades e assim esconder um criminoso:

> neste mundo anônimo, talvez eu não seja quem digo que sou, e nisso encontra-se uma fonte profunda de riscos e temores [...]. O indivíduo, se quiser, desaparece na massa, o criminoso dissimula sua culpa em meio a tantas pessoas indife-

rentes e desconhecidas. [...] O indiferenciado torna-se o melhor esconderijo. O perigo encontra-se naquele que é falsamente igual. (Coli, 2007, p.211-2)[7]

Mas o "segredo aplicado" é também e sobretudo o de "A carta roubada". No conto, a rainha – que tem grande ascendência sobre o rei – tem um amante, e o ministro, querendo ocupar o posto de influência, e sabedor do romance, quer chantageá-la. Um dia em que estão todos reunidos, a rainha recebe uma carta e ao lê-la fica visivelmente perturbada mas a coloca sobre a mesa para afetar sua desimportância. Após alguns minutos, o ministro toma a carta para si e a rainha não pode interferir para não chamar a atenção. Muito aflita, e sem meios de localizar a carta desaparecida, contrata um detetive que vasculha toda a casa do ministro e por fim encontra-se a carta logo na entrada do salão, bem em frente à porta acima da lareira. Lá substitui a carta por outra de forma a que o ministro não perceba a troca e assim se desfazem seus plenos poderes sobre a rainha. É desta natureza a sociedade espetacular, a transparência não é inimiga do segredo, mas sua cúmplice privilegiada:

> a transparência é a máscara do segredo. Convocando, aparentemente a sinceridade, ela estimula o embuste e a astúcia. A multiplicação da informação política disponível, o caráter espetacular do campo político, organizado em torno da competição eleitoral, a publicidade do debate, tanto parlamentar quanto o de opinião na imprensa, e também o rádio e a televisão, a evolução das técnicas de uma propaganda retrabalhada pelo marketing político não poderiam fazer esquecer a parte de segredo que nelas persiste. É pois onde se manifesta o mais visível que se esconde o mais dissimulado. (Dewerpe, 1994, p.108)

A operação do segredo constitui a "separação" entre vida sonhada e vida vivida, entre as imagens e as coisas, o som e o sentido: "a origem do espetáculo é a perda da unidade do mundo" (Debord, 1992, p.30).

Essa perda é o desaparecimento do valor de uso que se dissolve no valor de troca, a perda do "*savoir-faire*" é perda do "*savoir-vivre*" e do "saber consumir", as pessoas consumindo o que não necessitam e necessitando do que

---

7 Observe-se que a superexposição dos indivíduos, capturados no sistema "Sorria, você está sendo filmado" ou em programas de Internet – onde pode ser encontrada a rua e a residência de cada um –, resulta (à parte o controle do Estado ou ser vítima de atentados criminosos) na total indiferença, quer dizer, em anonimato.

não consomem, universalizando-se o fenômeno do fetichismo em sua estrutura desrealizante. Não por acaso, Benjamin, nas *Passagens*, identifica fantasmas e modernidade, o século XIX sendo, simultaneamente, o do progresso tecnológico e o da proliferação das práticas do Espiritismo. Assim como a mercadoria escapa das mãos que a produziram, deixando de ser produtos, os espíritos passam a dominar os vivos, as coisas se separam de sua substância própria adquirindo uma "objetividade espectral", com vida independente do homem:

> o capitalismo, levando ao extremo uma tendência já presente no cristianismo – escreve Agamben – generaliza e absolutiza [...] a estrutura da separação que define a religião [...] E como, na mercadoria, a separação faz parte da própria forma do objeto, que se distingue em valor de uso e valor de troca e se transforma em fetiche inapreensível [...] [na] fase extrema do capitalismo que estamos vivendo como espetáculo, no qual todas as coisas são exibidas em sua separação de si mesmas [...] espetáculo e consumo [vêm a ser] uma única impossibilidade de usar. (Agamben, 2007)

Estado de separação e perda radical, o capitalismo profana a transcendência teológica e instaura, na impossibilidade de ser ela útil, o culto à mercadoria.

O sagrado não devém, no entanto, ao profano, apenas bloqueia a percepção dos mecanismos religiosos do capitalismo, assegurado, no presente, pela ausência de critérios de verdade, certezas metafísicas e razão objetiva. E, assim como a economia é o "mundo real" esvaziado de significado humano, o sagrado é a significação humana desprovida de objetos reais. Por isso, a referência de Debord (1997, p.24) na abertura de *A sociedade do espetáculo* a Feuerbach e o comentário que se segue:

> o espetáculo é a reconstrução material da ilusão religiosa. A técnica espetacular não dissipou as nuvens religiosas em que os homens haviam alojado seus próprios poderes separados deles. Ela simplesmente os ligou a uma base terrestre. Assim é a vida mais terrena que se torna opaca e irrespirável. Ela não rechaça mais para o eu, mas ela abriga em si sua crença absoluta, seu falacioso paraíso. O espetáculo é a realização técnica do exílio dos poderes humanos em um além.

Quando o sagrado é excluído do céu ele se torna um segredo dessacralizado que reproduz a separação entre o céu e a terra sem o céu, o espetáculo é um pseudossagrado que sacraliza por si mesmo. Por isso, Agamben observa que "profanar significa restituir ao uso comum o que havia sido separado na esfera do sagrado; a religião capitalista, na sua fase extrema, está voltada para a criação de algo absolutamente improfanável", incapaz de abolir a separação entre valor de uso e valor de troca e de converter a mercadoria em seu valor de uso. Mas Debord vai mais além. Para ele, reduzida a um conjunto de necessidades, a vida depende das mercadorias que, "pagas com o dinheiro, enquanto signo de um grau na sobrevivência, são respeitadas como fetiche admirável".[8]

Além do caráter fetichista-religioso da irrealidade espetacular, a separação é também aquela que ocorre no interior da própria sociedade, quando o poder se separa da cidade e se institucionaliza no Estado, o produtor por excelência do segredo, a começar pelo de sua própria permanência e continuidade. Se sob o Absolutismo, no *Ancien Régime*, o segredo confundia-se com o segredo do rei, com o poder arbitrário de sua vontade, ele não foi abolido no espaço democrático e por isso continua a ser fonte permanente do poder. Dos *arcana imperii* à comunicação política, da *lettre de cachet* à *lettre volée*, o segredo resiste a seu próprio desaparecimento: "por detrás do poder sempre haverá segredo e por detrás do segredo sempre haverá poder" (Jacquemond, 2005, p.46). Na indistinção entre o íntimo, o público e o privado,[9] a sociedade mercantil-fetichista não anula o segredo mas constrói uma nova fronteira entre o que se manifesta e o que se esconde, e essa fronteira, justamente por sê-la, é sempre maleável, movediça e instável. Walter Benjamin, em sua *ODBA*, compreende o estado de exceção como o espaço indecidível entre guerra e paz, entre amigo e inimigo que constitui a sociedade da suspeita generalizada, com seus aspectos paranoicos. A paranoia, sabe-se, é a impossibilidade de selecionar o que é significativo e o que é insignificante, tudo se impõe como sinal persecutório. A esse respeito H. M. Enzensberger (1967, p.313) escreve que, a partir do caso Dreyfus – em que um oficial francês judeu foi acusado de alta traição –,

> o segredo de Estado tornou-se um instrumento de governo de primeira importância [...] Seu êxito é função do fato de que nele se concentram, para formar um único complexo, representações mágicas que desde sempre foram associadas ao

---

8 Cf. Debord (2004, p.24).
9 Sobre as operações da mídia na ocupação do espaço público pela esfera da intimidade, cf. Chaui, 2006.

tabu da traição. No segredo de Estado objetiva-se mais uma vez de uma maneira ao mesmo tempo palpável e imaterial o antigo mana do chefe e do sacerdote-rei. É de alguma forma o segredo do poder.

A maioridade preconizada pelo Iluminismo, a autonomia e a autodeterminação do indivíduo desfizeram-se. De modo contrailuminista, na sociedade do espetáculo os indivíduos encontram-se sob o poder de forças que não controlam, na separação "das forças humanas de um projeto global consciente", de tal forma que "a questão não é constatar que as pessoas vivem mais ou menos pobres e sim de uma maneira que lhes escapa". A condição de súdito indica aqui a minoridade, a dependência que mantém o homem em estado de minoridade, na imitação permanente que é o mecanismo do consumo. "Mimetismo de apropriação" ou "rivalidade mimética" é o da sociedade do espetáculo que é também idealização de mercadoria: "a necessidade de imitação que o consumidor sente é justamente a necessidade infantil".[10]

Da Revolução Francesa ao capitalismo contemporâneo, passou-se do elogio ao ascetismo e à pobreza, à *affluety society*, à abundância e ao culto do excesso. Na reordenação do capitalismo na globalização contemporânea – o do fim das ideias de Nação, identidades coletivas, tradições e do estabelecimento de relações assimétricas de dependência entre os Estados –, na economia, na política, na ética, na cultura, deu-se a fusão da economia e da sociedade, passando-se da economia de mercado à sociedade de mercado, com o "esquecimento da política". A cultura capitalista renunciou à "civilização dos costumes", estabeleceu o excesso como ideal – obesidade mórbida, consumo imoderado de drogas, anorexia, hiperatividade, terrorismos, guerras do capital, pesquisas científicas e tecnológicas agressivas, resultando nas sociedades do desrecalque generalizado. Peter Sloterdijk em suas *Esferas* indica que a proliferação da corrupção no aparelho do Estado e nos negócios privados atesta que, malgrado a permanência da retórica da escassez, a abundância e a riqueza reais são desinibidoras das barreiras morais e legais, tendo-se dissipado o patamar da paciência e da espera. Nesse sentido, Horkheimer (1980, p.220-1) observa

---

10 Debord (1997, p.68).

a pregação acerca do caráter honroso da pobreza, tema cotidiano da época que sem dúvida fez da riqueza seu deus [...] significa para o instinto mais profundo de quem escuta [...] a permanência do trabalho duro, do mau salário e uma subordinação e impotência efetiva diante daqueles que não necessitam realizar nenhum sacrifício para serem honestos. A igualdade que em tais momentos os indivíduos da massa exigem e sentem como justa é, então, o rebaixamento geral a essa vida de pobreza que com tanta insistência se lhes recomenda.

Para satisfazer a lei da igualdade, continua Sloterdijk, teria sido necessário às revoluções transformar milhões de descontentes em burgueses satisfeitos, o que não sendo possível, já que "os bons lugares sociais" permanecem raros, dá continuidade a futuros combates: "depois que, em 1789, o Terceiro Estado vitorioso apropriou-se do que lhe era devido, os perdedores de então querem também esse acesso – quero falar dos oradores do Quarto Estado – aqueles excluídos do festim da burguesia" (Sloterdijk, 2007, p.156). Em *La Planète Malade*, glosando Marx (e por isso Aristóteles), em vez de "a cada um segundo suas necessidades, cada um segundo suas possibilidades", Debord (2004, p.20) escreve sobre a dominação dos mercados e do consumo alienado: "a cada um segundo suas falsas necessidades". Trata-se do "falso sem réplica", o falacioso, a impostura, o capcioso.

Reaver a posse dos fetiches é ultrapassar a dimensão do valor de troca, é metamorfosear o valor de uso em dom absoluto, em fruição pura. Referindo-se à sublevação dos negros em Los Angeles em agosto de 1965, Debord considera a passagem do "consumo à consumação" como "festa lúdica", "*potlatch* de destruição" em que se afirmou a superioridade do homem com respeito às mercadorias que não mais figuravam um valor de uso ou valor de troca, mas foi a reversão da vida fundamentada na carência: "geladeiras gigantes roubadas por uma população que não possuía rede de eletricidade ou tivera a luz cortada, é a melhor imagem da mentira da abundância que se transformou na verdade, em jogo" (Debord, 2004, p.24). Na sociedade do excesso, o *sex-appeal do inorgânico* benjaminiano significa, por sua vez, que o erotismo se conjuga ao fetichismo, que há sempre um vestígio de trabalho vivo no trabalho morto. Marxismo dadaísta, ele manifesta a sugestão anarquista e o princípio utópico de um país de Cocagne, segundo o qual, na cultura do supérfluo, do hedonismo e do excesso, as melhores coisas que o mundo animado pelo dinheiro oferece deveriam ser desalienadas e, no fundo, grátis.

PARTE II
RACIONALIDADE CIENTÍFICA E MERCADO

1. Cerimônias da destruição

> *A vida no capitalismo tardio é um contínuo rito de iniciação.*
>
> Adorno e Horkheimer
> *Dialética do Iluminismo*

Operações culturais, o mito e o rito constituem o eixo das sociedades teológicas antigas que, tornando o caos em cosmos, constroem o mitonarrativa que vive da tradição – transcendendo o registro factual de acontecimentos passados, bem como o tempo histórico. Trazem consigo, a cada rememoração, um sentido exemplar, suas palavras têm efeito mágico. Já Píndaro, distante do universo homérico, dizia haver "algo de sagrado em suas mentiras". Quanto ao rito, é repetição escrupulosa de atos ancestrais apoiados no arquétipo mítico. O automatismo ou a repetição do ritual é *phármakon* que faz "esquecer" o horror e o medo da morte violenta na vida em comum dos homens. Termo afim a este é o *phármakon*, que designa, na Grécia, o bode expiatório sacrificado; morto ou expulso, a cidade purifica-se dos males que a afligem. A repetição ritual da violência purifica e protege a comunidade do mal e, por seu efeito benéfico, afasta e preserva a sociedade da barbárie.[1] Assim, a tragédia grega seria a incorporação catártica do ritual primitivo.

O mundo contemporâneo realiza "rituais" sem iniciação, magia sem transcendência mitológica. Nos termos de Adorno e Horkheimer, isso não significa o "desencantamento do mundo", mas sua dissimulação pelo novo *phármakon* – remédio contra o pânico ancestral: a utilização da razão contra o mito, entendido como superstição, foi uma investida contra o sagrado em seu duplo sentido: o santo, o mais alto, o místico – que nem sequer pode ser

---

[1] É essa a perspectiva de Girard (1972).

visto – e o sinistro que deve ser rechaçado.[2] Por ser mistério que produz horror (*phóbos*) ou fascinação, ou horror e fascinação,[3] o sagrado é "sonolência da razão". Esta se encarrega de combater as "trevas do obscurantismo" na ciência, na moral, na política, ordenando natureza, sociedade e história até lhes conferir demarcações e determinações, combatendo a barbárie para criar um cosmos. Mais enfática a partir do século XVII europeu, a razão matemática anexa a natureza metamorfoseando-a em matéria abstrata e, mais adiante, o homem em conceito (cf. Adorno; Horkheimer, 1985; Mattei, 2001). Na *Dialética do Iluminismo*, Horkheimer e Adorno escrevem: "A ferocidade muda do olhar do animal refletiria o mesmo horror sentido pelos homens diante da ideia de uma metamorfose" (Adorno; Horkheimer, 1985, p.231). A relação entre silêncio, terror e traumatismo da metamorfose reconduz à diferenciação entre o orgânico e o inorgânico, o animado e o inanimado, o vivo e o morto.

Os gregos, sabe-se, não possuíam uma palavra única para designar o que a vida é, valendo-se de dois termos, morfológica e semanticamente diferentes entre si: *zoé* e *bíos*. *Zoé* diz respeito a todo e qualquer ser vivo (deuses, homens, animais, vegetais), referindo-se, pois, ao "vivente"; enquanto *bíos* é "modo de vida", próprio a um indivíduo ou coletividade. O conceito de vida, anterior à separação entre biologia e zoologia, nos vem de Aristóteles, que, no *De anima* (413a20-413b8), observa:

> É por estar em vida que o animal se distingue do inanimado. Mas viver se compreende de diversas maneiras, e dizemos que algo vive onde se encontram pelo menos as seguintes manifestações: o pensamento, a sensação, o movimento e o repouso segundo o lugar, a transformação segundo a nutrição, o perecimento e o crescimento. Eis por que se considera que todas as espécies vegetais têm igualmente vida, pois visivelmente têm em si mesmas uma potência e um princípio que lhes permitem crescer e perecer em direções contrárias [...] Este princípio pode ser separado dos outros, mas, os outros não o podem dos outros mor-

---

2 No direito romano antigo, o *Homo sacer* (homem sagrado) era aquele que podia ser morto, sendo impunível o assassinato (cf. Agamben, 2002a).
3 Rudolf Otto, em seu livro *Das Heilige* (O sagrado), vale-se da expressão "o sagrado-e-o-santo" como experiência de uma radical Alteridade que se encontra encerrada no "mistério" (*mystes* é o "fechado sobre si"). De onde o *mysterium fascinans* (experiência fascinante do sagrado) associa-se ao *mysterium tremendum* (aspecto ameaçador e terrível do sagrado).

tais. E o vemos no caso dos vegetais, pois que nenhuma faculdade da alma lhes pertence, não têm *logos*, não desenvolvem especulação ou conhecimento contemplativo. É em virtude desse princípio (potência, transformação) que a vida pertence aos viventes [...] Denominaremos potência nutritiva [*threptikón*] esta parte da alma da qual mesmo os vegetais participam.

Aristóteles não define a vida, mas isola, por assim dizer, suas funções, articulando-as em uma série de potências ou faculdades distintas (nutrição, sensação, pensamento), com o que desloca a questão "o que é algo" para "por intermédio do que uma coisa pertence a uma outra?". Perguntar de um certo ser se é vivo significa buscar o fundamento pelo qual a vida pertence a esse ser. Há, pois, a um só tempo, vida orgânica e vida animal, vida orgânica e vida humana, e a divisão que existe entre elas se passa no interior do homem vivo como um limiar móvel – revelando que distância e proximidade puderam ser medidas entre o animal, o homem e os deuses para a construção de suas relações.

De início, o vivente tem seu *éthos*: assim, na *Ilíada*, Homero diz que o corcel, esforçando-se por libertar-se das correntes que o prendem, galopa, e, velozes, suas patas o levam até onde pode sustar a corrida: seu *éthos*, sua morada, o lugar onde se sente bem, que lhe confere identidade. Também o homem, permanecendo por certo tempo em uma habitação, cria valores que circulam entre o mundo humano e o cosmos divino. A modesta tenda do caçador nômade ou a casa do agricultor sedentário são localizadas em um espaço sagrado de onde se faz possível a comunicação com os deuses. Habitar é decisão religiosa que santifica o pequeno cosmos, tornando-o semelhante à morada dos deuses, desejo, mais tarde, representado em templos e santuários.[4] Também o

---

4 Eugênio Trias, em "Pensar a religião", considera o sagrado um acontecimento simbólico no sentido em que consiste em uma demarcação espacial (*témenos*, *templum*) e temporal (*tempora*, *tempus*: hora como determinação festiva). Delimitar um espaço sagrado significa, em uma floresta, por exemplo, "criar uma clareira, cortando árvores ou aproveitando outra abertura; deve-se marcar o limite do espaço desejado por meio do corte das árvores que o circunscrevem, já que os limites desse lugar sagrado são tabu, ou só podem ser transitados de forma ritual. Templo é, portanto, o lugar do sagrado, que é limitado pelo 'natural' selvagem ou pela floresta. Introduz um 'estreitamento' da densidade do bosque em virtude do qual surge um lugar para o sagrado, ou este ocupa um lugar. O templo é, em síntese, o sagrado como lugar; enquanto a festa é o tempo do sagrado, o sagrado como tempo. Tempo, *tempus*, possui a mesma raiz que templo" (Derrida; Vattimo, 2000, p.120; cf., ainda, Cassirer, 2001).

cosmos filosófico imita a autossuficiência do divino buscando na contemplação a finalidade última, a excelência do corpo e da alma, o Sumo Bem.

A ciência grega é "regulada" por um *logos* moderador para moderar o imoderado desejo de conhecer[5] – e tudo o que o grego conhece, quer também viver. É a ciência que está a serviço da vida, e não a vida a serviço da ciência. Se há, entre os gregos, separação entre vida e forma de vida, entre "vida nua" e modo de vida, essa diferenciação se passa no interior do próprio homem – com o que Aristóteles concebe todos os atos e processos da vida não como simples fatos, mas antes como possibilidades de vida, potências, virtualidades: "Eis por que", escreve por sua vez Giorgio Agamben (2002b, p.14),

> enquanto é um ser de potência, que pode ou não fazer algo, conseguir ou fracassar, perder-se ou reencontrar-se, o homem é o único ser na vida no qual há sempre a questão da felicidade, o único ser cuja vida se encontra irremediável e dolorosamente "confiada" à felicidade.

A felicidade é, portanto, uma potência a desenvolver-se, um modo de vida, e, nesse sentido, ela é política, pois, se houvesse um homem realizado em ato, plenamente, não necessitaria viver em comunidade. Só nos comunicamos com os outros por intermédio daquilo que em nós, como neles, permanece em potência.

Em nossa tradição, o homem sempre foi compreendido como articulação de um corpo e de uma alma, de um vivente e de um *logos*, de um elemento natural (animal ou vegetal) e um sobrenatural (divino ou social): "Devemos aprender a conhecer o homem", continua Agamben,

> como algo que resulta da desconexão desses dois elementos [o vivente e o *logos*] e examinar não o mistério metafísico de sua conjunção, mas o mistério prático (moral) e político de sua separação. Pois o que é o homem [...] se é o resultado de divisões e cesuras incessantes? Trabalhar sobre essas cisões, perguntar-se de que maneira o homem foi separado do não-homem, o animal do humano, é mais urgente do que marcar posição acerca das grandes questões sobre os pretensos direitos e valores humanos. (Agamben, 2002c, p.30)

---

5 Lembre-se de que *Édipo rei*, antes de ser a tragédia do parricídio, do incesto e da perda do poder, é a tragédia da *húbris*, da vontade de verdade: a investigação da verdade, o protagonista a leva adiante em completa desmesura (cf. Vernant, 1977; Nietzsche, 1987).

Nessa perspectiva, a esfera mais luminosa das relações com o divino, talvez ela mesma dependa, de alguma forma, "da esfera, mais obscura, que nos separa dos animais" (Agamben, 2002c). Se experimentamos mais dor diante das penas causadas ao animal do que a um homem

> é porque o animal está privado de testemunhá-lo segundo as regras humanas de estabelecimento do dano, e consequentemente todo dano é como uma injustiça que faz dele uma vítima *ipso facto*. Pois, se não há como testemunhar, não há sequer dano ou pelo menos ele não pode ser estabelecido [...] Eis por que o animal é o paradigma da vítima. (Lyotard, 1984, p.38)

Platão não cessa de condenar os sacrifícios religiosos que se valem dos animais,[6] uma vez que eles participam do vivente, da "vida nua" e, assim, do próprio divino.[7]

Na Idade Média ocidental, o debate acerca da natureza dos animais – obra perfeita da criação divina – continuou, mas segundo outros pressupostos e conclusões, em particular no que diz respeito ao animal homem, seu corpo mortal e sua alma imortal – pois a questão era refletir sobre o destino da parte animal e corpórea na ressurreição da carne. Os medievais não desenvolveram nenhuma ideia de paralelismo entre corpo e alma, como ocorrerá no pensamento de Descartes e, com nuances importantes, radicalizado por

---

6 Lembre-se, aqui, de que a palavra animal significa, em latim, "ser vivo" e procede de *animalis* – o que "respira" –, provindo de *animans* – "aquele que possui um sopro" –, termos que traduzem o grego *psychôn* e *psyché*. Lembre-se, aqui, do bestiário de Platão, no qual os animais, para além de suas características psíquicas, possuem um "vocabulário", um certo número de *logói*. Assim, entre os seres materiais efêmeros e os deuses imortais há um intermediário que são os viventes animais, e isso na tradição pitagórica em que Platão se inscreve. Os animais, como seres vivos, movimentam-se, respiram, alimentam-se, crescem, geram, morrem, sentem, desejam, julgam. A alma é um "sopro de vida" e um "princípio de conhecimento". Como ser vivo, a alma animal é dotada de *éros*, princípio de vida e pensamento, como os homens. Existe no animal a atividade intelectual, que não se encontra na razão nem no discurso ordenado: sua lucidez intelectual implica inteligência, julgamento, e sua voz é linguagem não articulada. Inteligência pré-lógica e pré-linguística, mas não menos inteligência. O animal está dotado de *phoné*. A voz e a linguagem dos animais, diferentemente daquelas do homem, exprimem o *páthos* e não a razão, se bem que a certos animais não seja estranha a prudência. Há, na voz animal, medo, amor, prazer, sofrimento e espera (cf. Laporte, 1998).

7 Platão, em *O político* (272b-c), menciona uma Idade de Ouro da humanidade quando os homens conversavam de filosofia com os animais.

Malebranche, mas o *mysterium disjunctionis*.[8] Na Idade Média, trata-se da vida dos bem-aventurados, do estatuto do corpo ressuscitado, da identidade que lhe coube em vida e na morte – e, à primeira vista, esse corpo material que o homem tivera em vida deveria acompanhá-lo no paraíso. Um ladrão cuja mão fora decepada poderia, na salvação final, tê-la reintegrada ao corpo, uma vez que a alma está arrependida? "O problema da identidade e da integridade do corpo ressuscitado", observa Agamben (2002c), "transforma-se rapidamente em questão de fisiologia da vida de bem-aventurança". Como serão as funções vitais do corpo no paraíso? Discussão sujeita a comentário infinito. Escoto Erígena (1923, p.822) escreveu: "O que Deus plantou nas delícias da beatitude e da felicidade eternas é a própria natureza humana eterna criada à imagem de Deus". A fisiologia do corpo humano apresenta-se como restauração do corpo edênico, arquétipo da natureza humana não corrompida pela queda. Mas, segundo outras doutrinas, importam ainda as funções fisiológicas do corpo no paraíso – nutrição, digestão, sexualidade. São Tomás enunciou sua resposta por uma antítese. Na *Suma teológica* a beatitude consistia sim na realização completa e perfeita da natureza humana para que, no paraíso, o homem fosse completamente feliz, segundo suas faculdades corporais e espirituais. Mas sobre a ressurreição exclui do paraíso seu *usus venereorum*. A ressurreição não concerne à vida natural do homem, mas a sua última perfeição, a vida contemplativa: "Todas as operações naturais que dizem respeito à realização e conservação da primeira perfeição da natureza humana não existirão após a ressurreição [...] Dado que comer, beber, dormir e engendrar pertencem às primeiras, essas funções desaparecerão nos ressuscitados" (Folghera, 1955, p.151-2). A vida animal foi proscrita do paraíso, as funções animais são "vazias e ociosas".[9]

Na modernidade, costuma-se situar o pensamento de Descartes[10] como momento crucial da separação entre corpo e alma, espírito e matéria; sensi-

---

8 Do mesmo modo que para os gregos, a vida, entre os medievais, tampouco é definida, e o que permanece assim indeterminado não é, por isso, menos objeto da filosofia, da teologia, da política e, mais tarde, da biologia e da medicina.
9 Na diferença entre o homem e o animal configuram-se dificuldades e tensões não apenas para a teologia e a filosofia, como também para a política, a ética e a jurisprudência, suspensas na diferença entre o animal e o homem.
10 Na pintura de contemporâneos de Descartes já se anuncia a dissolução do sujeito. Em desenhos de anatomia, o holandês Bidloo (como também Poussin) corta à navalha "belas túnicas

bilidade e consciência cindem-se, o automatismo do corpo-máquina dá seus primeiros resultados na ciência: "Pois", escreve Descartes (1976-1983), "se observamos nos animais movimentos semelhantes aos que efetuamos em virtude de nossa imaginação ou de nossos sentimentos, não observamos senão movimentos e não sentimentos". Separados consciência reflexiva e "movimentos animais", estabelece-se a diferença entre o corpo e a alma, e o funcionamento do corpo-máquina é o do autômato movido como por engrenagens de um relógio (cf. Matos, 1996a; Duva; Cuyer, 1898; Guilherme, 1969).[11] Deixando de lado a questão de o homem tratar a natureza e o animal como os homens se tratam entre si, como instrumentos e objetos (de conhecimento, de domínio pragmático e científico, econômico e político), pense-se no enobrecimento do *cogito* emancipador cartesiano, que faz do homem um ser autônomo na vida e no pensamento, razão pela qual o tratado *Paixões da alma*, acima de tudo, apresenta o conhecimento científico como propedêutica à moral, isto é, à vida justa e feliz, ao contentamento e à beatitude.

Quando a ciência perde o *métron* do *logos* moderador e os limites do sagrado, recalca a questão (grega) do possível e do desejável em nossas vidas e os valores religiosos, éticos e teológicos da Idade Média. Se a Grécia clássica preparava o homem para a cidade, a Idade Média o preparava para a santidade; "livre de valores" (*Wertfrei*), a ciência moderna confunde liberdade e onipotência. Acrescente-se às consequências do "desencantamento do mundo" a redução de todo vivente à condição de coisa, reconhecido segundo o estatuto semelhante ao do inorgânico.[12] Nas palavras de Perniola (1994, p.6):

---

de pele", abrindo-as e desdobrando suas bordas, pondo à mostra a superfície dos músculos e dos órgãos internos, exaltando ao máximo seu encanto erótico. O "sujeito" está fora de si, externo a si, na morte (cf. Premuda, 1957).

11 A anatomia não escapa à categoria do horrendo ao estabelecer o trânsito entre a vida e a morte. Sobre corpo e anatomia, ainda que visando fins diversos de nossas considerações, cf. Coli (2003), e o projeto temático dirigido pelo professor Pablo Mariconda na Fapesp e desenvolvido pelo pesquisador Eduardo Henrique Peiruque Kickhofel, "Os estudos de anatomia de Leonardo da Vinci: mecanicismo e ciência visual" (cf. Russo, 2002).

12 Elisabeth de Fontenay (1998) reconstitui, na história da filosofia, o tratamento que coube aos animais, na medicina em particular, a partir do momento em que o cientista permanece indiferente aos espasmos de dor do "animal-máquina" que não passam de "contração e irritabilidade de músculos e nervos", no qual não há sofrimento algum. Recordem-se aqui os campos de extermínio nazistas: a cultura científica predominante na Alemanha desde o fim do século XIX era, na medicina, a da engenharia genética e da eugenia (cf. Bauman, 1999).

Exaurido o grande compromisso histórico de confrontar-se o homem com Deus e com o animal – que procede no Ocidente dos antigos gregos –, hoje é a coisa que requer nossa atenção e levanta a urgente interrogação: [...] o jogo de semelhança e diversidade [entre o homem e o animal], de afinidade e divergência [...] que realizou o confronto entre Deus e o homem e entre o homem e o animal, conclui-se: o homem é um quase Deus e um quase animal; Deus e o animal são quase um homem. Mas quem tem a coragem ou o desespero de dizer que o homem é um quase coisa e a coisa um quase homem?

Poder-se-ia objetar que tanto no divino como no animal e no homem vibra o vivente, vivente que em nada se assemelha a uma coisa: a coisa é o antivivente, o antianimal; o ser vivente sente, enquanto o ser inanimado (a coisa), não. O sentir assinalaria a fronteira entre a vida e a coisa. Mesmo o imaginário de ficção científica – no qual o orgânico e o inorgânico, o antropológico e o tecnológico, o natural e o artificial se confundem (como no replicante, androide ou outro simulacro) – permanece no campo do humanismo e do naturalismo. Se essas "formas intermediárias" são superiores ao homem nas funções para as quais foram construídas – como os robôs "inteligentes" –, continuam inferiores porque dependem de seu criador. Uma tal dependência do modelo humano caracteriza o replicante, cuja diferença com respeito ao original, embora não visível, é relevante, como no caso de *Blade Runner*, de Ridley Scott: um replicante libera-se de sua condição e pretende ter uma vida emocional e amorosa livre do criador. A questão consiste, pois, em saber como será o sentir erótico de um ser artificial. Ou, na expressão cunhada por Walter Benjamin – na qual o filósofo acompanha o transformismo do conceito marxista de fetichismo no mundo contemporâneo –, como será o *sex-appeal* do inorgânico. Sabe-se que o fetichismo representa uma forma dita primitiva e "rústica" de crença, em tudo oposta ao figurativismo religioso que expressa indireta e alegoricamente ideias inteligíveis, abstratas e puras – como a Justiça Divina ou a Vontade Santa.

A consideração mais marcante com respeito ao fetichismo, porém, é sua arbitrariedade. Diferentemente do ídolo, que pode significar a imagem de um ser divino, o fetichismo não o refigura nem o reproduz: dá-se imediatamente como coisa e, em sua universalidade abstrata, prescinde de qualquer forma determinada. O fetichismo opõe-se à idolatria, solidária esta de um sensualismo ético-estético, que exalta "qualidades específicas, com a solenização desta ou daquela entidade sensível ou sobrenatural, espiritual ou natural"

(Perniola, 1994, p.68). Quanto ao fetichismo, ele assinala o triunfo do artificial, e qualquer coisa pode se tornar um fetiche: uma pedra, um tom de voz, um perfume, uma palavra, uma cor.

Dá-se, na modernidade, a ultrapassagem dos pilares do conhecimento objetivo que até hoje estabeleciam a relação ou separação entre sujeito e objeto (consciência, razão, ética, liberdade). Pois, se nada depende de uma relação particular entre um sujeito e um objeto, ou é universalizável em sua união ou separação, tudo pode ser fetiche, como também todo fetiche pode deixar de sê-lo.[13] Em outras palavras, o fetichismo, a coisificação, o "sentir artificial" do corpo-próprio questionam da maneira mais cabal as noções tradicionais de consciência de si, união ou separação do corpo e da alma, isto é, a identidade subjetiva (legada pelo cogito cartesiano), o sujeito idêntico a seu pensamento. Esse sujeito encontrava-se na base da ideia moderna de democracia, uma vez que todo sujeito é pensante e racional suporte do pacto social agregativo de indivíduos-cidadãos porque todos os homens são igualmente dotados de bom senso ou razão e todos são igualmente aptos a serem legisladores.

Tudo parece transformar-se com a sociedade de massa, do consumo, da técnica e da coisificação. Em seu romance *Le bonheur des dames*, Zola retrata uma grande loja de departamentos e chama a atenção para os manequins que "sustentavam os preços com números enormes no lugar das cabeças" – e um cartaz que anuncia o preço da roupa encontra-se acima do manequim acéfalo. Imagem surrealista, não só o cartaz anuncia o valor de troca da mercadoria em exposição, mas também e, sobretudo, essa colagem antropomórfica acopla o manequim decapitado ao cartaz com o preço em exibição. A mercadoria é um monstro, o cartaz mercadológico substitui a cabeça humana, cria uma personagem nova e inquietante. Literalmente, os consumido-

---

13 Não incluiremos, aqui, para evitar digressões, as análises do conceito tal como desenvolvidas por Marx e Freud. A título de ilustração, recorde-se que o fetichismo em sentido marxista constitui um aspecto essencial da mercadoria e do dinheiro, essa "coisa sensivelmente suprassensível" (*O capital*, I, cap.4). A Marx não interessa tanto o enigma do fetichismo quanto o desvendamento de seu arcano, a liberação do encantamento, o reconhecimento de que é a forma-trabalho a verdadeira fonte do fetichismo da mercadoria e do capital. Algo de morto, de inorgânico se arroga o direito de ter uma existência sensível. Quanto a Freud, o fetichismo seria a substituição não de algo que é, mas de uma entidade inteiramente imaginária que se funda em uma duplicidade: a do objeto do desejo e a do fetiche que é arbitrário em relação a ele.

res "perdem a cabeça" no delírio do consumo. No romance, o proprietário da loja sabe atrair as multidões pelos "reclames", sabe "desnortear" os clientes, sabe fazê-los perder o "bom senso" racionalista.

A sociedade de consumo é, também, a sociedade tecnológica, e é a tecnologia, mais que a mercadoria, o que questiona radicalmente as concepções tradicionais, humanistas, acerca da subjetividade e do humano: a nova concepção nos leva a repensar a "alma" humana. Dada a promiscuidade entre o homem e a máquina, onde termina o humano, onde começa a máquina? No limite, a presença dos ciborgues (e a dos "robôs" inteligentes), por exemplo, nos incita a perguntar menos sobre a natureza das máquinas e mais sobre a do humano.[14] Do lado do organismo, ele se torna cada vez mais artificial; quanto às máquinas, estas simulam características humanas. De um lado, a eletrificação e a maquinização do homem; do outro, a humanização e a subjetivação da máquina. O *sex-appeal* do inorgânico representa uma *epoché* sexual, segundo um aspecto jamais conhecido antes. Embora a "suspensão do juízo" acerca da existência da verdade tenha pelo menos 25 séculos, ela foi pouco utilizada na história da filosofia no Ocidente: os céticos antigos, como Pirro e Sextus Empiricus, a *epoché* moral dos estoicos e do neoestoicismo, a fenomenologia no século XX. Nunca houvera, no entanto, uma *epoché* sexual. Esta diz respeito menos à satisfação de um prazer ou à realização de um desejo e mais a uma satisfação sem relação com o gênero, a idade ou a beleza de um objeto de desejo. Em oposição à sexualidade vitalista, fundada na relação entre os sexos, permeada de erotismo e hedonismo, a *epoché* dos ciborgues testemunha uma sexualidade inorgânica, movida pelo *sex-appeal* do inorgânico. De onde a importância da noção de "neutro", uma vez que a sexualidade inorgânica vai além dos trânsitos entre masculino e feminino. Não se trata aqui de nenhuma neutralidade entendida como harmonização do masculino e do feminino; ao contrário de uma possível "síntese dialética", o neutro é irredutível a uma identidade e unidade; é, por assim dizer, uma sexualidade "abstrata". Dito de outro modo, uma sexualidade neutra não pode ser sublimada nem realizada, pois nasce do desejo de superar o humano pela tecnologia eletrônica e cibernética: no ciborgue, os órgãos do

---

14 Há algum tempo, a *Folha de S.Paulo* noticiou que o Japão discutia nas instâncias judiciárias do Estado se os direitos humanos deveriam ou não ser extensivos aos robôs inteligentes.

corpo são substituídos por aparelhos artificiais (no lugar dos olhos, a telecâmera; no lugar das orelhas, antenas). Esse ser "pós-humano" desloca a sensibilidade do homem para o computador, com o que nasce a problemática do "sentir artificial", "experimental", fazendo-se do corpo a experiência de um corpo estranho, dessubjetivado de experiências recíprocas.

Mundo abstrato, corpo-máquina, neutralidade afetiva caracterizam, para Adorno, a contemporaneidade, cujo diagnóstico é o adoecimento do contato, o fim de experiências pessoais e, consequentemente, solidárias. Essa época é, também, a do desaparecimento do rosto. Nosso mundo, enamorado do mito da juventude e da novidade, é uma civilização do poder da morte, na ausência de qualquer ideal de vida, e portadora de elevados índices de autodestruição: "No curso das últimas gerações", escreve Freud (1966),

> a humanidade realizou extraordinários progressos nas ciências naturais e em sua aplicação técnica, assegurando de forma inconcebível outrora o domínio sobre a natureza [...] O homem orgulha-se com razão de tais conquistas, mas começa a suspeitar que esse domínio recém-adquirido do espaço e do tempo, essa sujeição das forças naturais, cumprimento de uma ânsia milenar, não elevou a satisfação do prazer que exige da vida, não a fez mais feliz em seu sentir.

No mundo das coisas, a reprodução encontra-se separada da geração: esta é, melhor dizendo, uma réplica, engenharia genética, clonagem. Cai por terra o laço com a sexualidade. No *sex-appeal* do inorgânico não há sujeito, objeto, interioridade ou exterioridade, não existindo lacuna ou hiato entre o modo inorgânico e a vida, pois se eclipsa a interioridade. O corpo próprio e o do outro não participam mais de nenhuma experiência religiosa ou epistemológica nos termos legados pela tradição filosófica, e não apenas em sentido funcional, pois, se religiosidade há, o culto é uma nova forma de fervor, agora fetichista, mas de um fetichismo associado à imaginação tecnológica, que anima um "sujeito" que não é um vivente.

Trata-se de interrogar a natureza das sociedades lógicas e tecnocientíficas contemporâneas e a mutação do caráter antropomórfico da sociedade. Com efeito, o corpo ou os corpos – ponto central do questionamento da ideia de sujeito e subjetividade do homem – já não representam, como para a metafísica, nenhuma "transmutação de valores", uma vez que se encontram em processo de transformação com respeito ao corpo humano – o que leva a repensar a "alma humana". Quando aquilo que é supostamente animado se vê frontalmente afetado, coloca-se o problema acerca do que anima o inanimado – clones, ciborgues e outros híbridos tecnonaturais. É a humanidade de nossa subjetividade a questão.[15]

Com efeito, o ciborgue constitui a eletrificação e a mecanização do humano. A heterogeneidade de que é feito é o emblema do moderno: criatura tecno-humana que ainda simula o humano e em tudo a ele se assemelha; comporta-se como humano, mas suas ações não retroagem a nenhuma interioridade ou racionalidade, é feito de fluxos e intensidades tal como sugeridos na ontologia de Deleuze. O ciborgue é o sujeito não apenas de um mundo pós-moderno e pós-orgânico, mas também pós-gênero, sem compromisso com a bissexualidade, com a simbiose pré-edípica, com o trabalho não-alienado. O ciborgue salta o estágio de uma "unidade orgânica" de correspondências, semelhanças ou proximidade com a natureza, como se encontra na tradição filosófica da Renascença, do Romantismo ou do Classicismo.[16] Define uma *pólis* tecnológica, uma "pós-*pólis*" baseada, em parte, no transtorno das relações sociais no *oikos* – a unidade familiar da "esfera privada". Os ciborgues dizem respeito a um indivíduo – não "irreverente", mas de não reverências –, não conservam nenhuma memória do cosmos, por isso não pensam em recompô-lo. São, de certa forma, descendentes diretos da aliança entre militarismo e capitalismo, guerra e técnica. Essa realidade se refere ao término de uma época – a do *cogito* cartesiano, e a presença de uma modernidade pós-humanista ou mesmo anti-humanista leva a refletir sobre a cidadania "pós-totalitária", com o fim da civilização fundada nas noções de justiça e bem comum.[17] A teologia do inorgânico é animista: "O animismo animou a natureza, o industrialismo reificou a alma", escreveram Adorno e Horkheimer.

---

15 Onde termina o corpo humano e onde começa a máquina? Ou, dada a ubiquidade das máquinas, onde termina a máquina e onde começa o corpo humano? Ou ainda: qual a natureza do humano? Retomo, pois, a questão: "quem somos?". É preciso uma reflexão sobre a fusão entre natureza e artifício, tecnologia e sociedade, ciência e política.
16 Essa unidade do homem e do cosmos pode ser lembrada nas noções de microcosmo e macrocosmo tal como elaboradas na Renascença (Marsilio Ficino, Giordano Bruno), na contemplação sentimental ou apaixonada e febril que o romantismo filosófico manteve com "o tormento da matéria" (Schelling), o classicismo e a concepção de um equilíbrio entre o homem e a natureza, entre sentimento e razão (Goethe, Schiller).
17 As sociedades contemporâneas fundam-se no consumo e no espetáculo (cf. Debord, 1997; Benjamin, 2006, p.39-67; Benjamin, 2000b, p.103-49).

As características que a violência tem assumido na contemporaneidade podem ser creditadas à transferência do poder humano ao mecânico, do controle individual ao remoto, o que acarretaria, por um lado, a dissolução da responsabilidade pessoal, por outro, a indiferença com respeito a um mundo comum. Eis por que Walter Benjamin se refere à Primeira Guerra Mundial como um acontecimento sem precedentes no passado: guerra de trincheira, assassinato em massa, aviões bombardeiros de populações civis, guerra da técnica: "A guerra imperialista", anota Walter Benjamin, "é codeterminada, no que ela tem de mais duro e de mais fatídico, pela distância abissal entre os gigantescos meios de que dispõe a técnica, por um lado, e sua débil capacidade de esclarecer questões morais, por outro" (2010, p.61). A incapacidade de utilização da técnica para fins humanos corresponde à imaturidade da sociedade em "fazer dela o seu órgão", bem como a que a técnica não domina as forças regressivas da própria sociedade (fundamentalismos políticos, religiosos, nacionalismos racistas, ódios étnicos). A aceleração desenvolvimentista dos recursos técnicos não é acompanhada de desenvolvimento moral, tampouco propicia sociabilidade e solidariedade entre os homens. Benjamin contrasta o sentimento do terrífico que a guerra da técnica produziu nos combatentes e nas populações civis; o horrendo silenciou-os e produziu as afasias do pós-guerra, sentimento próximo também ao *deînos*,[18] à desrealização e ao estranhamento do mundo – para uma geração cujo conhecimento técnico se restringia, no cotidiano, "a bondes puxados a cavalos" e que bruscamente se "viu abandonada, sem teto, em uma paisagem diferente em tudo, exceto nas nuvens, e em cujo centro, em um campo de forças e explosões destruidoras, estava o minúsculo e frágil corpo humano" (Benjamin, 2010, p.115). A experiência traumática do desenraizamento designa uma paisagem deserta e desconhecida que já não pode reconfortar. Aqueles que voltavam emudecidos dos campos de batalha, empobrecidos e não mais ricos em experiências transmissíveis, não podiam lembrar o choque paralisador – trauma sem catarse, o que resulta em uma subjetividade sem identidade reconhecível, aquela que representava o suporte de experiências éticas e de pensamento: nas palavras de Simon Critchley (s.d.),

---

18 O *deînos* na tragédia grega, o sentimento do terrífico, encontra sua distensão na *kátharsis*, no medo (*phóbos*), na piedade (*éleos*) e na *átharsis*. Para um discussão rigorosa dessa conceituação problemática, cf. a coletânea *Kátharsis: reflexões de um conceito estético*, de Duarte et al., 2002.

sob o efeito [...] do choque ou da violência do trauma, o eu ético torna-se um sujeito cindido e dividido em dois, um sujeito ao avesso, uma interioridade que não coincide consigo mesma, uma ferida aberta, fenda que não se cura nunca, um sujeito lacerado pelo contato com um traumatismo original que produz uma interioridade [...] inacessível à consciência e à reflexão, um sujeito que quer repetir compulsivamente a origem do trauma, aquilo que Levinas nomeia "uma recorrência a si sem identificação".

Levinas não se deixa convencer pelo hobbesianismo em um mundo no qual tudo parece confirmar a luta de todos contra todos, a barbárie como um estado originário da civilização; lembre-se que, para Hobbes, as relações primeiras que os homens estabelecem entre si são as do enfrentamento de forças entre energias mecânicas e animais: o *Homo bomini lupus* resulta na guerra generalizada. Hobbes, segundo Levinas (1988, p.172), "coloca as liberdades umas ao lado das outras como forças que se afirmam negando-se reciprocamente, [com o que] se culmina na guerra onde elas [as forças e a liberdade] se limitam entre si. Elas se contestam ou se ignoram inevitavelmente, isto é, só exercem violência ou tirania". Em certo sentido, Hobbes tem razão: o corpo do homem é infinitamente vulnerável, um quase nada pode levá-lo à ruína. Logo, porém, Levinas descarta a "abominável hipótese" em nome da ética. À presença do Outro, não opõe uma força a outra força – como um dado objetivo que poderia ser calculado e controlado –, mas a imprevisibilidade de sua reação, ou melhor, a transcendência de seu ser com respeito ao sistema de forças em ação. Trata-se de uma resistência inédita e imprevisível do Outro, sua transcendência: "Transcendência é relação a algo inteiramente outro, é resistência ética". É um "a mais" do rosto, em seu transbordamento em relação a mim, o que desestabiliza não as relações dos homens entre si, mas a própria luta, o que significa: anterior ao estado de guerra é a impossibilidade de matar que decorre do rosto. A liberdade hobbesiana conduz ao choque, à colisão violenta e ao assassinato porque é "liberdade sem rosto". A morte lhe é abstrata porque a vida também o é. Assim também as populações deslocadas por regimes políticos só possuem a vida irrisória das estatísticas.

Levinas refere-se às enormes massas humanas que tinham sua maneira peculiar de apertar as mãos, extintas no mundo que se considera lógico, em um século que faz questão de apresentar-se como o império da razão quando, em verdade, só procura as razões de amar que este século perdeu. Não se conhece mais a cor dos olhos daquele a quem se injuria ou se mata. Diferenciando-se de Hannah Arendt – para quem Eichmann, que praticava o assassinato em massa por despachos de escritório, não era "nem demônio, nem louco", mas um "homem comum" (um burocrata que dizia, em seu processo, respeitar o "imperativo categórico", o "tu deves" kantiano, cumprir ordens e realizar bem suas funções) –, Levinas reconhece no fenômeno totalitário a dimensão metafísica do contemporâneo: a incapacidade do olhar. Para ele, a resistência ética pertence à "epifania do rosto", pois dele decorre a impossibilidade de matar; olhar o rosto revela uma abertura que duplica essa realidade, a do horror, e reenvia à condição originária da paz, e nisso ele se opõe tanto a Hobbes como a Freud. O "estado de guerra" – a insociável sociabilidade – não é um estado ontologicamente primeiro:

> A guerra supõe a paz, a presença prévia do Outro. Ela não marca o primeiro acontecimento desse encontro [...] Se não afirmarmos isso, logo se estará no mundo da vingança, da guerra, da afirmação prioritária do Eu. Não contesto estarmos num tal mundo, mas é um mundo no qual estamos alterados. A vulnerabilidade é a de despedir-se desse mundo. (Levinas, 1993, p.74; cf. Levinas, 1982).

O sujeito ético é aquele que se relaciona com a transcendência do rosto do Outro. Não aquela de natureza objetivante, mas a do rosto que, na relação a Mim, é alteridade absoluta em sentido preciso: fora de qualquer contexto – e com respeito a quem minha responsabilidade é incondicional –, não depende de determinações sociais, políticas ou da história. O rosto não tem dimensão empírica, não coincide com os traços fisionômicos: é a pura contingência do Outro, sua fragilidade e sua condição mortal – sua exposição –, que de imediato, por sua simples presença, é portador de um pedido silencioso endereçado a mim.[19] Em suas análises da *Teoria da intuição na fenomenologia de Husserl*,[20] Levinas escreve que o objeto intencional ao qual a consciência tende está longe de ser puramente teórico ou "epistemológico". Não, ele é antes de tudo "objeto de amor, temor e medo, desejo ou esperança". Nenhum

---

19 Trata-se do tema principal da fenomenologia e da ética de Levinas, o ético como mundo irreflexivo, originário, e a intencionalidade com relação ao Outro é o fenômeno originário e, nesse sentido, "consciência de" e transcendência. (Cf. Levinas, 1993).
20 Suas questões centrais são retomadas no trabalho sobre Situations I, de 1939.

"halo" de amor em torno do objeto, nenhum sentimento "puramente subjetivo" de amor: "o próprio do objeto", observa Levinas, "consiste precisamente em ser dado em uma intenção de amor, intenção irredutível à representação puramente teórica". Sem deixar a referência essencial a Husserl, Levinas enfatiza em *Autrement qu'être* um aquém ou um além da "consciência de", referindo-se à consciência como polissêmica, à essência como polimorfa, à intencionalidade como acordo ao objeto intencionado. O intencional é já um "saber", malgrado a própria consciência que se exerce como "saber não objetivante".[21] O que significa: antes mesmo de existir uma "região" consciência "pré-intencional", há uma camada "não intencional" que se revela na presença imperativa do Outro (ou de Outrem – *Autrui*) que não é uma abstração em meu campo visual e existencial, em face de quem uma tal relação se explicita como "temor" que me vem do rosto de Outrem. Não se pode confundir o rosto, com seus traços ou com seu retrato – é preciso "olhá-lo no fundo dos olhos".[22] Nosso rosto e nossa alma, nós os vemos e conhecemos ao olhar os olhos e a alma do Outro – esta é a "identidade" que cada um se dá nesse "entrecruzamento de olhares". O caráter fundamental do rosto é sua inteira nudez, sua exposição extrema e sem defesa, sua vulnerabilidade de ser mortal. De onde o temor por Outrem vem a ser temor pela morte do outro homem, "temor por tudo que o meu existir – apesar de sua inocência intencional – pode produzir de violência e de crime" (Levinas, 1977). Esse temor faz apelo à responsabilidade que emana do rosto do Outro e a suscita em mim, e principalmente como interdição do assassinato. O rosto do Outro, assim compreendido, revela-o em sua pura humanidade, fora das considerações de saber e poder. Por ser transcendência, a relação com o outro é compaixão e perdão. Nesse sentido, é pela condição do traumatizado que pode haver um mundo ético. Mundo ético é também lembrança e esqueci-

---

21 Em *Totalité et infini*, Levinas (2003) estabelece uma diferença entre "intencionalidade de *jouissance*" ou "intencionalidade de desvelamento" e "intencionalidade de representação" ou "intencionalidade de investigação", uma ética, outra epistêmica.
22 Aqui, pode-se reconhecer o "platonismo" de Levinas, tal como no *Alcibíades* de Platão. Não olhando para si mesmo, o olhar platônico dirige seus raios para um "objeto" externo: "Quando olhamos para os olhos de alguém que está a nossa frente", diz Sócrates, "nosso rosto se reflete no que chamamos de pupila como em um espelho; aquele que se olha vê sua imagem [...] E a alma, se quiser conhecer a si mesma, deve olhar para outra alma e, naquela alma, a parte em que reside sua faculdade própria, a inteligência ou algum outro objeto que lhe é semelhante".

mento, pois sem isso permanecem tristeza, ressentimento e vingança, não se redime a acídia prisioneira de acontecimentos irreparáveis e, por isso, irredutíveis ao esquecimento.[23] Sua permanência constitui-se como um trauma paralisador, como se os mortos não tivessem nascido nem morrido mas simplesmente desaparecido sem, antes, aparecer. O traumatismo é que inviabiliza qualquer representação, diz respeito ao irrepresentável: as diversas figuras do extermínio no mundo contemporâneo é o que resiste a ser pensado. A tragédia *Édipo em Colono*, de Sófocles, oferece essa experiência quando o rei destronado, no momento de sua morte, pede a Teseu que jamais revele a Antígona e a ninguém o lugar de seu túmulo, como se quisesse partir sem deixar rastros que permitissem o luto. Antígona lastima-se dessa morte em terra estrangeira, e tanto mais estrangeira e desconhecida quanto detém um segredo inacessível, o segredo de um corpo desaparecido. O corpo estar enterrado e, no entanto, sem sepultura significa desaparecer, destituído de um lugar determinável, sem monumento, sem um espaço de luto circunscrito, localizável. Sem um "lugar", os mortos se tornam espectros, espectros que assombram um recinto que existe sem eles. O espectro retoma ao espaço de onde foi excluído.

Esse luto, ou, antes, sua impossibilidade, é ausência de pensamento; os "abusos da memória" inflacionam o pensamento, inviabilizando transformar o horror, um choque, um perigo, em experiência. Ortega y Gasset (1950, v. VII) foi um dos primeiros a reunir as noções de experiência e perigo:

> O perigoso não é um resultado mau ou adverso – pode ser o contrário, benéfico e feliz. Mas, contrapostas, ambas as contingências são igualmente possíveis [...] De *periculum* procede perigo. Note-se de passagem que o radical *per* de *periculum* é o mesmo que anima as palavras experimentar, experiência, experto, perito. O sentido originário da palavra experiência é ter passado perigos.

Em seu correspondente germânico, *Erfabrung, per* é *fahr*, "ação de espreitar, perigo". Ortega y Gasset rastreia o elo semântico de *per* e encontra seu significado em viagem – caminhar pelo mundo quando não havia caminhos, quando viajar era sinônimo de incursão em território perigoso e desconhe-

---

23 A acídia latina traduz o grego *akedia* – que em Homero, na *Ilíada*, significa "cadáver sem sepultura" e, por extensão, "passado que se recusa a se tornar passado".

cido. Nas viagens enfrentamos perigos para os quais procuramos saídas, portos. O latim *portus*[24] significa "saída", é *opportunus*, caminho que leva a um porto: "O órgão próprio da experiência é minha vida; seu tecido são minhas perplexidades vitais e sua estrutura só pode ser objeto de uma narração. Compreender qualquer experiência não é mais nem menos que contar sua história" (Kujawski, 1986, p.30-40). Memória e esquecimento dizem respeito à faculdade de lembrar e à de esquecer.[25] Quer se trate da existência individual ou coletiva, da memória e da tradição, Levinas as compreende nos termos dos valores herdados da Grécia, de Roma e de Jerusalém – a experiência da hospitalidade, que, entre os gregos, diz respeito à amizade, entre os romanos, às leis de civilidade, em Jerusalém, à mensagem bíblica que ensina o dever moral incondicional: não matarás e amarás ao próximo como a ti mesmo: "amar", escreveu Levinas, "é temer pelo outro, é socorrer sua fraqueza e fragilidade", a fim de refletir sobre os laços da sociabilidade, da hospitalidade, da amizade. A hospitalidade diz respeito a uma "geografia da proximidade", em relação com a alteridade. Que se retome, ainda, a *Édipo em Colono*: quando o rei, abandonando Tebas, está a caminho, é um estrangeiro que chega a uma terra estrangeira. Ele é o visitante, o exilado, e a hospitalidade diz respeito a um *chez soi* em casa de um outro; nela, a relação eu-outro perde seu dualismo, ao mais próximo não se opõe o distante, e sim uma figura do próprio próximo. Pode-se dizer que a "hospitalidade" supõe uma questão da impossibilidade de delimitar um espaço estável, como se cortar as raízes estabelecesse uma experiência ambivalente com a noção de lugar, como se este não pertencesse propriamente nem ao convidado, nem ao anfitrião: mas ao gesto pelo qual um acolhe o outro. Levinas vale-se de um neologismo para significar a necessidade e a urgência de retorno às questões primeiras, a responsabilidade *a priori* que o Si mesmo (*Moi*) tem em relação ao Outro: "excedência" é seu nome; essa sensibilidade originária ao próximo requer que eu me ponha em seu lugar. Ir além da guerra integra a cate-

---

24 *Portus* provém de *póros* (passagem, saída).
25 No reverso da cultura do "ressentimento" e da vingança e à distância dela, Levinas traz de volta Homero. Na *Ilíada*, o poeta refere-se à cólera de Aquiles (*mênis*) – "raiva ou cólera duradoura": "*mênis* é diferente de *kotos*: *kotos* significa uma raiva duradoura (*orné*) que busca reparação da dor, enquanto *mênis* é simplesmente *mnêsikakia* – lembrança da ofensa" (cf. Konstan, 2001, p.80). Para os gregos, cultivar a cólera e o "ressentimento" era prática malvista, e a lembrança da ofensa (*mnêsikakia*) era considerada um vício.

goria da "saída", do *opportunus*, do porto. É esta a "saída do Ser" da ontologia da guerra ou mesmo da paz. Levinas considera uma outra figura da paz, diversa da paz política, a saber, a paz ética. Michel Abensour, em "A extravagante hipótese", um comovente ensaio sobre Levinas, reconhece nessas reflexões aquilo que ele denomina "a extravagante hipótese", a da "socialidade utópica da paz ética" – que requer, agora, depois de lembrar os males do passado e os do presente, a hospitalidade. Tratar como um dos seus aquele que justamente não o é, é afirmá-lo como partícipe de um mesmo corpo social, podendo permanecer estrangeiro, pois a mera assimilação negaria a hospitalidade. A condição de possibilidade do pacto agregador amoroso é, pois, "a hospitalidade, a salvadora do mundo" (Milner, 2002, p.90).

2. A PRIVATIZAÇÃO DO CONHECIMENTO: PATENTES E *COPYRIGHTS*

Em seus *Ensaios sobre sociologia da religião*, Weber (1983, p.164) indica que, em sua gênese, o capitalismo tinha espírito, um superego que se expressava na religião e na ética do trabalho, a ascese tomando para si a tarefa de atuar sobre o mundo e transformá-lo. Para isso, a chave da ética protestante como legado cultural foi "a direção racional da vida baseada na ideia de profissão". A divisão do trabalho expressou-se em um estilo de vida particular – a vida burguesa – exímia em equilibrar ação e renúncia, com a substituição do ideal humanista do *Kulturmensch* – o homem de cultura – pelo *Fachmensch* – o especialista. Conhecer esse destino da modernidade levou Goethe a despedir-se resignado da época "de uma bela e plena humanidade, o irrepetível no futuro [...] como o fora a idade de ouro ateniense na Antiguidade" (Weber, 1983, p.165-6). Abandonando um "mundo de beleza" e perfeição divina – seja o grego, o medieval ou o renascentista – pelo do "trabalho" e do "trabalho especializado", o capitalismo converteu-se em "jaula de aço", em aparelho coercitivo de todos e de cada um, pois ninguém pode escapar de suas engrenagens e de sua racionalização:

> o puritano *queria* ser um homem profissional, nós *temos* que sê-lo. Pois, ao transferir-se a ascese das celas dos monges à vida profissional e começar seu domínio sobre a moral intramundana, contribuiu para a construção desse poderoso cosmos da ordem econômica moderna que, preso às condições técnicas e econômicas da produção mecânico-maquinal, determina hoje com força irresistível o estilo de vida de todos quantos nascem no interior de suas engrenagens (não somente daqueles que participam diretamente da atividade econômica), e continuará determinando talvez enquanto reste a consumir a última tonelada de

combustível fóssil [...] A ascese empreendeu a tarefa de agir sobre o mundo e transformá-lo, e com ele os bens exteriores [...] alcançaram um poder crescente e irresistível sobre os homens [...] sem precedentes na história. Hoje seu espírito deslizou para fora desse invólucro [...] O capitalismo vitorioso, descansando sobre um fundamento mecânico, já não necessita de sua sustentação. (Weber, 1983, p.165-6)

O que significa não mais requerer o protestantismo seus credores para manter-se; volta-se então contra eles, destituindo os indivíduos de autonomia, consumando a perda do sentido de toda a ação. Onde estava o espírito – a vocação originária – há agora vazio, compulsão e desespero.

As produções culturais e a "vida do espírito", em um mundo de cálculo e interesse, manifestam que "o capitalismo perdeu o espírito", não somente porque se trata da racionalidade do custo-benefício e da amortização a curto prazo dos investimentos, mas sobretudo deve-se considerar o conflito com o "princípio do prazer" e com as instâncias morais. Se é verdade que o "princípio do prazer exige a eternidade", a obsolescência e o descartável o destroem. Weber cunhou – para as circunstâncias do desencantamento do mundo – a expressão *stahlhartes Gehäuse* – "dura como o aço", "jaula de ferro", carapaça de opressão.[1] Este universo de isolamento, consequência dos processos de intelectualização, racionalização e formalização das relações sociais, rompe com as modalidades de individuação e de socialização dos últimos dois séculos. Esse período se consolidou nos valores humanistas e iluministas, na realização da *politesse* pelas artes liberais – os saberes de elaboração literária e demais artes que inovam o passado e a tradição –, bem como na ideia de espaço público democrático. Este, em particular depois de consagrados os valores da Revolução Francesa, significou que as desigualdades sociais e diversidade profissional não corresponderiam a nenhuma hierarquia de sangue, mas a talentos aptos a se desenvolverem na vida em comum dos homens:

> Assim, alguém pode ser médico ou jurista, pedreiro ou alguém não encontra trabalho, nada disso impediria compartilhar o mesmo espaço e valores, ou expressar desejos; ao contrário, é assim que se forma uma sociedade de coopera-

---

[1] Talcott Parsons consagrou a célebre tradução "jaula de ferro". Para as análises dessa expressão, cf. Bachs, 2001.

ção e de homens livres. Mas há saberes e comportamentos que devem ser compartilhados, sem os quais não poderíamos nem mesmo nos encontrarmos, nem nos ajudarmos uns aos outros. São eles a condição da *philia*. (cf. Stiegler, 2006a, p.115-6)

Esse laço afetivo da sociedade, o sentimento de amizade, é um saber político, que permite desterritorializar, "sair do burgo", entrar em relação – o que Kant expressava no conceito de cosmopolitismo. Por sua natureza, o mercado não pode criar *philia* porque esta exprime afetos e compartilha saberes, cuja quintessência são os conhecimentos tecidos coletivamente pela livre circulação de informações e experiências que os antecederam no tempo. Reduzindo o indivíduo à condição de consumidor, o capitalismo contemporâneo é regressivo e se impõe pelo monopólio de acesso às tecnologias relacionais que ele converte em tecnologias do controle. Nesse sentido, o capitalismo é regressivo, curto-circuita a livre circulação dos saberes, privatizando o conhecimento, convertido assim em mercadoria escassa. O conhecimento, como laço de fortalecimento das democracias, uma vez "administrado", priva as relações sociais de suas mediações simbólicas, de tal modo que o mercado – desprovido de qualquer dimensão ética, de sublimação e "superego" – deixa um vazio entre as pessoas, preenchido por mecanismos puramente miméticos e gregários: a "sociedade de massa" em que não se "ousa pensar por si mesmo". O "capitalismo cultural" promove dissociações, incivilidade e compromete as democracias.

Em seu livro *A economia antiga*, Moses Finley diferencia o mundo oriental e o mundo clássico, gregos e bárbaros, as sociedades de escribas – o segredo da informação, por um lado –, a do espaço público – a livre circulação da palavra e do conhecimento –, de outro. Se na democracia a palavra e o poder migram do recinto confinado do palácio para a praça pública da cidade, bárbaros vêm a ser os que vivem no mando e na obediência, "incapazes de viver sem rei". Quanto aos gregos, "não são senhores nem escravos de ninguém".[2] Na Atenas democrática todos são iguais, associados uns aos outros

---

2 Na tragédia *Os persas*, Ésquilo põe em cena a rainha Atossa, mãe de Xerxes, e o mensageiro que anuncia a derrota do "rei dos reis". Vencido pelos gregos, o invasor persa é rechaçado pelos cidadãos de Atenas. Foi o "povo em armas" que o derrotou, foram os cidadãos, aqueles que não eram "senhores nem escravos de ninguém".

por laços afetivos, de confiança e afabilidade, laços que constituem toda a vida política e o sentido do pertencimento a um espaço comum compartilhado, em que todos são igualmente legisladores, as leis, justas e os cidadãos, virtuosos. Aristóteles (*Política*, livro III, parte II) escreve:

> uma pluralidade de pessoas, que um por um são homens sem valor político, é entretanto capaz, quando está reunida, de ser melhor do que uma elite, não quando a tomamos um por um, mas todos em conjunto [...] Com efeito, quando existe pluralidade, cada parte possui uma parte de virtude e de sabedoria política, e quando a pluralidade se reúne [...] acontece o mesmo com as disposições morais e intelectuais. É por isso que a pluralidade julga melhor as obras musicais e poéticas: cada um julga uma parte e todos julgam o todo.

A *philia* política promove a existência de um *demos* – diverso da simples população – que vive sob leis comuns, legíveis e criticáveis por todos, leis que são referências individuais e coletivas. A *philia* se constrói por um "ideal de ego" que é, melhor dizendo, o povo como ideal da população que não é mais um simples grupo étnico e, por essa razão, a *pólis* acolhe metecos e estrangeiros e concede, também, direito de asilo. Na política há sempre amizade "entre governantes e governados, na mesma proporção que existe justiça" (Aristóteles, *Política*, livro VIII, 11, 1160). A cidade é o lugar natural da *philia*, sentimento que se expande na *filantropia* – a amizade universal de todo homem por todos os seus semelhantes.

Nessa tradição, o conhecimento é definido, por sua estrutura, como o "próprio do homem" – gênero e indivíduo –, não pertencendo a ninguém, constituindo um bem comum de todos e da humanidade, de que cada homem deve poder se apropriar. O conhecimento é, para os gregos, uma forma particular da atenção a que se denomina *contemplação* (*theorein*) e dela procedem os saberes teóricos, todo *savoir-faire* e o saber-viver, nela se projetam as diferentes formas do amor que, considerado e contemplado em seu conjunto, chama-se *sabedoria* (*sophia*). Por isso, fala-se de *filosofia*, amor da ciência e amor da arte. Este "sistema do amor" forma a energia que fortalece o laço social. A *philia* é a base da cidade e da civilidade, é atenção de uns aos outros. A começar pela socialização participativa da escrita alfabética como "troca simbólica": é por praticá-la que se modifica a relação com a língua que se torna *logos*, enquanto o cidadão se torna sujeito de direitos.

Já na época clássica, analogamente aos procedimentos populistas das mídias de comunicação modernas, os sofistas procuravam impor uma dissociação entre escrita e língua e, por isso, os filósofos os criticaram, a começar por Sócrates e Platão. Mas é a consciência de que este saber que é a língua tende a se transformar em um instrumento de poder, ameaçando a vida da cidade, que permite que suas técnicas constituam uma cidadania por meio da *skolé* – e da Escola. Esse novo tipo de associação – de que a Academia platônica e o Liceu aristotélico constituíram o protótipo das Universidades do Ocidente – é o apogeu dos espaços de "individuação" e de cidadania política porque à distância do atarefamento da *vita activa* e das determinações econômicas da compra e da venda: a vida é existência e não simples sobrevivência material.

O desaparecimento do "tempo livre" (cf. Zawadzki, 2002) – inclusive aquele dedicado ao pensamento – é um dos traços do "novo espírito do capitalismo", o da desindustrialização, da economia de serviços, da informação, do "controle remoto" (Chiapello; Boltanski, 1999), que induz à mudança na organização da vida social. A tecnologia telemática e digital, da mesma forma que o setor da eletrônica, constitui a base do que se denomina "sociedades do conhecimento", cujo fundamento é a difusão das tecnologias cognitivas – desde a inteligência artificial, passando por bancos de dados, até a generalização da burocracia empresarial, de modo que todas as esferas da atividade passam a ser consideradas modos de gestão: "sob uma aparência objetiva, operatória e pragmática, a gestão empresarial é a ideologia que traduz as atividades humanas em indicadores de performances, e estas em custos e benefícios. Buscando do lado das ciências exatas uma cientificidade que não poderiam obter por si mesmas, as ciências da gestão servem de sustentação ao poder empresarial. Legitimam um pensamento objetivista, utilitarista, funcionalista e positivista. Constroem uma representação do humano como um recurso a serviço da empresa, contribuindo assim para a sua instrumentalização: "O poder gestionário se desenvolve face à abstração e desterritorialização do capital, à transformação do trabalho em *job*. A ideologia gestionária vem preencher o vazio ético do capitalismo [...] Neste contexto em que se desenvolvem 'negócios', a ética de resultados substitui a moral, o projeto capitalista é para si mesmo seu próprio fim" (Gaulejac, 2005, p.22-3). Que se pense também na "economia de serviços" – a terceirização da economia –, na separação entre os instrumentos de produção e a concepção da produção e, ainda, na convergência e integração das tecnologias culturais (ditas de comunicação) e cognitivas (ditas de informação) – todo esse processo culminando em "tecnologias do espírito".[3]

As "tecnologias do espírito" provêm de uma mutação no modo de utilizar o conhecimento, não importando mais o tempo da produção, mas a coordenação" (cf. Veltz, 2001). A impossibilidade de mensuração do valor segundo o tempo de trabalho médio socialmente necessário para a produção da mercadoria faz com que dirigentes de empresas se voltem para a "gestão de objetivos", a fim de que cada assalariado se torne o empresário de seu próprio tempo, desdobrando-se para cumpri-los: "É o retorno do trabalho como prestação de serviço, o retorno do *servicium obsequium* devido à pessoa do suserano na sociedade tradicional" (cf. Veltz, 2001, p.69)[4]. A ausência do conteúdo do trabalho na determinação de seu valor de mercado confere aos serviços o caráter de trabalho imaterial (as qualidades subjetivas no processo produtivo, a capacidade de discernimento, de enfrentar o imprevisto, de identificar e resolver problemas), cuja especificidade não depende mais do conhecimento desses prestadores e fornecedores. O que significa a dissociação do conhecimento, dissociação que é sua "proletarização":

> a nova instrumentação dos saberes – escreve Bernard Stiegler – induzida pelas novas técnicas de *hypomnémata*[5] eletrônicas, analógicas e sobretudo digitais conduz

---

3 "O trabalho não é simplesmente um emprego. [Este] não é o que permite adquirir ou desenvolver saberes e, através deles, individuar-se. [Por meio do trabalho] é possível fazer para si um lugar na sociedade enquanto produtor e não apenas consumidor que encontra no emprego apenas um pagamento que lhe dá um poder aquisitivo. A individuação é, ao contrário, o que o trabalho traz a mais do emprego, o que consiste em agir no mundo para transformá-lo a partir do saber que se tem dele." (Stiegler, 2006a, p.243-9)

4 Esta prática se expande na proposta de empresas em pagar um valor mensal aos trabalhadores em função de objetivos alcançados. Quando ultrapassada a meta, há gratificações; se em baixa, redução dos salários. Isto se deu, em particular, em uma das unidades da Volkswagen alemã em 2002 e selou o fim das convenções sindicais coletivas.

5 "O rádio, a televisão, os computadores, a rede internet são novas formas de 'instrumentos espirituais', como Mallarmé dizia a propósito do livro. Enquanto tais, procedem destes *hypomnémata* – técnicas da memória e da comunicação – que, na Antiguidade grega, em seguida na Antiguidade romana, garantiam a vida do espírito – isto é, aquilo que Michel Serres denomina 'a escrita de si', condição do 'governo de si e dos outros', mas que foram *também* técnicas de manipulação e de controle da opinião por intermédio das quais os sofistas tentavam *transformar o conhecimento em instrumento de poder* – contra o que ergueu-se a filosofia, e este combate foi, ao mesmo tempo, seu próprio nascimento." (Stiegler, 2006c, p.20-1)

hoje a sua instrumentalização. Eis aí um fato – e este consiste precisamente também em dissociar os meios [*milieux*] cognitivos, isto é, em *proletarizar* os pesquisadores, tornando-os dependentes dos sistemas de informação que concretizam a externalização dos saberes nos meios [*milieux*] técnicos da informática cujos axiomas lhes escapam precisamente por serem controlados por um *poder cognitivo adaptacionista* – mas tal poder conduz à impotência e irracionalidade da sociedade, intrinsecamente desmotivada e sem projeto. (cf. Stiegler, 2006c, p.125)

Assim como é proletário aquele que perde os produtos objetivados de sua subjetividade, autonomizados com respeito ao produtor – perda do sentido da produção e do objeto produzido –, proletarização indica ainda perda do *savoir-faire* que se transfere para a máquina, reduzindo-se o trabalhador a pura força de trabalho. E, em um mesmo movimento, o consumidor se proletariza, perdendo seu *savoir-vivre*, requisitado apenas em seu caráter de aquisidor. Em outras palavras, proletarização e reificação revelam perda de individuação, do modo de funcionamento da técnica, do sentido do conhecimento e das razões de viver.[6]

A fórmula do capitalismo contemporâneo determina dissociação dos saberes e dos laços sociais da *philia* como organização do afeto comum que é a sociedade. E o conhecimento como prática da inteligência perde o sentido que até há pouco vigorava de *inter-legere*, "estar-entre", no entremeio, resultando, pois, em pauperização cognitiva, ao mesmo tempo que é investido de um valor mercantil incomparável, segundo as "leis do mercado", da compra e venda, da oferta e da procura. Até o advento do capitalismo moderno, "produto" era o que se controlava por preceitos, cujo artifício era operado como *mékhané* – "invenção astuciosa", que correspondia ao *ingenium* –, o que é "gerado" – designando o talento intelectual da "invenção" à qual se associa o *instrumentum*, o "*instruere*", que é a maneira de "dispor" de algo. É nesse

---

6 A esse respeito, Stiegler comenta: "a juventude francesa que recusou a CEP [lei do primeiro emprego em 2006] quer trabalho e não emprego, quer chegar a uma verdadeira vida social. Está procurando menos um poder de compra e mais um saber-viver [...] O mal-estar da juventude é, antes de mais nada, aquele suscitado pela perda do *savoir-faire*, do saber-viver e dos saberes em geral, de que resulta, para ela, a perda de qualquer lugar na sociedade e um desconsolado sentimento de inutilidade de si e da insignificância das coisas. Há, pois, perda da sociabilidade no que talvez não seja mais propriamente uma sociedade, mas simples 'sociação' [...] O trabalho deve ser um lugar de uma nova *philia* e invenção de novas formas de solidariedade social e de razão de vida." (Stiegler, 2006a, p.243-9)

sentido que Cícero, no século I a.C., define a inteligência como *instrumentum naturae*, como "instrumento da natureza". Nesses termos, um autor possuía a "posse", mas não a propriedade de suas obras, pois não se reconhecia a regulação "objetiva" da livre concorrência de mercadorias para "livros", "originalidade", "direitos autorais" e "plágio".[7] Na modernidade, Benjamin denunciava o fetichismo do *einmalig*, do que só se dá uma única vez, colocando-o em diálogo com o "sempre recomeçado". Pense-se aqui em Flaubert e seu *Bouvard e Pécuchet*, o romancista desejando escrever um livro feito de livros, e a presença de transcrições, paráfrases, variações, também na música. Ou então, no século XVII, van Meegeren revendendo suas pinturas plagiadas de Vermeer e produzindo um "autêntico" van Meegeren. A situação do intelectual moderno é a do indivíduo detentor de uma fração do capital simbólico, que ele procura valorizar em função de seus interesses próprios e não como um bem cujo valor residiria justamente no fato de ser compartilhado, o que tem por corolário, no plano psicológico, aquilo que Freud denominou "narcisismo das pequenas diferenças". Opondo-se a isso, Lacan afirmava que um dos principais preconceitos de que um psicanalista deveria livrar-se pela psicanálise seria o da "propriedade intelectual", porque "não há arte sem a arte".

Com o Iluminismo e sua distinção entre o público e o privado, a autoria vinculada estritamente a questões de mercado tinha um limite, e o advento da esfera pública literária sustentava a autonomia com respeito às determi-

---

7 Durante a Idade Média e o Renascimento europeu em particular, escritos eram copiados e recopiados em manuscritos, bem como circulavam oralmente, com alterações operadas pelos copistas, com variantes e novas versões, muitas vezes atribuídas ao nome do copista. Assim, quando no século IV, São Jerônimo traduz do grego *De Spiritu Sancto* de Dídimo, o Cego e também autores que "plagiavam" outros, confrontando fonte e cópia, ele mesmo toma de empréstimo textos sacros e profanos, citações com referências ou não. De Santo Inácio de Loyola diz-se que seus *Exercícios espirituais* seriam cópia literal do abade de Montserrat, falecido em 1510. O crítico inglês Malone, apelidado Minutius, contou minuciosamente os plágios cometidos por Shakespeare. Dos 6.043 versos de suas tragédias, 1.771 foram escritos por poetas anteriores, 2.373 refeitos, apenas 1.899 pertencendo de fato ao autor de *Ricardo III*. Autores plagiados: Robert Greene, Marlowe, Lodge. E Montaigne fala de seus "empréstimos" como "gatunagens", um dos mais conhecidos sendo a citação de Plutarco no final de sua *Apologie de Raymond Sebon*; Plutarco, por sua vez, também plagiara o *Timeu* de Platão. Quanto às edições dos poemas líricos de Camões, publicados postumamente, elas incluíam sonetos que, provavelmente, não eram de sua autoria, mas realizados no mesmo estilo. Uma discussão semelhante tem por objeto *Ilíada* e *Odisseia*, se de Homero ou de mais de um poeta. Alguns helenistas consideram-nas, em definitivo, obras de um único autor. (Cf. Finley, 1988).

nações econômicas, segundo um espaço de livre exercício da faculdade de julgar, do "uso público da razão", em que o interesse comum não era exclusividade de proprietários – o que significou ainda um plano legislativo que não respondia a interesses apenas privados e de propriedade. A esfera pública fundamentava-se na educação propiciadora da capacidade de avaliar racionalmente os assuntos de interesse público, pois "a humanidade apresenta uma vocação natural para comunicar mutuamente tudo o que diz respeito ao homem em geral", por isso "todos estatuem sobre todos e, consequentemente, cada um sobre si mesmo" (cf. Kant, 2002; Habermas, 1962).

Assim, a ideia de compra e venda como medida de um valor determinou a queda de todos os valores, materiais e espirituais, em valor de troca, considerando-se antes de mais nada o mercado consumidor. Na era burguesa "todas as relações tradicionais e fixas com seu cortejo de noções e de ideias antigas e veneráveis se dissolve; e todas as que as substituem envelhecem antes mesmo de se cristalizar" (cf. Marx; Engels, s.d.). Essa mudança incessante diz respeito à divisão social do trabalho que, por sua vez, encontra-se na origem da acumulação do capital e do excesso de riqueza. A partir do momento em que uma comunidade política aloja como concorrentes produtores em um mercado, estabelece-se o plano da superprodução, no caso, a superprodução cultural. Obras convertem-se, dessa forma, em bens que requisitam o desenvolvimento de novas práticas de consumo e comportamentos de apropriação: "trata-se, pois, de definir e garantir as condições de perpetuação de uma carência específica, suscetível de conservar uma demanda constante no mercado da cultura" (cf. Rusch, 2005, p.92). Desse modo, no momento em que as tecnologias digitais disponibilizam a comunicação dos conhecimentos e a socialização dos saberes produz-se artificialmente a carência com o objetivo de conferir preços exorbitantes às mercadorias, a escassez favorecendo "otimizar o capital", produzindo uma clivagem entre valor e riqueza que cada vez mais se distanciam, criando o capitalismo que progressivamente segue aproveitando menos trabalho, distribuindo cada vez menos moedas, com um excedente de capital sobre uma demanda solvente, "subtraindo as bases de uma sociedade, cujos custos de estruturação e reprodução o Capital procura economizar mediante a privatização dos serviços públicos, do ensino, da saúde e da previdência social" (cf. Gorz, 2005, p.11). Quanto aos "direitos de propriedade" relativos ao saber e à informação – os direitos de propriedade intelectual –, eles representam o controle do "direito de acesso" ao conhecimento e ao "valor espírito", convertidos em mercadoria rara, controle que é uma forma privilegiada de capitalização das riquezas imateriais:

> o conhecimento deve economizar mais trabalho do que originalmente custou, deve submeter a seu controle a utilização que dele é feita; e, enfim, deve-se tornar a propriedade exclusiva da firma que o valoriza incorporando-o nas mercadorias que com ele se produzem. (Gorz, 2005, p.31)

A forma contemporânea de acréscimo do capital transforma a abundância em escassez, a "invenção" em raridade, em "objeto único", procurando lhe atribuir o caráter antes reconhecível nas criações artísticas, como a "autenticidade". Sobre isso, W. Benjamin (2010, p.167) escreve: "tudo o que procede da autenticidade escapa à reprodução – e, bem entendido, não apenas à reprodução técnica". Mas aqui tudo se passa no registro da singularidade insubstituível, pelo que a obra autêntica e única participa de uma tradição – o que não ocorre de nenhuma maneira na "invenção" patenteada. Esta faria parte, em termos benjaminianos, da "inautenticidade", do confisco do solo coletivo anônimo das obras, a "tagarelice" que caracteriza a linguagem jornalística e que começa indiferenciando e neutralizando a língua que se exerce sem estilo, porque a linguagem jornalística contemporânea "é a perfeita expressão da mudança da função da linguagem no capitalismo avançado", no qual a imprensa é "fábrica de notícias" e duas ou três vezes por dia deve criar um montante de informações, denotando, nas palavras de Karl Kraus, que o homem hoje "padece de miséria espiritual sem sentir fome de Espírito". Benjamin refere-se aos aforismos desse intelectual, jornalista e polemista austríaco, crítico da linguagem jornalística e da neutralização da língua pela "mistura de gêneros", na qual ele inclui certos escritos de Heine. Nota que "estes dois gêneros [o folhetim e o ensaio] lhe aparecem como sintomas da doença crônica: a *inautenticidade*" (cf. Benjamin, 1981, p.355-6). Com efeito, o valor de "invenção" da obra autêntica vinculava-se a seu valor de culto, razão pela qual a ideia de tradição a que o filósofo se refere não diz respeito à de sua fabricação, mas antes àquela que põe em cena a manifestação do sagrado, perenizando-o. O valor cultural requer, pois, a restituição da cadeia ininterrupta de todos os sucessivos possuidores de uma obra, o mesmo procedimento que se exige na autenticação de uma relíquia sagrada. Objetos de coleção guardam seu passado, a história de sua aquisição, seu preço, a lista de seus antigos proprietários, sua gênese, sua data e modo de fabricação. É o que se passa no romance *Cousin Pons* de Balzac, em que o herói – Sylvain Pons – colecionador obsessivo, oferece a sua prima um esplêndido leque pintado por Watteau, dizendo: "não há reprodução. Foi criado exclusivamente para Madame Pompadour". Um suplemento de aura e alma emana da peça única, inscrita em um espaço e um tempo determinados, mesmo sendo a obra "secular" e disponível à exposição: "a assinatura do criador é uma das marcas que visam a garantir que a obra será recebida em qualquer parte como uma manifestação do divino". O nome acompanha, de agora em diante, a obra como anteriormente o templo a abrigava, garantindo sua integridade ao mesmo tempo que a confisca, organizando sua recepção, mantendo-a à distância da grande massa. A singularidade de uma obra, seu caráter arquetípico, não se deve a sua fabricação, mas à restituição do encadeamento ininterrupto de seus sucessivos proprietários.

Mas o triunfo das técnicas de reprodução altera tanto a autenticidade quanto a tradição, a unicidade e a intangibilidade das obras. A peça única e parcimoniosamente mostrada, protegida por seu nicho ou assinatura é substituída por uma outra, agora onipresente, acessível a todos a todo instante, em parte ou em sua totalidade. À figura do autor sobrepõe-se a de um grupo de técnicos que pode, cada qual, alcançar uma maestria própria, mas as obras continuam a ser intercambiáveis (cf. Rusch, 2005, p.100-1). Paralelamente, o "homem comum" pode confiar em seus dispositivos de "semi--expert", em decorrência da divisão social do trabalho. No ensaio "A obra de arte na época de sua reprodutibilidade técnica", Benjamin observa: "com a crescente especialização do trabalho, cada qual precisou tornar-se, bem ou mal, um *expert* na matéria – mesmo que em um assunto sem importância – e esta qualificação lhe permite aceder à condição de autor. O próprio trabalho toma a palavra" (cf. Benjamin, 2010, p.95). Nesse cenário, a oposição entre um "gesto comum" e um artístico dissolve-se em uma criatividade geral. Circunstância que requer um novo modo de regulamentação em que a invenção não mais poderia obedecer a uma única lógica, a da reprodução dos privilégios (cf. Foucault, 1994, p.811). Nesse sentido, no ensaio "O autor como gesto", Foucault entende a escrita menos como expressão de um autor, e mais como abertura de um espaço em que o escritor propriamente desaparece: "o traço do autor", diz Foucault (1994), "encontra-se, apenas, na singularidade de sua ausência". A Foucault importa a diferença entre o autor –

indivíduo real – e a "função-autor", pois um autor "não é uma fonte indefinida de significações" que preenche a obra; por não precedê-la, autor e leitor se formam reciprocamente e se transformam. Longe de dizer que o autor não existe, trata-se de compreender o princípio pelo qual entrava-se a livre-circulação, a livre composição, decomposição e recomposição da ficção. Nesse sentido, Leda Tenório da Motta observa de que maneira a problematização da autoria surge no romance moderno pelo aparecimento do "discurso indireto livre", pela "quebra do protocolo realista na colocação das vozes" – o que impossibilita discernir quem está com a palavra. Mais que isso, também a citação, a presença de uma obra em outra. Ao analisar o romance *Quincas Borba*, a autora mostra a maneira de Machado de Assis reconstituir, para seus próprios fins, a cena em que o herói invade a carruagem de Sofia:

> O sequestro da dama que tem lugar em pleno *breakdown* nervoso, no capítulo CLIII, quando Rubião desenfreado invade a carruagem de Sofia, obrigando-a, para evitar um escândalo, a partir em sua companhia, numa cavalgada louca pela cidade, é o corolário e, mais uma vez, a inversão desta fantasia de sedução que se deflagrara no trem, na forma do delírio galante. Assim como é uma citação, digna da profusão machadiana, da deslumbrante cena de *Madame Bovary* em que Emma faz amor com Leon dentro de um fiacre, todas as cortinas bem fechadas, em galope, *sans parti pris ni direction*, por toda a cidade de Rouen. (Motta, 2000, p.189)

Justamente porque há um jogo de autoria e ausência de autor, o anonimato pode vir a ser um nome de autor, como Foucault o indica em seu "A vida dos homens infames". Concebido como prefácio a uma antologia de arquivos policiais, e que autores de crimes desaparecem na rubrica "comuns", ao mesmo tempo que são "infames", reduzidos ao anonimato dos "sem fama", por um breve instante o encontro com o poder os retira do silêncio e do esquecimento a que foram condenados. Mesmo que essas "vidas infames" só apareçam nas citações que delas fazem os discursos do poder, vêm à luz como responsáveis por delitos. Nas palavras de Giorgio Agamben (2005, p.81): "como nas fotografias onde nos olha o rosto de uma desconhecida, esquecido e tão próximo, algo desta infâmia exige um nome próprio para além de toda expressão e de toda memória". Nesse sentido, um autor é tão somente um momento pontual em que uma vida se improvisou, mas não se exauriu na obra.

Eis por que a discussão sobre propriedade intelectual não se funda na identidade da autoria mas na lógica da economia do acesso que consiste em um regime de acumulação que valoriza o trabalho entendido como informação, decorrência, também, da desvalorização crescente da mercadoria em sua materialidade: "o mercado de acesso", escreve Paulo Eduardo Arantes (2007, p.168-9),

> é tudo menos um mercado livre. Seu princípio é o do controle [a multiplicação dos procedimentos de locação, concessão, direito de admissão, adesão, assinatura], sua lógica é a da barreira e do nicho [...] Ao fim e ao cabo, o destino da falsa mercadoria *informação* repete a violência expropriadora das *enclosures*, a interdição de acesso à informação, ao que até então era comum, por onde tudo começou quinhentos anos atrás, nas origens do capitalismo.

Benjamin (1991, p.130), por sua vez, enfatiza a difusão ampliada e, fundamentalmente, todos os mecanismos de comunicação das produções culturais como portadores de um potencial crítico a que as técnicas de reprodução abrem novas perspectivas: "frequentemente, a arte dita popular", anota Benjamin, "não é senão a retomada de um bem cultural outrora apropriado pela classe dominante, uma forma em decadência que se renova em uma comunidade mais ampla". Ele encontra particularmente na poética de Baudelaire o surgimento de outra modalidade de identificação do autor, que não a da assinatura, com o que o poeta contorna seu desejo de permanecer incógnito, sem renunciar a se fazer reconhecível pelo público (por questões de sobrevivência). As palavras comuns perdem esse caráter, pois Baudelaire utiliza maiúsculas como se fossem nomes próprios – a Morte, o Arrependimento, o Mal: "o aparecimento fulgurante destes traços identificáveis por suas maiúsculas bem no meio de um texto que não dispensa o vocabulário mais banal, trai a mão de Baudelaire. Sua técnica é a técnica do *putsch*" (Benjamin, 2000b). Com Baudelaire, Benjamin se resguarda dos mecanismos de identificação tal como se exercem na criação artística na era das modernas formas de dominação política, em particular os mecanismos mercantis.[8] Lembre-se de que, levando às últimas consequências a crítica,

---

8 Precursor da crítica do poder simbólico da criação, da "dinâmica da glória e da vaidade", Pascal escreve: "As belas ações escondidas são as mais estimáveis [...] Mas, enfim, elas não foram in-

Benjamin projetava uma obra feita só de citações, "citações sem aspas",[9] fusão fugaz de obras que se tornam indiscerníveis e inatribuíveis, para indicar o ponto de equilíbrio entre o indivíduo e a comunidade, entre o testemunho silencioso e a comunicação; nesse âmbito, o "anonimato é algo que acontece com o texto: na crítica, na tradução ou na simples leitura, a obra acede a seu conteúdo de verdade tornando-se como que um objeto natural abandonado ao sabor da experiência anônima, um objeto sobre o qual o tempo deixa sua pátina à medida que se apaga a marca de seu criador" (cf. Rusch, 2005, p.112).

A crítica benjaminiana visa, na contramão das tendências contemporâneas, a restabelecer o que há de coletivo nas obras, lembrando o projeto kantiano de um consenso universal como ideia reguladora das relações entre os indivíduos e as nações. Com efeito,

> enquanto na história recente do *copyright*, pôde ser preservado um espaço jurídico para permitir um uso público gratuito da informação e dos conhecimentos (espaço juridicamente identificado na noção de "uso leal"), as novas tecnologias do *Manegement* dos Direitos Digitais tentaram restringir firmemente tal uso. No passado, certos usos como a cópia de trechos de obras para fins educacionais e a utilização de citações para fins científicos eram muitas vezes legais em contextos definidos. O MDD [*Management* dos Direitos Digitais] interrompe esse tipo de uso no qual não é necessário nem acordo, nem pagamento ao detentor dos direitos. Além do mais, a lei *Digital Millenium Copyright* adotada nos Estados Unidos e as diretivas europeias sobre os direitos autorais na Europa criminalizam qualquer tentativa de se contornar tais controles técnicos, mesmo quando se trata de permanecer no quadro do "uso leal" reconhecido pelo direito. (May, 2003, p. 92-3)

Christopher May lembra ser frequente empresas recomprarem direitos dos inventores que tenham conseguido uma patente para alguma ideia, ou

---

teiramente escondidas, posto que vieram a ser conhecidas; e não importa o que se tenha feito para escondê-las, o pouco que apareceu através delas estraga tudo; pois o mais belo está nisso, em ter-se querido escondê-las" (Chevalier, 1954, p.1128).

9 É este o método de sua obra *Passagens*, construída de aproximadamente 1600 citações de diferentes livros sobre a Paris do século XIX, distribuídas em diferentes arquivos, como "Baudelaire", "Moda", "Tédio e eterno retorno", "Haussmannização e lutas de barricadas", "Marx", "A fotografia", entre outros.

contarem com custos cada vez mais altos de cadastramento, tornando a proteção de inovações cada vez mais difícil para os inventores, facilitando, assim, seu desvio em proveito do capital. Contratos de trabalho e de serviços garantem o domínio dessas propriedades pelo capital e não pelos próprios inventores ou criadores. O capitalismo ingressa cada vez mais a fundo nas relações sociais que até há pouco escapavam à condição de pura mercadoria. A esse respeito Marx (1983, p.546) observava:

> É significativo que em pleno século XVIII, o corpo dos ofícios particulares chamava-se *mysteries*, em cujos segredos só eram admitidos aqueles a quem a experiência e a profissão haviam iniciado. A grande indústria rasgou o véu que escondia dos homens seu próprio processo social de produção, fazendo de seus diferentes ramos – que se haviam separado naturalmente uns dos outros – enigmas recíprocos, inclusive para o iniciado em cada um deles. Seu princípio é dissociar todo o processo de produção, tomando-o em si mesmo, e sem consideração alguma pela mão humana em seus elementos constitutivos. Ela criou essa ciência inteiramente moderna – a tecnologia.

Diversos autores, entre os quais André Gorz (2005, p.37), chamam a atenção para a "economia de abundância que o conhecimento preside e que por si só tende a uma economia da gratuidade, a formas de produção, de cooperação, de troca e de consumo baseadas na reciprocidade e na partilha". Mas, para os fins da economia, basta apropriar-se dos meios de acesso ao conhecimento para impedi-lo de se tornar um bem comum, segundo normas que regem o saber entendido como propriedade e suposto motor do desenvolvimento econômico e social:

> o valor de troca do conhecimento está, pois, inteiramente ligado à capacidade prática de limitar sua livre difusão, ou seja, de limitar com meios jurídicos (certificados, direitos autorais, licenças, contratos) ou monopolistas a possibilidade de copiar, imitar, "reinventar", de aprender conhecimentos dos outros. Em outras palavras, o valor do conhecimento não decorre de sua raridade natural, mas unicamente das limitações estabelecidas institucionalmente ou de fato, ao acesso ao conhecimento [...]. A raridade do conhecimento é pois de caráter artificial. Ela deriva da capacidade de um "poder", qualquer que seja seu gênero, de limitar temporariamente sua difusão e de regulamentar o acesso ao conhecimento. (Rullani, 2002, p.90)

Também Jeremy Rifkin, em *A época do acesso* (2000), indica de que maneira se dá o crescente patenteamento de conhecimentos, para conferir à mercadoria um "valor" sem referência ao que se compreendia por "valor econômico", ao "valor de troca", isto é, um valor quase artístico, simbólico, do que é inimitável e sem equivalente. Com isso, a transformação de todos os bens, materiais ou imateriais, em mercadoria, se resolve em uma mutação social e antropológica que se reconhece na "baixa do valor espírito" que passa a ser o próprio princípio de funcionamento do capitalismo contemporâneo: "as sociedades de mercado tornam-se manifestamente – sem nenhuma outra forma de regulação produtora de *philia*, a não ser o mercado que a destrói – sociedades da *incivilidade*" (Stiegler, 2006a, p.67). A reificação, na terceira revolução industrial – a da microeletrônica – significa desumanização do indivíduo, associabilidade e regressão: "há uma atitude fetichista com respeito às próprias condições que tendem a desumanizar [os indivíduos]. Quanto mais estes se veem transformados em coisa, mais investem as coisas com uma aura humana" (Adorno, 2008). Desalienar um bem cultural é "liberá-lo da corveia de ser útil" para fins de acúmulo do capital. No século XVII, Espinosa exaltava a democracia, opondo indivíduos que querem ter coisas aos que desejam ser livres – para estes, todos os obstáculos e imposições que visam a impedir o pensamento estão condenados, pois "quanto mais se quiser privar os homens da liberdade [de pensar], mais obstinadamente eles resistirão" (Espinosa, 1965, p.332).

Nesse sentido, instituir a discussão pública sobre os "direitos de acesso" é resistir à produção do conhecimento e da informação como mercadorias, para fazê-los circular gratuitamente sempre que possível, pois é próprio ao saber o processo ao mesmo tempo individual e coletivo, como elo originário de formação de um mundo de saber que só o é em função de sua partilha, de seu "tornar-se público" (Stiegler, 2006a, p.141).

Depois de Babel, Pentecostes (in Fabrini, 1998): a liberdade da palavra criadora traz consigo uma nova *philia*, filantrópica e cosmopolita, realização possível do ideário humanista do "esperanto astral"[10] que são as obras de pensamento.

---

10 Essa expressão é de Benjamin, 1981, p.384.

3. O *SEX-APPEAL* DO INORGÂNICO E A INSURREIÇÃO DO DESEJO

"O espetáculo moderno", escreveu Guy Debord (1997), "é um canto épico, mas não canta, como a *Ilíada*, os homens e suas armas, e sim as mercadorias e suas paixões." Animismo, totemismo, fetichismo enfeitiçam as mercadorias. Analisando a migração do conceito da história da religião para a ideologia contemporânea, Marx não só compara o fetichismo da mercadoria ao fetichismo religioso, como revela a permanência do encantamento do mundo dos valores religiosos: os homens os produzem e adoram, atribuindo poderes sobrenaturais a objetos materiais. Assim, nas sociedades ditas primitivas – como as da Melanésia –, o mana é uma força imaterial, sobrenatural e impessoal, espécie de "fluido invisível" ou de aura; concentra-se em determinadas pessoas e coisas, transmitindo-se a objetos e, se tratado inadequadamente, pode produzir efeitos negativos e desagregadores que pedem sacrifícios. Por isso ao mana associa-se um tabu e, a este, a transgressão.

A mercadoria é o *totem* capitalista ao qual o indivíduo se sacrifica: "Toda pessoa especula sobre a possibilidade de criar no outro uma nova necessidade, a fim de obrigá-lo a um novo sacrifício, de impingir-lhe uma nova dependência, de induzi-lo a uma nova forma de prazer, levando-o assim à ruína econômica" (Marx, 1980, p.119). Na pessoa do capitalista "o prazer submete-se ao capital, o indivíduo que usufruiu, àquele que capitaliza" (Marx, 1980). A categoria do fetichismo é o centro da crítica de Marx aos fundamentos das sociedades capitalistas.[1]

---

1 No século XIX, a Inglaterra, depois de realizar sua Revolução Industrial, foi seguida nesse processo pela França, pelos Estados Unidos e pela Alemanha. Cada economia nacional de

A "religião capitalista" inscreve-se em meio aos crescentes processos de secularização, demitização, desencantamento do mundo – que, em sua radicalização, atinge não apenas representações religiosas, mas também as ideológicas consideradas seu prolongamento. O capitalismo é uma religião profana, pois tem seus objetos de contemplação e de desejo – as mercadorias e suas imagens – e a libido – que está em toda parte, exceto na sexualidade, como já o notara Barthes. Isto significa que a tecnologia da sensualidade está a serviço da "estética da mercadoria" (cf. Haug, 1996), estética que deve produzir fascinação, que arrebate as sensações dos "indivíduos" assim mobilizados.

A manipulação dá-se pela promessa estética do valor de uso, da utilidade da mercadoria, por um lado, e da beleza agregada a serviço da realização do valor de troca, por outro, a fim de suscitar o desejo de posse. Aquele que compra pretende suprir uma necessidade, sendo-lhe o objeto, então, útil; mas, no que diz respeito ao valor de troca, a finalidade desse objeto é alcançada quando se transforma em dinheiro. A mercadoria como valor de troca representa e realiza a diminuição qualitativa e quantitativa da utilidade das mercadorias, o que vem a ser compensado por seu embelezamento e sua sensualidade: "a mercadoria", escreveu Marx (1986), "ama o dinheiro" ao qual ela "acena" com seu preço, lançando "olhares amorosos" ao consumidor. Essa inversão, na qual os humanos imitam os jogos amorosos dos objetos materiais, faz também com que as pessoas retirem sua expressão estética das mercadorias. Estas, desde os produtos de embelezamento corporal até os modelos da moda, por meio da publicidade, induzem comportamentos, bem

---

mercado desde o início já se inscreve na economia mundial, confrontando-se, pois, com o fenômeno da concorrência – o que constrange as economias menos produtivas a alcançar o nível das nações altamente industrializadas. A maior parte dos países encontrou-se em descompasso com respeito aos desenvolvimentos econômico, tecnológico e ético dos Estados centrais que os antecederam, quando, mais tarde, entraram na competição mundial. Dada essa diacronia, tão logo um país em "atraso" tentasse implantar-se no capitalismo mundial, sua economia era abalada pelo afluxo de mercadorias mais baratas provenientes dos países de alta produtividade. Assim, a única oportunidade de tomar parte nessa modernidade de forma não inteiramente subordinada, como ocorreu na Rússia, na China e em outras economias de capitalismo subordinado, foi uma "autarquia forçada", em um espaço protegido de toda concorrência externa, a fim de estabelecer-se um capitalismo local. Desse modo, a Rússia de Lenin, Trótski e, sobretudo, Stalin, com sua "revolução em um só país", realiza uma modernização tardia em um país atrasado: "Repetiu-se na Rússia uma espécie de 'acumulação primitiva', que implicou a transformação forçada de milhões de camponeses em trabalhadores fabris e a difusão de uma mentalidade adaptada ao trabalho abstrato" (cf. Jappe, 2003, p.206).

como são coletivamente adotadas. Por um "amor de transferência", o charme da manequim magicamente migra para aqueles que imitam seu estilo.

Ansiando pelo dinheiro, a mercadoria é criada à imagem da ansiedade do público consumidor, oferecendo-lhe o que espera: a ideologia do prazer pelo consumo, sem o que não suscitaria o sentimento de felicidade pelo consumo. Para tanto, seu "conteúdo de realidade" torna- se cada vez mais sutil, chegando a prescindir da realidade, e mesmo rompendo com ela.

O mundo contemporâneo é o mundo da aparência inteiramente realizado, o que se atesta na separação entre mercadoria e publicidade, a coisa e sua imagem, o pré-prazer prometido pela imagem é dissociado da posse real. Desfazem-se da maneira mais extrema os fundamentos do mundo moderno, elaborados por Descartes, cujas *Meditações* constituem o esforço de separar a verdade do erro, o conhecimento da ilusão, desvinculando-se do sensível e de suas imagens enganadoras, como se lê na *Segunda meditação*, quando o filósofo se dedica a analisar o pedaço de cera que acaba de ser retirado de uma colmeia:

> Não perdeu ainda a doçura do mel que continha, ainda retém algo do aroma das flores de que foi produzido, sua cor, sua figura, sua grandeza são patentes; é duro, é frio, tocamo-lo e, se nele batermos, algum som produzirá [...] Mas eis que o aproximamos do fogo: o que restava de sabor desfaz-se, o odor se dissipa, sua cor se altera, sua figura se modifica, [...] mal o podemos tocar e, se nele batermos, nenhum som produzirá. A mesma cera permanece após essa modificação? (Descartes, 1973b, p.104)

Se a cera mantém sua identidade primeira, é possível sabê-lo pela razão, e não pelos sentidos. A cera pode tomar diversos disfarces, múltiplas formas sensoriais. Também quando se observa pela janela um passante vestido com seu casaco e chapéu: o que nos garante não ser isso um simples robô com roupas de homem? Descartes procura mostrar que tão somente os fenômenos de consciência são certos, qualquer conteúdo sensível pode ser falsificado. A intenção cartesiana é emancipar o mundo com respeito às ilusões, o que culmina, não obstante, em uma separação perversa: domínio da natureza por meio da ciência, pelo pensamento algébrico-matemático, por um lado, e permanência da ilusão, por outro.

É o que se passa com a mercadoria separada de sua imagem. A mercadoria atesta o fim do culto à origem, ao original e à originalidade, pois se multiplica ao infinito pelo artifício da produtividade técnica; têm fim as noções de natureza e natural da filosofia da identidade, da subjetividade, da consciência, substituídas pela proliferação de imagens. De certo modo, a modernidade é herdeira da querela entre iconófilos e iconoclastas que, entre os anos de 726 e 843, dominou o Império Romano do Oriente. Esse conflito se deu entre os iconoclastas, que recusavam as imagens em nome da pureza da tradição cristã – para eles, a representação do Cristo não era apenas inadequada, mas uma blasfêmia – e os iconófilos, que reconheciam no ícone um conteúdo espiritual que não é o Outro do original, mas o "próprio original". Segundo essa corrente, a imagem é evocação e *medium* pelo qual Deus se revela no sensível, o original sendo, pois, passível de evidência sensível. A imagem, para seus seguidores, consiste em uma teologia visual em que se conjugam o visível e o invisível. Por isso, a imagem é um excelente veículo para a fé, deve ser integrada a ritos e objetos de culto já existentes.

A modernidade não é nem platônica nem cartesiana. Se, para o platonismo, o inimigo do original é a cópia, a falsificação, o simulacro apenas confirma o estatuto primeiro do original, sublinhando sua precedência autêntica diante de imitações sem valor ontológico ou metafísico. Assim também, as disputas dos especialistas para decidir se algo é falso ou autêntico apoiam-se nessa hierarquia de valores, cuja origem recua a Platão. Quanto ao mundo contemporâneo, a mercadoria separa-se de sua imagem, assim como a embalagem de seu "corpo", vindo a ser mais importante que ele. A mercadoria está encoberta, dissimulada ou esquecida atrás das imagens espetaculares. Às sociedades em que isto acontece deu-se o nome de "sociedades do espetáculo" (cf. Debord, 1997), para indicar sua natureza alucinatória, por não se ligar ao real e sim ao "hiper-realismo", cuja pretensão é ser mais real que o real, ou mesmo substituí-lo. Mas, ainda aqui, não se escapa do campo da metafísica, pois permanece a assunção de um original, de uma verdade substancial, encoberta, dissimulada ou esquecida por detrás das imagens.

O mundo contemporâneo prescinde de uma verdade substancial, o que se revela na publicidade ou nas embalagens das mercadorias:

> A embalagem não é pensada apenas como proteção contra os riscos do transporte, mas é um verdadeiro rosto a ser visto pelo comprador potencial, antes de seu "corpo", e ela o envolve, transformando-o visualmente, a fim de correr ao encontro do mercado e de sua mudança de forma [...] Depois que a superfície [da

mercadoria] se liberta, tornando-se uma segunda [pele], frequente e incomparavelmente mais perfeita que a primeira, desprende-se completamente, descorporifica-se e circula com rapidez pelo mundo inteiro como se fosse o espírito colorido da mercadoria [...] Ninguém mais está seguro contra seus olhares amorosos. (Haug, 1996, p.75)

Walter Benjamin (2006), por sua vez, considera essa figura moderna do erotismo, na expressão "*sex-appeal* do inorgânico". Sua história primeva encontra-se nas exposições universais do século XIX, em particular a do ano de 1855 em Paris, cidade-fetiche onde se entrecruzam o fenômeno religioso da superstição e o erótico, o desejo de posse da mercadoria e o amor de transferência de suas supostas qualidades e propriedades ao consumidor. Além disso, o filósofo reconhece uma continuidade da religião no culto contemporâneo às imagens e na adoração das mercadorias.

As Exposições Universais de Londres e Paris, que receberam, durante um ano, mais de 50 milhões de visitantes, manifestaram uma nova peregrinação, diversa daquela que levava pessoas a correrem a lugares sagrados. Em "Paris, capital do século XIX", Benjamin escreve que as exposições universais são os centros de peregrinação das mercadorias-fetiches. Abandonando o recinto das igrejas, o sagrado expõe-se nos imensos "palácios do efêmero" – os Palácios de Cristal –, construídos para a glória dos deuses modernos: a mercadoria, a novidade, a máquina, o progresso. Mas é em Paris que a cidade acede a essa consciência e à aventura da constituição dos sentidos inéditos do mundo das coisas. Com efeito, há na mercadoria fartamente exposta um apelo ambivalente: sua estética incita tanto à compra quanto ao furto, pois o sinal de seu sucesso não se mede apenas pelo volume de vendas, mas também de roubos: "O impulso de pegar é fortemente provocado pela arrumação astuciosa das mercadorias em vitrines e prateleiras, de tal modo que um cliente mal consegue passar direto. A mercadoria deve ser assim ornamentada a ponto de o cliente sentir vontade de roubá-la" (Haug, 1996, p.62-3).

Walter Benjamin, à maneira do arqueólogo, procura o inconsciente da modernidade e o do século XIX numa investigação a partir de suas construções arquetípicas, passagens ou arcadas, galerias construídas em ferro e vidro, pelas quais a multidão se desloca. O espetáculo das multidões que assim se movimentam, expostas como em vitrines, pela primeira vez se oferece à leitura e à legibilidade, pois foi o século XIX que produziu uma literatura em que a personagem principal é a cidade de Paris. Seu aspecto moderno, surrealista, é notado em uma carta a Gershon Scholem, de 1926, escrita enquanto se dedica à tradução do segundo tomo de À *la recherche du temps perdu*, de Marcel Proust, para o alemão. Benjamin reconhece nos interstícios da "linguagem secreta" de seus salões, no jargão de classe ininteligível aos estranhos, o elemento pré-surrealista da cidade, em que se impõe a verdadeira fisionomia surrealista da existência. Surrealismo: desmontagem de um todo uno, do qual cada peça é elemento de um outro texto, novo e original. Assim, apresentando-se na personagem do bibliômano vindo consultar *in loco* catálogos e livros na Bibliothèque Nationale, dos quais colhia citações, Benjamin faz a mania do leitor compulsivo abranger, pela irradiação literária da cidade, o conhecimento de Paris: "Há séculos", anota, "a hera das folhas doutas embaralha-se com o cais do rio. Paris é a grande sala de leitura de uma biblioteca que atravessa o Sena" (cf. Benjamin, 1981, p.35). A legibilidade da cidade é também a de sua *psyche*. Modernidade complexa, a de Paris, que reúne erotismo e fetichismo.

Para compreendê-la, Benjamin percorre a literatura sobre Paris, valendo-se dos procedimentos de Freud em sua interpretação de sonhos, a fim de decifrar nesses escritos a experiência que contêm. *A interpretação dos sonhos*, de Freud, antecipa o "método" benjaminiano. Com efeito, Roma e Paris estão presentes nos dois escritos. São cidades que o detetive do inconsciente deseja, com ardor, conhecer, em que realidade e desejo mesclam-se. A realização do sonho de ir a Paris aparece a Benjamin como possibilidade de realização de outros desejos. É a cidade como espaço de coexistência de diferentes épocas e do passado objetivado que se torna o modelo da concomitância subjetiva de épocas na recordação.

Se Pompeia é o paradigma da cidade soterrada, fixada em um agora passado, Roma é, para Freud, a cidade sob o signo da rememoração, cujo presente é invadido pelo passado. Também para Benjamin, as edificações comemorativas, os monumentos que ornamentam a cidade são símbolos mnemônicos, mas também símbolos "históricos": a cidade como sobreposição de diversas épocas mantém o passado materializado na pedra que faz surgir seu passado em presentes novos. Sendo assim, a cidade é a imagem da estratificação da consciência, aí a cristalização do passado emerge do esquecimento na consciência do presente. Mas, diferentemente dos signos mnemésicos da cidade, tais estratos não apenas emergem à consciência como também a subjugam. Freud escreve que, em Roma, reminiscências das ruínas integram o presente; o que hoje ocupa antigas construções são ruínas, mas não ruínas de si mesmas – templos e edifícios daquelas épocas –, e sim de renovações feitas em épocas posteriores, depois de incêndios e destruições. Esses vestígios da Roma antiga aparecem disseminados e sobrepostos à cidade, devendo ainda haver algo escondido em seu subsolo ou sob construções modernas. Eis o modo em que se conservou o passado em lugares como Roma (Freud, 1998).

A Paris benjaminiana, como a Roma de Freud, com suas camadas arqueológicas, é um ente psíquico, dotado de passado, no qual tudo o que um dia nasceu perdura ainda. Mas essa coexistência nada tem de simples: há um recalque do antigo. Se, na cidade, uma outra coisa vem ocupar um mesmo lugar ou sobrepor-se no presente, o recalque psíquico é dinâmico, o presente luta com o passado para ocupar seu lugar. O recalcado converte-se em algo mítico. Ao mito substancial dos gregos, ligado ao lugar solitário e eminente de um templo, contrapõe-se, na grande cidade, o mito do efêmero: o presente em sua cotidianidade, impermanência e banalidade; mas, também, abre-se ao imemorial. A própria escolha da palavra "passagem", para as narrativas de Benjamin sobre Paris, não é fortuita: passo, passar, passado, passante, passageiro (como substantivo e adjetivo); mas também *maison de passe*, a cujos segredos a passagem oferece um acesso discreto, secreto. A cidade de Paris é um lugar absoluto, é obra de arte total. Nela nada resta de natureza, tudo é artifício, espetáculo, irrealidade. Nela, o *unheimlich* é o choque do retorno do recalcado ou "inibido" (*Hemmung*) que constitui seus fantasmas. Quando Marx escreve que, pelo fetichismo da mercadoria, as sombras perdem seus próprios corpos, dada a evanescência do valor de uso, só resta o valor de troca, sombra que perdeu seu próprio corpo; só resta o trabalho morto, coagulado em um objeto, como o passado morto-vivo cujos fantasmas vêm importunar o cérebro dos vivos.

O passado reprimido, mas não esquecido, permanece submerso. É assim que o filósofo leitor de Baudelaire procura compreender estes versos do poeta: "fervilhante cidade, cidade cheia de sonhos". Aí espectros agarram-se ao passante em plena luz do dia, ela é o lugar da presença aguda do real e da perda. E suas brumas conferem-lhe aspecto fantasmal. Aparição, espectro ou fantasma são ameaçadores, pois bruscamente rompem o familiar e conhecido, fazendo com que as identidades vacilem. Categorias como espaço e tempo, sujeito e objeto, tornam-se incertas, e estes não mais se beneficiam da estabilidade que seu conceito prometia. O *flâneur* solitário naufraga na histeria, pois não se diferenciam a irrupção do fantasma e o mito. Sem limites categoriais, a realidade carece de garantias, torna-se estranha a si mesma, procurando apagar a cidade passada, erigindo imperiosamente sua atualidade sobre ruínas. O *unheimlich* é, aqui, um *dépaysement* com respeito à linearidade do passado, é o sentimento do perturbante, advindo dos fragmentos do tempo. É também a memória involuntária proustiana, imagem que cintila como o clarão de um raio, de que fala Benjamin nas teses "Sobre o conceito de história" (Benjamin, 2010, p.222-32). Ele se choca contra a ideia fixa, a compulsão à novidade, à repetição do mesmo, contra o novo tempo da economia de mercado e da experiência na metrópole. O *unheimlich* é um *choc* a indicar que aquele por ele surpreendido encontra-se diante de um perigo para o qual não está preparado. O que no plano individual ocorre como delírio irrompe na sociedade no plano da ideologia, pois esta é resistente à crítica lógica.

O *unheimlich* é o *choc* nas metrópoles modernas, a realidade que se transforma em imagem fantasmática, sem silhueta definida, como paisagem em um inverno tomado por brumas. Imersas nelas, as casas parecem mais altas e alongadas do que são, podendo ainda enganar o passante como se fossem o cais seguro de um rio. Não se separam sonho e realidade: "A submersão do espaço da cidade na bruma, que apaga contornos e categorias espaciais, é ela mesma a imagem evocadora da submersão do espaço psíquico interior: cabe ao Eu permanecer forte, no esforço de uma presença de espírito heroica a ponto de tornar-se histérica" (Stierle, 2001, p.510). Também a descoberta de catacumbas sob as ruas de Paris deve ter impactado seus habitantes, tornando-os conscientes de que se deslocavam por sobre o imenso cemitério que se encontrava sob seus pés.

Foi Nadar, de quem Benjamin trata no "Pequena história da fotografia", (2010, p.91-107), quem empreendeu, pela primeira vez, fotografar com luz artificial as catacumbas de Paris. Assim, ao lado de sua vocação documental, a fotografia foi uma maneira de explorar o invisível ou os fenômenos fugazes, pois ela interroga uma temporalidade intermediária, um "entre-dois",[2] que é uma espécie de metempsicose, pois os mortos, de vez em quando, visitam os vivos.

---

2 A ideia de intervalo, de interrupção, de deslocamento encontra-se, no que diz respeito à teoria do conhecimento, na premissa gnoseológica da *ODBA*, em que o filósofo faz o elogio da forma "tratado medieval" e dos "mosaicos" (Cf. Matos, 1993).

A lógica das mercadorias e suas hierarquias desrealizam também o tempo: as horas dedicadas ao capital não têm passado nem futuro, são horas mortas. A ele, Benjamin contrapõe o *flâneur*; o herói da modernidade: ocioso, deixa-se levar pela multidão e pelo ritmo das tartarugas:

> Havia (por volta de 1840) o passante que se perde na multidão, mas também o *flâneur* que precisa do espaço livre e não quer perder sua privacidade. Ocioso, caminha como uma personalidade, protestando assim contra a divisão social do trabalho [...] Nessa época, por algum tempo, foi de bom-tom levar tartarugas para passear pelas passagens; de bom grado o *flâneur* deixava que elas lhe prescrevessem o ritmo do caminhar. (Benjamin, 2000b, p.185-236)[3]

A sociedade da abundância que promete luxo e volúpia por meio do consumo pode encontrar na mercadoria e suas imagens a possibilidade de desfetichização.[4] Assim, se a prostituta é, para Benjamin, a igual título que

---

3 No mundo moderno, o homem domina a natureza, mas não suas relações de socialidade. A sociedade não passa de um auxiliar do mercado para que o sistema econômico possa funcionar segundo suas próprias leis. O ultraliberalismo contemporâneo remete à livre concorrência do século XIX, quando o mercado era entendido como instância de autorregulação. Dada a ameaça à continuidade dos laços sociais de solidariedade e confiança, o que poderia levar à destruição da própria produção capitalista, sociedades europeias ao longo do século XIX tomaram medidas de autoproteção, sobretudo com a legislação trabalhista e a introdução dos serviços públicos. Estes eram entendidos, até o momento em que passaram a ser privatizados, como dispositivos que ofereciam à maior parte dos indivíduos, se não a todo cidadão, bens essenciais de que não podem encarregar-se interesses privados. Serviços fundamentais acessíveis a todos constituíam fator de coesão social, hoje em processo de dissolução.

4 O mundo das mercadorias e dos trabalhos forçados obscurece a consciência operária, naturalizando-se como destinação ontológica do homem, desviando o operário da consciência de sua própria infelicidade. Com efeito, a antropologia, como a de Marcel Mauss, Marshall Sahlins e Polanyi, demonstra, por aspectos diversos, que a troca de equivalentes – a produção para fins de mercado e não para suprir necessidades e carências, e a separação entre economia e trabalho – constitui um fenômeno relativamente recente. Assim Mauss, em seu *Ensaio sobre o dom* (1991), analisa os *potlatch* da Melanésia. Nas sociedades do "dom", a conservação e a permanência das relações sociais são mais importantes do que as trocas materiais: "[Os dons] são apenas meios em vista de um fim: os dons não têm finalidade comercial, mas devem produzir um 'sentido da amizade' entre indivíduos e sobretudo entre grupos. O dom fundamenta-se em um verdadeiro culto à generosidade e manifesta desapego material, que o aproxima do espírito de nobreza, de prodigalidade, que permaneceu por longo tempo nas culturas mais desenvolvidas". Quanto a Sahlins (1974), escreve: "É de interesse notar que a teoria marxista contemporânea frequentemente concorda com a economia dos habitantes das ilhas Fiji, que utilizam uma única palavra para significar 'trabalho' e 'ritual'".

para Marx e Engels, a apoteose da identificação entre o amor e a mercadoria, ela é também a possibilidade de uma vida "sem tempos mortos" remetendo ao imaginário coletivo que reconhece no feminino a exigência de sua realização. Nesse universo, *"tout n'est que beauté, luxe, calme et volupté"*. Benjamin, leitor de Baudelaire, faz surgir do Mal suas "flores", da "danação", a salvação da vida moderna. Assim, Safo de Lesbos mostra o que o amor pode trazer: ele é uma "contrarreligião", uma revolução. Para Benjamin, como para Baudelaire, a mulher é o artifício, o belo é pura ilusão; na maquiagem – e Baudelaire faz seu elogio –, as mulheres encontram práticas para consolidar e divinizar sua "frágil beleza". Por sua *toilette*, parecem mágicas, não apenas pelo refinamento de sua maquiagem, de suas atitudes, mas, sobretudo, pelo olhar que lhes confere um charme, pela aura que suscita:

> Não há olhar que não espere resposta do ser ao qual se destina. Quando esta espera é compensada, a experiência da aura conhece então a plenitude [...] A experiência da aura repousa, pois, na transferência [...] Assim que se é ou se crê olhado, levantamos os olhos. Sentir a aura de algo é conferir-lhe o poder de levantar os olhos. (Benjamin, 2000b, p.103-49)

Tanto Benjamin quanto Baudelaire dissociam a "beleza" do "bem" e fundam-na, por assim dizer, no mal, na "artificialidade" do moderno, desfazendo a conotação de falsidade que lhe era atribuída pelo "belo clássico". O belo moderno não procura esconder seus artifícios, e a mulher lhe faz apelo para parecer mágica. E a moda lhes oferece um repertório de signos arbitrários; a moda é, a um só tempo, artificial e sobrenatural, e é um ritual fetichista. Transforma a natureza em artifício e artefato dotado de encantamentos e feitiço. Ao mesmo tempo, a moda transforma a mulher em "estátua", em um "ser divino e superior", mármore, bronze ou pedra. Perturbadora e fantasmagórica, investida de poderes mágicos, a mulher realiza a crítica e a emancipação com respeito ao mundo do espetáculo e seus "valores". Utopia do feminino, o universo das passagens recupera à sua maneira o mundo épico, Safo, as Sereias. Se Ulisses, na *Odisseia*, renunciou à sua sedução – e ao princípio do prazer –, o que fez dele o antagonista de uma realidade ontologizada, Benjamin e Baudelaire buscam, ao contrário, decifrar o que desejam com seu canto (cf. Baudelaire, "A cada um sua quimera", 1995, p.283; Benjamin, 1982; Matos, 2001).

4. Miragens: identidade e fetiche

Benjamin foi, entre os filósofos, um dos primeiros a indicar o caráter narcótico do pensamento pelo qual se pode ultrapassar a revelação religiosa e o irracional por uma "iluminação profana", de inspiração antropológica e materialista (Benjamin, 2006, p.433-48).[1] Para isso, as drogas constituem uma propedêutica às experiências de pensamento, em um campo diverso daquele da oposição entre o homogêneo e o heterogêneo, identidade e vir-a--ser. O próprio fenômeno das passagens – templo do consumo e das mercadorias – mescla, por seu caráter polimórfico, o antigo e o moderno, a imitação

---

1 Trata-se da antropologia que não permanece no campo ideológico do "humanismo", tal como entendido em sua versão "moderna", kantiana, na qual o "homem é o fim de si mesmo" e não um meio para outros fins. Benjamin critica esse "homem" abstrato, da lei moral abstrata, do entendimento lógico e categorial também abstrato, considerando a natureza contraditória do humanismo que também visava ao "homem integral", com todas as suas possibilidades de criação para seu bem-estar material, cultural e espiritual (Benjamin, 1981). A Paris do Segundo Império, com o advento da moderna sociedade de massa e do consumo, é a da racionalização e formalização no conhecimento e de relações burocráticas mas também sob forças desconhecidas e incompreensíveis: "O direito escrito encontra-se em códigos e leis, mas secretamente, e com base nisso, a Pré-História exerce um domínio tanto mais ilimitado" (Benjamin, 2010, p.137-64). E a crítica à ambiguidade do ideário humanista não deve esquecer que foi em nome da "humanidade" que África, Ásia e Américas foram colonizadas, a singularidade sofredora escravizada e dizimada para que de "bárbaros" viessem a ser "civilizados". Crítico do racionalismo eclético, que pondera, por um lado, o aspecto "bom" e o "mau", nas produções dos homens, de outro, o materialismo benjaminiano reúne êxtase e razão (Benjamin, 2010, p.21-35). Intérprete dos sonhos do século XIX, esses constituem a crítica à causalidade presente no materialismo de Marx: "Marx expõe a correlação causal", escreve Benjamin, "entre a economia e a cultura. O que importa, aqui, é a correlação expressiva. Trata-se não de apresentar a gênese econômica da cultura, mas a expressão da economia na cultura" (Benjamin, 2006).

das formas do passado e a inovação na aliança entre o ferro e o vidro: a transparência do vidro no qual nada se fixa e a natureza geológica do ferro evoluem para uma aventura do olhar com o que Walter Benjamin infringe a história da metafísica e da consciência desperta vigilante, consagrando ao ópio e ao haxixe um prazer enigmático – o do labirinto[2] que alarga a duração do espaço e do tempo e desformalizando-os, advindo a *iluminação*. Eis por que, para aquele capaz de alumbramento, "Versalhes não é suficientemente ampla, nem a eternidade suficientemente longa" (Benjamin, 2000a, p.248-55).

Enfatizando o desencantamento psíquico do homem na modernidade – o enfraquecimento de sua capacidade de fantasiar e fabular –, Benjamin refere-se à razão abstrata e formalizadora da ciência e da técnica, uma vez que ela destitui de valor epistemológico a imagem, a imaginação e a memória. Ela rompe, também, com a tradição, pois associa moderno e progresso, passado e atraso com o que nenhuma experiência nos liga mais à narração, à fala, ao provérbio, que se esvaziam de seu caráter de sabedoria prática. Essas faculdades de conhecimento foram condenadas pelo princípio lógico da identidade, que é vontade de evidência e de saber, que é vontade de poder: "A lógica está ligada à seguinte condição: os casos idênticos. Mas não se deve entender essa 'coação' de formas, conceitos, gêneros, formas, fins, leis ('um mundo dos casos idênticos') como se assim estivéssemos em condições de fixar o 'verdadeiro mundo' [...]: criamos um mundo incalculável, simplificado, compreensível para nós" (Nietzsche, 1950). A vontade de verdade lógica não corresponde à existência do mundo tal como supostamente seria "em si mesmo", mas à possibilidade de dispô-lo à vontade do controle de um sujeito soberano. Na *Dialética do Iluminismo*, Adorno e Horkheimer, glosando Nietzsche, consideram o "mundo dos acasos idênticos", o mundo reificado pela lógica da identidade, lógica que constrói um mundo homogêneo, reprimindo o impulso mimético – essa inteligência psicossomática pela qual o homem se comunica com a natureza, fazendo-se semelhante a ela – pela fantasia, pela memória e pela imaginação (o impulso metafórico, figurado, da razão é represado pela história da racionalidade controladora da natureza, do homem e de sua natureza interior).

---

2 O labirinto é, por um lado, um espaço descentralizado, lugar de bifurcação de caminhos onde nada é indício de boa direção; por outro, a vertigem de sentir que, por mais que se busquem saídas, caímos no mesmo lugar (Freud, 1987).

Assim, Ulisses e seus marinheiros no "Canto das sereias" da *Odisseia*: escutar a melodia – os apelos da natureza – requer seu domínio, antes de mais nada, das paixões, isto é, da natureza tal como se faz sentir em nós. Lembre-se também que, memoriosas, as sereias possuem um saber bio-historiográfico, pois tudo conhecem da Guerra de Troia e prometem narrá-la aos velhos combatentes. A memória possibilita ao homem comunicar-se com o passado; prisioneiros do puro presente, carentes de nossa história, diminuímos em humanidade, estreitamos a própria identidade e perdemos a realidade.[3] A *Dialética do Iluminismo*, que é, melhor dizendo, uma "dialética da razão", faz do "burguês" Ulisses – o herói prometeico, moderno, do interesse técnico astucioso e comandante do navio – um escravo, a igual título de seus marinheiros; esses, com ouvidos tapados, remam olhando adiante, como todos os trabalhadores, escravizados desde sempre; olhos vendados e ouvidos que não escutam, eis sua condição, antes e independentemente da restrição que lhes é imposta. Quando a ele, o "senhor" que ouve o canto amarrado ao mastro do navio, torna manifesto que não há aqui nenhum vencedor, todos são escravos: os companheiros de Ulisses, do trabalho que lhes é imposto; Ulisses, do próprio domínio. Ulisses desencanta o canto das sereias e faz da razão desejo de poder, instrumento de controle das paixões e da natureza externa convertida em um conjunto de objetivos disponíveis e manipuláveis, inviabilizando a reconciliação do homem consigo mesmo e com o universo: "Nada distingue tanto o homem antigo do moderno", observa Benjamin (2000a, p.68-9),

> quanto sua entrega a uma experiência cósmica que esse último mal conhece [...]. O trato antigo com os cosmos não se fazia no espírito da técnica, mas na embriaguez. É o ameaçador descaminho dos modernos considerar essa experiência como irrelevante, como descartável, e deixá-la por conta do indivíduo como devaneio místico em belas noites estreladas.

No longo processo de desqualificação da mimese, da imitação, das imagens – instáveis, inconstantes, caprichosas –, em favor da superioridade do

---

3 Em *O tempo vivo da memória*, Ecléa Bosi (2003, p.19) observa: "A técnica cria redes de globalização, mas o mundo é feito de territórios, nações, paisagens. O fetichismo da técnica não consegue explicar por que nada substitui a reflexão solitária. A interação não esgota o alcance da comunicação. Caso contrário, nós nos comunicaríamos apenas com os contemporâneos, o que seria grave perda".

pensamento abstrato e formal, imagens rituais tiveram sua contrapartida na aliança entre puritanismo moral e austeridade estética.[4] A história da razão herda, em particular do platonismo, a prevenção contra prestigiadores, sofistas, oradores, artistas que, com brilho enganador, seduzem, arrebatando, indiferenciadamente, homens bem-formados e crianças inexperientes. Assim, a metafísica marca seu desprezo por tudo o que é vário, misturado e multicolorido, relacionado ao "demoníaco", ao embaralhamento da visão e à vertigem no pensamento.

Durante a Idade Média, em Bizâncio, entre os anos 726 e 843, instalou-se no Império Romano no Oriente a disputa entre iconoclastas e iconófilos, que toma a dimensão de uma luta entre "politeísmo" e "monoteísmo". Iconoclastas recusam imagens em nome da autencidade da tradição cristã, sendo a representação de Deus uma blasfêmia; iconófilos, ao contrário, consideram-nas excelente veículo para a fé, a serem integradas aos ritos e objetos culturais já existentes:

> "A discussão sobre a licitude das imagens", escreve Mario Perniola, "não é, portanto, um problema do culto e suas modalidades, mas uma questão filosófica de suma importância que envolve a relação entre natureza e espírito, ficção e realidade, entre o mundo e Deus [...]. O problema teórico fundamental da imagem é sua relação com o original". (Perniola, 2000, p.128)

Epistemologia e ética, corpo e alma, razão e imaginação apresentam-se, pois, na querela dos iconoclastas contra o cristianismo dos ícones. Não apenas desconsideram qualquer valor cultural que a eles se associe como constituem a regressão à idolatria; detratores das imagens, reivindicam a teologia dos monofisistas: Cristo possui uma única natureza – a divina.[5] Sendo

---

4 No Antigo Testamento, Deus se revela a Moisés pela voz e por sinais, nunca em sua imagem visível, seu rosto. Assim Deus fala a Adão e Eva, ordena a Abraão o sacrifício de Isaac, envia as sete pragas do Egito para punir o faraó. Proíbe imagens: "Não farás escultura nem figura do que está no alto, nos céus, embaixo, na terra". Mas trata-se de uma "dupla mensagem": Deus criou Adão, diz a *Bíblia*, "a sua imagem e semelhança". Deus, o modelo original, a matriz primeva; Adão, algo como uma "primeira cópia", exemplar único, inferior ao modelo divino, mas, "cópia original", autêntica.

5 Cristo seria um "segundo Adão" ou o próprio Deus que se faz presente não apenas pela voz e pelos prodígios. Adquire visibilidade e toma figura humana. Por isso, São Tomás de Aquino dizia ser Cristo, inteiramente homem e inteiramente Deus.

irrepresentável, qualquer figura que duplique o divino é contraditória e sinal de impiedade; a imagem é um antivalor religioso, é "exposição" que atraiçoa o caráter sagrado de Cristo. Já os iconófilos reconhecem a dupla natureza de Cristo e venerar sua imagem transporta-nos para o original. Preserva-se sua aura.[6] Entre a divindade espiritual e sua reprodução, existe uma relação metafísica; pela imagem, Deus ingressa no mundo sensível de tal forma que iluminuras realizadas por santos constituem a expressão da vontade divina: "Inspirada por Deus, pintada por um santo, tendo a Virgem e Cristo por modelos vivos, essa imagem é, ela própria, santa [...], tendo absorvido a santidade de seu original" (Matthieussent, 1994, p.25-6). A imagem é, para os iconófilos, passível de evidência sensível, é uma teologia visual que reúne o visível e o invisível.[7]

A Reforma protestante interrompe traumaticamente essa continuidade: a separação entre o céu e a terra, a temporalização da eternidade, a secularização e a mundeneização constituem um acontecimento nuclear na primeira metade do século XVI, o fervor iconoclasta substituindo as "falsas imagens de Deus" por "visões proféticas do futuro", visões e revelações que são privilégio de poucos. Imagens-ícones confundem-se às imagens-fantasmas, a cópia tem a mesma natureza do simulacro, a simulação, da dissimulação. A "mentira" faz sua intrusão no mundo com o pecado original e a perda do paraíso, quando o homem e a mulher escondem a nudez a seus semelhantes e ao próprio Deus. Santo Agostinho, que retorna no pensamento protestante, fala-nos da dissimulação como jogo imaginário. Em seu *De Mendacio*,[8] condena o homem que tem um "coração duplo", o mentiroso com segundas intenções: tem um pensamento que sabe verdadeiro e o silencia, outro que sabe falso e o diz. Conflito, pois, entre palavra e consciência, mesmo se a

---

6 Em "A obra de arte na época de sua reprodutibilidade técnica", Benjamin define a aura – de uma paisagem, de uma cena, de uma obra de arte – como "a aparição única de uma distância, por mais próxima que esteja". Desse ponto de vista, pode-se dizer que a epifania cristã é a figuração exemplar da aura.

7 "O cristianismo", escreve Slavoj Žižek, "inverte a sublimação judaica, dando margem a uma radical dessublimação. Não se trata de dessublimação no sentido da simples redução de Deus ao homem, mas de dessublimação no sentido do descenso do além sublime ao nível do cotidiano... A transcendência não é abolida, mas tornada acessível" (in Safatle, 2003, p.178).

8 *De Mendacio* significa "sobre a mentira".

mentira acompanha as melhores intenções.[9] Imagens mentem, deformam o real, impedem reconhecer a identidade do verdadeiro. São meros espetáculos, encenação sem nenhum valor ontológico, engano, ilusão, uma vez que o simulacro é a imagem de algo inexistente. A Reforma protestante, iconoclasta, é moralista, escatológica, messiânica, "realista".[10]

O barroco, ao contrário, é a "arte da Contrarreforma" (Weisbach, 1948): "moderna", avalia positivamente o papel da imagem, o que implica uma inteira aceitação do mundo histórico: "O conceito de simulacro", observa Perniola (2000, p.135-6),

> só pode nascer em um contexto que tenha superado definitivamente tanto a teoria platônica da ideia e sua cópia sensível (sobre a qual se fundamenta a iconofilia oriental) quanto o profetismo visionário da *Bíblia* (sobre a qual se fundamenta a iconoclastia protestante) [...] A imagem é dotada de uma especificidade própria [...] As imagens sacras devem ser veneradas *alio atque alio modo*, de um modo diferente daquele como é venerado o original [...]. O importante é que o valor das imagens não depende mais da realidade nem da dignidade do protótipo metafísico, e sim de sua dimensão intrínseca, concreta, histórica.

Não se trata, aqui, do barroco como "unidade formal" – uma vez que o estilo se caracteriza pela permanente revogação de normas –, mas da inauguração da dimensão histórica, secularização sem resíduos de transcedência, alheia a toda perspectiva escatológica, como Walter Benjamin evidencia na *Origem do drama barroco alemão*. Ao analisar o "emblema" – figuração que mais se aproxima da noção clássica de simulacro –, Benjamin revela não ha-

---

9 Difere, no entanto, a simulação da dissimulação; de ressonâncias greco-latinas. Aristóteles e Cícero ressurgem nas palavras de Santo Isidoro: "Aquele que simula quer parecer realizar algo que não está fazendo. Aquele que dissimula não quer deixar aparecer o que está fazendo" (Cavaillé, 2001, p. 82).

10 O "realismo" não reconhece a "realidade" da própria ilusão. S. Žižek refere-se ao fracasso do "socialismo real" dizendo ter sido ele, "em sua versão stalinista, demasiadamente realista, porque subestimou o real das 'ilusões' que continuavam a determinar a atividade humana [...] e concebeu a construção do socialismo como uma mobilização e uma exploração impiedosamente 'realista' dos indivíduos no intuito de construir uma nova ordem" (in Safatle, 2003, p.174). Žižek mostra que, do ponto de vista do pensamento lacaniano o "real" designa o impossível que acontece: 'Em alguns aspectos', escreveu Lenin, 'a revolução [bolchevique] é um milagre'. Do 'impossível de acontecer' passamos assim ao 'impossível que acontece'" (in Safatle, 2003).

ver nele nenhuma preocupação "realista" nem "visionária", mas argúcia, artifício e engenho. O emblema é a representação de coisas, sentimentos ou ideias em uma "imagem espacial".

Sua plenitude encontra-se na metrópole contemporânea, um universo de imagens a serem interpretadas: anúncios publicitários, placas oficiais, comerciais, sinalizações, como se encontram na *Infância berlinense*; arcadas, passagens, prostituição, mercadoria, *flâneur*, jogo, moda, *art noveau*, modernização urbanística de Paris, colecionadores, nas *Passagens*. O espaço diz respeito à constituição de um lugar, lugares com os quais a memória individual e a coletiva estabelecem pactos secretos porque possuem o "dom da profecia". Tanto o desenterrado quanto aquele que não deixa seu lugar de nascimento têm muito a contar; são com o *flâneur* – "sacerdotes do *genius locci*", do "*espírito do lugar*" (Benjamin, 2000b, p.103-49; 2006, p.39-67, 461-88). Talvez no fragmento "Tiergarten" se exprima a relação mais essencial entre Benjamin e a cidade: no habitat da lontra, que vive nas profundezas da terra, de onde brotam a água e a vida, a descoberta de uma paisagem, a um só tempo real e onírica, de uma topografia que a cada instante se espacializa em lembranças.[11] A formação do lugar requer o lembrar e o *imaginar*. Walter Benjamin, andarilho que frequentou tantas cidades e capitais, escreveu: "Aprender a orientar-se em uma cidade não exige muito. Mas aprender a perder-se, como alguém se perde em uma floresta, exige toda uma educação" (Benjamin, 2000a, p.73-5). Não por acaso, prossegue com referência a uma imagem da natureza: "O nome das ruas deve soar para aquele que se perde como o estalar dos gravetos ressecados, e as vielas do centro da cidade devem refletir as horas do dia tão nitidamente quanto um desfiladeiro e suas montanhas. Deve "respirar sua aura". A aura refere-se, antes de mais nada, ao objeto e ao instante únicos. Mas como pensar o aurático na cidade, em suas passagens, essas gale-

---

11 De onde a importância, para Benjamin, das "iluminações profanas" que reúnem o século barroco ao presente, o místico ao laico. Místico procede de *mysticus*, escondido, pelo qual, na tradição das práticas espirituais dos místicos do século XVI – os "alumbrados" espanhóis – a composição de um lugar é essencial à recordação e à revelação. Como lemos nas moradas espirituais de Santa Teresa d'Ávila: "Há uma grande diferença entre estar *lá* e *estar* lá distinguindo não somente duas utilizações da palavra, mas chamando a atenção para aquilo que as separa do descompasso das experiências. O lugar, o *lócus*, designa, além da localidade, o túmulo, o santuário, o espaço sagrado; indica também o lugar no sentido da ocasião, da oportunidade. O lugar é um 'entre-dois' tomado pelo vazio ou por falhas. Vazio e falhas referem-se ao olhar, à passagem e à reciprocidade entre o familiar e o estranho, o conhecido e o desconhecido".

rias construídas de ferro e vidro, onde se acumulam as mercadorias e se manifesta o luxo de Paris do Segundo Império, sob Napoleão III? Se a metrópole, com sua multidão anônima, é o refúgio de criminosos, foras-da-lei, mas também do amor fugaz? Se é vertigem e fantasmagoria? Como dizer a aura, a do objeto e do instante únicos, em meio à produção em série das mercadorias?

A metrópole cria uma ordem inédita que indica um "tempo" diverso do simplesmente atual. É alegoria do passado e também recordação íntima. Nela espaço e tempo realizam "trânsitos" entre lugares de peregrinação em busca do objeto de desejo, espaços rituais, dissolvendo-se, assim, as rígidas contraposições entre o sagrado e o profano, entre o "sensitivo" e o "racional". Trânsitos (Perniola, 2001) são criações permanentes de "sentidos", pois não esgotam significados possíveis – como nos "emblemas" do barroco que podem ter qualquer sentido ou sentido algum. Sendo assim o emblema é o triunfo do simulacro, e este é inseparável da experiência da vertigem, do vazio da significação.

Benjamin atribuiu à emblemática seiscentista um imenso poder de "esvaziamento" (*Entleerung*) a partir do momento em que um objeto não é capaz de irradiar um sentido unívoco, estando privado de identidade: "Se o homem religioso do barroco", anota Benjamin (1984, p.90, 155),

> adere tanto ao mundo é porque se sente arrastado por ele em direção a uma catarata. O barroco não conhece nenhuma escatologia: o que existe, por isso mesmo, é uma dinâmica que junta e exalta todas as coisas terrenas, antes que sejam entregues a sua consumação. O além é esvaziado de tudo o que possa conter o menor sopro mundano [...] a fim de criar, em sua vacuidade absoluta, um céu derradeiro, capaz de aniquilar a terra numa catástrofe final [...] No drama do destino, sob a lei comum da fatalidade, manifesta-se a natureza do homem em suas paixões e das coisas em sua contingência.

Se o emblema se aproxima do simulacro é por negar tanto um paradigma externo quanto a tentação de considerar a própria imagem um protótipo. E é na metrópole moderna que a sociedade se manifesta como espetáculo de imagens desrealizantes, imagens que não remetem a nenhum objeto estável. Assim, o fenômeno das "Passagens" em Paris, do século XIX é "a capital do capital". Templo das mercadorias, nesse culto fetichista domina a espectralidade que envolve todas as formas do *Dasein* metropolitano. Na contemporaneidade, a fantasmagoria tem o vulto de um sonho.

Benjamin toma de Baudelaire a "fervilhante cidade, cidade cheia de sonhos", "onde espectros em plena luz do dia capturam o passante". As passagens, como emblema da modernidade, são o espaço da multidão alucinatória: os rostos são abstratos, padronizados como as mercadorias que se multiplicam sem limite, e o lugar dos sonhos solitários é, a um só tempo, presença aguda do real (a materialidade palpável das coisas, das mercadorias) e perda da realidade. A metrópole é um lugar *absoluto* onde se anulam todas as fronteiras. Interior e exterior, o próximo e o distante se enlaçam em uma cooperação imaginária. À alegoria do barroco sucede a mercadoria e seu fetiche.[12]

A sociedade de mercado é a do espetáculo e possui uma atmosfera fantasmal não apenas pelo fetichismo que gesta, mas porque a mercadoria se apresenta segundo o *"sex-appeal do inorgânico"* e "a estética da mercadoria" (Haug, 1996). Esse conceito deve ser entendido em um duplo sentido: "De um lado, a 'beleza', isto é, a manifestação sensível que agrada aos sentidos; do outro, aquela 'beleza' que se desenvolve a serviço do valor de troca e que foi agregado à mercadoria, a fim de excitar no observador o desejo de posse e motivá-lo à compra" (Haug, 1996, p.16). A mercadoria retira sua *mais-valia afetiva* da linguagem da estética e do poder dos olhares amorosos que suscita nos humanos. Fetiche significa conferir vida ao inanimado de forma que a imitação da vida acaba por substituí-la. Trata-se não apenas da confusão entre o real e o imaginário, mas de tomar o inanimado por animado. Há nisso uma atmosfera de pesadelo, como nos sonhos com espelhos que, refletidos uns nos outros, criam desorientação, terror e labirintos. Labirintos: desfazem-se os princípios (o *logos* tranquilizador) de inteligibilidade do mundo. A identidade subjetiva também ela vacila em sósias e fetiches[13] que nos roubam a alma e o destino.

---

12 Marx compara o fetichismo da mercadoria ao fetiche religioso. As mercadorias fetiches que os homens criam, mas cultuam como se fossem portadores de todas as características do "em si", atribuindo poderes sobrenaturais a objetos materiais. Para Marx, o fetichismo não é uma representação invertida da realidade, mas a própria inversão da realidade: "Eis por que", escreve Marx, "as relações sociais que mantêm seus trabalhos privados aparecem aos produtores como são, isto é, não como relações imediatamente sociais entre as pessoas no próprio trabalho, mas, ao contrário, como uma relação de coisas e como uma relação das pessoas com as propriedades sociais dessas coisas" (Marx, 1966, p.64).

13 Uma primeira acepção do termo encontra-se em Santo Agostinho, que escreve: *"Factitia est anima"*, a alma humana é factícia, no sentido de ter sido "feita" por Deus, opondo *facticius* a

Em sua análise, Benjamin se contrapõe à visão weberiana do desencantamento do mundo: deuses ou Deus abrigaram-se, ao fim da racionalização científica do mundo, no "capitalismo como religião" contemporânea. Se as mercadorias assombram o andarilho por seu poder encantatório, se as arcadas e as galerias são espaços de imagens que desnorteiam os sentidos, se o homem não passa de um "caleidoscópio dotado de consciência", se nas passagens as mercadorias formam "um labirinto na multiplicidade infinita de objetos" é porque nelas realidade e sonho se fundem, desestabilizando o *flâneur*, pois rompem a familiaridade do mundo.

Ressurge aqui o conceito benjaminiano de aura, aquele que requer distanciamento – ou recolhimento – para que algo se torne objeto de culto. A mercadoria anula a distância, por uma proximidade absoluta com a "coisa vista", mas a aura retorna sob a forma de imagem (o "valor de exibição" nas vitrines, a propaganda, a publicidade, as mídias) (Naget, 1987). Paradoxalmente, é da mercadoria, das imagens e de sua "explosão narrativa" que a percepção e a consciência podem ser transformadas em "imagens de pensamento". Conceito cunhado pelo filósofo, nelas se reúnem a "doutrina da semelhança" (semelhanças não sensíveis, correspondências e "estados de analogia") e o tema da "reprodutibilidade técnica" das obras de arte. O mimetismo tem dupla função: sobreviver em um meio hostil, chamando o mínimo possível a atenção sobre si, e assemelhar-se a esse meio (perder-se na metrópole e na multidão para preservar a "privacidade"). Estados de semelhança (*Ähnlichkeit*) encontram-se em particular no ensaio "Pinturas chinesas na Biblioteca Nacional": "'Calígrafo, poeta, pintor', tais são as designações correntes sobre esses mestres da pintura (dos séculos XVI, XVII, XVIII) [...] Múltiplos são os temas dessas caligrafias, que, de alguma for-

---

nativus (*"qui non sponte fit"* – que não se fez por si mesma, que não é natural, que foi feita pela mão e não pela natureza). É de *facticius* que se vale Santo Agostinho para designar os ídolos pagãos, correspondendo à palavra "fetiche" – *gemus facticiorum deorum* – um gênero de deuses factícios. De *facticius* procede o adjetivo francês, que entra para a língua do século XIII, *faitis* (ou *faitiche*, fetiz), bem como o substantivo *faiticeté* (*faitcheité*). Quanto ao alemão, teria tomado do francês o adjetivo *feit*. *Faitis*, como o correspondente alemão *feit*, significa belo, encantador. "Faitisse estoit at avenant/ je ne sais femme plus plaisant", lê-se no *Roman de la Rose* (Agamben, 2003b). Os dicionários registram o ingresso da palavra fetiche nas línguas europeias do século XVIII pelo português (feitiço). Por ocasião do empreendimento da conquista portuguesa, no século XVI, *facticius* conhece um renascimento e chega ao alemão *faktisch*, de onde vem o *Fetichismus* utilizado por Marx.

ma, são parte dos quadros. Nelas encontram-se comentários ou referências a mestres ilustres ou simples anotações pessoais, que podem ter sido tanto retirados de um diário pessoal quanto de uma coletânea de poemas líricos". "Esses pintores são letrados". Benjamin conclui:

> Sua pintura é, no entanto, oposta a qualquer literatura. A antinomia que ele indica poderia constituir o limiar que dá acesso, de maneira autêntica, a essa pintura [...] Não um justo meio entre literatura e pintura, mas o enlace mais íntimo daquilo que parece opô-las irredutivelmente, isto é, o pensamento e a imagem [...] Na caligrafia chinesa esses "jogos de tinta" [...] esses signos têm um elo e uma forma fixos no papel e a multiplicação das "semelhanças" que contêm lhes confere um ágil movimento. E, de fato, essas semelhanças não se excluem entre si; elas se embaralham e constituem um conjunto que solicita o pensamento como a brisa um véu de tule [...] Pensar, para o artista chinês, significa pensar por semelhança; o caráter fugidio e calcado de mudança dessas pinturas confundem-se com sua acuidade penetrante do real. O que fixam só tem a fixidez das nuvens. Eis aí sua verdadeira e enigmática substância, feita de mudança, como a vida. (Benjamin, 1991, p.260-2)

5. Walter Benjamin: pólis grega, metrópoles modernas

Arquétipo das cidades, a pólis grega democrática foi a decisão tanto política quanto intelectual de criação de um espaço comum de valores compartilhados, um Ideal de Ego constituído pelos laços da *philia*, da afabilidade, de elegância e graça (cf. Meier, 1997). Que se pense na diferença entre *asti* e pólis, palavras que designam "cidade". *Asti* é a cidade em seus aspectos materiais, ruas, monumentos, edificações, enquanto pólis é sua "forma de vida", ambas constituindo seu *éthos*. Na articulação entre arquitetura e vida (Aristóteles, Política, 1253a, 10-18), o *logos* da cidade é sua concordância a disposições éticas, razão pela qual as construções têm "decoro",[1] devido, este, à unidade entre beleza física – estética – e a beleza ética, pois a *kalokagatia* é emulação ao corpo vivo, a beleza estética encontrando-se na sincronia dos movimentos e na coordenação dos membros, a beleza ética centrando-se na *fisiognomia* e correspondência do corpo e da alma. De onde o "aspecto vivo das obras criadas":

> pela "inspiração" (*kháris, mania*) o artista insufla *vida* em sua obra. Na *Eneida*, Virgílio estima os gregos pela excelência de uma arte capaz de "forjar bronzes [...] que respiram", de "extrair vultos vivos do mármore" [o que se anuncia] em ex-

---

[1] O "decoro", tal como Vitrúvio compreende o *prépon* grego, é adequação entre edificações e o espírito que as preside. Nas palavras de Mário Henrique d'Agostino: "às divindades Júpiter, Céu, Sol e Lua são adequados 'templos do tipo a descoberto'; a Juno, a Diana e Baco, templos jônicos, 'pois [esta ordem] se mostra mais apropriada ao caráter dessas divindades'" (cf. D'Agostino, 2007, p.159).

pressões como "o ar que as estátuas passam", "sentir-se observado pela imagem", uma estesia, enfim, que se pode reunir naquela sentença de Ésquilo sobre a partida de Helena para Troia: as estátuas da casa ficaram *vazias dos olhos*. (D'Agostino, 2007, p.40)

A *philia* entre arquitetura e vida é a mesma que se manifesta na pólis como espaço onde cidadãos se reuniam em um mesmo destino. Se o lugar da *pólis* é a passagem da *phoné* ao *logos*, isso ocorre pela articulação entre voz e linguagem, entre *zoé* (a vida de todos os viventes do universo – vegetais, animais, homens e deuses) e *bios* (modo de vida, existência política):

> só o homem entre os viventes possui a linguagem. A voz, de fato, é sinal da dor e do prazer e, por isto, ela pertence também aos outros viventes [...], mas a linguagem serve para manifestar o conveniente e o inconveniente, assim como também o justo e o injusto; [a linguagem] é própria do homem com relação aos outros viventes, somente ele tem o sentimento do bem e do mal [...] e das outras coisas do mesmo gênero, e a comunidade destas coisas faz a habitação e a cidade. (Aristóteles, *Política*, 1253a)

A cidade é o espaço de individuação e cidadania política, atualizada por esses liames de afeição, ternura, admiração, sublimação e convivência: "sem *philia*", escreve Bernard Stiegler, "não há futuro político, isto é, paz social". Nessa proximidade convivial cultiva-se o *savoir-vivre*, o que constitui um povo como povo, diverso da simples população, difusa e dispersa, sem valores comuns identificáveis. Por isso, "a cidade", nota Aristóteles (*Política*, livro III, 9, 1281a, 34-35), "é uma comunidade de vida feliz, isto é, seu fim é a vida perfeita e autárquica para famílias e linhagens". Pertencendo a uma mesma tradição política, cultural e linguística, pela qual se constrói a arte do bem-viver, a *pólis* transmite uma memória histórica de valores estéticos e emocionais por seus monumentos, praças, construções. A essa forma superior de sublimação que é o amor pela cidade os gregos denominaram *demos*.

Faz parte da valorização e do apreço pelo bem comum a cidade e a identificação com seu *éthos*, com a forma de ser e de existir de seus moradores. Nela, a *isegoria* significou o direito igual a todos de tomar a palavra na Ágora, de tornar manifestos pensamentos sem que nada permanecesse no plano oculto das segundas intenções. Referindo-se à cidade clássica, Benjamin (2006, p.520), no arquivo N "Teoria do conhecimento, teoria do progresso", cita

Turgot: "[nos povos da Grécia] os espíritos estavam sempre em atividade, a coragem sempre excitada; as luzes do pensamento cresciam a cada dia". Com isso, Benjamin enfatiza que nas Repúblicas gregas, o espírito político se desenvolvia na atividade do pensamento, pois o que bloqueia a "verdade" não é o erro, mas a apatia, a indolência, o espírito de rotina, tudo o que induz à inatividade. A livre circulação da palavra desdobra seus sentidos, multiplica argumentos, permite escolher entre muitas possibilidades, para deliberar com "presença de espírito": "a presença de espírito como categoria política" é a necessidade de "prever o presente", para vencer o descompasso temporal entre e a consciência e a ação, quando só tarde demais, em razão da ociosidade do pensamento, os acontecimentos se dão a conhecer.

A *pólis* é lugar de pensamento e de memória histórica. Foi a percepção da passagem do tempo e da brevidade da vida que propiciou aos gregos resistir-lhes, de modo que as pedras de sua arquitetura "invocam a justiça ao tempo", pelas quais procuravam "agarrar o tempo pelos cabelos",[2] para dispô-lo a seu favor. Por isso Platão preferia a Ideia inteligível às imagens do mundo, as essências garantindo a perenidade das coisas: "os gregos", escreve Benjamin (2010, p.175), "foram obrigados, pelo estágio de sua técnica [nas artes], a produzir valores eternos", como templos, teatros, a Academia de Platão, o Liceu aristotélico, o Pórtico dos estoicos. Contra-desaparecimento, a *pólis* é "uma forma de memória organizada" (Arendt, 2007).

Nas *Passagens*, Walter Benjamin procede à hermenêutica da cultura capitalista, indicando o processo de expropriação do espaço público até o mundo contemporâneo, a fantasmagoria substituindo a alegoria e a isegoria. Se na pólis antiga a política era a dimensão determinante e autônoma da vida do indivíduo-cidadão,[3] no barroco, apesar de a economia, durante o mercantilismo,[4] não dominar inteiramente a política, esta era exercício de um só, dés-

---

2 A expressão é de Ruskin (1998).
3 Sobre a concepção de homem na democracia ateniense, cf. Francis Wolff: "a política, cruzamento do 'pensamento racional' e da pólis, tem [...] um terreno tão amplo, que seus limites confundem-se com os limites do humano, [por isso] o homem completo só pode ser o cidadão" (1999, p.14, 13).
4 Importa apenas lembrar que no mercantilismo, o Estado preocupava-se mais em fortalecer o poder do Rei do que com a "riqueza das nações". Não permitia a exportação de ouro, prata e moeda e convivia com a produção artesanal interna, voltada para valores de uso, diversamente do capitalismo moderno, no qual a produção é determinada pelas razões do mercado e não das necessidades sociais (cf. Anderson, 1985).

pota ou tirano. Da praça pública onde circula livremente a palavra, passa-se à esfera privada da Corte onde não há mais cidadãos, mas Príncipes melancólicos e cortesãos conspiradores. Privatizada a palavra, ela deserta do espaço público e se torna segredo de Palácio, onde se confisca também seu sentido, pela fratura entre a positividade do nome e a negatividade do sentido. É o triunfo da subjetividade e o início do domínio do arbitrário sobre todas as coisas, pois a alegoria diz uma coisa e significa outra: "o governante diz morte e significa história". Quando se diz "história" esta significa "natureza", ela é *"via crucis* mundana", é explicitação de um destino biológico que se conclui "na última estação: a morte". Ela é *facies hippocratica*. Quando se apresenta a natureza, ela é história, é decadência e morte. A morte é, pois, o destino de toda manifestação vital: "a expressão alegórica", escreve Benjamin na ODBA, "vem ao mundo como um singular cruzamento de natureza e história", de orgânico e inorgânico, de tal modo que a natureza se metamorfozeia em história. A alegoria é, pois, uma a*llos agorein*, faz a natureza dizer o outro de si: a história. Se a história é caducidade, o soberano só pode produzir ruínas e destruição, seus atos não produzem nada de novo, sua decisão é manutenção do *status quo.*

É prerrogativa do soberano decretar o estado de exceção, suspender as leis positivas em nome do bem comum e da paz. Defende o *status quo* com a "razão de Estado" e a ideologia da "guerra justa". Nesse sentido, o *Trauerspiel* do século XVII fornece o aparato linguístico de falseamento da história, pela dissimulação do jogo de ambição e poder na Corte, em que cada gesto ou palavra pode significar ela mesma e seu contrário, em que o soberano é, indiscernivelmente, mártir – sujeito à condição mortal de criatura – e tirano, arbitrário e cruel, senhor absoluto da Lei. É *Legibus solutus*.[5] Quanto ao cortesão, é santo ou intrigante, traidor ou súdito fiel. Trai o governante – não movido por alguma convicção política – mas por ausência de pensamento e tédio, pela falta de significado de toda ação. Mundo governado pelo destino, o tempo fechado sobre si mesmo conduz inexoravelmente à morte. Sem transcendência prometida[6] – os dramaturgos barrocos alemães eram luteranos –

---

5 O soberano utiliza a lei discricionariamente, separada do direito (cf. Kantorowicz, 1998).

6 Lembre-se que em Lutero a separação entre o finito e o infinito, entre o Criador e a Criatura é máxima,o *Deus absconso* só se faz presente pela *graça*. Seus desígnios são imponderáveis, salvação ou condenação eterna são arbítrio da Vontade divina. A graça a alguns se manifesta,

toda ação moral com possibilidade de exteriorizar-se é banida. Dada a pressão intelectual da Reforma, a inapelável corrupção da natureza humana não permite nenhuma forma de autenticidade. Por isso, na alegoria diz-se uma coisa, mas se significa outra, nenhum sentido é transmissível, dissolvendo-se a comunidade política. Mas se a alegoria, expressão da perda de significado do mundo, é sintoma da desagregação política e social, se é impossibilidade de criar ou reconhecer valores, ela testemunha, também, a patologia na comunicação, resguardando, no desencontro entre as palavras e as coisas, um significado incompleto a ser decifrado. De onde a paixão barroca pela Biblioteca e a metáfora do livro do mundo: "esse esmero em armazenar o sentido, tão caro ao barroco, é simbolizado nas bibliotecas gigantes e realiza-se na escrita enquanto imagem escrita (*Schriftbild*)" (Benjamin, 1984, p.206).[7] Isso significa haver, no interior da alegoria, um elemento conceitual que favorece a procura e a interpretação dos sentidos arruinados do mundo. As ruínas do barroco são ruínas externas da precariedade da criatura.

O capitalismo contemporâneo não produz alegorias, mas fantasmagorias – *phantasmas-agorá* –, fantasmas ocupam a Ágora, a política confunde-se com a economia, nada mais escapando às determinações do mercado. Nas *Passagens*, Benjamin dá continuidade a suas reflexões sobre o estado de exceção do barroco literário, no âmbito, agora, da universalização do fenômeno do fetichismo, das revoluções tecnológicas modernas e da insegurança jurídica nas sociedades globais. Quando Benjamin analisa o século XIX e a cidade de Paris, esta é "a sala de visita onde a burguesia faz seus negócios", discutindo normas no parlamento, enquanto as verdadeiras decisões são tomadas nos corredores. A decisão é a forma política do exercício do governo capitalista, no momento em que o poder necessita desfazer-se do Direito. O estado de exceção corresponde à contração do tempo no capitalismo moderno, sua aceleração inviabilizando a democracia, democracia que requer me-

---

a outros se esconde, deixando o homem na angústia e no desamparo de um mundo "sem Deus" (cf. Löwy, 1998).

7 Na *ODBA* lê-se ainda: "o mundo não conhece nenhum livro maior que ele, mas sua parte mais gloriosa é o homem, diante do qual Deus imprimiu, em seu frontispício, sua imagem incomparável [...] O livro [no século XII] era considerado um monumento permanente no teatro da natureza, rico em matérias escritas [...]. Enquanto cidades inteiras submergem no mar, livros e escritos escapam à destruição, pois aqueles perdidos em um lugar ou país podem ser reencontrados em outros países e lugares; não há nada na experiência humana mais durável e imortal que os livros" (1984).

mória histórica, pois ela depende de uma memória representável, isto é, contestável. A democracia é o "governo dos muitos" e de cada um; o indivíduo é cidadão, fundador da Lei; é súdito – obediente à lei; é dirigente – torna atual a lei; e dirigido – realiza as deliberações da lei. Por isso, a democracia é a forma política que permite viver sem medo, em segurança e na paz, restringindo o campo da contingência, favorecendo a vida livre e feliz. Já o estado de exceção dissolve a segurança de tudo o que concorre à preservação da vida. Substitui a questão existencial e metafísica das incertezas da vida e da história pelo elogio da insegurança e do medo, ele é a recaída no estado de natureza pré-político e pré-jurídico, quando as noções de "Justiça e Injustiça não têm lugar" porque "não existe poder comum nem lei": "em tais condições", observou Hobbes, no século XVII, "não há lugar para a indústria, porque seu fruto é incerto e, consequentemente, para o cultivo da terra [...]; para a medida do tempo; não há artes, letras, sociedade; e, o pior de tudo, o medo permanente e o perigo de morte violenta. E a vida do homem é solitária, indigente, vil, brutal e breve".[8]

Se Benjamin escreve em sua tese n. 8 "Sobre o conceito de história" que "a tradição dos oprimidos nos ensina que o 'estado de exceção' no qual vivemos é a regra", é para esclarecer que espantar-se com a barbárie atual não é uma atitude filosófica. Assim, trata-se de analisar o capitalismo moderno e sua ideologia do progresso, as relações entre fascismo, capitalismo e medo. O fascismo é o capitalismo liberal que perdeu os seus escrúpulos[9] – revoga direitos civis, sociais e políticos –, de onde o elogio da insegurança como princípio de organização da vida coletiva e forma de regulação das trocas sociais e econômicas. Em estado de exceção, as Leis não são inteligíveis, decisões não constituem deliberação de todos e de cada um, mas vontade de um só. Decidir significa estabelecer quais partes da realidade do homem e do mundo se encontram sob a regulação do direito, nada escapando ao poder discricionário do Soberano. Desaparece a distinção entre o íntimo, o privado e o público, tudo pode ser objeto de decisão. Além disso, a natureza ingressa nos processos sociais, pois, se o palco barroco seiscentista entendia a História governada pela Providência ou pela intervenção divina, na Repú-

---

8 Hobbes, 1979.
9 Nesse sentido, Boaventura dos Santos observa: "hoje vivemos em sociedades que são politicamente democráticas, mas socialmente fascistas. É o resultado da extinção das poucas virtualidades redistributivas da democracia liberal" (in *Revista Margem Esquerda*, 2006, p.19).

blica de Weimar a teologia da história transforma-se em fantasmagoria de massa. Comentando o *Drama barroco* e as análises benjaminianas do estado de exceção, Tereza Callado (2006, p.42-3) escreve:

> para avaliar e compreender a degeneração do sistema legislativo de Weimar e a ascensão do Terceiro Reich, [...] Benjamin privilegia a investigação do estado de exceção (*Ausnahmezustand*) que vitimou todo o sistema parlamentar daquele início do século [...]. A causa dessa deformação política que determinou o Decreto assinado em 28 de fevereiro de 1933, para a *Proteção do Povo e do Estado*, já pode ser compreendida a partir daquele fato [o estado de exceção].

O horror advém em imagens oníricas, citáveis no expressionismo artístico e filosófico, o duplo do contexto em que se situa a ODBA.

O estado de exceção corresponde ao capitalismo no momento em que a economia de mercado se resolve na sociedade de mercado, pela universalização do fenômeno do fetichismo em sua estrutura desrealizante. Se o barroco transita do orgânico ao inorgânico, com a mercadoria passa-se do inorgânico ao orgânico, a decomposição de tudo o que é natureza contaminando a história. O "*sex-appeal* do inorgâncio" é a expressão com a qual Benjamin trata do corpo morto (*Leib*) – coisas, objetos, mercadorias – que irradia vida ao orgânico, ao vivo (*Körper*). A mercadoria – trabalho espacializado, coagulado em um produto (trabalho morto) – é dotada de *sex-appeal* – de onde a modernidade rompe com os dualismos da tradição metafísica, corpo e alma, natureza e cultura, orgânico e inorgânico. A mercadoria tem ciclo vital, biografia, é fetiche, é fantasmagoria, é um corpo morto que é vivo, um vivo que é morto (cf. Canevacci, 2008). Não por acaso, o século XIX, mostra Benjamin, é simultaneamente o do progresso tecnológico e o da proliferação das práticas espíritas, nele fantasmas e modernidade coincidem. Assim como a mercadoria escapa das mãos que a produziram, deixando de ser produtos, espíritos e coisas se separam de sua substância própria e passam a dominar os vivos, a lei se separa de seu sentido e do sentido de sua aplicabilidade, adquirindo uma objetividade espectral, com vida própria e independente do homem.[10]

---

10 No que diz respeito ao tempo, sua aceleração e sua contração no mundo contemporâneo resultam em que o homem é expropriado do uso e dos sentidos de seu tempo. O tempo barroco – o

Se proletarização no interior da produção é perda dos objetos, se a circulação é separação entre produtor e produto, proletarização no conhecimento é perda do *savoir-faire*, no campo do direito é perda de segurança jurídica e, na esfera do consumo, é perda do *savoir-vivre*. No caso da ciência, a Lei é substituída pela fórmula e a fórmula pela regra, para o funcionamento automático do pensamento, para a circulação das mercadorias e para manter o mercado em movimento.

Estado de separação e perda radical, o capitalismo profana a transcendência teológica e instaura o culto à mercadoria. A isso Benjamin se refere no fragmento "O capitalismo como religião", indicando de que maneira o capitalismo dá continuidade ao cristianismo, pervertendo-o. Pois, ao abolir a transcendência, não rompeu com a separação entre o céu e a terra, apenas submeteu o divino ao mesmo destino mundano do homem. O capitalismo como religião pratica a magia sem transcendência mitológica, é o culto sem referência a qualquer ideário ou dogma, porque não busca redenção ou expiação da culpa, é culto que se consagra à própria falta:

> o capitalismo talvez seja o único caso de um culto não expiatório, mas culpabilizante [...] Uma monstruosa consciência culpada que ignora a redenção transforma-se em culto, não para expiar a culpa, mas para torná-la universal [...] e terminar por capturar o próprio Deus na culpa [...] Deus não morreu, mas foi incorporado ao destino do homem. (Benjamin, 1991)

Isso significa que o sagrado se torna secular sem, no entanto, se laicizar, uma vez que, profanado, o que era sacro torna-se laico, com a peculiaridade de o capitalismo bloquear a percepção de seus mecanismos teológicos, ga-

---

dos cronômetros e da percepção da morte como fim último – encontrava no *carpe diem* uma chance de vida. "Cultiva o instante" porque a morte é certa. O *ennui* baudelairiano, como *spleen* relaciona-se com as perdas do passado, decomposição e morte, como *ideal* volta-se para o futuro como esperança e realização das promessas decepcionadas. Já a *Langeweile* é a monotonia que se expressa no desejo de "matar o tempo". Patologia da liberdade e da capacidade de criação de valores, a monotonia é experiência alucinatória de um tempo plasmado em um presente raso e sem história. Ela é impossibilidade de pensamento e se encontra na base das sociopatias contemporâneas, em todas as formas de excesso. O "capitalismo pulsional" não provê formas de sublimação e aprimoramento do laço social e encontra-se na base dos terrorismos, guerras, obesidade mórbida, anorexia, esportes radicais e criminalidade. (cf. Matos in Benjamim, 2006; Stiegler, 2006c).

rantido isso pela ausência de critérios de verdade, certezas metafísicas e razão objetiva no mundo moderno. A desorientação no conhecimento aprofunda a opacidade do universo coisificado, inviabilizando o sujeito crítico, a capacidade de resistência e mudança, aumentando o peso do *status quo*.

Porque o mundo moderno resiste ao conceitual, Benjamin se vale da alegoria: "o abismo ideológico [da atualidade] não permite mais a sintonia entre a realidade e a criatura, o que só pode ser realizado por um caminho indireto, um desvio" (Callado, 2006). O método tem alcance político porque está apto a liberar, simultaneamente, o passado e o presente, o primeiro do fardo da tradição, o segundo do peso do *status quo*, ambos feitos de ruínas e espectros que compareçam de maneira sobrenatural – nos dramas barrocos e na cidade-fetiche Paris. E porque a ação dos dramas barrocos é noturna, os secretos signos do destino surgem em sonhos e aparições de espíritos. Como nos séculos seguintes: "[O objetivo de Benjamin] é a acareação ao verdadeiro estado anímico da civilização contemporânea – a fantasmagoria – herança do homem, deduzido na avaliação crítica do *status quo* do progresso" (Callado, 2006). O fetichismo produz um efeito direto na consciência urbana, efeito epistemológico e moral: "todas as coisas", anota Benjamin (2000a, p.17), "em um processo permanente de mistura e contaminação [entre o mundo das coisas, o mundo natural e o humano], perdem seu caráter intrínseco, enquanto a ambiguidade substitui a autenticidade". Nada mais escapa às leis do mercado, a reificação se torna universal na passagem da economia de mercado para a sociedade de mercado, todas as dimensões da vida são determinadas pelo fator econômico, o espaço público, a vida privada e a intimidade.

Verdadeiro sujeito moderno, a cidade traz em si vestígios do trabalho humano esquecido no mundo das coisas, traços que constituem sua aura, pela troca recíproca de olhares entre o animado e o inanimado, pois "deve haver nas coisas", anota Benjamin (1979, p.326), "uma parte humana não fundada pelo trabalho", a parte que surpreende a consciência por dissipar a familiaridade do mundo e reaver algo existente antes de os hábitos proscreverem a significação das coisas, seu encantamento, seu caráter cultual: "uma estátua antiga de Vênus", observa Benjamin (2010, p.165-96),

> pertencia, por exemplo, a um outro complexo tradicional entre os gregos – que faziam dela um objeto de culto – que entre os clérigos da Idade Média – que reconheciam nela um ídolo maligno. Mas permanecia, entre estas duas atitudes

opostas, um elemento comum: gregos e medievais consideravam esta Vênus naquilo que ela tinha de único, eles sentiam sua aura.

Objeto de culto ou ídolo pagão, ambos revivem sua aura, o elemento ritual proveniente de sua unicidade e irreprodutibilidade, de sua autenticidade e sua raridade. A passagem do valor de culto – mágico ou religioso – ao valor de exposição corresponde à transição do sagrado ao culto da beleza. Nesse sentido, o museu é o sucedâneo do templo clássico e da catedral gótica.

Na impossibilidade de experiências vividas ou históricas – pois não nos relacionamos mais com o passado pela tradição – restam as "correspondências" entre o presente e o passado, correspondências capturadas pela memória involuntária que desfaz a planura do mundo, aproximando o distante e distanciando o que é próximo. Nas ruas, em seus sinais fantasmáticos, na publicidade, em cartazes e inscrições, em monumentos e ruínas, a aura se enraíza na tradição. Se o capitalismo destituiu a tradição e é responsável pelo declínio da aura, ele recupera, não obstante, a aura como "falsa consciência", com fins ideológicos, uma vez que não mais nos regemos pela riqueza de experiências acumuladas do passado. Para Benjamin, as possibilidades de significações da aura ainda não se encerraram, o que se deve à própria estrutura citadina, que é, também, a estrutura da consciência e do inconsciente. Não por acaso, Freud, nas *Conferências sobre a psicanálise* de 1909, anota: "as edificações comemorativas e os monumentos com os quais ornamentamos nossas grandes cidades são símbolos mnésicos". Freud esclarece suas análises para o público americano ao qual se dirige, lembrando a coluna gótica de *Charing Cross*, conservada em Londres na proximidade da moderna estação ferroviária, como insólito signo mnésico do século XIII, e também a coluna que, não muito distante da *London Bridge*, evoca o incêndio de 1666: "Estes monumentos são, pois, símbolos mnésicos a igual título que os símbolos históricos". Mas o paradigma da cidade arqueológica e psíquica é, para Freud, Roma que, não fortuitamente denominada a "cidade eterna"; nela a vida presente remonta, de maneira ininterrupta, aos primeiríssimos começos da Antiguidade. Roma é, por excelência, a cidade dos estratos, onde uma camada repousa em outra que recobre a mais antiga – mas na qual os restos dispersos do passado continuam a ser parte integrante da cidade atual. Eles são testemunhas de uma memória histórica comum e coletiva, transmitida como um patrimônio e bem de todos, direito de todos na alternância das gerações. Por essa razão Hannah Arendt observou que "se se quiser destruir um povo, comece-se por destruir sua memória". Ruínas são a radicalização da memória, aquilo que caminha em sentido inverso ao desaparecimento. Se o monumento participa da memória oficial, celebrando a autoimagem de uma época para aquelas que lhe sucederão – confinando a história no já acontecido –, as ruínas são fragmentos de memória, reabrem o passado; oficiosos, respondem ao involuntário das recordações. Assim o psicanalista é um arqueólogo da consciência, cuja tarefa é adivinhar o passado a partir dos signos que ele deixa – ou melhor, construí-lo – suas construções constituem o suporte das experiências do homem contemporâneo. Nas palavras de Freud:

> assim como o arqueólogo – que reconstrói de pedaços de muros que permaneceram em pé as paredes de um edifício – determina a partir de escavações no solo o número e o lugar das colunas, recria a partir dos vestígios encontrados nos escombros as decorações e pinturas murais de outrora –, o analista procede, quando ele tira suas conclusões, a partir de fragmentos de lembranças, associações e enunciados ativos do analisado. (2001, p.271)

O detalhe, o fragmento, o hieróglifo, o parcial, o infinitamente pequeno requerem um olhar micrológico, para serem salvos e salvaguardados do desmoronamento da tradição. Na tese n. 6 de "Sobre o conceito de história" Benjamin escreve: "É preciso salvar a tradição do conformismo que quer se apoderar dela. Este ameaça a tradição tanto quanto aqueles a quem ela se transmite". De onde o gosto pelo que é logo esquecido, preterido; nisso Benjamin procura os substratos culturais e as forças produtivas que não se exauriram no processo de produção, aqueles que não se ajustam plenamente à forma-mercadoria. O detalhe e o insignificante são o sinal de alarme contra o capitalismo que produz obsolescências e reificação.

Para Benjamin, arcaico e revolucionário não são antagonistas, pois toda ocasião perdida transforma-se em arcaísmo que permanece, no entanto, no alargamento do mausoléu da história. O que poderia ter sido e não foi – e não o acontecido – retorna na forma de fantasmas e *revenants*. Mas se é verdade que, em psicanálise, as reminiscências, por distantes que sejam, permanecem de alguma forma como "rastros", é porque constituem algo como um "retorno do reprimido na civilização que pode vir a ter sentido revolucionário. Com efeito, Freud mostra a dialética de memória e esquecimento, significando que para algo ser recordado, algo deve ser esquecido. Tende-se a excluir da memória tudo o que é ameaçador lembrar, e também a consciência culpada com respeito a acontecimentos do passado que perturbam o "cérebro dos vivos". Por isso, quando Benjamin diz que a história dos vencidos é uma construção do presente, isso representa paz de espírito. As ruínas – o que resta do reprimido – são mais reveladoras do que o lembrado pela memória voluntária, pelas vivências efêmeras.

As metrópoles encontram-se em constante e acelerada transformação, o que resulta no desaparecimento dos suportes objetivos da memória; a destruição dos espaços da cidade converte-a em metrópole impessoal e sem memória. Isso significa que passado e natureza coincidem, o presente é pré-história, a superfície da cidade é inferno ou história-natureza. Tudo é repetição, é multiplicação do sempre-igual: "a novidade é uma qualidade independente do valor de uso da mercadoria. Ela é a origem da aparência, inseparável, esta, das imagens produzidas pelo inconsciente coletivo [...]. Uma tal aparência de novidade reflete-se, como um espelho no outro, na aparência do sempre-igual" (Benjamin, 2006, p.39-67).[11]

Assim também é a cidade. A memória oficial celebrativa recalca as recordações, pelo desaparecimento de seus suportes materiais, reprimindo o aspecto lúdico do viver na cidade, as recordações afetivas, abrangendo a memória política. O caráter "desumano" das cidades provém, principalmente, da separação introduzida pelas leis do mercado entre arquitetura e valor imobiliário, indiferente, este, às balizas humanas como a função de uma edificação, seu vivido ou sua utilidade prática. Passa-se da criação para a produção de mercado. Porque o capitalismo de mercado é inimigo mortal da arte, Benjamin enfatiza o abismo intransponível entre as "ruínas sentimentais" deixadas pelo tempo e essas outras, assustadoramente reais, deixadas pela ofensiva do terror produtivista e suas guerras. Nos objetos de consumo e em série, encontra-se a marca da má manufatura. A estes, diz Bloch, em *O prin-*

---

11 Bosi (1994) o evidencia: "o velho busca, de um lado, a confirmação do que passou com seus coetâneos; em testemunhos escritos ou orais, *investiga, pesquisa,* confronta esse tesouro de que é guardião. De outro, recupera o tempo que correu e aquelas coisas que quando perdemos nos sentimos diminuir e morrer [...] A conversa evocativa de um velho é sempre uma experiência profunda. Repassada de nostalgia, revolta, resignação pelo desfiguramento de paisagens caras, pela desaparição de entes amados, é semelhante a uma obra de arte".

cípio esperança (2006), "como às ruas novas, não lhes é permitido envelhecer, mas apenas deteriorar-se ao longo dos anos". A passagem da economia de mercado para uma sociedade de mercado, tal como ocorre no crescimento da cidade, destrói as formas de experiência de espaço e de tempo públicos, pelo imperativo da amortização a curto prazo de qualquer investimento:

> tudo se organiza para que seja o mercado a produzir a unidade [social] e a garantir a "sociedade de mercado" [...] Todos sabem que o curto prazo é incompatível com o interesse comum, que ele domina as empresas – e que o longo termo é incompatível com a lógica dos acionistas [...] e que por isso é preciso reinventar os poderes públicos. (Stiegler, 2006a, p.238-9)

As metrópoles dominadas pela anarquia da acumulação capitalista e suas permanentes desregulamentações espaciais transpõem a totalidade da vida do citadino, de seus desejos e de suas expressões artísticas para a imanência e hegemonia do poder aquisitivo. Em sua época, Nietzsche denominou a cultura capitalista "sem gosto e sem valores" – ou seu *éthos* moderno – de "cultura filisteia", niilista, sendo um de seus traços não o da padronização do gosto, mas o da unidade na ausência de gosto.

Se a contrapartida ao desaparecimento da memória na modernidade é a repetição fantasmática de um passado que não é mais tradição, ela significa, em grande parte, a ação de Thanatos. Com efeito, em *Além do princípio do prazer* (1996), Freud apresenta a hipótese da existência de dois princípios, um de vida – Eros – e o de morte – Thanatos, encontrando-se Thanatos do lado das forças regressivas, pulsão de agressão e de perda, isto é, da destruição da memória representável. Contra Thanatos, o arquivo. Derrida indica os significados de *arché* até sua conotação contemporânea que provém do *arkheion* grego e de sua tradução latina *archivum*:

> inicialmente uma casa, um domicílio, um endereço, a residência dos magistrados superiores, os *arcontes*, aqueles que comandavam [...]. Levada em conta sua autoridade publicamente reconhecida, era em seu lar [...] que se depositavam então os documentos oficiais. Os arcontes foram seus primeiros guardiões. Cabiam-lhes também o direito e a competência hermenêuticos [...]. Esta função arcôntica não requer somente que o arquivo seja depositado em algum lugar sobre um suporte estável e à disposição de sua autoridade hermenêutica legítima, [...] o poder arcôntico caminha junto com o poder de *consignação*. Por consignação não

entendemos apenas, no sentido corrente da palavra, o fato de designar uma residência ou configurar, pondo em reserva, em um lugar e sobre um suporte, mas o ato de consignar *reunindo os signos*. [...] Não há arquivo sem um lugar de consignação, sem uma técnica de repetição e sem certa exterioridade. [...] Se não há arquivo sem consignação em algum lugar exterior que assegure a possibilidade de memorização, da repetição, da reprodução ou da reimpressão, então lembremo-nos também de que a própria repetição, a lógica da repetição, e até mesmo a compulsão à repetição é, segundo Freud, indissociável da pulsão de morte [...] A pulsão de morte ameaça de fato todo principado, todo primado arcôntico, todo desejo de arquivo. O arquivo é, neste sentido, memória viva no presente. (2001b, p.12-4, 22-3)

O capitalismo tardio é o da obsolescência das coisas e do homem, pois tudo recai na dimensão do cálculo e do interesse, torna-se *business* e repetição na forma do neo e do retrô. Essas ruínas precoces – o moderno que se deteriora antes de envelhecer – deixam apenas vestígios, vestígios que aludem à ausência de referências da memória e de identidades. O neo, o retrô são simulacros, símiles da insignificância – aproximando-se das observações de Ernst Bloch sobre as "imagens-aspirações" do século XIX:

pelo meio do século, o estilo neoclássico subitamente findou, para ser substituído por um plágio exótico, com vitrais em fundo de garrafas fabricadas em série, a burguesia sempre mais próspera se deitava nos lençóis da nobreza, para sonhar grandes estilos do passado – antigo alemão, francês, italiano, oriental –, estilos que para ela só tinham valor de lembrança.

É o contrário do que ocorre com a aura dos móveis antigos, o encanto das ruínas, o museu. A coleção de objetos antigos testemunha uma arte extinta:

o velho móvel, o veludo, a porcelana se distinguem por uma qualidade perdida, um ofício desaparecido, uma cultura evadida; tudo isso é o que constitui sua raridade. Aos artigos em série cada vez mais monótonos, opõem-se as riquezas de um patrimônio de objetos não padronizados que sempre surpreendem pelas novidades que oferecem. Os mais simples pratos de faiança diferem uns dos outros quando seus respectivos lugares de fabricação se separaram um do outro por cinco horas de caminhada [...] O que diferencia todos esses objetos é a localidade, a tradição; mas o elo excepcional que os une é a mesma execução cuidadosa, o conjunto minuciosos das peças que os constituem, é uma cultura sedimentada que lentamente chegou à maturidade. (Bloch, 2006, p.278)

Ruas não são vias de circulação de mercadoria: despertam, como Benjamin o manifesta em *Rua de mão única*, recordações e viagens no tempo, um modo peculiar de reaver experiências passadas que se tornam ativas no presente. Isso significa que o transcorrido requisita ser narrado, já se encontrando disponível antes de o historiador voltar-se para ele. Trata-se agora, de um "enredo", em que não cabe acesso direto ao fato tal como *efetivamente foi*: "Em contrapartida é possível acolhê-lo como o imaginamos ter sido, no sentido de transgredi-lo" (Cardoso, 2001). Benjamin dedica um dos arquivos de suas *Passagens* aos "rastros", o que resta do passado na desumanização mercantil da cidade. No momento em que monumentos desaparecem ou perdem o sentido de transmissão do passado e de um saber da tradição, instaura-se, como prática compensatória aos "vestígios tradicionais", a "patrimonialização". Jean-Pierre Jeudy (2001, p.11) observa:

> o espírito patrimonial é proteiforme. Entre o etnólogo que auxilia o conservador a preservar um *savoir-faire* local, o artista que prepara seu ingresso no museu e as pessoas que reúnem fotografias de família para expô-las no antigo tanque de lavar roupas da aldeia, transformado em sítio cultural, não há maiores diferenças. Prevalece o engodo de uma atualização do que se guarda e transmite. A regra é clara. Para que o passado não seja abolido, é preciso que tudo o que se vive seja atualizado. As diferenças temporais entre o passado, o presente e o futuro são aniquiladas graças a simulacros desta atualização.

Reverter e vencer Thanatos é um dos sentidos da construção de um "futuro anterior". Cada época sonha não apenas a próxima, mas ao sonhar esforça-se em despertar. Pois os labirintos das cidades e da memória individual e coletiva são, simultaneamente, *Zeitraum* – espaço de tempo –, e *Zeit-traum* – sonho do tempo. A cidade dominada por fantasmagorias toma o vulto do sonho: sua aparência histórica é experiência de sonho, sonho do consumo. E porque na sociedade contemporânea – a da circulação das mercadorias (e não a da acumulação do capital pela produção) – nenhuma dimensão da vida escapa mais ao mercado, se a esfera da intimidade é afetada pela contração do tempo e sua aceleração, ficam comprometidos vínculos que se constituem no longo prazo e na longa duração. Como escreveu Freud (2001, p.271): "o caráter do Eu resulta da sedimentação dos investimentos de objetos abandonados, [...] ele contém a história destas escolhas de objetos". Benjamin, nas *Passagens*, ao proceder à hermenêutica da cidade de Paris e da cultura capitalista contemporânea, ao apreender o consumo tornado imperativo ético e dever cívico, indica de que maneira indivíduo e sociedade adotam novos fatores de identificação, incompatíveis entre si. Procurando objetos que correspondam ao que é o mais próprio a cada um, a sua interioridade, adotam-se elementos de distinção, mas de massa, isto é, identidade e despersonalização constituem o paradoxo da sociedade em que há imitação de hábitos e comportamentos, em que há mimetismo de apropriação. Sociedade de massa é também a da preeminência do instinto, em que não há hábitos duráveis.

Com efeito, nas cidades modernas, "habitar não deixa rastros". Se o instinto é repetição sem memória, o hábito é repetição, é mecanismo de defesa, é cristalização do "primeiro terror e a primeira felicidade" (Benjamin, 2010, p.36-49). Por isso, Benjamin pergunta se não seria possível "fazer surgir os conteúdos econômicos reprimidos da consciência coletiva, de modo semelhante ao que Freud afirma para os conteúdos sexuais da consciência individual". Trata-se da experiência do *choc*, da *trouvaille* da memória involuntária, a memória – que não é mais a *adequatio intellectus rei* – investe um vivido traumático com "presença de espírito". E aqui, Baudelaire é o sacerdote do *genius locci*, é ele que transfigura os choques da modernidade em ocasiões de lutas, de novas batalhas, atos imaginários e barricadas. Pois as barricadas de 1848 são, para Baudelaire, "mágicos pedregulhos erguidos em fortaleza". As causas da Revolução são desconhecidas – as causas da construção das barricadas são mágicas – mas as pedras da cidade se revestem, nelas, de aura e alma. As ruínas embaralham o tempo passado com o atual, os limites do tempo coletivo e individual; não celebram apenas o que desapareceu, mas transformam sua memória em atualidade e familiaridade. Diferenciando memória e história, Benjamin revela que a memória pode ser conservação e arquivo se não se aliar à experiência; quanto à história, deve ser tratada por categorias políticas, isto é, ser crítica do presente. Presente que, no século XVII e no nosso, sonha tão somente com o *status quo*, em razão da perda do "*éthos* histórico". Não se trata, aqui, de erguer monumentos em honra dos vencidos ou de justificar o presente reverenciando a memória gloriosa dos que se sacrificaram nos campos de batalha. Em outras palavras, não há mártires, santos ou heróis, mas História: "o materialismo histórico", anota Benjamin (2006, p.516), "precisa renunciar ao elemento épico da história. Ele arranca, por uma explosão [*sprengt auf*], a época da 'continuidade da história reificada'. Mas ele faz explodir [*sprengt auf*] também a homogeneidade dessa época, impregnando-a de *ecrasita*, isto é, com o presente".

Por isso, reminiscências, resíduos, ruínas indiciam a teodiceia capitalista para fazer justiça aos rastros de trabalho humano esquecido nas coisas e que é preciso "profanar", reunindo o que foi separado: o trabalhador e os produtos objetivados de sua subjetividade, o trabalho e seu sentido humano, a ação e o sonho. Despojados de seu valor de troca abstrato, as ruínas são o valor de uso do espaço, o valor de exposição do tempo,[12] "a quintessência da experiência histórica".[13]

---

12 Analogamente aos objetos de luxo – excluídos do consumo por sua inacessibilidade – que adquirem, por sua "raridade", o estatuto de "obra de arte", as ruínas são como as preciosidades oferecidas à fruição contemplativa (cf. Benjamin, 2006, p.39-67; Lipovetsky, 1989, Paquot, 2005, entre outros).

13 "Deve-se ter em conta que, no século XIX, o número das coisas esvaziadas aumenta numa medida e num ritmo antes desconhecidos, uma vez que o programa tecnológico retira continuamente de circulação os novos objetos de uso" (Benjamin, 2006, p.508).

Parte III
Modernidade e Fetiche:
experiências do tempo

1. Mal-estar na temporalidade: o ser sem o tempo

Spleen e ideal

Para tratar das transformações sociais e culturais do capitalismo, Benjamin as compreende segundo uma "teologia do inferno", seguindo Baudelaire, para quem a modernidade é a "queda de Deus". Não se trata de cisões de dois mundos – céu e inferno – pois esta separação é consequência da cultura dualista da qual Deus é o criador: bem e mal, matéria e espírito, corpo e alma, Deus e Satã. Nesse sentido Baudelaire (1995, p.534) anota: "A Teologia. Em que é que consiste a queda? Se é a unidade feita dualidade, então foi Deus quem caiu. Ou, posto em outros termos, não será a criação a própria queda de Deus?" Colocando-se acima da cissiparidade, responsável pelo tédio que aflige o mundo moderno, o poeta e o "dândi revolucionário" respondem ao "decreto das potências supremas", seu dever é denunciar a falsidade dos valores sobre os quais essa vida se funda. Operando por antíteses, Baudelaire (1995, p.563) propõe: "a lei dos contrastes [...] governa a ordem moral e a ordem física", por isso há, no homem, "duas postulações simultâneas, uma em direção a Deus, outra a Satã" (Baudelaire, "Meu coração a nu", 1995, p.529). E no poeta, dois sentimentos contraditórios, "um de horror e outro de exaltação pela vida" (Baudelaire, ibidem, p.546), que é simultaneamente "sonho e consciência", "*spleen* e ideal". Na senda de Baudelaire, Benjamin reconhece no capitalismo triunfante um torpor mítico que se abateu sobre o século, o Capital do qual Paris é a capital, é sonho em estado de vigília. Para compreendê-lo, Benjamin reúne o cenário político seiscentista do *Drama barroco alemão do século XVII* às arcadas de Paris e às *Passagens*, indicando seu ponto de encontro: "comum a ambos o tema: teologia do inferno. Alegoria, publicidade, tipos: mártir, tirano – prostituta, especulador". Mundo dos duplos invertidos – o tirano que é mártir, o mártir tirano, a prostituta é especulador, o explorado, explorador. Universo dos paradoxos baudelairianos, à modernidade falta um "princípio de razão suficiente", segundo a fórmula leibniziana que tudo tem fundamento, *"nihil est sine ratione"*.

Com efeito, entre os séculos XVI e XVII, o tempo moderno significou o fim do cosmos fechado grego e da transcendência medieval, com o advento do universo infinito (Koyré, 2006). Assim, a *physis* grega que possuía suas próprias razões imanentes de vir a ser e se transformar, de crescer e desaparecer, era o princípio governado pela "medida prudente e sábia". A representação antiga de um cosmos finito fazia da natureza norma e limite, a harmonia em que residem leis de funcionamento do mundo e do homem. Ordem estruturante e perfeita, a *physis* não concorre com os humanos, tem sua sacralidade preservada por desconhecerem qualquer desejo de ultrapassamento da permanência imutável das coisas. O infinito, ao contrário da "bela Totalidade", era o *ápeiron*, o "indefinido", o inacabado. Na *Física*, por exemplo, Aristóteles observava ser o infinito imperfeito, o finito o terminado, o acabado, o completo. Desse modo, o que as filosofias do progresso denominaram civilizações tradicionais refere-se a sua defesa, mediante um tempo circular, necessário, com respeito à história. Quanto ao tempo meta-histórico da Idade Média, os acontecimentos se inscreviam na história da salvação e, por isso, consistiu em um período litúrgico, ao qual importa o que perdura e não o que passa. Se a compreensão religiosa grega e escatológica cristã dos fins últimos da vida e do universo – em que são limitados os horizontes de expectativa – o futuro vinculando-se ao passado – não previnem essas sociedades de disfunções e conflitos, elas não apresentam, porém, um mal-estar próprio à modernidade: "o tédio e o vazio de sentido não parecem ter sido um problema maior para essas sociedades" (Svendsen, 1999, p.228).[1] O tédio é contemporâneo da filosofia do progresso, do pensamento que baniu milagres da Bíblia, mas também, em consequência das transformações cul-

---

1 Embora presentes ao longo da história como *akedia* antiga, acídia medieval, melancolia na Renascença, o tédio e a monotonia como fenômenos sociais são características do mundo moderno, do sujeito privado da objetividade da natureza dos antigos e da transcendência medieval.

turais e da visão de mundo mecanicista de estilo cartesiano, desvalorizou as coisas criadas, silenciando a *natura loquax*, instituindo o reino de objetos mortos e regras arbitrárias em um mundo sem esperança de salvação. A modernidade, domínio das mercadorias e do capital, estabeleceu uma *Erstaz* da fé, os milagres morais do processo histórico.

Tomando o traumatismo da revolução proletária de 1848 em Paris e a repressão de Napoleão III, a modernidade evoca crueldades cometidas e tormentos sofridos, no contexto das terríveis circunstâncias de vida que reinavam em Paris e na França: "Paris, o inferno dos anjos, o paraíso dos demônios" (Heine, 1978, p.123). As condições de trabalho e a descrição dos massacres dos insurretos fazem de Dante uma presença infalível, a metáfora do inferno ampliando o lugar antes circunscrito à existência operária em geral. E, depois de junho, as aproximações com o Terror da Revolução de 1789 e com a "noite de São Bartolomeu dos operários parisienses" foram correntes. Referindo-se à Paris de Napoleão III e à de Haussmann, Benjamin (2006, p.564-5) cita Paul-Ernest de Rattier:

> A verdadeira Paris é naturalmente uma cidade escura, lamacenta, malcheirosa, confinada em suas ruas estreitas, [...] um formigueiro de becos, de ruas sem saída, de alamedas misteriosas, de labirintos que levam você até a casa do diabo; uma cidade em que os tetos pontiagudos de casas sombrias se reúnem perto das nuvens, disputando com você o pouco de azul que o céu nórdico dá de esmola à grande capital. A verdadeira Paris é cheia de pátios de milagres, dormitórios a três centavos por noite, de seres inimagináveis e fantasmagorias humanas [...] Ali, numa nuvem de vapor de amoníaco [...] e em camas que não foram arrumadas desde a criação do mundo, repousam lado a lado centenas e milhares de saltimbancos, vendedores de fósforos, tocadores de acordeão, corcundas, cegos, mancos; anões e aleijados, homens com o nariz devorado em brigas; homens-borracha, palhaços envelhecidos, engolidores de espadas, malabaristas que equilibram um pau-de-sebo entre os dentes [...] Crianças de quatro pernas, gigantes bascos ou outros tipos, o pequeno Polegar em sua vigésima encarnação, [...] esqueletos vivos, homens transparentes feitos de luz [...] cuja voz debilitada pode ser escutada por um ouvido atento, [...] orangotangos com inteligência humana; monstros que falam francês.

A iminência de sublevações se expressa em fórmulas ameaçadoras, em panfletos indicando que assim que o povo saísse de seu inferno, seria o inferno dos afortunados: "o século XIX tende a pensar o movimento histórico com categorias teológico-morais, e uma de suas ideias fixas é o Mal" (Oehler, 1999, p.42). Mesmo Marx e Engels, que evitavam moralizar, partilharam o maniqueísmo, Marx apresentando os "plebeus" como mártires de uma burguesia ensandecida, de sua guarda móvel – "sanguinários cães da ordem". Por um lado, o egoísmo dos dominantes, a injustiça social, a "depravação dos privilégios"; de outro, a inveja dos pobres, nas palavras de Thiers, ou "a inquietude de espírito", nas de Tocqueville. Porque Paris – em 1789, 1830, 1848 e 1871– inaugura a era do Capital e das barricadas, ela é o arquétipo da modernidade,[2] é o tempo do inferno, das revoluções e das contrarrevoluções, e a redenção, antes teológica, se fará agora nos eventos temporais e pelo surgimento de uma nova personagem: o herói revolucionário.

Esse período assiste à oposição entre irmãos inimigos, Caim e Abel, à construção do martírio em favor de Caim, com referência a Robespierre, "esse Caim da fraternidade" (cf. Oehler, 1999, p.80; Baudelaire, "Abel e Caim", 1995, p.206-7). Aqui os antecedentes da noção de luta de classes e a justificativa moral da violência nos termos de Caim, pois, embora tenha cometido um assassinato, ele foi injustamente desfavorecido por Deus. A partir de então, Marx compreenderá a cisão da sociedade em campos irreconciliáveis, ou entre capital e trabalho. O ideal da fraternidade, presente nos frontões de fevereiro de 1848, é assim denunciado por Marx (1983):

> a *fraternité*, a fraternidade das classes antagônicas, uma explorada pela outra, esta *fraternité*, proclamada em fevereiro, inscrita em letras garrafais nos frontões de Paris, sobre cada prisão, sobre cada caserna – a sua expressão verdadeira, autêntica, prosaica é a *guerra civil*, a guerra civil em sua forma mais terrível, a guerra entre o trabalho e o capital. Essa fraternidade flamejava diante de todas as jane-

---

2 Se para identificar a modernidade capitalista Walter Benjamin volta-se para Paris e não Berlim, sua cidade natal, isto decorre de seu maior poder de engano: ao mesmo tempo que se estabelece a dominação capitalista e imperial em Paris, há rebeliões e insurreições operárias, lutas contra o colonialismo, sedução do capitalismo milionário e democracia, estado de direito e estado de exceção. Dessa duplicidade fetichizante, Benjamin (2006, p.715-6) anota, citando Engels: "Só na França há uma Paris, uma cidade em que a civilização europeia atinge seu máximo esplendor, onde se unem todas as fibras nervosas da história europeia, [...] cidade onde a população sabe unir como nenhum outro povo a paixão pelo prazer com a paixão pela ação histórica, cujos habitantes sabem viver como o mais refinado epicurista de Atenas e sabem morrer como o mais destemido espartano – Alcebíades e Leônidas em uma só pessoa; uma cidade que realmente é, [...] o coração e o cérebro do mundo."

las de Paris na noite de 25 de junho, quando a Paris da burguesia iluminava-se ao passo que a Paris do proletariado ardia, sangrava, gemia.[3]

Esse período a que o historiador Maurice Agulhon denominou "aprendizado da República" polarizou, como proclamado por Marx, o antagonismo entre as classes, circunscritas em papéis estritamente econômicos, a moral como moral de uma classe, as leis como leis de uma classe, segundo a oposição amigo/inimigo. Citando Marx, que chama a revolução de "nosso bom amigo, nosso Robin Hood, a velha toupeira que sabe trabalhar tão rapidamente sob a terra", Benjamin anota:

> Na Idade Média havia na Alemanha um tribunal secreto a *Femgericht*, para vingar os desmandos dos poderosos. Quando se via um sinal vermelho em uma casa, aquilo significava que seu proprietário caíra nas garras do *Femgericht*. Hoje há em todas as casas da Europa uma misteriosa cruz vermelha. A própria história é o juiz – e quem executa a sentença é o proletariado. (Marx apud Benjamin, 2006, p.771)

As lutas operárias de fevereiro – a conquista dos "três oitos" (oito horas de trabalho, oito horas de descanso, oito horas de sono, bem como o direito ao trabalho) – resultaram, no mês de junho, em sangue, de que a literatura da época, em particular a de Baudelaire, testemunha o horror. A repressão de junho de 1848 conclui-se na inércia do proletariado e da burguesia, no "despotismo do tédio" (cf. Oehler, 1999, p.92). Em seu poema "Ao leitor", expondo-se aos demônios para melhor apreender suas causas, Baudelaire denuncia o sonho de destruição do mundo:

---

[3] Horkheimer permanece atento às ambiguidades do conceito marxiano de proletariado, "ficção heurística" de Marx: comunidade imaginária, classe inteiramente histórica e ao mesmo tempo fora da história, classe que não é uma classe porque dissolve todas as classes, ser que realiza os destinos de toda a humanidade (cf. Horkheimer, 1974). Também Benjamin, afastando-se da letra do pensamento de Marx, aponta algumas dificuldades na conceituação. Em seu arquivo U, das *Passagens*, transcreve uma citação que diferencia Saint-Simon e Marx: "O primeiro amplia de modo mais abrangente possível o número dos explorados, incluindo entre eles até os empresários, uma vez que estes pagam juros a seus credores. Marx, ao contrário, inclui na burguesia todos aqueles que de alguma forma são exploradores, ainda que estes também sejam vítimas de exploração" (Benjamin, 2006, p.621).

Na almofada do Mal é Satã Trismegisto
Quem docemente nosso espírito consola,
[...] É o diabo que nos move e até nos manuseia!
Dia após dia, para o inferno caminhamos,
Sem medo algum, dentro da treva que nauseia [...]
Em nosso crânio um povo de demônios cresce [...]
Em meio às hienas, às serpentes, aos chacais
Aos símios, escorpiões, abutres e panteras,
Aos monstros ululantes e às viscosas feras [...]
Um há mais feio, mais iníquo, mais imundo
Sem grandes gestos ou sequer lançar um grito,
Da Terra, por prazer, faria um só detrito
E num bocejo imenso engoliria o mundo.
É o Tédio! [...] Tu o conheces, leitor, aos monstros delicado;
– Hipócrita leitor, meu igual, meu irmão.

A natureza mortífera do tédio das *Flores do mal* resulta no dandismo da indiferença dos *Projéteis* diante da degradação que a modernidade atesta em seu imobilismo: "confesso que o que mais me mortifica nesses espetáculos (Baudelaire analisa aqui uma das pinturas de batalha de Horace Vernet) não é a profusão de ferimentos, a abundância hedionda de membros mutilados, mas, sobretudo, a imobilidade na violência e a espantosa e fria máscara de um furor paralisado" (Baudelaire, "Salão de 1859", 1995, p.821). Antes disso, no "Salão" de 1846, anotara, pensando também em seu padrasto, o general Aupick, que Vernet, por ser um militar que pretende praticar a pintura só consegue borrar pinceladas militares:

O sr. Horace Vernet é um militar que faz pintura. – Eu odeio essa arte improvisada ao rufar do tambor, estas telas borradas num galope, esta pintura fabricada com tiros de pistola, assim como odeio o exército e as forças armadas, e tudo que carrega armas barulhentas para um lugar pacífico. Essa imensa popularidade que, aliás, não durará mais tempo que a guerra, e diminuirá à medida que os povos tiverem outras alegrias – essa popularidade, repito, esta *vox populi*, *vox Dei*, é para mim uma opressão. (Baudelaire, 1995, p.711)

Essa "imobilidade no mal" é a do tempo dominado pelo tédio, um dos avatares do inferno, sentimento de prisão no espaço em *huis clos* e em um tempo estagnado, como no fragmento "Sintomas de ruínas":

Fendas, rachaduras. Umidade proveniente de um reservatório situado perto do céu. – Como alertar as pessoas, as nações? *Uma torre. – Labirinto. Nunca consegui sair.* [...] Calculo, mentalmente [...] se uma tão prodigiosa massa, de pedras, mármores, estátuas, paredes que vão se chocar umas contra as outras, serão infectadas por essa multidão de cérebros, de carnes humanas e de ossadas trituradas. Vejo coisas tão terríveis em sonho que gostaria algumas vezes de não mais dormir. (cf. Baudelaire apud Benjamin, 2006, p.353, 560)[4]

"Eternidade negativa", esse tempo é doentio, é um labirinto cheio de cadáveres. Ruas, arcadas e escadarias constituem uma Babel espacial. Refletindo sobre o labirinto, Benjamin contrapõe a "rua" ao antigo "caminho": "Ambos são completamente diferentes no que diz respeito a sua natureza mitológica. O caminho traz consigo os terrores da errância. Um reflexo deles deve ter recaído sobre os líderes dos povos nômades. Ainda hoje, nas voltas e decisões incalculáveis dos caminhos, todo caminhante solitário sente o poder que as antigas diretrizes exercem sobre as hordas errantes. Entretanto, quem percorre uma rua parece não precisar de uma mão que o aconselhe e guie. Não é na errância que o homem sucumbe à rua; ele é submetido, ao contrário, pela faixa de asfalto, monótona e fascinante, que se desenrola diante dele". A síntese desses dois terrores, no entanto – a errância monótona – é representada pelo labirinto, prisão em que a infinidade do espaço coincide com seu fechamento.

Fantasmagoria do espaço e de privação do espaço, o labirinto identifica-se com a fonte de todas as perversidades e, também, de ânsia por novidades, no labirinto do consumo. A produção em série das mercadorias, a monotonia da multiplicação ao infinito do Mesmo, o pânico da deriva entre prateleiras e vitrines das galerias e lojas de departamento, dissimulam-se nas pequenas variações dos protótipos de maneira que dissimule o sentimento de angústia e induza à compra, para manter o circuito em funcionamento. Esse período é o do crescimento do proletariado e do capital especulativo,[5] a produção de mercadorias em série afetando o devir temporal. Por isso Ben-

---

4 Georges Poulet, referindo-se a este fragmento de Baudelaire, indica ser ele inspirado nos *Carceri*, de Piranese (cf. Poulet, 1966).
5 Em "Paris, capital do século XIX", Benjamin (2006, p.39-67) escreve que, sob Luís Filipe, Paris se tornou a "sala de visita onde os banqueiros fazem seus negócios". Sob Luís Filipe, Paris vive "as mais belas horas da especulação".

jamin afirma que, na modernidade, mesmo os acontecimentos históricos se repetem como artigos em série no labirinto do consumo.[6]

Período "cinzento pintado de cinzento" – drama farsesco em que tudo deve mudar para permanecer igual – Marx o concebe, em *O dezoito brumário*, como repetição histórica: "história sem acontecimentos; desenvolvimentos cuja única força motriz parece ser o calendário, cansativo pela repetição constante das mesmas tensões e das mesmas distensões". O capitalismo realiza revoluções permanentes no modo de produção, arquiva formas de vida e de trabalho, desenraizando os homens de seus hábitos e valores e criando *Langeweile* e *Ennui*.[7] Embora a modernidade seja, para Baudelaire, tédio – "infortúnio medíocre" que derrota todo desejo de ação –, este não aniquila, no spleenático, "anseios espirituais", "ambições tenebrosamente recalcadas", "Volúpia". Nesse sentido, Baudelaire se refere a "Mulheres de Argel", de Delacroix, apreendendo nelas a vida vegetativa no harém, vida de espera e tédio. São "mulheres doentes", "doentias", cuja beleza interior provém desta "tensão dos nervos", de sua "dor moral".

O tédio é, conforme se diz, um sentimento aristocrático que tenciona *spleen* e ideal, realidade prosaica e transcendência utópica, passado (*spleen*) e futuro (ideal). Aqui, o pascalianismo de Baudelaire: "do caráter duplo e contraditório da natureza humana", escreve Poulet (1950, p.365),

> destaca-se, pois, no pensamento de Baudelaire, a concepção de uma beleza que, também ela, tem uma dupla natureza e um duplo rosto: uma natureza permanente e uma transitória, uma face de grandeza e uma de miséria. E em um mes-

---

[6] No arquivo N das *Passagens*, em que Benjamin procede à crítica da noção capitalista de progresso, a situação mortífera do tédio é apresentada na hipótese astronômica da "eternidade pelos astros" de Blanqui, e "Eterno Retorno" das forças cósmicas de Nietzsche, conceitos ampliados no "eterno retorno do sempre igual" (*das Immergleiche*) (Cf. Benjamin, 2006).

[7] A monotonia que impregna a sociedade de massa coincide com o "esquecimento da política" e da crença com respeito a projetos coletivos, seu esvaziamento resulta em "realismo político" e "decisionismo", ideologias que são "pseudoteorias do real". Com isso "os espíritos fortes se entregam ao culto da facticidade, esta deusa cruel, acompanhada por um assistente também cruel, a decisão, se reconhece que a essência da decisão é de focalizar uma única opção e deixar morrer outras alternativas" (cf. Sloterdijk, 2005a, p.618). Atesta-se a crise da democracia representativa, por exemplo, na ineficácia da Lei ou em sua inoperância, como nos casos de abusos de poder (práticas militares e policiais, entre outras), "improbidades administrativas" etc. (Cf. Matos in Benjamim, 2006).

mo movimento, descobre-se a possibilidade de viver em um tempo que não seria nem o tempo da eternidade dos estados paradisíacos, nem o tempo infeliz dos estados infernais; mas um tempo duplo que, na infelicidade, conteria a promessa de felicidade, que do feio faria surgir a beleza.

Já a monotonia caracteriza as massas. Inapelavelmente patológica, ela é tempo imóvel que não passa. Dominados por ela, não somos capazes de reconhecer ou criar valores. Tempo esvaziado de significações, é tão monótono quanto o gesto repetitivo do trabalhador junto à máquina. O capitalismo contemporâneo herda da filosofia e da literatura do século XIX a exclamação de Gautier: "antes a barbárie que o tédio". A cultura contemporânea combinou os dois: "Guerras, guerras sem nenhum interesse/ O tédio das guerras de cem anos" (Pound, 1975).[8]

O tempo da monotonia recebe algo dos anacoretas dos desertos de Alexandria e da acídia medieval que, a partir do século IV, caracteriza um estado moral de indiferença, desânimo e apatia do coração, temidos como sinais do demônio. O demônio do meio-dia (*daemon meridianus*), dentre todos, o mais ardiloso é o que surpreende monges em plena luz do dia, dando-lhes a impressão de um sol imóvel e de um dia insuportavelmente longo. Diferenciando-se da acídia – pecado mortal porque o demônio faz com que o religioso, em seu recolhimento, venha a recusar o lugar em que se encontra e a vida que tem –, o tédio e a monotonia não constituem apenas um fenômeno subjetivo e individual, mas da história social moderna e da cultura. Se em fevereiro de 1848 Baudelaire encontrava-se nas barricadas militantes, depois de junho seguiram-se destruição e apatia da sociedade. Acentuando a duplicidade antitética de suas *Flores do mal*, Baudelaire, como notou Benjamin, "via a Revolução dos dois lados", dentro e fora da burguesia. Apoiado

---

[8] A literatura, de Dostoiévski a Musil, a filosofia de Schopenhauer e Kierkegaard, Camus e Cioran, passando por Benjamin e Heidegger tematizam o tédio na cultura capitalista, a da produção de mercadorias e de não-senso, de "pobreza da experiência". Como Heidegger, para quem o capitalismo, o bolchevismo e o americanismo são suas expressões: o presente prosaico é o vazio, o tédio, a ambiguidade e a pobreza de verdadeiros acontecimentos. Cf. *Ser e tempo* (2006) e as análises heideggerianas sobre a inautenticidade, o tédio e a situação existencial daqueles exilados à margem de qualquer sentido na história, jogados na pura facticidade, expostos na nebulosa esfera da mundaneidade. O homem moderno, o do progresso, "erigiu em Deus a imagem de sua própria mediocridade". Cf. *Os conceitos fundamentais da metafísica: mundo, finitude, solidão* (2006b).

na visão pascaliana do *homo duplex*, afasta-se da glorificação do proletariado e da luta entre as classes. Deslocando as litanias do "povo sempre sofredor" para as de Satã, o "senhor dos disfarces", aquele que tem "um duplo rosto", "figura da marginalidade", "deus deposto", "príncipe do exílio", "Deus traído pela sorte", "Príncipe e protetor dos exilados e proscritos", Baudelaire concebe a reversibilidade das forças: "Ormuz e Arimã, vós sois o mesmo". Carrasco e vítima confundidos, entre o povo e o tirano há sempre uma "furiosa reciprocidade". Em meio à carnificina das forças policiais defensoras das classes abastadas, os vencedores também têm seus supliciados, seus deputados, generais e bispos "que tombaram em nome da ordem". No arquivo "Movimento social" Benjamin (2006, p.743) cita um episódio da insurreição de junho de 1848:

> viam-se mulheres jogando óleo fervente ou água escaldante nos soldados, aos berros e aos gritos. Em alguns pontos davam aos insurgentes uma aguardente misturada com diversos ingredientes, que os excitava até a loucura [...] Algumas mulheres cortavam os órgãos genitais de vários soldados da guarda aprisionados; sabe-se que um insurgente vestido com roupas femininas decapitou vários oficiais prisioneiros [...] viam-se cabeças de soldados espetadas em lanças plantadas sobre as barricadas [...] Muitos insurgentes fizeram uso de balas que não podiam mais ser retiradas dos ferimentos, porque tinham um arame que as atravessava de um lado a outro. Por detrás de várias barricadas havia bombas de pressão que projetavam ácido sulfúrico contra os soldados que atacavam. Seria impossível relatar todas as atrocidades diabólicas praticadas por ambos os lados.

Século das "festas sangrentas das revoluções", Baudelaire se diz *"physiquement dépolitiqué"*. Assim, no poema em prosa de 1864, que torna ultrapassadas as *litanias de Satã* de 1853, Satã responde ao interlocutor que lhe pede "notícias de Deus", "com uma indiferença nuançada por uma certa tristeza": "nós nos cumprimentamos quando nos encontramos, mas como dois velhos cavalheiros em quem uma polidez inata não conseguiria apagar completamente a lembrança de antigos rancores".

Essa Paris prosaica, dominada pelo tédio, é a da degradação temporal e de seus valores, como em *O cisne*, cujos versos falam de uma Andrômaca troiana e da "imensa majestade" de sua dor passada, agora convertida na "silhueta de uma negra tísica", expressão baudelairiana da modernidade.⁹ E na "Negação de São Pedro", desenvolve a "metafísica da provocação", em um mundo no qual "a ação não é irmã do sonho". "Espanquemos os pobres", "O mau vidraceiro", "O bolo" exprimem menos sua "histeria" que satanismo e dandismo, a maneira baudelairiana de escapar ao *status quo*, ao realismo político: "se alguma vez recuperar o vigor e a energia que já possuí", escreve Baudelaire a sua mãe, "então desabafarei minha cólera através de livros horripilantes. Quero incitar toda a raça humana contra mim. Seria uma volúpia que me compensaria por tudo" (cf. Baudelaire, 1973, p.278). Recusando a empatia filantrópica e patriarcal com *Les misérables*, Baudelaire descarta também a filosofia do progresso, advertindo seus burgueses de não menosprezarem os pobres, superestimando-se a si próprios: "ainda quando se torna simbolicamente algoz, ele permanece (de modo satânico, é claro) um iluminista" (cf. Oehler, 1999, p.187). "Senhor das antíteses",¹⁰ Baudelaire as imprime nos múltiplos sentidos de suas *Flores do mal*, na época para a qual "flores" eram o "bem", evocando, simultaneamente, mal moral e doença crônica – o tédio.

A "nova Paris", a da batalha de junho e do estado de sítio consecutivo, a Paris de 1851, "foi muitas vezes descrita como uma necrópole [...], uma cidade de vida aparente" (Oehler, 1999, p.102). Essa paisagem de coisas mortas e tempo estagnado aparece em "Quarto de casal"¹¹ onde reina o Tempo mecâ-

---

9 O recurso baudelairiano aos modelos da Antiguidade Clássica (Vênus, Pomona) e aos religiosos medievais revelam que o poeta-filósofo desiste do sonho de uma simultaneidade ou sincretismo entre o passado e o presente, como em "A musa doente" em que se misturam o sangue cristão da musa que circularia como os "numerosos sons das sílabas antigas".

10 O "espírito de contradição" é, em Baudelaire, "crítica do presente", "energias teóricas" da prosa de Baudelaire. Benjamin (1991, p.10) escreve: "O mais das vezes Baudelaire expõe opiniões apoditicamente. Discutir não é a sua seara. Ele o evita mesmo quando as evidentes contradições em teses que adota sucessivamente exigiriam um debate. O 'Salão de 1846', ele o dedicou 'aos burgueses' [...] Mais tarde, por exemplo em suas investidas contra a escola do *bon-sens*, encontra para a '*honnête*' burguesia e para o notário – a figura do respeito no meio burguês – os traços da boêmia mais raivosa. Por volta de 1850, declara que a arte não deve ser separada da utilidade; alguns anos depois defende *l'art pour l'art*". O paradoxo opera, na obra de Baudelaire, como um antissistema, pois este é, por definição, o regime das classificações de diferenças assim codificadas. Tampouco aceita o "indiferenciado", o "sem-sistema", pois consiste em uma "sedução satânica" (cf. Baudelaire, "Exposição Universal de 1855", 1995, p.771-87).

11 Leda Tenório da Motta traduz o fragmento "Chambre Double" (Baudelaire, 1995) por "Quarto de casal", e Aurélio Buarque de Holanda Ferreira escolhe "Quarto duplo" (Baudelaire, 1995, p.281-2). Ambas sendo igualmente possíveis, "quarto duplo", nos hotéis, não indica ne-

nico e obsedante dos ponteiros dos relógios, seus minutos e segundos: "o Tempo agora reina como soberano [...] e retornou todo o seu cortejo demoníaco de Lembranças, Pesares, de Espasmos, de Terrores, de Angústias, de Pesadelos, de Cóleras e de Neuroses" (cf. Baudelaire, 1995, p.282). A modernidade é "queda satânica" que conduz a intermináveis recaídas de Sísifo, é fluxo de instantes estáticos e sequências mórbidas, é sono letárgico e retorno da violência mítica: "o tédio", escreve Benjamin (2006, p.146), "é o lado externo dos acontecimentos inconscientes", é o retorno do reprimido: o Mal. O *homo duplex* em um mundo em que "diminuem os rastros do pecado original", que "vai acabar" pelo "aviltamento dos corações", bem como as carnificinas, tudo inviabiliza aceitar a ideia de que os movimentos sociais podem ser dramáticos mas no fim das contas seguem adiante porque a história tem sentido e finalidade. O diagnóstico baudelairiano do moderno é satânico, não é marxista, é o dos duplos em tensão: "Tu que, mesmo ao leproso e ao pária, se preciso,/Ensinas por amor o amor do Paraíso". É assim que Baudelaire, segundo Desjardins (in Benjamin, 2006), "aliou a sensibilidade do Marquês de Sade às doutrinas de Jansenius". Baudelaire, como Pascal, entende que a *natureza* inteira participa do pecado original, da mesma forma que Sade convida, por náusea e derrisão, a rivalizar com ela. E como Jansenius, "quer se jogar por terra como o culpado que suplica a graça". De onde atitudes contraditórias, mártir e carrasco em cada homem, vítima e sacrificador. Por isso, Baudelaire não adere ao ideário marxista, evolucionista e positivista do progresso e em "Espanquemos os pobres!" não se limita a dar ouvidos às insinuações de seu demônio interno; transforma-as em atos imaginários, resguardando-se de acrescer à revolta dos pobres um discurso ideológico – o que levaria Brecht a considerar que Baudelaire tinha "abjurado suas ideias revolucionárias" e "apunhalado o movimento operário pelas costas". Baudelaire, o "parteiro dândi do movimento revolucionário dos *pobres*" não adere ao comunismo de tipo marxista, a ele

---

cessariamente "casal". Nos dois casos, trata-se de um duplo que deveria ser familiar, do acompanhante ou cônjuge, mas que se apresenta estranho e ameaçador, pois o Poeta é incomodado pelo credor que o persegue com o inferno de suas dívidas, no endividamento permanente e continuado que é a alma do sistema capitalista moderno, as determinações econômicas, o mundo externo invadindo as esferas da vida privada e da intimidade. De qualquer forma, "Quarto de casal" resolve melhor a poética filosófica, pois, como lembra Leda Tenório da Motta, Baudelaire é o lírico das "alcovas" e do "secreto". Leda Tenório propõe, ainda para "Chambre Double", "conjugalidade" que atende a todas as acepções.

preferindo Proudhon e seus lemas satânicos – "A propriedade é o roubo", "Deus, o grande perverso" – mas sobretudo Proudhon é aquele que se atém à "discussão" e não às "barricadas". O que é bem diferente de se ter tornado um porta-voz do "despotismo imperial" (cf. Oehler, 1999, p.395).

Ennui sem ideal: tempo e trabalho

Benjamin, como Baudelaire, evoca a eternidade e o tédio, mesclando o arcaico e o moderno, Sísifo, as Danaides e o Capital, o barril das Danaides, sempre cheio e sempre vazio. Figuras do tempo reificado e morto do trabalho alienado, repetitivo, automático, absurdo, cuja expressão cultural apresenta um déficit criador devido à inflação de mercadorias e informações. Se cada vez mais se dispõe de informações, isso não significa ter informações a mais, porque o tempo para transformá-las em compreensão e experiência não aumenta proporcionalmente, o que prejudica a vida intelectual e afetiva: "a saturação cognitiva", escreve Bernard Stiegler, "induz a uma perda de cognição, isto é, a uma perda de conhecimento, a um desregramento do espírito, [...] a saturação afetiva engendra um desafeto generalizado" (cf. Stiegler, 2006b, p.125).

No consumo contemporâneo, o indivíduo consome, simultaneamente, coisas e seu tempo de vida. Porque tudo se equivale, escolher é indiferente, dissolvendo-se o sentido do preferível ou desejável. Em suas *Lições de ética*, Kant (1997) observa que o tédio vincula-se a um desenvolvimento cultural, que difere de épocas em que se mantinha uma alternância entre necessidades e satisfação de carências: "gozar a vida", escreve Kant, "não preenche o tempo, mas deixa-o vazio; ora, diante deste tempo vazio, a alma humana experimenta o horror, a irritação, o desânimo. Claro, o tempo presente pode nos parecer preenchido enquanto for presente, mas na lembrança, ele é vazio, pois, quando não se fez nada da vida, a não ser esbanjar o tempo, e que se volta o olhar para a vida passada, não se compreende como ela pôde tão depressa chegar a seu fim".[12] Se, no tédio, o tempo passado, que não foi

---

12 No tédio, quando se recua no tempo, ele parece infinitamente curto, enquanto um tempo plenamente vivido é imensuravelmente mais longo, e, assim, a vida torna-se estranhamente curta na mesma medida em que o tempo torna-se longo.

experienciado, mas perdido, parece ter transcorrido velozmente, também o tempo breve se manifesta intoleravelmente longo, com o que na monotonia ou no tédio profundo desaparece a diferença entre curta e longa duração, plasmando o Sujeito em um perpétuo presente.

Fundadas, de início, na subjetividade livre e no Cogito, as sociedades modernas eram "conscientes de ter um passado e de desejar um futuro", definindo-se por um projeto: "a consciência histórica era a de nos criarmos, de nos inventarmos no tempo. *Antidestino*, ele é a tomada de consciência de uma *liberdade*, de querer, agir e de transformar-se no tempo" (Zawadski, 2002, p.42), no qual se constrói um mundo comum. O homem devia contar apenas consigo mesmo, endossando cada vez mais o papel antes reservado a Deus. Desse modo – e, sobretudo, a partir da revolução copernicana operada por Kant – o mundo será constituído pelo Sujeito, Sujeito que compensa o vazio do mundo que se seguiu à ausência de Deus, pelo sentido que lhe confere o Eu transcendental. E na senda do subjetivismo, a cultura romântica completa o individualismo filosófico que se desenvolvera durante o século XVIII. Hegel, um dos primeiros a considerar o subjetivismo como a doença mais característica de nosso tempo, o vincula à revolução copernicana, quando não mais a consciência reflexiva satelizava os objetos do mundo, mas estes passaram a girar em torno do Sujeito. Sujeito abstrato, lembra Hegel, ele não basta para a constituição do sentido das coisas, pois "tudo o que não é o Eu e tudo o que existe pelo Eu pode igualmente ser destruído pelo Eu. Enquanto nos atemos a estas formas inteiramente vazias, tendo sua origem no absoluto do Eu abstrato, nada aparece tendo um valor próprio, mas somente aquele inspirado pela subjetividade do Eu" (Hegel, 1979, p.98-9). Como os valores dependem do Eu, sua importância não se prende às próprias coisas e serão, pois, vazios, sem distinção entre o significativo e o insignificante – com o que tudo torna-se apenas interessante e, em consequência, igualmente tedioso.[13] Se Hegel indica o abandono no mundo moderno dos quadros de sua vida anterior, é para mostrar seu resultado: a insustentável leveza das coisas e seu duplo, o tédio, ambos, ligeireza e tédio ingressando

---

13 Hegel utiliza a expressão "subjetividade monstruosa" ao referir-se a Fichte. E Adorno, na *Dialética negativa*, escreve: "toda a metafísica ocidental fundada no Sujeito encarcerou o Sujeito para a eternidade no seu próprio Eu como punição por sua idolatria".

bruscamente e de forma violenta na existência, constituindo a novidade do moderno – um transcorrer do tempo independente de objetivos pré-estabelecidos ou causas finais.

Esta época – na qual a Substância ou a matéria torna-se Sujeito e a necessidade se quer liberdade – como na ideologia da autorregulação do mercado – a consciência fútil e entediada não é, como dizia Hegel, sintoma passageiro e intermediário mórbido entre duas formas de solidez e segurança, a passagem do substancialismo católico da *parousia* (a manifestação do divino) para a liberdade pós-protestante (o livre exame da razão), pois esta se torna potencialmente ilimitada: desejos a cada dia renovados, inconstância permanente, prazeres efêmeros sempre, reduzidos a nada por uma nova necessidade. Nesse sentido, o tédio é a impossibilidade de projeto ou simplesmente de qualquer expectativa a longo prazo.

Nesta nova situação, em que nada é efetivamente proibido, mas ao mesmo tempo nada é inteiramente possível, no indiscernimento na ordem de importância das coisas, dá-se uma clausura do futuro, desmotivação para escolhas e deliberações, abrindo-se o campo da monotonia, de tal modo que se configura a patologia do presente como perda do sentido da vida em comum dos homens.[14] Vive-se uma inflação das possibilidades de significados e, portanto, a impossibilidade em reconhecê-los. Nas palavras de Leder:

> o imaginário da sociedade contemporânea encontra-se condicionado [...] por uma extrema saturação. [...] É precisamente a tensão entre a intuição da presença da satisfação e a realidade de seu afastamento e inacessibilidade, o que determina a situação da consciência contemporânea [...] Um exemplo pode ser encontrado na sociedade polonesa, na dicotomia entre sociedade da penúria material e uma sociedade de consumo que ocorreu há quinze anos e transformou totalmente o imaginário social. A mudança na valorização e principalmente a saturação do campo simbólico foi muito mais acelerada que a melhora da qualidade de vida. Paradoxalmente, nos anos 60, depois da desestalinização, quando praticamente a totalidade dos poloneses vivia em profunda penúria, mas ao mesmo tempo seu imaginário estava relativamente pouco saturado e também o mundo se regulava pelo vetor do progresso, a percepção da falta era pequena, e cada aquisição ma-

---

14 Cf. as análises de Stiegler (2006b) sobre os levantes incendiários nas periferias francesas em novembro de 2005 e sobre o tédio dos jovens nas *Cités* (conjuntos habitacionais dos subúrbios metropolitanos), entre outros do autor.

terial era um símbolo valorizado positivamente. Nos anos 90, a transformação econômica melhorou muito a situação material da maioria da população, mas, ao mesmo tempo, forçou a integração do campo simbólico dos poloneses no espaço da civilização global. O sentimento de falta e de frustração tornou-se generalizado em todas as camadas da sociedade. (Szpawoska apud Leder, 2002)

"Perturbação mental", em uma formulação de Kant (1993, p.53), ela é "perda do senso comum (*sensus communis*) e o aparecimento da singularidade lógica (*sensus privatus*)", o "acosmismo"[15] e sua dupla consequência, moral e patológica. Moral: não há mais valores universais ou universalizáveis, reconhecidos por todos em um espaço comum, tampouco uma cidadania mundial e cosmopolita. Patológica: patologia da liberdade, é confinamento no tempo presente. Esse "presente perpétuo" caracteriza-se por uma vivência específica do tempo – ora transbordando mercadorias, ora tempos mortos: "os doentes", escreve Benjamin,

> testemunhas insubstituíveis de seu tempo [...] têm um conhecimento bem particular do estado da sociedade: neles, o desencadeamento das paixões privadas se transforma, em certa medida, em faro inspirado pela atmosfera na qual seus contemporâneos respiram. Mas a área desta reviravolta é a "nervosidade". Seria importante saber se esta palavra não se tornou uma palavra da moda no *Jugendstil*.[16]

Em todo caso, "os nervos são como fibras inspiradas que serpenteavam, com estreitamentos recalcitrantes, com sinuosidades febris, à volta do mobiliário e das fachadas" (Benjamin, 1994, p.206). O *intérieur*, como Benjamin o compreende em "O *intérieur*, o *flâneur*" de suas *Passagens*, é o salão burguês saturado de enfeites, dourados, espelhos, paredes forradas de teci-

---

15 Lembre-se de que o "acosmismo" integra a experiência, nos totalitarismos, de "ser supérfluo", de "ser a mais", de "estar sobrando", própria ao mundo da flexibilidade das leis trabalhistas e da terceirização, por um lado, e o desemprego estrutural de outro. Para uma reconstituição de suas relações com o "pária" e o "*parvenu*", cf. Varikas, 2003.

16 *Jugendstil* (*modern style*, em inglês, *art nouveau*, em francês) significa, em sentido literal, "estilo da juventude". Benjamin refere-se ao estilo arquitetônico e decorativo do fim do século XIX e início do século XX que, com seus aplicativos florais de arabescos, criava um mundo de fantasia, a nostalgia da vida campestre enlaçando-se, com o ferro ondulado e os cristais coloridos, à vida da metrópole e seus fetiches. Sobre a patologia dos tempos modernos, cf. Benjamin, 2006, p.529.

dos adamascados e com desenhos florais, tapetes, móveis em forma de naves ou de catedrais góticas etc., de onde o "burguês vê o mundo", com o ilusório sentimento de segurança no mundo do capital – mundo burguês que substitui a questão metafísica das incertezas da vida pelo elogio do risco no mercado alienado:

> O *intérieur* do século XIX. O espaço se disfarça, assumindo a roupagem dos estados de ânimo como um ser sedutor. O pequeno-burguês, satisfeito consigo mesmo, deve experimentar algo da sensação de que no aposento ao lado pudessem ter ocorrido tanto a coroação do imperador Carlos Magno como o assassinato de Henrique IV [...] Ao final, as coisas são apenas manequins e mesmo os grandes momentos da história universal são apenas roupagens sob as quais elas trocam olhares de conivência com o nada, com o trivial e o banal. Semelhante niilismo é o cerne do aconchego burguês; um estado de espírito que se condensa na embriaguez do haxixe em satisfações satânicas, em saber satânico, em quietude satânica, mas que assim revela como o *intérieur* dessa época é, ele mesmo, um estimulante da embriaguez e do sonho. Aliás, este estado de espírito implica uma aversão contra o espaço aberto, por assim dizer uraniano, que lança uma nova luz sobre a extravagante arte decorativa dos espaços interiores da época. Viver dentro deles era como ter se enredado numa teia de aranha espessa, urdida por nós mesmos, na qual os acontecimentos do mundo ficam suspensos, esparsos, como corpos de insetos ressecados. Esta é a toca que não queremos abandonar. (Benjamin, 2006, p.251)

As guirlandas feéricas desses *intérieurs* acalmavam, não obstante, os nervos dilacerados pelo progresso, eram como uma *promesse de bonheur*. Por isso, *spleen* e "nervosidade" ligavam-se ainda ao Ideal, a neurastenia resguardando suas forças criativas. Quanto à contemporaneidade, a "doença dos nervos" é substituída pelo *stress*. Nos anos 1880, o médico norte-americano George Miller Beard (apud Baier, 2000, p.147) denominou "neurastenia" uma nova "doença dos nervos" cuja causa principal era a civilização que exigia cada vez mais performances, provocando, pelo constrangimento dos relógios de ponto no trabalho, mas também pelo "ritmo precipitado da época moderna", "colapsos nervosos". Em seguida conhecido como *stress*, sem a dimensão metafísica do *spleen*, o fenômeno foi diretamente associado à economia de mercado. Tributário da medicina, de experimentos com hormônios injetados em animais de laboratório que aceleravam secreções levando à morte, o *stress* foi detectado em indivíduos durante a "grande depressão" de 1929 nos Estados

Unidos. Do ponto de vista da cultura em que a tecnologia não apenas predomina, como se antecipa com respeito à política e à economia, ela tem por paradigma da aceleração a locomotiva e novos terrores, identificados por Benjamin no viajante que conhece

> todas as provações e perigos da viagem pela estrada de ferro; [...] conhece, a perder de vista, o suceder [das imagens] deste deslocamento, como os limiares do espaço e do tempo que a viagem transpõe, a começar pelo "tarde demais" daquilo que ele deixa atrás de si, arquétipo do pesar, até a solidão no compartimento, o medo de perder a baldeação, o horror que inspira o saguão desconhecido em que o trem se precipita. (Benjamin, 1972-1989, v.IV, p.381)

Utilizadas a partir de 1939, as palavras *stress* e exaustão indicam uma degradação da experiência do tempo, ausência de pensamento, "consciência sonolenta" do presente, perda de seu sentido como projeto e futuro, confinado, então no presente. No âmbito do trabalho, o não-senso se expressa no "princípio do desempenho",[17] segundo uma mutação dos atributos do trabalho. Com efeito, se das formas tradicionais de organização do trabalho resultava bens e serviços, no moderno ele não mais se conecta a um produto concreto, tornando-se cada vez mais abstrato e desterritorializado. Para Vincent de Gaulejac também a relação entre produtividade e salário não é evidente, dependendo cada vez mais de performances coletivas; a comunidade de profissionais não é mais portadora de laços estáveis constituídos no longo prazo; não promove mais identidades sociais, de ofício e grupos de trabalho; não é mais um elemento de solidariedade, proteção e mediação entre o indivíduo e a empresa. Também o sistema de avaliação individuali-

---

17 "Princípio do desempenho" é o conceito marcuseano apresentado em *Eros e civilização* que corresponde à exacerbação do "princípio de realidade", quando não é mais necessária a "racionalidade" da renúncia. Considere-se, aqui, o cristianismo e a condenação da gula, pecado capital adequado às condições materiais da Idade Média, período em que a sobrevivência dependia de recursos escassos. O princípio de realidade – de adaptação ao mundo circundante, de renúncia a um *quantum* de prazer, de dedicação ao trabalho, de deserotização do corpo requerido como instrumento das máquinas etc. – transforma-se em "princípio de desempenho", em uma época em que não mais são necessários tais sacrifícios; não obstante a *performance* se impõe, ampliando o trabalho alienado e a extensão de sua lógica a todos os domínios da vida, do lazer às artes. Na "sociedade da abundância", o princípio de desempenho é acompanhado de "mais repressão" ou "dessublimação repressiva", o que não era permitido passando a obrigatório, como o "erotismo programado" da sexualidade.

zada de desempenho reforça a competição em lugar da cooperação; o estabelecimento de uma organização que designa a cada um seu lugar e tarefa é substituído pela virtualidade polifuncional, ninguém mais sabendo exatamente quem faz o quê, desaparecendo a coerência do trabalho e a estabilidade do conjunto das atividades; e, sobretudo, o valor atribuído às realizações de cada um não se prende mais à qualidade de uma obra – a do objeto realizado, da atividade concreta – mas a um conjunto de princípios que é preciso interiorizar. Por útlimo, Gaulejac indica os efeitos de não-senso quando se pretende valorizar competências extrinsecamente, segundo as expectativas de clientes ou do mercado.

A perda do sentido do trabalho e a experiência do absurdo encontram-se, em particular, nas obras literárias, romances e contos, como as de Kafka, na identificação entre o homem e sua profissão; sendo absurda, ela revela o absurdo das profissões em geral: "fui empregado como espancador: portanto espanco", declara o personagem de O processo, forçado, por culpa involuntária de K., a bater sem parar em dois funcionários. Situação que se repetiria nas respostas dadas em juízo dos funcionários dos campos de concentração nazistas, resposta daquele que não é responsável porque não lhe foi conferida responsabilidade alguma. Neste caso, ser recompensado não corresponde a um mérito, deve-se, antes, ao acaso, com o que se desqualifica o trabalhador ao gratificá-lo (cf. Gaulejac, 2007).[18] E, se o trabalho é alienado, o mesmo se passa com o consumo. Realização perversa do "esquematismo" kantiano – a faculdade do conhecimento que, em Kant, promovia a passagem dos dados esparsos da sensação à construção de um objeto no espaço a seu sentido em uma nova figuração, pela maquinaria lógica do entendimento – a organização dos dados esparsos (as mercadorias) migra para o mercado: "O esquematismo kantiano", escrevem Horkheimer e Adorno, "a indústria o retomou para seus próprios fins. Esta implica o esquematismo como um serviço ao cliente [...] Para o consumidor, nada resta para classificar que não tenha já sido englobado pelo esquematismo da produção" (Adorno; Horkheimer, 1985). O tédio crônico corresponde a esta carência de sentido pessoal na produção e no consumo, uma vez que objetos e informações nos

---

18 O autor refere-se ao último Natal na Inglaterra em que os Correios premiaram uma funcionária que vendeu grande número de um certo tipo de envelopes, o que não correspondia a nenhum desempenho especial mas ao acaso.

chegam com um código pré-dado, inviabilizando a busca de um sentido próprio de compreensão.

A produção em excesso de mercadorias com respeito a necessidades, o consumo se realizando pelas necessidades do mercado e não do consumidor, corresponde a um estado de exasperação das carências reais da sociedade e a uma nova modalidade de aturdimento da mente, consequência do capitalismo contemporâneo e da cultura que ele engendra. O excedente material transfere-se para o plano imaginário e para a consciência daqueles que vivem em estado de penúria extrema, desorganizando os elementos capazes de estruturar o campo simbólico:

> o próprio conceito de justiça, quando colocado sob a égide da participação do sujeito de direito nas vantagens do sistema de propriedade [...] designa aqui a tarefa, jamais realizada plenamente, que consiste em liberar da situação precária aqueles que são manifestamente pobres e pauperizados, abrindo, também a eles, acesso ao mundo da abundância [o que supõe] um aprendizado de uma vida coberta de mimos.[19]

No descompasso entre a abundância material e o desconforto moral se inscreve a preparação para vencer o tédio crônico porque "os modernos devem renunciar ao mandato fictício da necessidade" (Adorno; Horkheimer, 1985). Se, como ensina a psicanálise, a falta produz desejos, do excesso decorrem patologias, uma vez abandonada a ética protestante em nome do espírito capitalista. Porque tempo é consumo e não é busca de sentido e subjetividade, a heteronomia foi imposta pela temporalidade do capitalismo tardio – o que só aprofunda a crise do sentido da atividade: a

---

[19] Peter Sloterdijk observa que a produção do excesso corresponde ao advento da "sociedade da abundância", malgrado a persistência da retórica da era da penúria – o que se atesta pela proliferação de antenas parabólicas nas periferias, de consumo de eletrodomésticos e a ocupação do espaço urbano com equipamentos para a venda de alimentação nas cidades, entre outros: "os esbanjos, à primeira vista escandalosos, do dinheiro dos fundos públicos devem ser interpretados, neste contexto, como uma participação do Estado à euforia da abundância". Esta circunstância foi detectada por Marcuse, cuja obra *Eros e civilização* continua as primeiras divergências com respeito a Freud, na direção de uma cultura não repressiva, no apagamento da diferença entre princípio de prazer e princípio de realidade. Para além da obra *The Affluent Society*, de Veblen, o mundo urbano atual se converte em um sistema que perverte as pessoas de tanto "mimá-las".

desagregação do sentido da vida em comum arrisca subsumir o homem nesta alienação particular denominada "acosmismo",[20] que faz cada um sentir-se estranho no mundo, o não pertencimento de quem se percebe supérfluo.

Modernização significa, assim, a passagem de um mundo com regras conhecidas a um mundo instável e incerto: no trabalho, o trabalhador encontra-se sob pressão permanente das empresas nas quais ele se sente "custando muito caro". Na perda da identidade profissional e da autoestima encontra-se uma situação traumática, uma vez que não apenas perde-se um posto de trabalho para, talvez, encontrar um outro como – e antes de tudo – toda uma vida pode ser desfeita:

> advêm sentimentos de desvalorização de si, ruptura de redes de solidariedade, perda de elementos constitutivos da identidade profissional, culpabilidade, vergonha, introversão, dilaceramento da comunidade de trabalho que sustentava a existência [...] A perda de confiança no futuro – [...] que se anuncia incompreensível – produz uma profunda ansiedade a que respondem a angústia e o medo do abandono. Angústias arcaicas [...] que podem ter efeitos devastadores. (Gaulejac, 2005, p.164)

Diferem capitalismo de produção e capitalismo de consumo. No primeiro, o "homem só se sentia em casa quando fora do trabalho e quando no tra-

---

20 Uma de suas grandes expressões encontra-se na pintura de De Chirico e Hopper. Em Hopper, há desolação de suas paisagens e personagens, solidão lunar em que a luz do sol não aquece, seres estáticos sem comunicação na metrópole pós-industrial. Hannah Arendt indica a diferença entre *solitude* e *loneliness*. Se na primeira, o recolhimento é solidão e reencontro com a intimidade de si, a segunda é isolamento e desolação, é ausência de um mundo comum compartilhado. (Cf. "Nighthawks", de 1942, de Hopper, e "Six O'Clock", entre outros.) Nesses *intérieurs* como nos *art nouveaux*, tapetes e mobiliário desempenham o papel do inconsciente, em que Id e superego as associam, confinando o espaço do Eu, agora estranho a si mesmo, em estado de absoluta desolação, em espaços que se estreitam, aprisionam e asfixiam (cf. Canevacci, M. Apresentação de *slides* feita no XVII Encontro Internacional de Cinema de Salvador/Bahia, Teatro Castro Alves). Observe-se também os manequins e ponteiros de relógio parados antes do "tempo", em De Chirico, como em "A melancolia da partida", onde o pêndulo marca 13 horas e 28 minutos. Ruas desertas, praças vazias, pórticos, torres, janelas com venezianas fechadas. Trens parados, estátuas, sombras imóveis, geometria metafísica, com seus retângulos, trapézios; quadrados com bandeiras onde não sopra o vento. A pintura de De Chirico realiza reflexões pictóricas sobre a acídia, suas telas atualizam os terrores medievais do deserto – essas "fornalhas de Deus", provação do fogo divino. Suas personagens e paisagens são os avatares dos "demônios do meio-dia" no mundo urbano.

balho, estava fora de si" (cf. Marx, 2008). Milan Kundera, comparando o trabalho no mundo contemporâneo ao da Idade Média, reconhece no presente o tédio, pois, os ofícios de outrora, em parte não poderiam ser concebidos sem um apego apaixonado: os camponeses por sua terra; o carpinteiro era o mágico das belas mesas; os sapateiros conhecendo de cor os pés de todos os aldeões; os guardas florestais; os jardineiros. O sentido da vida estava em suas oficinas e campos, cada ofício criara sua própria maneira de ser: "Um médico pensava diferentemente de um camponês, um militar tinha um outro comportamento com respeito a um professor". No capitalismo baseado na produção industrial e no estoque de bens que revelavam o longo prazo, o gesto do trabalhador é repetitivo, o imaginário social é padronizado pela produção em série de mercadorias e desejos. Não obstante, fora do trabalho encontrava-se consigo mesmo. Pode-se dizer que, na época da sociedade de massa e do consumo – de coisas, de imagens – a escolha individual recai no que Nietzsche denominava "espírito gregário", no mimetismo organizado, na *mímesis de apropriação*;[21] malgrado a produção cada vez mais diversificada de um mesmo produto, visando a "indivíduos" que se reconheceriam nas pequenas diferenças de um objeto a outro, predomina a desindividualização psíquica e a proletarização generalizada, pois o consumo não supõe um *savoir-vivre*. Antes indispensável, a "arte de viver" era conhecimento de si, a *techné tou biou* sendo ascese e autoelaboração das possibilidades e limites na realização de desejos:

> nenhuma técnica, nenhuma habilidade profissional pode ser adquirida sem exercício; também não se pode aprender a arte de viver – a *techné tou biou* – sem uma *askésis* que deve ser compreendida como um exercitação de si por si mesmo. Aí estava um dos princípios tradicionais a que, desde sempre, pitagóricos, socráticos e cínicos deram uma grande importância. Parece que, entre todas as formas tomadas por este treino (que comportava abstinência, memorização, exame de consciência, meditações, silêncio e escuta do outro), a escrita – o fato de escrever para si e para o outro – se pôs a desempenhar tardiamente um papel considerável. (Cf. Foucault, 2001, p.1236)

---

21 René Girard entende por "rivalidade mimética" o desejo de objetos desejados ou apropriados por um outro, vindo este a ser constituído, ao mesmo tempo, como modelo e obstáculo à realização do desejo, no esquecimento do objeto desejado, deslocando-se o desejo do ob-

Na contemporaneidade, ao contrário, os indivíduos não são mais sequer engrenagens na máquina de produção, mas compõem um mercado para o consumo, de tal forma que a modelação dos comportamentos visando ao mercado implica uma destruição programada do *savoir-vivre*. Este saber referia-se, na tradição grega, às "almas noéticas", racionais, isto é, políticas, pois inclinadas à *philia*. E assim como o operário submetido à máquina perde seu *savoir-faire*, reduzindo-se à condição de proletário, da mesma forma, o consumidor, padronizado em seus comportamentos de consumo pela fabricação artificial de desejos perde seu *savoir-vivre*. Na sociedade do consumo, quando o homem está fora do trabalho, tampouco encontra-se junto a si. A "escalada da insignificância" resulta em uma lógica do desengajamento em relação a um mundo compartilhado e também a si mesmo, na obsolescência de valores como solidariedade, responsabilidade, fidelidade e respeito, o mercado induzindo ao consumo permanente, constrangendo à pressa, à rapidez e à aceleração, acentuando a superficialidade nos vínculos (na medida que os sentimentos exigem a duração para se desenvolverem), produzindo a "pobreza interior".[22] Não engajar-se significa "não se empenhar na criação de valores espirituais" (cf. Abensour, 1997, p.5).

Langeweile: monotonia e tecnologia

Ao tratar do espírito do capitalismo e da *Beruf* que é profissão de fé e vocação para ganhar dinheiro, Weber lembra que um operário, assim que recebia um aumento de salário, passava a trabalhar menos, escolhia "levar a vida": "o ganho suplementar o atraía menos que a redução de seu trabalho" (cf. Weber, 1990, p.61). Este trabalhador, embora não disponível ao que

---

jeto para aquele que supostamente o detém, do que resulta um estado de guerra latente ou manifesto.

22 É interessante lembrar dos ensaios de Walter Benjamin, "O narrador" (2010, p.197-221) e "Experiência e pobreza" (2010, p.114-9), nos quais o filósofo reflete sobre o mundo moderno, em que não é mais possível dar ou ouvir conselhos, em que não se pode desenvolver uma filosofia prática como aquela contida nas narrativas tradicionais, com suas fábulas, parábolas e provérbios que auxiliavam os homens a enfrentar infortúnio e boa sorte.

os gregos denominavam *skolé*[23] e os romanos *otium*,[24] estava predisposto a tomar o tempo como seu bem próprio, pois, ainda que o trabalhador estivesse voltado para a subsistência, ele se concebia como alguém que tem, antes de tudo, uma existência. Não se trata de um repouso medido pelo trabalho, mas de um tempo para viver, livre de todo *negotium*. Este, como *éthos* do capitalismo, viria a se tornar "vocação" para o negócio, o atarefamento para a sobrevivência tornado modelo da vida. Se é verdade que só o clero desfrutava propriamente do ócio, à distância de toda necessidade alienada no *negotium*, o operário, se bem que obcecado pela carência, participava, de alguma forma, da esfera do *otium* como ser que crê nos rituais do culto de que se encarregam os sacerdotes. O capitalismo pré-industrial como "espírito" decorrente da Reforma já preparava, assim, sua metamorfose, a crença transformada em "confiança", melhor dizendo, em "crédito" que se obtém pela confiança, pois esta é calculável e mede o tempo da ocupação, do "negócio". Como anotou Benjamin Franklin: "aquele que é conhecido por pagar pontualmente e na data prometida, pode a qualquer momento e em qualquer circunstância solicitar o dinheiro que seus amigos economizaram [...]. Na menor decepção, a bolsa de seu amigo se fechará para você" (Franklin apud Weber, 1990, p.45). Não se trata apenas de respeitar uma regra e não esquecer um dever; o ganho se torna o fim não mais um meio para satisfazer necessidades materiais.

Não constituindo o desejo de ganhar dinheiro nenhuma natureza humana, o capitalismo promove uma "educação" para recompensas materiais, e uma de suas práticas disciplinares é a pauperização:

---

23 Sobre ela Joaquim Brasil Fontes (2003, p.29-30) observa: "*Skolé* é a palavra com que os gregos significavam as coisas a que dedicamos nosso tempo, ou aquilo que merece o emprego do tempo. De onde, por meio de uma evolução notável, o sentido de 'estudo', encontrado em Platão (*Leis*, 820c). *Skolé* é, ainda, aplicada a discussões científicas, por oposição aos jogos ou brincadeiras [...] *Skholé* [...] significa também 'lazer', 'tranquilidade', 'tempo livre', e, às vezes, 'preguiça'. O advérbio *skholêi* indicava, para os gregos, o que dizem para nós as expressões: 'com vagar e ócio', 'lentamente'; 'à sua vontade'. O escoliasta seria, afinal de contas, um *flâneur* cerimonioso. Ele caminha *en prenant son temps*, às margens dos textos, e para, de vez em quando, oferecendo algumas flores, bonitas mas inúteis – puros pleonasmos –, ao leitor, culto por definição. Os comentários ou escólia são, assim, uma espécie de luxo, um capricho (do aluno atencioso), uma brincadeira (de professor aplicado), um jogo às margens dos discursos, um convite para que o leitor se transforme também ele em *flâneur*".

24 Ócio é "cuidado", é prática livre da preocupação com a subsistência imediata e material, tempo livre da necessidade e das carências.

depois do fracasso de um chamado para o "sentido do lucro" através de altos salários, só restava recorrer ao procedimento inverso: por um rebaixamento do salário, constranger o operário a um trabalho acrescido a fim de conservar o mesmo ganho [...] Pois o povo não trabalha só porque ele é pobre e enquanto assim o permanecer? (Weber, 1990, p.61-2)

Logo viria a condenação da vida sacerdotal e de seus cultos porque, já para Lutero antes de Calvino, *otium* e práticas religiosas – as técnicas da ascese até então consideradas indispensáveis para a aquisição de uma *art- -de-vivre* – são "coisas do demônio". No arquivo "Ócio e ociosidade", Benjamin anota:

> Na Grécia antiga o trabalho prático era reprovado e proscrito; embora fosse executado essencialmente por mãos escravas, era condenado principalmente por revelar uma aspiração vulgar por bens terrenos (riqueza); ademais, esta concepção serviu para a difamação do comerciante, apresentando-o como servo de Mammon: "Platão prescreve nas *Leis* (VIII, 846), que nenhum cidadão deve exercer profissão mecânica: a palavra *banausos*, que significa artesão, torna-se sinônimo de desprezível [...]; tudo o que é artesanal ou envolve trabalho manual traz vergonha e deforma ao mesmo tempo o corpo e a alma. Em geral, os que exercem tais ofícios [...] só se empenham para satisfazer" [...] O desejo de riqueza, que nos priva de todo tempo de ócio [...] Aristóteles, por sua vez, opõe aos excessos da *crematística* [arte de adquirir riquezas] [...] a sabedoria da economia doméstica [...] Assim, o desprezo que se tem pelo artesão estende-se ao comerciante: em relação à vida liberal, ocupada pelo ócio do estudo (*skolé*, *otium*), o comércio e os "negócios" (*negotium*, *ascolia*) não têm, na maioria das vezes, senão um valor negativo. (Cf. Benjamin, 2006, p.839)

A operosidade, intensificada a partir da Revolução Francesa, registra todas as energias humanas como força de trabalho. Nesse sentido Benjamin (2006, p.819) cita Lafargue:

> O protestantismo [...] aboliu os santos no céu a fim de poder suprimir na terra os feriados a eles dedicados. A Revolução de 1789 foi ainda mais longe. A religião reformada havia conservado o domingo; os burgueses revolucionários achavam que *um* dia de descanso em cada sete era demais e instituíram, no lugar da semana de sete dias, a década, para que houvesse um dia de descanso só a cada dez dias. E para enterrar de vez a lembrança dos feriados religiosos [...] substi-

tuíram no calendário republicano os nomes dos santos pelos nomes de metais, plantas e animais.

Na sequência, o capitalismo associa-se à eletrificação. Eis por que Benjamin dedica um de seus arquivos das *Passagens* às relações entre iluminação e trabalho, pois, à maneira dos mercados financeiros, o homem não deve dormir nunca. A modernidade capitalista, do industrialismo à microeletrônica, supõe a plena luz. Dessa forma, com a substituição dos lampiões a gás pela iluminação elétrica em fins do século XIX, "a Via Láctea foi secularizada" (cf. Benjamin, 2006, p.388). Estas palavras não se referem apenas ao desencantamento psíquico e da cultura, mas também ao significado socioeconômico desta realização: a atividade sem trégua do modo de produção capitalista tornou-a desmedida, não tolerando o tempo noturno – de passividade, repouso e contemplação. Benjamin (2006, p.610) não hesita em indicar a patologia deste tempo a partir da luz elétrica, considerando o mundo do capital um asilo de cegos e loucos:

> Vamos aos fatos. A luz jorrando da eletricidade serviu primeiro para iluminar as galerias subterrâneas das minas; no dia seguinte as praças públicas e as ruas; depois as fábricas, as oficinas, as lojas, os espetáculos, os quartéis; e, finalmente, as casas de família. Os olhos, em presença desse inimigo radiante, comportaram-se bem, mas pouco a pouco veio o deslumbramento, efêmero no início, depois periódico, e no fim, persistente. Eis o primeiro resultado. – Compreendo; mas e a loucura dos grandes senhores? – Nossos magnatas das finanças, da indústria, dos grandes negócios, acharam bom [...] dar a volta ao globo em pensamento, enquanto eles próprios permaneciam em repouso [...] Para isso, cada um deles pregou, em seu gabinete de trabalho, num canto da escrivaninha, os fios elétricos que ligam suas caixas às colônias da África, da Ásia, da América. Confortavelmente sentado diante da mesa, ele recebe, com um sinal de mão, o relato de seus correspondentes distantes, das agências semeadas pela superfície do globo. Um lhe comunicava, às dez horas da manhã, o naufrágio de um navio milionário, [...] um outro, às dez horas e cinco minutos, a falência fulminante da mais sólida casa das duas Américas; um terceiro, às dez horas e dez minutos, a entrada radiante, no porto de Marselha, de um navio carregado com a colheita dos arredores de São Francisco. Tudo isso numa sucessão rápida. Essas pobres cabeças, por mais firmes que fossem, curvavam, como curvariam os ombros de um Hércules do mercado se decidisse carregar dez sacos de trigo em vez de um. Eis o segundo resultado.

A economia, em sua forma atual de acumulação, exige a extensão e a intensificação da atividade até os últimos limites físicos e biológicos do indivíduo. Razão pela qual, com a eletrificação, o dia iluminado terá 24 horas, estabelecendo-se o *stress* como modo de vida, seja para aqueles ligados a um trabalho, seja para a massa crescente de trabalhadores precários e desempregados. A esse respeito Anselm Jappe (2006) observa:

> aos olhos de qualquer senhor feudal os *managers* de hoje, sujeitos ao *stress*, mais pareceriam pobres plebeus. Os capitalistas, e na *forma* mais pura os da *new economy*, não representam senão uma forma agravada da miséria geral e do sobretrabalho universal. Um verdadeiro pequeno empresário dos nossos dias orgulha-se mesmo de trabalhar mais do que um proletário inglês do tempo de Charles Dickens.

A produtividade intensificada do trabalho, em razão das tecnologias, não resultou em diminuição da jornada laboriosa, mas, devido à "baixa tendencial da taxa de lucro", o capital responde ampliando seu mercado, pela "proletarização do consumo", que corresponde a um "proletariado sem qualidades": "o estágio atual do capitalismo", escreve Jappe, "caracteriza-se pela ausência de pessoas que valha a pena explorar" (Jappe, 2006, p.155). Inúteis na lógica da produção de valor e acréscimo do capital, são as populações convertidas em humanidade supérflua para a contínua criação de mais-valia, de concentração do valor e acréscimo do Capital. Excesso de trabalho e ociosidade se reúnem em uma percepção do tempo na qual não mais se tem tempo – sentimento este presente, também, entre os desempregados (cf. Bürge, 2000). O capitalismo ultraliberal confisca o "espaço da experiência" e o "horizonte de expectativas",[25] o porvir significando "mercados futuros": "o dinheiro – principal categoria da sociedade capitalista – tem por finalidade seu próprio crescimento, num processo que não pode ser interrompido e se

---

25 Que se considere a mobilização dos jovens estudantes em novembro de 2006 contra a Lei do Primeiro Emprego (CPE) na França, reveladora de que o jovem não quer apenas encontrar um *job*, e, sim, desenvolver um trabalho, não procura somente salário, mas motivação. Pois "a condenação de uma sociedade a uma vida sem saberes, quer dizer, sem sabor, lança a todos em um mundo insípido, economicamente, simbolicamente e libidinalmente miserável" (cf. Stiegler, 2006b, p.93).

estendeu às regiões infinitas da especulação que cria capital fictício, baseado na expectativa de mais lucros" (Guerriero, 2006).

Esse tempo paralisado, do eterno retorno do sempre igual, é a figuração do inferno, é repetição ou espera vazia:

> a essência do acontecimento mítico é o retorno. Nele está inscrita, como figura secreta, a inutilidade gravada na testa de alguns heróis do inferno (Tântalo, Sísifo ou as Danaides) [...] A espera é, de certa forma, o lado interior forrado do tédio (Hebel: O tédio espera pela morte) [...] Eu chegava primeiro, fui feito para esperar (Jean-Jacques Rousseau, *Les Confessions*). (Cf. Benjamin, 2006, p.159, 158)

Tempo de angústia, a vida é repetição inútil e preparação para algo que não vai acontecer. Esse tempo patológico, Benjamin o encontra em Kafka, em seus romances e contos. Neles, o tempo se cristaliza em imagens estáticas, não havendo nenhum progresso nas ações: "na verdade o ponteiro de segundos do desespero corre sem cessar e a toda velocidade em seu relógio, mas o ponteiro dos minutos está quebrado, e o das horas parado" (Anders, 2007, p.48).[26]

A manifestação do tédio coletivo dá-se na passagem do capitalismo de produção para o do consumo,[27] com a "mudança do espírito puritano do trabalho para a fixação liberal no lazer, do espírito da poupança para o crédito, da renúncia ao consumo para "tudo já", da glorificação das virtudes do empreendedor para a heroicização das personalidades do esporte e do divertimento" (cf. Sloterdijk, 2005a, p.752-3). Sendo assim, a perda do sentido do tempo encontra-se também na hiperatividade, no desemprego ou no subemprego. Com efeito, a exclusão do trabalho e da própria sociedade não permite o afastamento da atmosfera carregada de comunicação do mundo contemporâneo.[28] Institucionalmente organizada, essa temporalidade não é

---

26 Porque o tempo é o da repetição do sempre igual, Kafka inverte as determinações de causa e efeito. Em *O processo*, acusação vazia do início arrastará o acusado para a culpa. Em *América*, seu personagem recebe a carta que o expulsa da casa do tio, mas esta, como em seguida se verificará, já estava escrita antes de ocorrer a causa de sua expulsão.
27 Sobre a diferença entre o capitalismo em sua fase industrial e a pós-industrial, no abandono da noção de durabilidade e de estoque e sua substituição pelo descartável e pela obsolescência programada (cf. Harvey, 2002).
28 Como no filme de Denys Arcand, *Joyeux Calvaire*, o *clochard*, os empresários mais atarefados não têm tempo algum.

a da experiência, do conhecimento, da felicidade, mas "o atributo mais eminente da dominação" (Canetti, 1966, p.422). Consciente da heteronomia, o Maio de 1968 francês eternizou nos muros da cidade a inscrição: "não mude de emprego, mude o emprego de sua vida". Por seu irrealismo político, o movimento estudantil pôde efetuar a crítica do presente, transformando uma sociedade em comunidade política utópica, afirmando, simultaneamente, os direitos da autonomia e do indivíduo. Inscreveu em Nanterre: "é proletário aquele que não tem nenhum poder sobre o emprego de sua vida cotidiana e que sabe disso".[29]

O tempo na modernidade determina o decréscimo das faculdades criadoras e fantasmáticas, gerando insegurança e medo. Essa atmosfera de fim do mundo encontra-se nas pinturas de Yves Tanguy, especialmente "Jour de Lenteur" ["Dia de lentidão", de 1937], na incerteza de desertos onde pairam formas inidentificáveis, vazios de vida e de presença humana, impregnados apenas por um tempo que parou, onde há sombras, mutismo e luz que não aquece. "L'humeur des temps" ["O humor dos tempos", de 1928], "L'extinction des espèces II" ["A extinção das espécies II", de 1938], "J'avais déjà cet âge que j'ai" ["Eu já tinha naquela época a idade que eu tenho", de 1939], "Encore et toujours" ["Ainda e sempre", de 1942], "Ce matin" ["Esta manhã", de 1951], "Mémoire du matin" ["Memória da manhã", de 1944] evocam a extinção como o reverso da criação, a imobilização, a repetição infinita e sem esperança do Mesmo, no encontro marcado entre o eterno retorno e a desagregação das coisas, entre o que é imutável e o que é lentamente destrutível. Tempo sempiterno, cristalizado e sem saída, cada manhã não é em nada diversa de todas as outras manhãs. Assim, se "muitos viveram", fica subentendido que "para nada". "Eu já tinha a idade que eu tenho" manifesta a inutilidade de crescer quando nenhum acontecimento novo está previsto para nós. Quanto ao sol, no céu, sempre fixo no mesmo lugar, torna o tempo imensamente longo, pois o tempo parou de passar. O peso de um dia que não passa, Tanguy o retrata "pelo sol que se detém em seu curso, pelo tédio exasperado, ansioso, infinito [...] Tudo confina em um vazio sideral, que já se comparou ao dia seguinte do apocalipse, aos primeiros tempos de-

---

29 *"Est proletaire celui qui n'a aucun pouvoir sur l'emploi de sa vie quotidienne et qui le sait"* (Besançon, 2007).

pois da explosão da bomba de megatons"(cf. Larue, 2001, p.192-3). A temporalidade contemporânea produz um tempo que se exprime na ansiedade de "matar o tempo", oscilando este entre cansaço e exaustão, abulia e "hiperatividade". Aparentemente diversas, ambas "as atitudes possuem um traço comum: a reificação de si": "a atividade tornou-se uma variante da passividade e mesmo onde as pessoas se cansam até seu limite [...], ela tomou a forma de uma atividade – mas para nada – isto é, uma inatividade" (Anders, 2002, p.247).[30] Porque no tédio o tempo não passa, ele é vazio e monótono e preenchido por ativismos e diversas formas de excesso, desde esportes radicais até a obesidade mórbida. Esse *horror vacui* é um "panteísmo demoníaco" em que a monotonia é um nada que impregna toda a realidade.

Neste âmbito, todas as formas do excesso atestam o desejo de "preencher o tempo". Pode-se dizer o mesmo do culto às façanhas na antiguidade grega no contexto dos jogos pan-helênicos, que não expressam equilíbrio e proporção. Com efeito, o atleta de Maratona ultrapassou seus limites até o esgotamento e a morte. Mas o que caracteriza as competições antigas, ao contrário das modernas, é que o vencedor, superando a todos, não ultrapassa a natureza humana, mas a realiza da maneira mais sublime, aparentando-se aos deuses, conquistando a glória, elevando-se, sempre, um "projeto" com objetivo final, pois guerreiros e esportistas não procuram nenhum ultrapassamento de si como princípio de suas ações. A agitação permanente revela hoje a "desvalorização de todos os valores", nessa impossibilidade de diferenciar o acessório do essencial, tudo parecendo ao mesmo tempo urgente e importante, e por isso devendo realizar-se já. É a cultura da performance e do desempenho, a capacidade de fazer cada vez mais em menos tempo (cf. Aubert, 2007). A monotonia é, pois, a patologia do tempo e da falta de energia e de motivação: "ausência de projeto, ausência de motivação, ausência de comunicação, [a monotonia] é o avesso perfeito das normas de socialização" (cf. Eherenberg, 1998, p.187).

No auge da cultura científica instala-se, por último, a monotonia das revoluções técnicas: "a pálida vida de nossa civilização, monótona como o tri-

---

30 O autor refere-se às personagens de *Esperando Godot*, de Samuel Beckett. Assim, Estragon e Vladimir, que não fazem absolutamente nada, representam, na peça, milhões de homens ativos.

lho de uma estrada de ferro". Monotonia que o aumento crescente das indústrias da cultura atesta em seus espetáculos que são "o mau sonho da sociedade moderna encarcerada, que somente expressa, afinal de contas, seu desejo de dormir" (Debord, 1992, parágrafo 21). Se as estradas de ferro representaram velocidade e progresso, a crítica da civilização técnica é crítica do tempo reificado, na mesma medida em que o revolucionário benjaminiano é um ludista do tempo, aquele que interrompe a ideologia do progresso, como na tese n.15 de "Sobre o conceito de história":

> Na revolução de julho [de 1830] ocorreu um incidente em que essa consciência histórica fez valer os seus direitos. Chegado o anoitecer do primeiro dia de combate, ocorreu que em diversos pontos de Paris, ao mesmo tempo e sem prévio acerto, dispararam-se tiros contra os relógios nas torres. Uma testemunha ocular que deve, talvez, sua adivinhação à rima escreveu: *"Qui le croîrait! On dirait qu'irrités contre l'heure/De nouveaux Josué, au pied de chaque tour/Tiraient sur les cadrans pour arreter le jour"*.[31]

---

31 "Quem acreditaria! Dir-se-ia que irritados contra o dia/Novos Josués ao pé de cada via/Atiraram nos quadrantes para parar o dia." (tradução livre). (Cf. Benjamin, 1981, p.259.)

2. *Aufklärung* na metrópole: Paris e a Via Láctea

A obra *Passagens*, de Walter Benjamin, constrói uma historiografia do século XIX ao realizar uma hermenêutica dos espaços fantasmáticos da cidade de Paris, cuja infraestrutura é baseada na mercadoria. Passagens e arcadas são templos do consumo, catedrais profanas onde se instalam as exposições universais e a produção mercantil; nelas exibem-se objetos em série e artefatos das moradas e de seus interiores, estes, um mundo particular onde o burguês *louis-philippard* se recolhe em sua paixão fetichista, junto a suas coleções. Fechado entre quatro paredes, coleciona para indenizar-se "de tão poucos rastros que a grande cidade deixa para a vida privada". Os interiores são o brilho e o esplendor com que se envolve a sociedade produtora de mercadorias, onde se desenvolve o sentimento ilusório de segurança; o homem desrealizado faz de seu domicílio um refúgio (Benjamin, 2006, p.39-67), do interior burguês e da *loggia* ele contempla o *theatrum mundi*.[1]

---

[1] O tema do "grande teatro do mundo", herança estoica na cultura barroca, diz respeito ao *desengaño*. Calderón de la Barca apresenta, em sua dramaturgia, a vida como sonho, o mundo como palco (cf. Epicteto, s.d.). Nas *Passagens*, Walter Benjamin trata da modernidade centrando-a no espetáculo: a cidade surrealista, as exposições universais em que a mercadoria se oferece como objeto de culto fetichista. A metrópole é o sucedâneo do *theatrum mundi* a que se refere Benjamin no *Drama barroco alemão do século XVII*. Neste, a referência é tanto Calderón quanto Gracián, e os ensinamentos que exprimem. O mundo é um cenário que o homem prudente – o moralista – contempla para o aperfeiçoamento de si e de sua presença na vida política, em meio a um presente contingente e ao futuro incerto. O *theatrum mundi* encontra-se na cultura da tradição, da experiência transmissível de uma sabedoria prática na política e na vida de cada um. O espetáculo do mundo é mais interior, espiritual, que exterior e mundano (cf. Gracián, 1983; Castiglione, 1965; La Rochefoucauld, 1995; Ribeiro, 1992).

Compreender o coração desse cotidiano significa "explorar a alma da mercadoria", os "monumentos da burguesia", as "ruínas". Para isso, Benjamin procede à onirocrítica do século XIX:

> Sintomas de ruínas. Construções imensas, pelágicas, uma sobre a outra. Apartamentos, quartos, templos, galerias, escadas, becos sem-saída, belvederes, postes de luz, fontes, estátuas [...] Bem no alto da coluna estala e suas duas extremidades se deslocam. Nada ainda desabou. Não consigo encontrar saída [...] Labirinto [...] Morarei para sempre numa construção que vai desabar, uma construção afetada de uma doença secreta. (Nadar apud Benjamin, 2006, p.263-432)[2]

Walter Benjamin (2006) reconhece, nos monumentos da burguesia, ruínas, antes e independentemente de seu desmoronamento, pela maldição da modernidade, que consiste na incapacidade paradoxal de criar o novo. Sua necessidade compulsiva de produzir novidades – que caracteriza o modo de produção capitalista – é bem o contrário da verdadeira inovação, como o atestam as modas, sempre recorrentes, pois o novo não passa de uma série de variantes de aquisições antigas: "é o novo sempre velho, é o velho sempre novo". Com efeito, a moda é a figuração moderna da repetição. Se Benjamin (2006, p.66) cita Blanqui e a *Eternidade pelos astros*, é para significar que o século XIX, malgrado suas pretensões racionalistas, é prisioneiro do tempo cíclico, o das fantasmagorias:

> A concepção do universo, desenvolvida por Blanqui neste livro, e cujos dados ele toma de empréstimo às ciências naturais mecanicistas, se revela uma visão do inferno [...] A eternidade representa imperturbavelmente no infinito as mesmas funções [...] O que escrevo agora numa cela do forte do Taureau, eu o escrevi e escreverei durante a eternidade, à mesa, com uma pena, vestido, em circunstâncias inteiramente semelhantes [...] O número de nossos sósias é infinito no tempo e no espaço [...] Não são fantasmas, é a atualidade eternizada.

Não por acaso, Benjamin se vale do conto de E. A. Poe, "O homem da multidão", para compreender a angústia mítica no confronto dos rostos

---

2 Sobre o sentimento de terror e de vertigem, da impossibilidade de sair de um circuito de onde não se pode escapar, caindo-se, sempre, repetidamente, no mesmo lugar do qual se quer fugir, diante das mesmas casas, de uma mesma loja, dos mesmos números, cf. Freud, 1987; capítulo 4 da segunda parte deste livro.

indiferenciados e anônimos que se multiplicam indefinidamente com sua potência de alucinação.

Benjamin associa a fantasmagoria da repetição cíclica de Blanqui ao fetichismo da mercadoria evidenciado por Marx. De fato, bem ao contrário de sua aparência trivial, a mercadoria é um objeto fantasmagórico que expressa a recaída em uma história natural (*Naturgeschichte*) que se encontra sob o poder cego das forças produtivas, que é tão somente "compulsão à repetição", tempo fisicalista, mecânico, o tempo do Eterno Retorno: "o pensamento do Eterno Retorno faz do próprio acontecimento histórico um artigo de consumo" (Benjamin, 2000b, p.151-81).[3] Blanqui e Marx, Nietzsche e Baudelaire[4] compõem a constelação a partir da qual Benjamin constrói o pensamento do Eterno Retorno, o pesadelo que resume todo o horror do capitalismo e do século XIX, concentrando-se na *Eternidade pelos astros:*

> Este escrito apresenta a ideia do eterno retorno das coisas dez anos antes do *Zaratustra*; de modo apenas um pouco menos patético e com uma extrema força de alucinação [...] Blanqui se preocupa em traçar uma imagem do progresso que – uma antiguidade imemorial, exibindo-se numa roupagem de última novidade – revela-se como a fantasmagoria da própria história [...] É por isso que a última palavra coube às mediações esparsas do antigo e do novo, que estão no coração de suas fantasmagorias. O mundo dominado por elas é – para usarmos a expressão de Baudelaire – a modernidade. (Benjamin, 2006, p.66-7)[5]

---

3 "É preciso mostrar enfatizando como a ideia de Eterno Retorno ingressa mais ou menos no mesmo momento no pensamento de Baudelaire, Blanqui e Nietzsche" (Benjamin, 2000b, p.151-81).

4 Não se trata aqui de buscar em Benjamin uma leitura de especialista dos autores citados, mas de compreender a função estratégica da ideia de Eterno Retorno para a concepção de História.

5 O filósofo escreve o ensaio "Paris, a capital do século XIX" em alemão, no ano de 1935. Apresenta uma nova versão em francês com o título "Paris, capital do século XIX", em 1939. Na primeira versão, a estrutura do texto é "apocalíptica e revolucionária", indo do sonho ao despertar, dos espaços fantasmáticos das passagens, dos panoramas, das exposições, à realidade – a rua e a revolução: "Assim como o *Manifesto comunista* encerra a época dos conspiradores profissionais, também a Comuna põe fim à fantasmagoria que domina o primeiro período do proletariado. Através dela dissipa-se a ilusão de que seja tarefa da revolução proletária completar, de braços dados com a burguesia, a obra de 1789. Tal ilusão domina o período de 1831 a 1871, do Levante de Lyon até a Comuna (Primeiro *Exposé*). A burguesia jamais compartilhou desse erro". Essa primeira versão do ensaio, com seu otimismo histórico, cede, na segunda, ao tom de resignação, terminado pela citação de Blanqui e a fantasmagoria cósmica do século XIX – *A eternidade pelos astros*. O Eterno Retorno do Mesmo des-

A repetição infinita de cada instante do tempo apavora. Blanqui, em um texto retomado diversas vezes por Benjamin em suas *Passagens*, escreve:

> Sempre e em toda parte na vida terrestre, o mesmo drama, o mesmo cenário, no mesmo palco estreito, uma humanidade barulhenta, enfatuada de sua grandeza, acreditando ser o universo e vivendo em seu cárcere como em uma imensidão, para logo desaparecer com o globo que carregou com o mais profundo desprezo o fardo de seu orgulho. Mesma monotonia, mesmo imobilismo nos astros estrangeiros.

Na monotonia profunda – a *Langeweile* – dissemina-se apatia diante de um presente condenado a repetir incontáveis vezes os mesmos cenários, desesperançados de um dia as coisas mudarem, de que algo novo possa surgir. Nesse quadro, qualquer iniciativa ou ação trazem consigo ressonâncias cósmicas paralisadoras, pois este mundo é sem transcendência, abandonado ao arbitrário das significações. Compreende-se, então, por que o Eterno Retorno de Nietzsche[6] é, para Benjamin, um tema alegórico, como também o são as especulações cosmológicas de Blanqui, ambos evocando um mundo infernal, reduzido a repetir sem trégua as mesmas conjunções; de tal modo que a percepção do tempo esvaziado de intencionalidade e de futuro faz a vida contrair-se no momento mesmo em que o tempo se prolonga indefinidamente, porque ele é repetição, destino e catástrofe. Associando o historicismo social-democrata e o marxista, progresso e catástrofe, Benjamin considera por que até hoje todas as revoluções foram "revoluções traídas". Sociais-democratas e comunistas "nadavam no sentido da corrente". Como escreveu Gérard Raulet:

> A revolução interromperá a catástrofe do curso infinito do progresso. [Nela] pode-se revelar, a despeito de seu fracasso ou fantasmagorias, o mesmo gesto: a interrupção do tempo profano e a irrupção – real ou fantasmada – de um tempo qualitativamente diferente. [Eis o que se passou] quando os revolucionários de julho de 1830 atiraram simbolicamente nos relógios murais.

---

mente a esperança em uma apocatástase, que se encontra no primeiro *Exposé* (cf., Witte, 1997).
6 Sobre a recepção de Nietzsche por Benjamin, cf. Chaves (1993).

Quanto a Stalin, ansiando por um pacto com Hitler em 1939, ele não é senão "uma nova derivação, uma nova fantasmagoria, mais sangrenta que as precedentes, da qual será preciso despertar" (Raulet, 1997, p.225-8).

Continuidade e repetição constituem o tempo como destino naturalizado. Na modernidade, o destino torna-se categoria histórica, no espírito da teologia restaurada da Contrarreforma,[7] pois se torna "história natural" – isto é, a natureza toma o lugar do "processo histórico" (Benjamin, 1984, p.152), se bem que de maneira diversa na perspectiva de Baudelaire e de Blanqui:

> Em Blanqui, o espaço cósmico tornou-se abismo. O abismo de Baudelaire é sem estrelas. Não deve ser definido como espaço cósmico. Mas é menos ainda o abismo exótico da teologia. É um abismo secularizado: o abismo do saber e das significações. O que constitui sua marca (Index) histórica? Em Blanqui o abismo tem como marca histórica a concepção mecanicista da natureza. Não teria em Baudelaire a marca social da *nouveauté*? (Benjamin, 2006, p.316)

Se no drama barroco do século XVII – protestante ou católico – o homem está imerso na ordem do destino, no drama francês do século XIX ele é servido pelas determinações do capital, de que Paris é a Capital: "um dos entusiastas da Revolução [Francesa] propôs certa ocasião transformar Paris em um *mappa mundi*, de mudar o nome de todas as ruas e praças e dar-lhes novas denominações extraídas de lugares e objetos curiosos do mundo" (Benjamin, 2006, p.558).

Aqui o homem não é agente, a história já está predeterminada por um Deus absconso – no século XVII, ou pelas leis do mercado mundial em nosso século. Não por acaso, Benjamin refere-se às danaides antigas, condenadas a encher com água um tonel sem fundo. É essa a natureza do trabalho sob o domínio do capital, o trabalho morto é um fardo que pesa sobre os vivos, pois o modo de produção capitalista produz mercadorias e fantasmagorias. Assim, o *Dezoito brumário* apresenta uma história shakespeareana, feita de espectros e fantasmas, pois os revolucionários de 1848 imitam os heróis do

---

7 A ênfase de Benjamin no movimento da reforma protestante e católica na ODBA e nas *Passagens* deve-se à compreensão da modernidade como permanência, nos processos de secularização e laicização, do registro teológico-político das democracias contemporâneas, em particular, na República de Weimar. Decisionismo e estado de exceção informam as análises de Benjamin, para quem o fracasso da revolução alemã (e o fim da República de Weimar em 1933) constitui um traumatismo equivalente ao da Comuna de Paris de 1871.

passado, tomam de empréstimo as palavras de ordem e as togas, travestem-se de romanos (cf. Marx, 2002).[8] Não por acaso, o *Dezoito brumário* é uma meditação sobre a história apresentada como teatro, e nele a ideologia é fantasmagoria constituída por demônios e Paris é assombrada por espíritos e magia negra.

Marx realiza uma descrição fantasmagórica de Luís Bonaparte, quando este abole as conquistas emblemáticas da Revolução Francesa e de tudo que parecia inviolável para a Revolução de 1848 – o que só pôde ocorrer por ele ter produzido situações diabólicas, como que por "magia negra": "Bonaparte jogou toda a economia burguesa na confusão, fez alguns tolerantes com a revolução, outros desejosos de revolução e produziu a anarquia atual em nome da ordem". Com isso, Marx procura evidenciar a que ponto os indivíduos se tornaram incapazes de distinguir objetividade e subjetividade, desejo e realidade. A crítica da ideologia toma, pois, a figura da fantasmagoria: "*liberté, égalité, fraternité* e o segundo domingo de maio de 1852 – tudo desapareceu diante do feitiço de um homem que nem mesmo seus inimigos poderiam acusar de feiticeiro". Quanto à burguesia, ela teme o proletariado que é um "espectro vermelho". E não foi "Circe, através de magia negra", mas a tentativa da burguesia em negociar as contradições de sua posição de classe que "deformou aquela obra de arte – a república burguesa – em uma figura monstruosa". E ainda as personagens do *Dezoito brumário* são "sombras que perderam seus próprios corpos".

A fantasmagoria é uma forma especificamente parisiense de alucinação mental, estreitamente vinculada às novas tecnologias visuais. No século XIX, em que a França manifesta fascinação pelos espetáculos "espíritas" (cf. Milner, 1982), a Alemanha é ainda pré-industrial, um país predominantemente agrícola, dominado pelas grandes propriedades territoriais com sua aristocracia Hohenzollern. Na França, a Revolução Francesa e os desenvolvimentos tecnológicos promoviam uma transformação na história da cultura de tal modo que o objetivo das *Passagens* (Benjamin, 2006, p.39-67) é investigar o conceito de fantasmagoria como "forma de representação" do conhecimento:

---

8 O interesse de Marx pela literatura fantástica e pelo demoníaco, em particular na personagem de Fausto e nos contos de E. T. A. Hoffmann, é estudado por Prawer (1976). (Cf., ainda, Lefort, 1986).

nosso propósito é mostrar como, em consequência desta representação reificadora da civilização, as novas formas de vida e as novas criações de natureza fundamentalmente econômica e tecnológica que devemos ao século passado [o século XIX], entram no universo de uma fantasmagoria.

Assim, a história dos espetáculos visuais do século XIX é inseparável daquela das novas tecnologias a serviço do entretenimento, mas, sobretudo, da representação da história. Lembre-se que a fantasmagoria é a alegoria da contemporaneidade, seus espectros, diferentemente daqueles do barroco teatral (cf. Pinheiro Machado, 1994), são históricos e tecnológicos.

Ela foi inventada no fim dos anos 1790 pelo belga Etienne-Gaspard Robertson, com apresentações de hostes de fantasmas, recenseadas, com destaque admirativo, na imprensa da época. Para um espectador desejoso de ver o espírito de Marat, por não ter sido "capaz de estabelecer seu culto em um jornal oficial" – e que dizia "eu gostaria, ao menos, de ver sua sombra" –, Robertson produz a aparição com artifícios de iluminação, líquidos e poções, e faz comparecer, na mesma noite, os espíritos de Virgílio e Voltaire (cf. Cohen, 1995). Robertson presentificava, ainda, para uma plateia inteiramente fascinada, os espíritos de quem fora massacrado nas prisões da Revolução, lançando em um braseiro cópia do jornal *Réveil du Peuple*, ao mesmo tempo que pronunciava as palavras mágicas "conspirador", "humanidade", "terrorista", "justiça", "jacobino", "salvação pública", "girondino", "moderado", "orleanista" – e a este chamado acorrem grupos de "espectros" ensanguentados. A Paris do século XIX é uma grande sala de espetáculo e exposições.

Nas *Passagens*, Benjamin (2006, p.569) anota:

> havia panoramas, dioramas, cosmogramas, diafanoramas, navaloramas, pleoramas (*pleo*, "eu navego", "passeios náuticos"), o fantoscópio, as fantasmaparastasias, experiências fantasmagóricas e fantasmaparastáticas, viagens pitorescas pelo quarto, georamas; vistas pitorescas, cineoramas, fanoramas, estereoramas, cicloramas, um panorama dramático.

Essa paixão escópica cultiva, analogamente ao século XVII, o cadáver, de tal forma que a visitação barroca ao necrotério, construído em 1864 atrás da catedral de Notre Dame, celebrava-o como um teatro público. Em princípio, a população era chamada a colaborar com a identificação de corpos e desvendamento de crimes; comentaristas da época, porém, sugerem que o espetáculo satisfazia e reforçava o desejo de olhar que tanto marcou a cultura parisiense *fin-de-siècle*.[9] Essas performances tornam manifesta uma história recente da França com suas assombrações e apresenta conflitos de classe que se expressam nas produções culturais do século XIX parisiense estudados por Benjamin. Pouco depois, seria inaugurado o Museu de Cera, o Museu Grévin, dando uma espécie de continuidade à morgue. Os fundadores do museu, o jornalista Arthur Meyer e o caricaturista Alfred Grévin, prometiam "representar os principais eventos correntes com escrupulosa fidelidade", como um "jornal vivo" e, para isso, valiam-se de acessórios autênticos. Victor Hugo segurava nas mãos sua própria caneta, Marat apresenta a banheira na qual foi assassinado – pela qual o museu pagou 5.000 francos –, um soldado do período revolucionário lê uma edição do *L'Ami du Peuple*, de 1791. Napoleão era representado na campanha da Rússia, encolhido pelo frio, "já prenunciando o destino do Império". O maravilhamento devia-se a que as personagens "pareciam cadáveres de verdade" (cf. Benjamin, 2006, p.420ss.).

A importância das fantasmagorias nas *Passagens* deve-se à maneira como Benjamin reflete sobre as questões de ideologia, associando à visão de Marx e Baudelaire a de Freud. Fantasmagorias dizem respeito à atividade psíquica não racional em afinidade com os conteúdos inconscientes, o que já se encontra em Baudelaire, na "fantasmagoria angustiante" da modernidade no poema "Os sete velhos", em que se descreve a decrepitude e a morte. A mesma circunstância retorna na referência a "Cada um com sua quimera": "a cúpula speenática do céu" (Benjamin, 2006, p.279).

Com efeito, o poema em prosa narra o abismo secularizado que é o tempo das *nouveautés*. Esse mundo é, também, sem destinação:

> Sob um vasto céu acinzentado, numa vasta planície empoeirada, sem caminhos, sem grama, sem cardo nenhum, sem uma urtiga sequer, encontrei homens

---

9 Em agosto de 1866, *Le Journal Illustré* exibiu na capa a chamada "Criança da rua Vert-Bois, encontrada no vão de escada de um prédio, de identidade desconhecida. Ela ficou exposta sentada, vestida e amarrada em uma cadeira de estofamento vermelho, durante 5 dias". O diário *Le Matin* registra nesses poucos dias uma multidão de mais de 150 mil visitantes: "Sem dúvida, o necrotério era uma paixão mórbida, no entanto, de modo mais significativo, fazia parte das curiosidades catalogadas, das coisas para ver, na mesma categoria da torre Eiffel e das catacumbas" (Schwartz, 2001, p.418).

que caminhavam curvados. [...] Interroguei um deles e perguntei aonde iam assim. Respondeu-me que ninguém sabia de nada, nem ele, nem os outros [...] Nenhum desses rostos cansados e sérios dava sinal de desespero; sob a cúpula spleenática do céu, os pés mergulhados na poeira de um chão tão desolado quanto o céu, caminhavam com a fisionomia resignada dos condenados a esperar para sempre. (Baudelaire, 1995, p.283)

Se a alegoria do século XVII queria dizer um "falar outro" (*allos*) na Ágora (*agoreuein*), se aproximava praça do mercado e praça pública, isso permitia a Benjamin observar – dado que o mercado não era a única dimensão da cidade – que a queda do sagrado no domínio do profano indicava uma possível redenção da história secular. Já a fantasmagoria é o *phantasma* que se presentifica na Ágora (*phantasma-agoreuein*), de tal modo que o mundo espectral ultrapassa e destitui as antigas alegorias, sendo a paisagem da onipresença da mercadoria, quando não mais é possível escapar ao mercado. O sobrenatural religioso do mundo barroco transforma-se no demoníaco que se enraíza no processo da troca mercantil. De onde a recorrência nas citações de Blanqui, cuja obra *A eternidade pelos astros* é "a última fantasmagoria, de caráter cósmico, que implicitamente compreende a crítica mais acerba a todas as outras".[10]

A temporalidade capitalista é a da *Langeweile,* é repetição infernal. A monotonia determina uma existência demoníaca.[11] Na monotonia o tempo não

---

10 É preciso indicar a mudança, operada por Benjamin, na compreensão da fantasmagoria, do *Exposé* de 1935 e da versão de 1939. Em 1935, Benjamin distingue produtos culturais ideológicos do inconsciente coletivo – as imagens de desejo e seu potencial de desfetichização – das puras mistificações, que são as fantasmagorias. A desmistificação das fantasmagorias era uma experiência do despertar. Já em 1939, o poder de desmistificação é atribuído à própria fantasmagoria.

11 Entre a *akedia*, a acídia, a melancolia e o *spleen* há em comum a tristeza e o sentimento de cansaço existencial, o abandono e a negligência de si, no sentido em que *akedia* significa "o descuido de si", mas também o cadáver sem sepultura, o passado que retorna como *phantasmata*. A acídia medieval distingue-se da melancolia da Renascença, pois é mal da alma e pecado capital, é "preguiça do coração", é abandono da busca do caminho que leva a Deus. Já na Renascença, dado o naturalismo e as correspondências entre macrocosmo e microcosmo, encontra-se no campo da medicina dos temperamentos e é um mal da imaginação. A melancolia é compreendida como "desregulação natural", enquanto a *akedia* é um mal moral. Quanto ao *ennui* e ao *spleen* baudelaireano, trata-se do *tedium vitae*, que reúne o passado e o presente. Arcaizando Paris, Baudelaire inventa a modernidade. A utilização da palavra inglesa *spleen* evoca a herança da tristeza romântica de Byron, de quem Baudelaire se considerava descendente (cf. Matos, 1999; e o capítulo 4 da terceira parte deste livro).

passa – como em Kant; não transcorre, como para Bergson; não sobrevém, como em Heidegger –, ele retorna (cf. Kant, 1994; Bergson, 2006; Heidegger, 2006; Nietzsche, 1988; Blanqui, 1978); não é o tempo que lega um ensinamento e um aprendizado – como as narrativas da tradição – quando "o que reconduzia ao longínquo do tempo era a experiência que o articulava e preenchia" (cf. Benjamin, 1972-1989, v.I, p.653).[12] A *Langeweile*, diferentemente do *ennui*, é um tempo cristalizado no presente e liga-se tanto ao modo de produção de mercadorias e fetiches quanto à ciência e à técnica tornadas forças produtivas. Em seu ensaio "Experiência e pobreza", a impotência das palavras da tradição, outrora tão dignas de confiança, é a constatação da perda da experiência sob o impacto da cultura tecnológica, força produtiva da guerra: a linha do horizonte é um enredamento de fios de aço enfarpados, o céu é um vermelho de explosões, a paisagem econômica, um povoado de desempregados, o papel-moeda não tem valor de troca, a linguagem não é mais um discurso, mas, sim, queixas.[13] A repetição da narrativa, pela qual se transmitia uma experiência, transforma-se em repetição de um mesmo lamento nostálgico.

A partir da Primeira Guerra têm fim o *front* e os campos de batalha, dissolvidos pelos aviões bombardeiros e ataques aéreos com gazes letais. Trata-se de um patamar antes desconhecido, que não se alcança no enfrentamento de exércitos e bate seus recordes de agressão, contados em número de mortos, revelando que uma estratégia de pura destruição substitui a tática guerreira. A "pobreza da experiência" é uma *Armseligkeit*, é "pobreza de alma", pois a técnica produz tão somente "revolta de escravo da técnica", pois são escravos aqueles que da linguagem só entendem ordens dadas, e não o exercício do pensamento que ela faculta. O campo de batalha não é mais um

---

12 Seria interessante relacionar o tema da experiência aos moralistas clássicos, em especial Balthazar Gracián, a quem Benjamin se refere na *ODBA*. Trata-se da agudeza – a arte do engenho – do exemplo, inscrito no discurso retórico, para convencer e persuadir pela fábula, pela tragédia e pela comédia. O valor argumentativo do exemplo reconduz à filosofia política e à moral. Gracián considera as circunstâncias quando sob o domínio da fortuna, e quanto mais cambiante esta for, melhor será o exemplo. Provérbios, fábulas e conselhos indicam que se devem ouvir "aqueles que sabem", dar ouvidos à sua sabedoria prática. Os exemplos devem preceder os conselhos. Gracián deve ser lido ao lado de Aristóteles, Cícero, Sêneca, Petrarca, Maquiavel, Castiglione, Antonio Guevara. Do "espelho dos príncipes" à vida na Corte, da cena política à "democratização das maneiras", a narrativa exemplar prové uma arte de viver. O virtuoso é aquele que ocupa bem o seu tempo.
13 Sobre a perda da experiência no âmbito da solidão do trabalhador no trabalho alienado, cf. Gagnebin (2004).

front, as condições de vida no presente a tornam um *front* permanente.[14] Perda da experiência significa o advento de uma temporalidade privada da possibilidade de criar ou reconhecer valores. Esta patologia do tempo é o "ácido moral" que destrói o organismo por dentro (cf. Benjamin, 2006; Gabel, 1998). Sobre isso escreve Balibar (2002, p.4):

> O tempo da monotonia não tem nenhuma oportunidade de redenção, motivo pelo qual não faculta a possibilidade de julgar o bem e o mal, o útil e o prejudicial à autoconservação de si ou a da sociedade em que vive. Ele se encontra na base dos sentimentos de antipatia, do desejo de destruição e da desumanização institucional que se inscrevem na política, de modo que dissolvam a ética sob a atitude da passividade. (cf. também Castoriadis, 1996)

A ética, ao contrário, associa-se à possibilidade da experiência. A monotonia é também uma patologia da liberdade, pois trata-se de uma figura do tempo que não engendra nenhuma ação, mas, como Benjamin escreve na ODBA, apenas desânimo, tristeza, desespero, sentimento de penúria e frustração.

No arquivo K da obra *Passagens*, Benjamin (2006) relata a chegada das massas camponesas à metrópole, massas que se veem tanto mais excluídas do espaço urbano quanto maior é a sedução e o apelo das mercadorias. São elas "os novos bárbaros", desconhecem normas e valores da cidade, a começar pelo confisco do tempo qualitativo das estações do ano e pela imposição de outro – a jornada de trabalho que multiplica horas mortas na produção, no consumo e na acumulação de capitais, na circulação das mercadorias e na vida de cada um. Além disso, as massas aderem aos apelos do consumo ilimitado:

> O elemento patológico na representação da "cultura" manifesta-se da maneira mais expressiva no efeito que o enorme depósito da loja de antiguidades de

---

14 Sobre a diferença entre a perda da experiência em "O narrador" com o fim da transmissão do patrimônio cultural e "Experiência e pobreza" – que elogia uma "barbárie positiva" – cf. Birnbaum, 2009. Em "Experiência e pobreza", Benjamin "não adota a atitude habitual de historiador, mas situa-se no presente como um contemporâneo que procura desembaraçar-se das lições e fábulas aprendidas em e para uma outra época – a das experiências adquiridas quando se ia à escola de bonde puxado a cavalos [...] O caráter obsoleto das palavras [da tradição, a comunicação contínua entre as diferentes idades da vida] tornou-se um obstáculo [...] Já que o choque sofrido nos deixa um campo de ruínas, já que esta ruína não economizou nem mesmo a noção de cultura, é preciso ter coragem de despedir-se dela".

quatro andares exerce sobre Rafael, o herói de *La peau de chagrin*, que nele se aventura [...] Este oceano de móveis, de invenções, modas, obras e ruínas compunha um poema sem fim [...] Sufocava-se sob os resquícios de cinquenta séculos desaparecidos, sentia-se nauseado com todo esse excesso de pensamentos humanos, abatido pelo luxo e pelas artes. (Benjamin, 2006, p.529)

No tempo esvaziado de sentido, a tradição só chega ao presente como acúmulo de objetos e não como experiência. Quanto à apropriação, é, melhor dizendo, uma mímesis por impulsão, o que se encontra na base do ressentimento das massas na contemporaneidade (Cf. *Revue Autrement*, Envie et désir, fev. 1998.). A democratização do consumo aumenta a percepção do mal-estar na contemporaneidade: a aquisição de bens, dada a quantidade disponível, não é mais valorizada positivamente.

O modo de produção de mercadorias e o apelo ao consumo não preveem repouso ou contemplação, pois, à maneira dos mercados financeiros, o homem não deve dormir nunca. Quando Benjamin desenvolve sua crítica à ideologia do progresso, o filósofo o faz lembrando que tal ideologia já está inscrita na *Aufklärung* com sua "metáfora literal" da luz que deve ser "total" e "totalizadora". Não se trata, pois, apenas de metáfora cuja procedência seria a razão emancipadora, de claridade produtora de liberação cultural e política, mas da plena luz, comum à *Aufklärung* e à intensificação do trabalho. Recorde-se que o hino de marxistas e comunistas, nos séculos XIX e XX, era a "Internacional" e que um de seus versos canta o maravilhoso porvir socialista no qual "o Sol brilhará para sempre". Para representar a liberdade socialista, um caricaturista da época desenhava rostos gotejando suor, levantando a cabeça na direção do sol, suspirando: "Há três anos ele brilha e não quer mais se pôr". A iluminação elétrica modernizadora logo se estendeu do trabalho fabril por toda a metrópole, realizando-se segundo a determinação socioeconômica capitalista, isto é, fazendo da noite o dia: "a cidade grande", escreveu Baudelaire, "ignora os verdadeiros crepúsculos".

A iluminação artificial priva-os de sua lenta metamorfose em noite e tem ainda como efeito fazer desaparecerem as estrelas do céu, e, sobretudo, não se nota quando despontam; por isso a maneira como Kant descreve o sublime, pela "lei moral dentro de mim e o céu estrelado acima de mim", "não poderia ter sido concebida por um habitante da cidade grande" (Benjamin, 2006, p.388). Benjamin não quer, com isso, significar apenas o desencantamento mas, sobretudo, o impacto existencial da atividade sem trégua do modo de produção capitalista: o capital é Moloch, vampiro, Juggernaut, monstros que vivem do sangue humano. Com a eletrificação, o dia iluminado terá 24 horas. Que se pense na Idade Média europeia, quando os artesãos deviam, excepcionalmente, trabalhar à noite e, para tanto, era preciso alimentá-los e remunerá-los principescamente. Foi proeza do capitalismo transformar uma modalidade de tortura – a da alienação do tempo – em norma de toda a atividade (cf. Kurz, 2005), considerando que, durante longo período, se tentou uma resitência desesperada contra o trabalho noturno ligado à industrialização, porque "trabalhar antes do alvorecer ou depois do pôr do sol era considerado imoral" (cf. Kurz, 2005, p.42).

A determinação das atividades pela lógica do acúmulo e acréscimo do capital resulta no sentimento de não mais se ter tempo. Eis por que Benjamin, em seu ensaio "A imagem de Proust" (2010, p.36-49), escreveu que na contemporaneidade não há mais tempo para se viver grandes amores, que "as rugas e marcas em nosso rosto são as assinaturas das grandes paixões que nos estavam destinadas. Mas nós, os senhores, não estávamos em casa". Nas *Passagens*, o tempo vazio da repetição cósmica é "semelhante a um veneno": "(como) a química moderna, que resume a criação a um gás, a alma não compõe terríveis venenos? [...] Muitos homens não são fulminados por algum ácido moral espalhado de repente em seu interior?" (Benjamin, 2006, p.529). Benjamin cita Baudelaire:

> "*Le Monde va finir*" contém, nas malhas de uma visão apocalíptica, uma crítica terrivelmente acerba da sociedade do Segundo Império [...] Esta crítica possui certos traços proféticos [...] Sobre a sociedade futura escreve Baudelaire: "Nada, em meio aos devaneios sanguinários, sacrílegos ou antinaturais dos utopistas, poderá comparar-se a seus resultados positivos [...] os governos serão forçados, para guardar o poder e criar uma aparência de ordem, a recorrer a meios que fariam estremecer nossa humanidade atual, no entanto tão endurecida?".

A monotonia não é da mesma natureza do *spleen*, por isso é preciso acrescentar ao *spleen* as correspondências entre as épocas, entre o antigo e o novo, para habitá-las, e, justapondo-as, Baudelaire evita o niilismo: "O *spleen*", observa Walter Benjamin (2001, p.169), "é, antes de mais nada, este voo na direção do ideal que, predestinado a ser vão, fracassa fatalmente e que, por esta razão, como o grito de lamento de Ícaro recairá finalmente no oceano de sua própria melancolia". O *spleen* como ideal constitui, para Baudelaire, um campo existencial e político; *spleen* e *ideal* são tanto entidades espirituais quanto a intenção a que visam: o passado, no *spleen*, o futuro, no *ideal*. Com isso, Baudelaire evita o pessimismo e o niilismo, porque o poeta busca valores: "em Baudelaire, é essencial a antiga representação do conhecimento como culpa. Sua alma é o Adão a quem, no início dos tempos, Eva (o mundo) deu a maçã que ele provou. Então, o espírito o expulsou do jardim. Ele não se contentou com um saber sobre o mundo, ele queria também reconhecer nele o bem e o mal" (Benjamin, 2001, p.167).

O *spleen* previne o Eterno Retorno do sempre igual, em nome do eterno retorno do novo – e isso pelo *medium* das máscaras. A máscara do dândi – seu hábito de mudar de rosto – corresponde à maquiagem da mulher, que a torna mágica e sobrenatural, a fim de vencer o "natural" e impactar os espíritos. O elogio das aparências, desenvolvido por Baudelaire, desloca a tradição para o moderno, à contracorrente da trajetória da filosofia no Ocidente que cindiu essência e aparência. Benjamin reconhece em Baudelaire o sentimento de que a essência se retirou do mundo, e dela só restou sua ausência a ser presentificada pelo "frívolo", pelo travestimento, pela maquiagem. Substituta da idealidade desaparecida, na maquiagem a sedução vai lado a lado com o fetichismo. Maquiagem e fetichismo extraem sua força da duplicidade das coisas, e por isso a mulher é sósia de Satã, o senhor dos disfarces, o Senhor do Mal e o grande Vencido, cuja força provém, a um só tempo, de sua contestação e marginalidade.

O tempo baudelairiano é o tempo entrecruzado em que se reencontram e se superpõem o *grand* e o *petit monde*, as lesbianas, Madame Bovary, Georges Sand, Safo, o dândi, o trapeiro – personagens dissidentes de si mesmas, que são "maquiadas" e, à margem que estão, contrariam a "força das coisas". A maquiagem "antiquisa" o moderno, como o pó de arroz no rosto da mulher; ele corresponde à mica do mármore que confere à mulher moderna a dignidade de uma estátua grega, e é a maneira feminina de consolidar e divinizar sua "frágil beleza". De alguma forma o passado se repete no presente, como a moda, mas é repetição transfigurada pelo choque do que *já foi* com o *atual*.

Para Benjamin, no momento em que o mercado exibe mercadorias e a cidade, as massas, Baudelaire é capaz de transformar um *choc* em experiência, pois desfaz a contemplação monovalente das coisas, a multiplicação indefinida do mesmo – a mercadoria, a massa dos citadinos – fazendo transparecer a ambivalência do real e o parentesco de valores opostos, transformando a repetição do sempre igual em "objeto único", em "raridade". Por isso Baudelaire choca seus leitores, introduzindo o vocabulário popular na poesia lírica, misturando o estilo elevado com a linguagem vulgar, da mesma maneira que Benjamin choca o marxismo ao colocar em relação poesia e mercadoria, política e arte, arte e técnica. Benjamin escreve para uma época que não precisa mais da arte, pois, da vanguarda apoderaram-se o fascismo, o estalinismo e a sociedade do espetáculo contemporânea (cf. Debord, 1996; Jappe, 1999); as técnicas de reprodução determinam a estetização da política porque a figura do ditador nasce da fusão entre o líder, a técnica e o público. A aura das obras não é mais prerrogativa de deuses ou de santos, pois, na falta do divino, transmite-se aos homens para dominá-los: "Benjamin é um dos únicos pensadores a perceber que, para os intelectuais da direita na Alemanha, a desvinculação da técnica dos ideais da república era sinônimo de recuperação da alma alemã, e que a revolta contra a racionalização assumia a forma de um *culto* da técnica" (cf. Palhares, 2006). No limite, a política "opera sobre uma matéria superior à das artes – os próprios homens. Stalin torna-se o artista que esculpe o homem de mármore e Hitler se vangloria de modelar o próprio povo" (Michaud, 2003, p.75). Nesse horizonte, "a superstição é o reservatório de todas as verdades" (cf. Baudelaire, "O spleen de Paris", 1995, p.273-342), e a razão pela qual Benjamin dirá que, em verdade, o mundo dominado pela mercadoria revela que os homens não necessitam de fé, mas de crenças.[15]

No âmbito da perda da experiência, da faculdade de julgar e de imaginar, proliferam fetiches: o indivíduo contemporâneo é alguém cujo mundo próprio se esvaziou de valores ou no qual os próprios valores se degradaram. Trata-se de uma experiência quase alucinatória, uma patologia da experiência axiológica.

---

15 O jornal *O Estado de S. Paulo* publicou, em 6 de maio de 2006 (p.A 32, Internacional), a notícia, procedente de Atenas, de que a adoração de Zeus, Hera, Hermes, Atenas e os demais deuses da Grécia Antiga não será mais proibida. Os fiéis dizem defender "tradições, religião e crenças legítimas de seus antepassados ao aderir a uma cultura politeísta pré-cristã". Reivindicam ao Parlamento grego e à União Europeia o acesso, para fins de culto, da Acrópole e do Monte Olimpo. Desejam ter seus próprios cemitérios e, se necessário, reenterrar os ossos antigos dos mortos. A Igreja cristã ortodoxa, que abrange 98% dos gregos, disse tratar-se de "venenosas práticas New Age".

A monotonia e a derrisão do vivido circunscrevem um mesmo campo político em que o tempo e seu poder de diferenciação desaparecem, convidando ao não-pensamento, ao esquecimento das experiências do passado, o que nos reconduz ao sentimento da perda da memória, perda de si e a da presença da alteridade, entre as épocas e indivíduos; ela significa o apagamento da dimensão do futuro entendido como determinação do indeterminado, ultrapassamento do já dado. Com efeito, o desejo contemporâneo de identidade subjetiva não a quer "dissidente, não-narcísica; polifônica", ele produz a identidade apenas em termos de "diferença":

> Negando a pluralidade e reconhecendo-se a diferença, fratura-se a sociedade pela via do gueto ou da tribo, ao mesmo tempo que se constroem sociedades etnicamente homogêneas e, como se sabe, a pureza do sangue, a do espírito ou a do conhecimento é a fonte de todas as barbáries. Foi a academia sérvia de Ciência que proclamou o sérvio sujeito étnico. Croatas, albano-kosovares, bósnios, muçulmanos, todos passam a ser sujeitos étnicos em um movimento igualmente de exclusão dos demais. Ter sofrido e sido vítima em um certo momento da história não concede à vítima o direito à impunidade. (Cf. Ramoneda, 2003, p.7; Goldnagel, 2004)

Na contramão do presente, Benjamin procura preservar o potencial utópico e secreto contido no coração mesmo das obras de cultura e da tradição, para ele a primeira tarefa do historiador materialista (cf. Löwy, 2005). Nas *Passagens*, a ação revolucionária não pretende liberar o futuro para nele construir uma *civitas Dei* mundana, é o passado que traz consigo um índice temporal "que reenvia à redenção". Assim, se o moderno é para Benjamin a perda da experiência e, por isso também, catástrofe em permanência, é porque a experiência não procede apenas do já vivido ou do que a nós foi transmitido, mas também dos sonhos de uma época: experiência e felicidade constituem algo que não foi vivido. Reviver o não vivido é a experiência revolucionária do *flâneur* porque sua deambulação é o signo do recomeçar a vida a cada dia em uma "magia propiciatória".[16]

---

16 Para ampliar o conceito de razão, Benjamin realiza a crítica ao método na premissa gnoseológica da *ODBA*, em que, ao referir-se a um antimétodo, se vale do Tratado medieval, do mosaico árabe, da Mônada leibniziana, de alegorias, do Surrealismo e do Expressionismo. O tempo estético revela-se, nas *Passagens*, como um tempo antidestino, antimonotonia, com o ines-

Benjamin dizia que Baudelaire era um caminhante desgarrado, vivendo ao mesmo tempo no presente e na vida anterior, pois nesta inscreve-se um criptograma que, enigmaticamente, contém a profecia doadora de sentidos novos às coisas – tudo o que resiste a ser fixado ou decifrado por métodos históricos objetivistas. Seu caráter de enigma o preserva de toda interpretação historicizante, pois o futuro não se deixa sequestrar nem arquivar; e a felicidade só se preserva no presente que, paradoxalmente, traz consigo traços de ocasiões perdidas. Uma tal formulação filosófica da felicidade comporta tristeza redimida pelo sonho (*oneiros*), pois este não se realiza no campo neutro da esfera transcendental ou nos "experimentos" ascéticos da lógica formal ou da temporalidade abstrata, mas pelo conhecimento dialético, no qual história e felicidade são imaginais.

"Imagens dialéticas":[17] reconcilando tradições rivais – a imagem ligada ao sensível, à aparência, ao contingente – e o conceito – ao concreto e à Razão – justapõem fragmentos em uma colagem de elementos heterodoxos, como nas alegorias barrocas e na experiência do haxixe:

> Visão sob o efeito do haxixe no salão de jogos de Aix-la-Chapelle. O pano verde de Aix-la-Chapelle é um congresso hospitaleiro no qual as moedas de todos os reinos e de todos os países são admitidos [...] Uma chuva de leopoldos, de fredericos-guilhermes, de rainhas vitórias e de napoleões se instalava [...] sobre a mesa. De tanto observar esse brilhante aluvião [...] pensei perceber que as efígies dos soberanos se apagavam incontestavelmente de seus escudos, guinéus ou ducados respectivos, para dar lugar a outros rostos inteiramente novos para mim [...] Logo esse fenômeno [...] empalideceu e desapareceu diante de uma visão diferentemente extraordinária; [...] as efígies burguesas que haviam suplantado as Majestades não tardaram, também elas, a se agitar no círculo metálico [...] em que estavam confinadas. Logo elas saíram dali, primeiro, pelo volume exagerado de seu relevo, depois as cabeças se destacaram em alto relevo [...] Corpos liliputianos a ela aderiram [...] Eu ouvia bem o tilintar do dinheiro no choque com

---

perado das colagens e montagens e, de certo modo, o dos "acasos objetivos" do Surrealismo. Lembre-se de que Péladan, a quem nomeia na obra *Passagens*, foi um mago de prestígio, frequentado pelos surrealistas, simbolistas e decadentistas. Para os surrealistas, as "iluminações profanas" e o "acaso objetivo" constituem o par programático do posicionamento surrealista, "este último instantâneo da inteligência europeia", significam o contato com experiências que não as fenomênicas, surreais.

17 Sobre as imagens dialéticas, cf. Pinheiro Machado (2006).

o aço dos ratôs, mas era tudo que restava da antiga sonoridade, [...] luíses e escudos transformados em homens. (Benjamin, 2006, p.232)

O mundo encantado dos contos de fadas, com seus príncipes e rainhas, mistura valores aristocráticos com o mundo burguês; os espíritos do passado assombram o jogador porque retornam mas também porque em todo jogo há aposta. Na perspectiva de Benjamin, a aposta visa ao ganho, mas nele menos o dinheiro, e mais o confronto do destino. No gesto ansioso e rápido o jogador procura dobrá-lo, conseguir uma "pausa" e "agarrar" a sorte. O jogo é um perigo "natural" ou " histórico" artificialmente criado, é ocasião em que se manifesta a presença de espírito: "supondo-se existir algo como um jogador de sorte e, portanto, um mecanismo telepático que joga, este mecanismo deve ter sua sede no inconsciente [...] Um jogador de sorte opera instintivamente, como um homem no momento de um perigo" (Benjamin, 1972-1989, v.IV, p.776; cf. Benjamin, 2000b, p.237-71). O jogo tem o dom de provocar a presença de espírito, pois cada lance requer uma reação nova e original, totalmente inédita por parte do jogador.

A presença de espírito percebe a constelação favorável e captura, no ar, a *corps perdu,* sua "última e única chance". Por isso, o hábito comum nos jogadores de somente apostarem, sempre que possível, no último momento, pois a chance acontece sempre a contratempo. Ganha aquele que tem "o golpe de mão corajoso" que " mede suas forças com o destino", porque não procura acelerar o tempo ou dominá-lo, mas espreita, hesitante, sua chance.

3. Fetichismo: princípio de realidade e "moradas do sonho"

Considera-se que as modernas técnicas de comunicação determinam "classes culturais", como há algum tempo se dizia que as técnicas de produção engendravam as "classes sociais". De onde a oposição entre o "verdadeiro" público – minoritário e cultivado – e a multidão inculta e com déficit na faculdade de julgar, separados pela sociedade do espetáculo produtora de mercadorias e de fetiches, de passividade: "o espetáculo não diz respeito ao olhar, e sim é o que escapa à atividade dos homens, à reconsideração e à correção de sua obra. É o contrário do diálogo", quer dizer, da comunicação (Debord, 1997, parágrafo 18). O "mundo comum", induzido pelo espetáculo, revela sua natureza anticomunicativa, que se deve à extensão do fenômeno do fetichismo, da autonomização do sentido do que deveria pertencer a seus produtores. No conceito "sociedade do espetáculo" cinde-se o representante do representado, dissociando-se o que deveria permanecer em uma relação imediata a si: "o espetáculo", escreve Guy Debord, "é a realização técnica do *exílio* dos poderes humanos em um mais além" (cf. Debord, 1997, parágrafo 20). Esse "mais além" é o que escapa à razão conceitual, o que se dirige a um público, prescindindo da compreensão, para persuadi-lo pela comunicação imediata, sem nenhuma demonstração. Se Aristóteles, em sua *Retórica*, avaliava que a demonstração procede da lógica do verdadeiro e do necessário – partindo de premissas certas concernentes à elaboração de um saber teórico –, enquanto a persuasão releva da lógica do verossímil, cujas formulações contingentes e prováveis pertencem ao campo da política e da opinião, trata-se, para a lógica e para a persuasão, de um mundo que se constitui por uma "linguagem comum", cujo solo é "um mundo comum". No capitalismo espetacular, que separa as imagens das coisas, as palavras de seus sentidos, "os homens são separados pelo que os une" (Agamben, 1997, p.69).

Em "A obra de arte na época de sua reprodutibilidade técnica", Benjamin reformula a questão dos fenômenos de massificação, das ideologias e fantasmagorias, a começar pela crítica à perspectiva de inspiração metafísica – platônica e, também, cartesiana – que duvida das imagens, da mimesis, das reproduções – mas aliando *eidolon* e fetiche, Platão, Marx e Freud. Nesse sentido, o mito da origem da pintura e da filosofia oferece a genealogia da imagem e de sua associação a fantasmas e sombras. O *eidolon*, essa imagem-fantasma, é o que se encontra na pintura e na filosofia, na *República* de Platão e na *História natural* de Plínio. Este, no 35º livro de sua *História natural*, anota que tudo transcorre em Corinto, onde uma jovem, apaixonada por alguém que devia partir, traça os contornos daquela sombra projetada na parede pela luz de uma lanterna (cf. Stoichila, 2000).[1] Quanto à filosofia, na alegoria da caverna encontra-se o teatro de sombras que dramatiza o caminho do conhecimento. O mundo da imediatez sensível é difuso e confuso, nele nada é o que aparenta ser. Um homem visto de longe e de perto é o mesmo homem? Se a diferenciação entre o percebido e o imaginado parece evidente – se na imaginação o objeto está ausente e na percepção ele é presente –, como se confundem real e imaginário a ponto de se verem fantasmas em galhos de árvores? As aparências enganam, diz-se, e muito mais porque às vezes não enganam. Esta instabilidade do mundo empírico, com sua impermanência e inconstância, tem por correlato as imagens ligadas ao sensível. Na perspectiva platônica, são elas "realidade aparente", ficção, ilusão, erro e falsidade. Pois os escravos da caverna não confundem as sombras que se deslocam com a efetividade do movimento e das vozes que têm curso na morada externa? Essas ilusões dos sentidos são, no entanto, necessárias, pois, diz o livro VII da *República*, acorrentados no interior subterrâneo, os homens estão afeitos a esse grau de claridade – esse olhar não alucina sombras, elas derivam da refração da luz que projeta no fundo desse habitat um duplo dos objetos reais. Mas o que dizer daquelas reproduções que se querem as "próprias coisas", como as da pintura? Com efeito, diz-se que Zêuxis representou com tanta

---

[1] Em um quadro de Murilo, conservado em Bucareste, contornar a sombra significa circunscrever a projeção de um corpo. No canto esquerdo da tela lê-se: "a beleza que admiras na célebre pintura tem sua origem na sombra". (Cf. ainda Matos in Benjamin, 2006.)

perfeição um cacho de uvas que até mesmo os pássaros vinham saboreá-las, escandalizando o puritanismo filosófico, pois o que engana os sentidos – a visão, o tato, o paladar, o olfato, a audição – pode enfeitiçar e induzir comportamentos sob o domínio da imaginação, e não sob os augúrios da reta razão.[2] *Fantásmata, eidolon,* simulacros são imagens das coisas e, diferentemente das sombras que manifestam um *quantum* de realidade, são símeis do que querem replicar, mas sem corresponder à dualidade da essência e aparência. A imagem pictórica é um falso pretendente à essência, não a reproduz nem repete, mas se faz passar pela coisa que ela finge representar. Que se pense aqui no filme de Wim Wenders, *Paris, Texas,* a cidade-luz no deserto, uma cidade que se quer fazer passar por outra (cf. Brissac, 1987).

Além disso, a pintura produz o efeito perturbador de visão de um espectro. Alberti, no livro II de *Da pintura* (2009), anota: "Plutarco conta que Cassandro, um dos generais de Alexandre, se pôs a tremer de corpo inteiro ao ver uma imagem do morto, nela reconhecendo a majestade do rei". Se o guerreiro se transtornou, isso não ocorreu por alguma ilusão de presença do imperador, mas por tornar presente algo que permanece, no entanto, ausente, não sendo nem passado nem presente. A essas visões fugidias, Platão contrapunha o *eidos* que evoca o aspecto permanente e inalterável das coisas, definindo a realidade a partir da essência invariante e eterna, satisfazendo, também, o desejo de perenidade e estabilidade do mundo.

Para evitar o impasse de imagens que ora correspondem a um grau de realidade – as sombras de um modelo inteligível –, ora são mera aparência sem o protótipo de que seriam cópia ou imitação, o século XVII europeu, de Kepler a Descartes, elabora uma nova teoria da visão. A nova ótica não procura mais compreender o que a torna possível ver o invisível, como os olhos platônicos e sua "natureza solar", pois não é mais uma teoria do visível, mas a construção de uma nova atribuição da luz – agora fisicomatemática – e de uma fisiologia do olho e sua imagem retiniana. Com o que Kepler e Descartes procuram solucionar questões acerca do que é visto a olho nu e o que é mostrado pelo telescópio – questão desestabilizadora, uma vez que o instrumento técnico faz ver o que não existe – o que o olho nu não vê – e não vê o que existe – porque o olho nu o vê, alterando assim movimentos e grande-

---

2 É possível reconhecer em Zêuxis a autodeterminação da obra de arte, sua autonomia com respeito a uma origem que lhe seria exterior, como Platão propõe.

zas, distâncias e luminosidades. Não que o telescópio auxilie a aumentar o tamanho dos objetos intensificando o poder do olhar. Ele é, melhor dizendo, um meio de compensar a visão, pois os olhos iludem e mentem, não sabem e não podem ver. É a geometria da luz que, auxiliada pelas lentes e pelo telescópio, poderá corrigir o olhar, ensinando os olhos a ver, liberando-os de si mesmos ao demonstrar que é a umidade dos olhos que, refletindo e refratando a luz, modifica os raios luminosos, deformando os objetos e pervertendo a visão. O telescópio é então indispensável não por aproximar, aumentando os objetos, mas por transformar o próprio ato de ver, invertendo o saber tradicional e seus postulados teológico-metafísicos que encontrava no céu a perfeição das esferas dos astros eternos, imponderáveis e luminosos. O telescópio separa olhos e visão, fazendo desta o modelo intelectual para que os olhos possam, em definitivo, ver. A tarefa da dióptrica é "exorcizar espectros e fantasmas da visão, fazendo-os ilusões perspectivas sem objeto em um mundo límpido e sem equívocos" (cf. Merleau-Ponty, 1975). Para isso, Descartes desenvolve estudos de ótica e de dióptrica, da física da luz e de fisiologia do olho, recorrendo a instrumentos e lentes. Microscópios e telescópios aproximam o distante e distanciam o que é próximo, atestando que não se confia mais nos olhos, os aparelhos corrigindo o olhar desenganado pela ciência moderna. O mundo vivido converte-se em uma abstração epistemológica, transformado em ideia, metamorfoseado em mundo pensado e representado. Como escreveu Heidegger, representar significa re-apresentar, tornar presente ao pensamento algo que está ausente no mundo, respondendo, assim, ao desejo de constância do conhecimento. Esta garantia de acesso ao verdadeiro, Foucault a encontra, em seu livro *As palavras e as coisas*, na pintura de Velázquez "As meninas". Em um gesto magistral, todo o salão vem se resumir no espelho que não deixa nada exterior ao olhar totalizante. O pintor representa o que está "diante de si" e também o que está fora da cena, o rei e a rainha. A obra é a "materialização da representação da representação". Também no quadro "O casamento dos Arnolfini", de Van Eyck, o espelho reafirma a permanência do mundo.[3] Se o espelho garantia reflexos

---

3 Da pintura de Vermeer se cogita ter ele conhecimento da câmara escura fotográfica, tal a precisão da representação. A "filosofia da representação" tem seu fundamento epistemológico no método de conhecimento, garantidor da adequação ou da correspondência entre o representante e o representado (cf. Heidegger, 1969).

estabilizadores, e a filosofia da representação decorria da desconfiança nos sentidos, de sua insuficiência e imperfeição, o mundo contemporâneo radicaliza, redimensionando os objetivos do século XVII científico. Assim, os equipamentos eletrônicos não aperfeiçoam o olhar, mas substituem os olhos, o que se detecta, hoje, nos *replays* quando, em um jogo de futebol, não nos fiamos mais na acuidade do olhar mas na câmara lenta: "[esta] técnica de representação", observa Omar Calabrese (1988, p.69), "produz objetos que são mais reais que o real, mais verdade que a verdade. Mudam deste modo as conotações da certeza: ela já não depende da segurança dos próprios aparelhos subjetivos de controle, é delegada em qualquer coisa de aparentemente mais objetivo. No entanto, paradoxalmente, a objetividade assim alcançada não é uma experiência direta do mundo, e sim a experiência de uma representação convencional. A incredulidade de São Tomé está definitivamente ultrapassada. Acreditamos nos milagres não por lhes tocarmos, mas se alguém nos vem contar: por isso, ao retardador". Transferência, pois, da atividade do conhecimento, fundada em um sujeito, para o objeto que ocupa o lugar do sujeito transcendental.[4] Situação radicalizada nas novas formas de percepção na metrópole moderna, com dissolução das filosofias da consciência e sua "unidade da percepção". Que se pense, por outro lado, nas análises de Benjamin sobre a utilização do vidro na arquitetura das *Passagens*, sua dimensão fetichista contagiando o citadino convertido em um "caleidoscópio dotado de consciência".

O vidro reflete, porém não como um espelho. Inseparáveis o interior e o exterior, mas na superposição das imagens refletidas, não mais é possível identificar o que é primeiro e o que é réplica, o "original" e a "cópia", segundo a fórmula platonizante do simulacro. As passagens constituem um microcosmo labiríntico de intersecções, espelhos, sinais luminosos, tabuletas comerciais que fazem ver e falar em público fantasmas, em particular nos espetáculos com ilusões de ótica.[5] Nas vitrines confundem-se, sem hierar-

---

4 No idealismo alemão – consideradas as diferenças entre o pensamento de Kant, Fichte, Schelling – o sujeito transcendental é "o princípio supremo de toda a esfera do conhecimento humano", pois parte da consciência reflexiva de um estado de percepção interna, que acompanha todas as representações de um sujeito para garantir objetividade e universalidade do conhecimento. De onde se discerne sujeito psicológico, sujeito lógico e sujeito transcendental (cf. Kant, 1994; Caygill, 2000).

5 Benjamin recenseia os dispositivos óticos nas passagens: dioramas, pleoramas, panoramas, "sessões espíritas", iluminação artificial, museu de cera (cf. Matos in Benjamin, 2006).

quia, imagens desorientadoras do pensamento, imagens sem objeto, fantasmagorias, na ausência de um sujeito do conhecimento. Inteiramente ideológica, a cultura capitalista da metrópole produz "falsa consciência", no sentido em que Engels considerava a ideologia "um processo que o suposto sujeito realiza sem dúvida conscientemente, mas com falsa consciência". Ideologia e falsa consciência dizem respeito, também, às relações entre consciente e inconsciente, uma vez transferida a atividade social às coisas, o econômico convertido em Id social que se projeta, como valor, nos objetos da atividade, do trabalho. A mercadoria é uma "quimera": "a força humana de trabalho em estado fluido, ou o trabalho humano, constitui valor, mas não é valor. Torna-se valor em estado coagulado, em forma objetiva" (Marx, 1983, p.63). A cristalização do que é ativo constitui um paradoxo, pois uma vez transcorrido o processo produtivo, o trabalho deixa de existir. Dizer-se que o trabalho do marceneiro está "na mesa" que ele produz é, para Marx, pura ficção, pois nenhuma análise química da mesa poderá encontrar nela o trabalho que a criou. Se é verdade que Marx apresenta a mercadoria com poderes mágicos, procedendo à desvalorização reificacional resultante de determinações econômicas, é para indicar como a mercadoria torna-se valor e o homem torna-se mercadoria, e tanto mais quanto mais mercadorias são enviadas ao mercado.

Benjamin enfatiza, por seu lado, a fantasmagoria em vez do fetiche – o que significa assinalar o aspecto espetacular das novas criações com base "econômica e técnica", a forma-mercadoria correspondendo ao arcaísmo do "Id" e, assim, também, à realização de desejos.

Derivando de Marx e Freud, Benjamin se dedica à exposição universal de 1855, identificando a mercadoria para além de seu valor econômico, como comunicação visual que produz valores, estilo, comportamento e afetos, detectando nas mercadorias sua ambiguidade, ambiguidade que toma o caráter de fantasmagoria universal: "a mercadoria multiplicada como espetáculo, como visão – a *mercadoria visual* –, tem um poder dissolvente [da realidade] igual ou superior às mercadorias 'materiais' tradicionais de tipo industrial".[6] Na indiferenciação entre "mercadoria material" e "mercadoria visual", desrealiza-se seu sentido como suporte de um valor de uso e um valor de tro-

---

6 São elas: publicidade externa, imagens televisivas, cinema, microeletrônica (cf. Canevacci, 1999, p.25).

ca, mesclando-se, no valor, real e imaginário, em um mundo de aparências e aparições: mobilizando desejos e produzindo "falsa consciência", mesclando trabalho concreto e trabalho abstrato, as mercadorias modelando desejos alienados. As "mercadorias visuais" produzem imagens-fantasmas que conferem atmosfera onírica ao nosso tempo, manifesta nas arcadas de Paris.

Construções arquitetônicas economicamente ultrapassadas no século XIX, mas também urbanística e esteticamente – pois é um fenômeno que dura no máximo trinta anos –, nelas o filósofo encontra o peso hermenêutico do capital. A ideologia, antes invisível, toma corpo na ornamentação das mercadorias e nos arabescos da arquitetura: "a interpretação que Benjamin dava das passagens", escreve Peter Sloterdijk (2005b, p.251),

> inspirava-se na ideia marxista realista, embora trivial, segundo a qual por detrás das superfícies brilhantes das mercadorias dissimula-se um mundo do trabalho desagradável e, por vezes, sinistro [...] O contexto mundial criado pelo capitalismo era, enquanto tal, o inferno [...]; o belo mundo sob o vidro era um dos avatares do inferno de Dante.

O vidro é, para Benjamin, um material onírico em que se inscrevem as contradições inerentes à sociedade industrial – tal como o filósofo o relata em um de seus fragmentos *Infância berlinense*, referindo-se ao brinquedo cheio de magia que o aguardava nas visitas à sua tia Lehmann, na esquina das ruas Steglitz e Genthin (2000a, p.86):

> Mal eu acabava de entrar, já ela cuidava que trouxessem e colocassem à minha frente o grande cubo de cristal com a mina, onde se moviam operários e capatazes em miniatura, transportando pequenos vagõezinhos, picaretas e lanternas. Esse brinquedo – se é que posso chamá-lo assim – provinha de uma época que ainda concedia aos filhos dos ricos burgueses a visão dos locais de trabalho e das máquinas. E, entre todos os trabalhos, distinguia-se desde sempre o das minas, pois revelava não só os tesouros que uma atividade penosa extraía para o proveito de homens hábeis, mas também o brilho prateado de seus filões, pelo qual se perdeu a Época Biedermeier com Jean Paul, Novalis, Tieck e Werner.[7]

---

7 Lembre-se de que o "estilo Bierdermeier", com forte influência do romantismo, consistiu em um estilo de vida que ansiava pelo conforto burguês e por um tipo de decoração dos interiores, saturados de objetos dourados, prateados, paredes forradas de tecidos florais, poltronas

Brinquedo ambíguo – a começar por não se poder manuseá-lo – ele permite apenas acionar o mecanismo que o põe em movimento, como engrenagens de um relógio. Para a criança, o carvão transfigura-se, nas profundezas da mina, em minerais nobres, brilhantes e prata. Mas são, também, galerias subterrâneas das quais Benjamin é o arqueólogo que realiza a paleo-história do século XIX. O interior da mina de vidro é o duplo invertido dos interiores da época Luís Filipe, "inteiramente voltada para o sonho", "esta época estava decorada de sonho, estava mobiliada de sonho. A alternância de estilos – gótico, persa, renascença etc. – significava: ao *intérieur* da sala de jantar burguesa sobrepunha-se uma sala de banquetes de César Bórgia, do *boudoir* da dona da casa emerge uma capela gótica, o escritório do dono da casa transmuda-se de forma irisante no aposento de um sheik persa" (Benjamin, 2006, p.248). O sonho não é, porém, apenas um mensageiro alado que se abre, de maneira indolor, para o futuro próximo ao qual basta abandar-se; o sono engendrado pelo capitalismo é embotamento e entorpecimento, ele é o indício de um universo, a um só tempo, sedutor e ameaçador, assombrado pelas condições de trabalho que Benjamin evoca, na trilha de Marx, aprisionante e sufocador.

Para isso, o filósofo volta-se para a insurreição operária de junho de 1848 e a repressão que se seguiu:

> a maioria dos prisioneiros foi levada para as pedreiras e galeria subterrâneas que se encontram sob os fortes de Paris e são tão extensas que a metade da população de Paris poderia caber nelas. O frio nessas galerias subterrâneas é tão intenso que muitos só conseguem manter o calor do corpo correndo sem parar ou movendo os braços, sem que alguém ousasse deitar-se sobre as pedras geladas [...] Os prisioneiros deram a todas as galerias nomes de ruas parisienses e trocavam endereços quando se encontravam.[8]

Nos interiores, tudo predispõe a aparições e transfigurações. Aquele que os observa – mina de vidro, galerias das pedreiras ou as passagens de Paris –

---

estofadas, bibelôs, cristais lapidados, espelhos: "Biedermeier: período da história alemã entre o Congresso de Viena (1815) e a Revolução de 1848. Essencialmente conservador, é voltado para os valores domésticos, a moradia, o idílio burguês e pequeno-burguês, em detrimento da preocupação com os problemas sociais. É também um estilo de móveis e de pintura de gêneros e de paisagens (Bolle in Benjamin, 2006, p.899-900) etc. (Cf. Benjamin, 2000a, p.86)

8 Benzenberg apud Benjamin, 2006, p.128.

pode, efetivamente, transportar-se para um sonho ou para alguma das fantasmagorias de Robertson nas quais os espectros surgem e se deslocam nas reconstruções de antigos interiores. Aqui ronda a morte:

> Todos conhecem nos sonhos o horror de portas que não fecham. Mais precisamente são portas que parecem estar fechadas, mas não estão. Conheci este fenômeno de forma intensa em um sonho no qual, estando em companhia de um amigo, vi um fantasma na janela do andar térreo de uma casa que se encontrava à nossa direita. E enquanto caminhávamos, ele nos acompanhava, passando pelo interior de todas as casas. Ele atravessava muros e paredes [...] Eu via tudo isso, embora fosse cego. A caminhada que empreendemos pelas passagens também é no fundo, um caminho fantasmagórico em que as portas cedem e as paredes abrem. (Benjamin, 2006, p.453)

As passagens são o labirinto desorientador em que o *flâneur* se converte em espectador que, tomado de embriaguez amnésica, se depara com a modernidade: o transitório, o efêmero, o contingente. Mas não só. As passagens – "centros destinados ao comércio de luxo" – são o "templo do capital mercantil" (Benjamin, 2006, p.933) e, de maneira mais essencial, o espaço onde o sonho complementa um novo modo de produção, sonho que transfigura as imperfeições e as carências da ordem social vigente de produção: "as passagens brilhavam na Paris do [Segundo] Império como grutas feéricas".[9]

As vitrines dão vida às mercadorias, convertendo-as em "devaneios materialistas" – com o que Benjamin nelas apreende a modernidade capitalista da sedução. Assim como na literatura libertina ela é a arte pela qual alguém se apodera da vontade de outro, valendo-se de manobras mais ou menos fraudulentas, a mercadoria é o agente que seduz o consumidor: "Um murmúrio de olhares preenche as passagens" onde "as coisas trocam olhares [...] com o nada [...]. Ninguém melhor que Odilon Redon captou esse olhar das coisas no espelho do nada, e como nenhum outro sabia introduzir-se na cumplici-

---

9 Benjamin encaminha o tema das passagens para a utopia de Fourier, associando-as às ruas--galerias do falanstério. Nelas, diferentes paixões amorosas têm curso livre e produzem um *pays de Cocagne*, "antiquíssimo símbolo do desejo ao qual a utopia fourierista dá uma nova vida". Em particular, na relação homem-natureza que jamais seria, em Fourier, dominação científica e exploração produtivista. O falanstério "deve reconduzir as pessoas a condições de vida nas quais a moralidade se torna desnecessária" (cf. Benjamin, 2006, p.41).

dade das coisas com o não-ser" (Benjamin, 2006, p.957). A ambiguidade das passagens, ambiguidade do ser e do nada, é também a das mercadorias. Estas, como ilusões, transfiguram a realidade e desviam o olhar com respeito à realidade, operando como um divertimento, exercendo sobre o espectador fascinação porque o capitalismo – do qual elas constituem a expressão – enfeitiça, e a mercadoria encanta. Benjamin não deixa de indicar o "sortilégio sufocante" deste encantamento maléfico sobre aquele que se entrega às mercadorias e ao sonho do consumo. A ambiguidade das passagens é reforçada, simultaneamente, pelo luxo das mercadorias e pelos jogos sem fim de seus espelhos. O flanar por seus corredores vem a ser um caminhar fantomático: "neste universo especular", observa Miguel Abensour (1999, p.86-7), "a fantasmagoria, fonte de um encanto mágico que paralisa, põe em ação, pela própria ilusão que ela faz nascer, um processo de idealização da mercadoria". Com o conceito "*sex-appeal* do inorgânico", evoca-se o estatuto dessas imagens de desejo, oscilantes entre orgânico e inorgânico, o animado e o inanimado, transitando em espaços animistas e fetichistas de objetos mortos-vivos. Sensível suprassensível, a mercadoria-fetiche é internamente animista porque é o duplo de algo que permanece invisível. Híbrida em sua própria imanência, conjugando o

> animismo primitivo que lhe conferiu o colonizador, com o narcisismo autorreferente, as mercadorias e suas mutações metamórficas têm um destino ainda para ser compreendido em suas extremas potencialidades [...], pois consuma estranhamento merceficado (*merceficati*), perversões sexuais, taxinomias colonizadas [...] O arcano que deve ser revelado é a comunicação visual como centro descentrado do conflito, móvel e fragmentário, de inovação e experimentação. (Canevacci, 2007, p.196)

Esse "deserto de realidade" que é a metrópole é o *locus* de desrealizações também por suas luzes e iluminação:

> ruas vazias e iluminadas quando se chega à noite nas cidades. As ruas se abrem ao nosso redor em forma de leque, como raios de uma mandorla da qual somos o centro. E o olhar para dentro da sala revela sempre uma família durante a refeição ou ocupada com misteriosa futilidade à mesa sob a lâmpada de teto com a cúpula de vidro sobre uma armação de metal. Tais *eidola* [...] são a experiência inalienável da geração [de Kafka] e, portanto, da nossa, porque apenas para ela

o mobiliário de terror no incipiente auge do capitalismo preenche os cenários de suas mais tenras experiências infantis. (Benjamin, 2006, p.930; cf. Matos in Benjamin, 2006)

Na paisagem urbana não é mais possível diferenciar realidade e ficção, modelo e reprodução, fato e direito.[10] A partir de Marx, um dos mecanismos principais do fenômeno do fetichismo da mercadoria é a impossibilidade de o sujeito apreender a estrutura social da determinação do valor dos objetos em virtude de um regime de encantamento por sua visibilidade absoluta, sua suposta objetividade. Efetivamente, o fetichismo produz aparência – mercadorias –, inclusive a mercadoria visual que, como toda mercadoria, é "objetividade fantasmática" (*gespenstige Gegenständigkeit*) daquilo que aparece. Trata-se da "falsa objetividade da aparência", da facticidade de um estado falso, de um mundo objetivado, reificado. Alienação e reificação significam estranhamento e passividade, perda do sentido humano do mundo e das coisas. Para Guy Debord, o espetáculo significa que as relações sociais não se fazem diretamente entre os indivíduos, mas indiretamente por relações mediadas por imagens que se relacionam a outras imagens e que, desmascarando a si mesmas e a seus efeitos ideológicos, produzem um regime de verdade que não se desmascara mais. Lembre-se de que não é a imagem publicitária que promove a compra de um objeto mas é o objeto que faz a propaganda da imagem, segundo o mecanismo da inversão entre sujeito e objeto, o ativo e o passivo, o trabalhador e as coisas; por isso ela produz ideologia, ilusão e desrealizações.

A ideologia revela o segredo de seu funcionamento, com o que obscurece a consciência para continuar funcionando como ideologia. Agora é o discurso do poder que se critica a si mesmo,[11] a desideologização traz em si mesma os conteúdos da crítica com os quais ela se autocritica. Por isso "o desvendamento não tem força sobre o que nada esconde" (Safatle, 2006, p.313). A crítica da passividade do olhar na sociedade do consumo de mas-

---

10 Em suas análises sobre o "estado de exceção" que define a modernidade capitalista, Giorgio Agamben (2002a) mostra que a suspensão das leis que protegiam o "cidadão de direitos" se impõe por não diferenciar-se perigo real e virtual, o suspeito de fato do culpado potencial.
11 Haja vista a declaração do ex-governador de São Paulo, Cláudio Lembo, denunciando a "elite branca" – "oligárquica e retrógrada" – à qual ele mesmo pertence –, como responsável pela violência e pela criminalidade no Brasil.

sa e do espetáculo e o fetichismo visual preservam as imagens e sua potência desejante. Mercadorias visuais, algumas imagens têm o poder de romper com sua inflação e saturação, quando capazes de atuar como objeto único, como "raridade", em descontinuidade com sua repetição. A essas imagens, Benjamin denominou "imagens dialéticas" e "imagens de pensamento". Elas comportam a utopia pois são, também, imagens de desejo (*Wunschbilder*) e fantasmagoria, pois Benjamin as entende como mescla do Antigo e do Novo, como arcaico e moderno, como relação temporal que imprime uma "reviravolta dialética" entre o passado e o presente.

Já que não se trata mais de o passado explicar o presente, mas do choque de ambos, Benjamin denomina o "ocorrido" (*das Gewesene*) e o presente o "agora", em seus "edifícios duráveis e modas passageiras". Nas imagens dialéticas o ocorrido e o agora revelam sua natureza dialética, não temporal, não conceitual, mas figurativa, de tal modo que elas se aparentam a um *flashback* cinematográfico que permite a consciência da não-linearidade da história. Contraevolucionistas, operam uma inversão de perspectivas idealistas e positivistas na leitura da história – a de Hegel – que confia em um *telos*, a de Marx, no progresso.[12] O *flashback* pode advir também com a fotografia. Mas não em todas, pois tão somente alguns aspectos da cidade são propiciatórios, como "passagens, jardins de inverno, panoramas, fábricas, museus de cera, cassinos, os edifícios arquitetônicos antigos – galerias, teatros, monumentos, estátuas, estações ferroviárias". Morada do sonho, a estação ferroviária:

> A gare Saint-Lazare: uma soberana que ruge e apita, com o olhar de um relógio. "Para o homem atual", diz Jacques de Lacretelle, "as estações ferroviárias são verdadeiras fábricas de sonhos" ("Le rêveur parisien", *Nouvelle Revue Française*, 1927). Com certeza: hoje, na era do automóvel e do avião, são apenas terrores suaves e atávicos que ainda povoam os saguões enegrecidos; e aquela comédia banal do reencontro e da despedida, que se apresenta com um vagão pullman como pano de fundo, torna a plataforma de embarque um palco de província: "Mais uma vez representa-se para nós o desgastado melodrama grego: Orfeu, Eurídice e Hermes na estação. Na montanha de malas, sob a qual se encontra Eurídice, abre-se a fenda escarpada, a cripta na qual ela se afunda, quando o hermético chefe da estação, com a sinaleira em punho, fixando os olhos lacrimejantes de Orfeu, dá o sinal de partida. Cicatriz da despedida que estre-

---

12 Com respeito à relação entre imagem dialética e *flashback*, cf. Brocchini, 2006, p.49-52.

mece nos corpos representados dos deuses, como um trincamento em um vaso grego. (Benjamin, 2006, p.450)

Esses espíritos do passado habitam as modernas estações ferroviárias, essa entrada arcaica da cidade.

Nesse sentido, Benjamin analisa as fotografias de Atget: "por mais estranho que pareça", anota Benjamin (2010, p.91-107), "quase todas suas fotos são vazias. Vazia, a Porte d'Arcueil próxima aos fortifs, vazias as escadarias majestosas, vazios os pátios, vazios os terraços de café, vazia, como convém, a Place du Tertre [praça da Colina]. Não são tocados pela solidão, são sem atmosfera; a cidade, nestas fotos, está vazia como um apartamento que ainda não encontrou seu locatário". Imagens fixas exigem ruas desertas e espaços mal-assombrados. E o que lhes confere movimento é o cinema já que, diferentemente da fotografia que mostra o instantâneo do passado, o filme revela a vida no momento em que ela está passando. Elementos palpáveis da cidade – seu plano, sua arquitetura, mercadorias, veículos, multidão – são manifestações da modernidade como também o são as fantasmagorias do mercado e sua paisagem urbana espectral. Neste mundo de sonho e sono, de encantamento e desencantamento, o cinema torna-se fantasmagoria, pois sua infraestrutura é a cidade, também ela, paisagem imaginária e mágica. Cinema e cidade dizem respeito ao inconsciente, o filme sendo o revelador do choque e do trauma que constituem a modernidade:

> De espetáculo atraente para os olhos ou sedução para ou ouvidos que a obra de arte fora antes, ela torna-se projétil para os dadaístas. Atingia, pela agressão, o espectador [...] A obra de arte adquiriu uma qualidade traumática. Ela favoreceu a demanda pelo cinema, cujo elemento de distração é, em primeiro lugar, igualmente traumatizante, já que fundado em mudanças de ângulos e de plano que golpeiam intermitentemente o espectador. (Benjamin, 2010, p.165-96)

Trata-se de um choque físico e moral que desperta a consciência para o "estado de exceção" em permanência que é a modernidade. Se o cinema é por excelência a arte moderna é por suscitar o inconsciente ótico, pois acontecimentos e experiências traumáticas, como já o indicara Freud, experiências não assimiladas pela consciência, deixam seus rastros no inconsciente. O cinema capta o duplo sentido do choque, a experiência traumática que fere o inconsciente e o choque da recordação quando ela se torna consciente, torna manifesto o que de outra forma permaneceria invisível na paisagem urbana, ele é "aviso de incêndio": "o filme representa a forma de arte que corresponde ao perigo de morte em que vivem os homens de hoje. Ele corresponde a profundas transformações nos modos de percepção – percepção que todo pedestre experimenta na cidade grande" (Benjamin, 2010, p.165-96). As imagens do cinema, além disso, têm natureza mista, nelas fusionam a memória voluntária, "natural" e imagens artificiais equivalentes, estas, da experiência vivida, pois, registradas pelos dispositivos técnicos, como a fotografia, o vídeo etc., suprem as falhas da memória comum. O que significa que espectros vivem entre nós, a igual título que no filme de Woody Allen *A rosa púrpura do Cairo*, em que as personagens saem da tela e vêm ao encontro do espectador. Pela precisão da "réplica", pelo "rastro", pela "marca" que trazem consigo, a imagem fotográfica e a fílmica operam uma duplicação da antiga mimesis pictórica: uma função indiciária e uma "imaginária", em que se sobrepõem representação e sonho. E, na sequência do iluminismo científico que fazia ver o que os olhos não viam, o cinema faz ver o que o olho nu ou o olho instrumentado do astrônomo não podem discernir. Pelo *medium* da ampliação, dos grandes planos, da câmera lenta, da aceleração, o cinema pode ingressar e agir no mundo imaginário com uma precisão cirúrgica,[13] pois manifesta os sonhos do coletivo urbano, põe à luz o inconsciente visual de quem sonha, em um duplo movimento, que dissolve o "véu de Maia" do presente, revelando seus perigos e também seus desejos: "nossos cafés e nossas ruas, nossos escritórios e quartos alugados, nossas estações e nossas fábricas pareciam aprisionar-nos inapelavelmente. Veio então o cinema que faz explodir esse universo carcerário com a dinamite de seus décimos de segundo, permitindo-nos empreender, entre ruínas arremessadas à distância, viagens aventurosas" (Benjamin, 2010, p.189). O cinema é a última fantasmagoria da modernidade, pois ingressa na "essência" dos sonhos da cidade, no mundo palpável de seus mapas, arquitetura, mercadorias, veículos e multidões.

---

13 Sobre a dimensão terapêutica do cinema, Benjamin (2010, p.187) a diferencia daquela da magia: "o comportamento do mágico, que coloca as mãos sobre o doente para curá-lo, é distinto do comportamento do cirurgião, que realiza uma intervenção em seu corpo [...] O cinegrafista penetra profundamente nas vísceras da realidade [...] a imagem do operador é composta de inúmeros fragmentos que se recompõem segundo novas leis".

Por isso, Benjamin (2006, p.122) conjecturava filmar a "proto-história de Paris": "não seria possível realizar um filme apaixonante a partir do mapa de Paris? A partir da evolução de suas diversas configurações ao longo do tempo? A partir da condensação do movimento circular, *boulevards,* passagens, praças, no espaço de meia hora? Não é isso que faz o *flâneur?"* Evocando o anacrônico para compreender o moderno, Benjamin procura, com o cinema, a Paris pré-histórica e supratemporal, entrecruzadas, nos "templos da mercadoria", misturando o bazar oriental ao mundo burguês, testemunhando a metamorfose de todas as coisas à luz de sua venalidade. Neste teatro de feerias, na duração de um passeio em suas galerias, o cliente torna-se senhor virtual do mundo.[14] Se o cinema é, por suas imagens, a essência da realidade capitalista, isto deriva de sua natureza de sonho, por isso ele é mais que "relação de produção" e "mercado mundial". Desinibindo excedentes e carências, produzindo mercadorias e falta, o capitalismo abrange a totalidade da vida – do trabalho, dos desejos e das expressões artísticas – na imanência do poder de compra e venda. Assim como para Freud o sonho revela o inconsciente – aquela instância que nos é inteiramente desconhecida – por associações involuntárias que "perturbam nossa reflexão" em seus "encadeamentos lógicos", Benjamin trata o mundo das coisas do século XIX "como coisas sonhadas", "pois a história regida por relações de produção capitalistas é, em todo caso, comparável à ação inconsciente do indivíduo sonhador pelo fato de ser feita por homens, porém sem consciência e sem plano, como em um sonho" (cf. Tiedemann, 2006, p.17). Há dois sonhos em um mesmo: um é relativo às novas tecnologias de construção – o ferro, o vidro, o concreto –, outro ao historicismo dos adereços que encobrem a "modernidade funcionalista" dos projetos arquitetônicos, dessas "moradas de sonho"; fantasmagoria marxista, o cinema é indústria e mercadoria, sono e sonho que permite

> construir a cidade topograficamente [...] a partir de suas passagens e suas portas, seus cemitérios e bordéis, suas estações [...] assim como antigamente ela se

---

14 "Feeria dialética" foi o título indicado por Benjamin na primeira versão do texto de 1928-1929 das *Passagens,* que seria substituída por "imagens dialéticas". Foi a controvérsia com Adorno que levou Benjamin a essa reformulação, uma vez que "feeria" corresponde, para Adorno, a um "empirismo poético" que só registra os conteúdos da consciência ou as imagens da cena sócio-histórica, sem se dispor ao trabalho de interpretação ou de construção que a "imagem dialética" evoca.

definia por suas igrejas e seus mercados. E as figuras mais secretas, mais profundamente recônditas da cidade: assassinatos e rebeliões, os nós sangrentos no emaranhado das ruas, os leitos de amores e os incêndios. (Benjamin, 2006, p.122)

O cinema apreende a essência viva da contemporaneidade,[15] é o *medium* que manifesta o inconsciente da cidade, de seus realizadores e espectadores; compreende seus sonhos, os da consciência onírica do coletivo: "o coletivo expressa primeiro suas condições de vida. Estas encontram no sonho a sua expressão e no despertar sua interpretação" (Benjamin, 2006, p.437). O historiador materialista, não hegeliano,[16] espreita nos sonhos do coletivo – no cinema – aquela fulgurância do instante que provoca o despertar e a liberação com respeito aos malefícios do século: "tão somente a revolução pode introduzir definitivamente o ar puro na cidade. Ar livre das revoluções. A revolução desenfeitiça a cidade" (Benjamin, 2006, p.466).[17]

Benjamin analisa o cinema no âmbito da reprodutibilidade técnica e da democratização do conhecimento, não sem antes proceder a uma modificação de seu sentido, rompendo com a perspectiva que atribui às massas um déficit conceitual e uma maior sensibilidade às imagens. Frequentemente se diz que as massas não refletem, mas sentem, considerando-se que comover-se e raciocinar são atitudes contraditórias, como se fosse possível cogitar sem afetos ou paixões. O cinema permitia integrar as paixões na racionalidade política. A "razão" não se encontra do lado das "elites", contra a paixão que está do lado do "povo", pois o procedimento benjaminiano não opõe "racionalidade do discurso" à "sentimentalidade" das imagens, do mesmo modo que a democracia não separa *a priori* a opinião legítima da opinião suspeita, o bom público de um mau, as mídias e os espetáculos.[18] Nesse sentido, o cinema não é apenas a revelação do inconsciente visual, mas apresenta e resgata, projetada na tela, a alma do moderno, a cidade como sujeito histórico de decisão e de humanidade.

---

15 Benjamin diferencia-se das críticas ao espetáculo de inspiração metafísica, não excluindo as mídias da possibilidade de participarem do debate público democrático.
16 As imagens dialéticas não comportam apenas o movimento de sua contradição interna, como em Hegel, mas também o momento de sua imobilização. Por isso Benjamin fala em *Dialektik im Stillstand*.
17 Substitui "a revolução desencanta a cidade" por "a revolução desenfeitiça (*entzaubert*) a cidade".
18 Estes constituem modalidades da representação, ao mesmo tempo bons e maus, se se quiser.

4. Baudelaire, um surrealismo platônico*

"Baudelaire foi o surrealista da moral." Com essa expressão, Breton indicava, em seu *Manifesto surrealista*, a compreensão baudelairiana da modernidade à qual o poeta se sentia condenado: fim do platonismo e do cristianismo. Fim do platonismo: os objetos sensíveis encontram-se em perpétuo devir, jamais semelhantes a si mesmos, infiéis a todo *modelo ideal* apreendido pelo Espírito.[1] "Em si mesmos e por si mesmos", escreve Platão, "os objetos possuem certa constância em sua realidade. Não são dilacerados para o alto ou o baixo como as imagens que deles fazemos; ao contrário, por si mesmos e em si mesmos, possuem a exata realidade originária de sua natureza".[2] É, pois, a opacidade e espessura do sensível que a alma lamenta e de que se esforça em libertar-se. Fim do cristianismo: desaparecimento da ideia de "pecado original" – heresia própria ao moderno, cujo reverso é a nostalgia da sacralidade perdida, que se fortalece, em Baudelaire, com a dúvida quanto às possibilidades de redenção, em um mundo abandonado por Deus. Sua *ersatz*: a noção de progresso que implicou uma reabilitação anticristã da curiosidade teórica que o cristianismo condenara. *Wertfrei*: a ciência moderna desconhece os valores da ciência clássica, a busca dos fins últimos, do Sumo Bem, da perfeição contemplativa de um universo dotado de um *telos* imanente. Recusa a natureza como obra de Deus, não devendo conhecê-la como

---
* Para Sérgio Cardoso e Glória Kalil.
1 Cf. Platão, *República*, VII, 519a; *Fédon*, 81c; *Banquete*, 210a e 211b; *Crátilo*, 386e.
2 Platão, *Crátilo*, 386e.

Deus a criou, a fim de não rivalizar com a onisciência divina e colocar-se na condição de criatura, corpo mortal, mas vida eterna. O tempo atual não é mais o da espera da salvação, mas oportunidade de desenvolvimento indefinido de conhecimentos, autoafirmação humana pela ciência e pela técnica despoetizadoras, em que a ausência de valores ou limites éticos faz com que se confunda liberdade de pesquisa com onipotência. No horizonte de expectativa da história, Baudelaire não vislumbra um regresso a uma unidade perdida como o Éden[3] e o restabelecimento de uma harmonia universal, mas uma catástrofe sem redenção, pois o eclipsamento do sagrado vai de par com a corrupção moral do homem moderno: "há, pois, uma Providência diabólica que prepara a infelicidade desde o berço?"[4]

Assim, *As flores do mal*[5] é o título da poética em que o Mal se associa ao Belo, arruinando, a um só tempo, a tradicional adequação entre o Belo e o Bem, como ainda a metafísica de sua separação. Moral e estética, os sentimentos do sublime e da finitude acompanham, sem resolução, o poeta. Não se trata de uma possível aproximação a Kant, para quem o sentimento do sublime se diferencia do sentimento moral e que, como todo juízo estético, é "desinteressado" – enquanto o sentimento moral traduz um interesse da razão prática de ver cumpridas suas ordens – a lei do dever e a aproximação progressiva do Bem neste mundo. O sentimento do sublime kantiano, espécie de *teatralização* da moralidade, faz de cada um "espectador", como aquele que, do alto da sacada protegida de seu alojamento, contempla a embarcação na voragem vertiginosa do oceano turbulento, na experiência de forças ultrapassadas e desmedidas.[6] O sublime, para Baudelaire, é de natureza di-

---

3 Em "A vida anterior", Baudelaire evoca um Éden cuja felicidade encontra-se menos na simplicidade e na inocência e muito mais no "fausto" das artes: "vastos pórticos", "grandes pilastras" e " esplendores".

4 Baudelaire inspira-se tanto nas antigas profecias persas quanto nas representações platônicas do inferno.

5 Lembre-se de que Baudelaire tinha, em 1845, o projeto de reunir seus poemas sobre os amores malditos em um volume que se denominaria *As Lesbianas* – o que o poeta abandona sob censura, incluindo-os em suas *Flores do Mal*: "As Lésbicas: no ano de 1845 um jovem poeta francês projetava publicar com esse título um livro de versos que, entretanto, só apareceria dez anos depois, trazendo na capa outras palavras – mais simbólicas, embora ainda perversas [...]. Manteve as três peças malditas. No título *Flores do Mal* foram, por sua vez, publicados com o escândalo merecido!" ("Lesbos" e "As mulheres malditas" I e II na edição de 1857).

6 No entrecruzamento do mundo sensível e do inteligível, o sublime kantiano é o sentimento em que o espírito humano descobre em si mesmo "tudo o que ultrapassa qualquer medida dos

versa: *"Je te hais, Océan! Tes bonds et tes tumultes, / Mon esprit les retrouve en lui; ce rire amer/ De l'homme vaincu, plein de sanglots et d'insultes, / Je l'entends dans le rire enorme de la mer"*[7] ("Obsessão"). Baudelaire, bem antes de Nietzsche, propõe à poesia o contrário de uma resposta à estética "desinteressada", ou de produzir "belas obras" – ou seja, reabrir ao homem as "portas do Éden". Em seu poema "O embarque para Citera" – que na mitologia clássica dizia respeito aos casais amorosos que lá encontravam o espelho de sua felicidade – conduz o poeta moderno não a uma felicidade prometida, mas, sim, a medir-se ao mais inquietante, "palavras de mel", interessadas em influenciar sentimentos e induzir comportamentos.

A crítica baudelairiana à arte contemporânea não é a de ser *interessada*, mas simplesmente *interessante* – de onde desaparece a preocupação platônica de qualquer "influência moral" da arte sobre seus ouvintes ou espectadores. Se a crítica platônica às artes imitativas ganha o tom intransigente a ponto de bani-las do espaço público, isso advinha do da consciência, na pólis grega, da tendência, já na época, ao desaparecimento da relação entre "palavra e não violência", o reconhecimento, com a Sofística, de que a utilização da força passava a integrar a linguagem poética.[8] Em vez de louvar o poeta, Platão elogia apenas aqueles que seguem ritmo e métrica sob a vigilância dos guardiães do Estado – para não apenas esconjurar o perigo da arte mas sobretudo para restabelecer a separação, a *kátharsis*, a fim de restabelecer palavras "não misturadas", garantidoras de um discurso que restabeleça severidade moral e puritanismo estético. Antiplatônico, Baudelaire fala, ao contrário, de sua reversibilidade: a reversibilidade entre o sublime e o mal é a marca do Moderno. É esta também a razão da recusa baudelairiana do rousseauísmo e sua doutrina da bondade natural do homem e da benevolência universal: "o homem naturalmente bom seria um *monstro*, quero dizer,

---

sentidos", o que é "absolutamente grande", para além de qualquer comparação (cf. Kant, 1995, parágrafo 25).

7 "Te odeio, oceano! Teus espasmos e tumultos,/ Em si minha alma os tem e este sorriso amargo/ Do homem vencido, imerso em lágrimas e insultos,/ Também os ouço quando o mar gargalha ao largo". Trad. Ivan Junqueira.

8 Com efeito, a grande preocupação platônica não é o que seria valorizado por Aristóteles, a *kátharsis* como "cura" ou "purificação" da desmedida das paixões pela mobilização mimética dos espectadores, a compaixão com os sofrimentos dos heróis em cena, mas antes a identificação com o tirano!

Deus" (Baudelaire, "O pintor da vida moderna", 1995, p.851-81). Ou ainda: "Ormuz e Arimã, vós sois o Mesmo" – segundo a lógica baudelairiana do conflito dos duplos,[9] há no homem dois impulsos simultâneos, um na direção de Deus, outro de Satã, lembrando que Satã é, indissociavelmente, o Senhor do Mal e o Grande Vencido, bendito porque maldito. Pois "o que é a Queda? Se é a unidade tornada dualidade, foi Deus quem caiu. Em outros termos, não seria a criação a queda de Deus?" (Baudelaire, "Meu coração a nu", 1995, p.524-50).

O mesmo pode ser dito da maldição de Safo, habitante de Lesbos, ou ainda, do masculino e do feminino, da poesia e da filosofia. Safo e suas companheiras, as lesbianas, viviam entre si seus amores, afastadas dos homens – e foram poetas. Se poesia se diz no feminino, o poeta é um escritor masculino. Razão pela qual Baudelaire pratica uma primeira inversão: mulheres com atividade masculina. Método dos paradoxos e dos extremos é o de Baudelaire: o paradoxo é um antissistema, pois qualquer retorno a um modelo tornou-se, na modernidade, impossível. Como escreveu Baudelaire acerca da Exposição Universal de 1855, "um sistema é uma espécie de maldição que nos impulsiona a uma abjuração perpétua. É preciso sempre inventar outros e este cansaço é um cruel castigo". Poder-se-ia encontrar aqui a presença tanto de Heráclito quanto a de Maistre, em que a "lei dos contrários" governa tanto a ordem cósmica quanto física. Assim, "se o vermelho do céu faz louvores ao verde" é que, para viverem em harmonia, os tons, como os homens, devem mudar seus valores, "simpatias" e "antipatias" – suas correspondên-

---

9 A perspectiva baudelairiana do moderno previne o poeta de qualquer escolha política, entre classes ou déspotas, por um lado, dominados e oprimidos de outro, ambos participando da violência primordial e, assim, da mesma culpabilidade originária, da mesma *hybris*. Razão pela qual Benjamin observava que Baudelaire foi o agente duplo de sua própria classe, simultaneamente dentro e fora da burguesia, vendo, pois, a Revolução dos dois lados, o da vítima e do carrasco, cujos papéis são intercambiáveis. A dor, na ausência do divino que a redima e justifique, faz do homem ininterruptamente e ao mesmo tempo "vítima e carrasco". Assim, a Revolução Francesa e a "filosofia do progresso" são o "paganismo dos tolos", estando o progresso destinado a consolar o homem de sua abdicação e decadência moral, além de ser messiânico, prometedor da plena felicidade do homem no futuro dos desenvolvimentos técnicos e científicos. Governados, pois, por uma "providência" que não controlam, os homens acreditam agir a partir de si mesmos, mas isto não passa de uma "ilusão do orgulho", pois pensam dispor das prerrogativas do Criador – como durante a Revolução Francesa, quando procuraram instaurar *ex nihilo* uma constituição política, desencadeando catástrofes e violência e o "inocente" solve a "dívida" do culpado. Cf. Baudelaire, *Choix des Maximes consolantes de l'amour*, 1976, p.550.

cias.[10] A identidade em suas variações faz com que o poeta reconheça no homem duas postulações contraditórias, "uma em direção ao Deus, outra a Satã" (Baudelaire, "Meu coração a nu", 1995, p.524-50), o horror à vida e o êxtase de existir. Assim também, Baudelaire conjuga o moderno e o antigo, em uma estética da indiferenciação ou da confusão das coisas, dando a palavra ao Demônio, como no poema em prosa "As tentações". O demônio propõe ao homem adormecido: "se quiseres, farei de ti o senhor das almas [...] e conhecerás o prazer – que renascerá indefinidamente – de saíres de ti mesmo e te esqueceres em um outro – e de atrair as outras almas até se confundirem com a tua". Fusão ou confusão de todas as almas, pois é experiência própria da metrópole moderna, onde se vive a perda da identidade, na imersão na massa citadina. Se o Eu se constitui, antes de tudo, pela memória, o prazer diabólico consiste na faculdade da exceção por excelência: o *esquecimento*. Mas a isso o demônio responde: "embora eu sinta alguma vergonha em me lembrar, eu não quero esquecer nada!". Eis por que Benjamin (2006, p.282) anota: "o moderno aparece, em Baudelaire, como uma energia graças à qual [Baudelaire] se apropria imediatamente da antiguidade". Anacronismo essencial, este marca a contemporaneidade que silencia a proveniência, a tradição.

Lesbos é a ilha de nascimento de Safo, a geografia de uma viagem no espaço e no tempo. Como se lê em uma nota das *Passagens*, Benjamin não foi insensível ao que Baudelaire queria significar, por isso anotou "eu viajo para conhecer minha geografia". Baudelaire desvia-se, pois, de Paris por Lesbos, a fim de conhecer seus contemporâneos – Lesbos, a ilha das escolas de poesia e música, onde o culto neopagão não é tão somente pureza e ternura, mas

---

10 O conceito baudelairiano de "correspondências" encontra-se em uma constelação onde se superpõem o "visionário" Swedenborg, as "mesas brancas", o absinto, as drogas, os "paraísos artificiais" e também referências alquímicas e esotéricas, como a Hermes Trismegisto, cartomantes, quiromantes, grafólogos. Mas também os estados de semelhança, analogias e correspondências próprios à teoria do conhecimento da Renascença europeia: "até o século XVI", anota Michel Foucault (1972, p.32), "a semelhança desempenhou o papel de construtor no saber da cultura ocidental. Foi ela que conduziu em grande parte a exegese e a interpretação dos textos; foi ela que organizou o jogo dos símbolos, permitiu o conhecimento das coisas visíveis e invisíveis, guiou a arte de representá-las. O mundo se englobava a si mesmo: a terra repetia o céu, o rosto se mirava nas estrelas. [...] A representação dava-se como repetição: teatro da vida ou espelho do mundo, eis o título de toda linguagem, sua maneira de anunciar e formular seu direito a dizer".

também "revolta sexual", a tentativa baudelairiana de preencher o vazio e o aviltamento dos corações na modernidade na busca do Absoluto:

> Lesbos onde os beijos são como cascatas
> Que desabam sem medo em pélagos profundos [...]
> secretos e febris, copiosos e infecundos [...].
> Lesbos onde as Frineias umas às outras se esperam
> Onde jamais ficou sem eco um só queixume
> Tal como Pafos, as estrelas te admiram
> E Safo a Vênus com razão inspira ciúme.

Pafos: pequena cidade antiga, a alguns quilômetros de Chipre, onde se erguia o templo de Afrodite – com esta referência o poeta-filósofo enobrece o safismo e estabelece Safo como rival de Vênus. Os cultos, em Pafos, até o tempo dos Ptolomeus, se exerciam por sacerdotes cujos poderes eram temporais e religiosos – com o que Baudelaire combina os extremos, o secular e o religioso, o *topos* da mulher fatal e o das *femmes damnées*, Helena de Troia e Safo: o amor, é, nos dois casos, doença divina, punição já que proibidos: Helena, adúltera, e a "Safo viril". Safo – "sob seus melodiosos dedos/ressoou talvez outrora, nos ventos/lésbios, uma lira sobre o pátrio/Egeu onde os roseirais de Mitilene/aromatizavam a aragem, caras às secretas amigas/de Safo de cabelos violetas" (D'Annunzio, 1977, p.223-4). Também as alusões às Frineias e a Platão engrandecem Lesbos: "Lesbos, onde as Frineias umas às outras atraem". Safo enfrentando Vênus, as Frineias – o Olimpo inteiro: "quem entre os Deuses, ousará, Lesbos, ser teu juiz?" Guerra metafísica, Baudelaire a trava contra todos os princípios instituídos. A mulher é o objeto de um culto impossível, ela é, sim, um "objeto", mas absoluto, é vazio, é maldição. Baudelaire celebra, exalta, blasfema a mulher, pois ela é o Outro – mistério tão insondável quanto Deus. A mulher é, a um só tempo, paradisíaca e mortal. E assim como a mulher moderna é cheia de maneirismos, de elegância e maquiagem, a Frineia antiga é musical em sua flauta, e como suas irmãs de Lesbos, é de beleza radiosa, cortesã sem rival.[11] Acusada de impiedade, durante seu julgamento de hetaira, ao defender

---

11 Praxíteles, no século IV a.C., tomou-a por modelo e amante, esculpindo-a em uma estátua de ouro, depois exposta no templo de Delfos. Conta-se que Apeles pintou sua "Vênus saindo das águas" depois de vê-la banhando-se.

Frineia, seu juiz retira o véu de Afrodite que lhe cobria o rosto: sua radiosa beleza, a perfeição de seus encantos foram causa de comoção "religiosa" para seus acusadores.

Essa beleza clássica, amoral, é moderna: "de que valem as leis do que é justo ou injusto?/Virgens de alma sutil do Egeu orgulho eterno,/O vosso credo, assim como os demais, ó augusto,/E o amor rirá tanto do céu quanto do Inferno!/De que valem as Leis do que é justo ou injusto?" ("Poemas Condenados – Lesbos II", 1995, p.273-84). E se essa beleza se eclipsou desde a Antiguidade, cabe ao poeta "velar – do alto de Lêucade" – a idade de ouro da poesia, da música, da beleza sensual e religiosa. Baudelaire defende a "Safo viril" da austeridade sexual dos últimos escritos de Platão: *"laisse du vieux Platon se froncer l'oeil austère"*.[12] A condição moderna é a da "queda" desse "paraíso" para sempre perdido: *"Une Idée, une Forme, un Être/Parti de l'azur et tombé/Dans un Styx bourbeux et plombé/Où nul oeil du Ciel ne pénètre"*[13] ("O irremediável", in *Les Fleurs du Mal*). Styx, o rio que conduz os barqueiros e as almas para o Hades, os ínferos, o esquecimento, a morte. O que reúne o homem antigo e o moderno é o exílio eterno da humanidade contemporânea. Aqui, a influência de Plotino,[14] claramente expressa no poema "O irremediável": a queda do Uno no Múltiplo, a fragmentação da Ideia que, pela Criação, degrada-se até cair na matéria,[15] na figura da finitude, do limite, do mal, da imperfeição metafísica.[16] Mulheres tão diversas quanto Safo e Helena, Medeia e Frineia, Penélope e Fedra comparecem nos poemas: superpostas à modernidade, todas vivendo à "margem da sociedade" ou claramente dela excluídas, compartilhando, no masculino, a mesma sorte do poeta, também ele, socialmente reprovado, condenado ao isolamento, ao dandismo, à ociosidade, em um sistema – o capitalismo

---

12 Baudelaire refere-se à *República* e *As Leis*: "de qualquer modo que se olhe esta forma de prazer", diz Platão, "seja por gracejo ou seriamente [...], a união dos machos com os machos e das fêmeas com as fêmeas é contra a natureza e que uma tal viciosa desordem provém, antes de tudo, de sua impotência em se dominarem no prazer" (Platão, 1946, p.21).
13 "Uma Ideia, uma Forma, um Ser/Vindo do azul e arremessado/no Estige plúmbeo e enlodaçado/Que o olho do céu não pode ver". Op. cit., trad. Ivan Junqueira.
14 Filósofo neoplatônico de Alexandria que lá viveu nos anos 205 d.C.
15 O conceito de "matéria" recebe, em Baudelaire, a denominação de "satanismo", cujo sentido será desenvolvido adiante.
16 Este é o tema pascaliano presente em Baudelaire, como veremos.

taylorista – que "declara guerra à *flânerie*".[17] Pois se gramaticalmente a poesia é do sexo feminino, poética e filosoficamente ela é do sexo masculino. O acordo entre coisas discordantes é o que "mantém o Ser no ser, uma conexão de tensões opostas, como no caso do arco e da lira" (Heráclito, 1973, fragmento 51; cf, Fontes, 2003, p.216): Não se trata aqui de uma "dialética" de tipo hegeliana ou do positivismo e suas leis do progresso,[18] de sínteses tranqulizadoras ou superação do "atraso", pois, em Baudelaire, as antíteses são preservadas sem resolução: "Diotima diz que Eros floresce na riqueza e morre na pobreza; unindo as duas ideias, Safo diz que o Amor é [...] tecelão de mitos". Mas deve-se, aqui, pensar também no Mal – de que fazem economia as "dialéticas" e todas as filosofias do progresso – pois há sempre nelas, se não "astúcia", ao menos um sentido secreto atuante que, por meio ou por detrás dos homens, dota a "contingência desoladora do mundo" – tudo o que parece absurdo ou aberrante nas ações dos homens – de uma significação racional, impedindo, assim, os feitos, de serem um "tecido descozido de loucura", "vaidade pueril" ou " sede de destruição". Diferindo de toda dialética – pensemos na de Kant, Hegel ou Marx,[19] o poeta foi o escolhido como o contraditor.[20] Baudelaire ("Poemas condensados – Lesbos II", 1995, p.232-4) escreve:

---

17 Lembre-se de que, principalmente a partir da monarquia de julho de 1830, com a burguesia e sua operosidade comercial e bancária – encarnação de uma nova ordem social e política – aparece, em contrapartida, a personagem do *flâneur*, como a dos boêmios, ou melhor, a *bohème,* ambos ociosos, figurações da instabilidade, do deslocamento permanente, da desordem, os "ciganos do espírito".

18 Cf. Comte (1997), e, em particular, a "lei dos três estados", o teológico, o metafísico, o positivo ou definitivo, que corresponde ao último desenvolvimento do espírito, de agora em diante "científico" e conhecedor de leis, previsíveis, repetitivas e constantes – na natureza e na sociedade.

19 Evidentemente esses autores não são nomeados, mas o ideário difuso captado na poesia e na prosa de Baudelaire abrange o pensamento alemão, aliás, bastante ativo na França com os exilados Heine e Marx, entre outros.

20 A ideia de uma "astúcia da razão", antes de adquir a força que viria a ter, em especial, no pensamento de Hegel, já se esboça em Kant, em particular em *A ideia de uma história universal do ponto de vista cosmopolita*. Mas é o racionalismo como um todo – para o qual tudo é explicável –, que está em questão. Não há história e progresso, história como progresso, tudo acontecendo *"ad majorem Dei gloriam"*. O pensamento de Baudelaire vai de encontro a toda tradição teológica, filosófica e política do Ocidente, ele é a contrapartida de crenças, convicções e evidências sedimentadas no senso comum.

Pois Lesbos me escolheu entre todos no mundo:
Para contar de tais donzelas os encantos,
E cedo me iniciei no mistério profundo,
Dos risos dissolutos e dos turvos prantos;
pois Lesbos me escolheu entre todos no mundo [...]
E desde então do alto da Lêucade eu vigio
Qual sentinela de olho atento e indagador
Que espreita sem cessar, barco, escuna ou navio
Para saber se a onda do mar é meiga e boa
Desta Safo viril que foi amante e poeta
Para saber se a onda do mar é meiga e boa.

Não dialético, pensando por antinomias e paradoxos, o poeta se diz "entre todos o escolhido", o que, como Safo, "opera mágoas" (De Tiro apud Fontes, 2003, p.215-6). Doce e amargo misturados no Amor, mas nenhum "superado" ou transformado. Além dos paradoxos, a inversão que fusiona o homem e a mulher, a santidade e a mundaneidade, já que o poeta diz "pois Lesbos me escolheu entre todos no mundo, para cantar de tais donzelas os encantos", quando se sabe que "entre todas no mundo católico, a escolhida" foi Maria, a "mãe do Deus", a Virgem absoluta de quem nasceu o "Deus que se fez homem".

Baudelaire, como Hércules apaixonado por Onfale, não só depõe as armas de guerreiro, como sua própria virilidade, trocando-as pelo bordado da deusa, transitando do masculino ao feminino. Além do mais, no poema "Safo", o amoroso não é como o guerreiro (da *Ilíada*), que enfrenta a morte e que por sua coragem transforma sua morte em memória imorredoura. O herói moderno sente medo, é um "covarde". Não domina o dossel como gostaria o mito platônico do cocheiro de *Fedro*. O guerreiro covarde e a mulher que enfrenta o perigo interessam a Baudelaire. Pois Safo "morreu ao blasfemar um dia/quando trocando o rito e o culto por luxúria/Seu belo corpo ofereceu como iguaria/A um bruto cujo orgulho atormentou a injúria/Daquela que morreu ao blasfemar um dia": tocada por alguma maldição, a poeta grega teria um dia vivido um amor de perdição por um lindo jovem, o barqueiro Fáon de Mitilene – o que a levou a renunciar ao amor pelas mulheres, ao repúdio das amigas e ao desespero: desprezada pelo "belo tenebroso", põe fim à própria vida, atirando-se do alto das brancas falésias da ilha de Lêucade, nas águas do espumante oceano (cf. Fontes, 2003, p.42ss.). Note-se o moderno em tensão com o antigo, pois o poema baudelairiano fala em "noites voluptuosas" e em "luxúria", atribuindo ao mundo grego os traços libertinos de Sade, não sem lhe imprimir um tom grave, o da fatalidade da experiência irreversível do tempo, lá mesmo onde procura as raízes anteriores do ser, sua unidade e eternidade: "Lesbos das quentes noites voluptuosas [...]/Donzelas de ermo olhar, dos corpos amorosas/diante de espelhos, a estéril volúpia". Safo, a "patrona das histéricas", escreve Baudelaire (1995, p.91) em "L'École païenne", é o poeta no feminino. *Histeria*: revogabilidade de desempenhos e papéis, cujo teor não é psicológico, mas metafísico: "sempre cultivei com terror e prazer imenso minha histeria" (Baudelaire, "Meu coração a nu", 1995, p.524-50). Esta não significa apenas a despossessão de si, mas a projeção de si em um outro e de modo *teatral*. Trata-se da intrusão do Outro em Si e na duplicação de Si em proveito do Outro e, ao fim e ao cabo, só existe o Outro no qual nos projetamos. Baudelaire o celebrou em "Safo", como em *Madame Bovary*. No romance de Flaubert, Baudelaire reconhece a histeria em ação, quando o romancista renuncia ao sexo masculino pelo feminino. Conjugando histeria e androginia, o romancista perde sua identidade masculina, e, além disso, Madame Bovary é uma mulher que tem aspirações de homem, e cujo comportamento compromete a diferença dos sexos: "a diferença dos sexos e não a diferença sexual, a nuance entre as duas expressões devendo ser mantida – a diferença sexual é de natureza fisiológica, enquanto a diferença entre os sexos, mesmo se se estabelece sobre essa base, possui uma diferença imaginária" (Laforgue, 2002, p.130).[21] As categorias do masculino e do feminino não demarcam apenas nem preferencialmente a sexualidade ou a diferença sexual, mas dizem respeito a uma divisão metafísica, a partir da qual se distribuiriam todas as demais categorias. Safo, Madame Bovary e George Sand cometem um

---

21 A "misoginia" de Baudelaire, com respeito a George Sand, talvez revele um dos componentes, do "inconsciente" poético baudelairiano. Inconsciente deve ser entendido como uma "disposição" à verdade que não é nem "manifestação" nem "ocultamento", mas impossibilidade de identificar-se àquilo que nos escapa no cerne mesmo da percepção. Assim o travestimento permite transitar do mundo das mulheres para o dos homens. Travestimento e não "disfarce", o que autorizava George Sand, aliás baronesa Duvenant, a mudanças cujas consequências eram sobretudo sociais, a baronesa Duvenant metamorfoseando-se em Georges Sand é a mulher de respeitabilidade burguesa pondo-se a viver a existência de um escritor e conhecendo amores que desafiam a moral instituída.

atentado à economia moral do mundo. Também as lesbianas das *Flores do mal* são as *damnées* que romperam o pacto social, ou ainda, o "pacto natural", entregando-se a práticas amorosas transgressivas, ou pior, a um modo de vida que ignora a partição do masculino e do feminino, recusando o tipo de amor que mutilaria a sexualidade.[22] Safo, a mulher-dândi, é a perfeição da *antiphysis* e da contrarreligião – ela dramatiza também o desterro do poeta no momento do capitalismo, que lhe retirará qualquer missão. Pois o amoroso é sócio do ócio, não participa das guerras ou da luta entre as classes, não cumpre deveres de bom cidadão, não intervém na vida pública; mais que inútil, é perigoso para a sociedade que "declara", como escreveu Benjamin, "guerra à *flânerie*" e ao amor desinteressado dos quadros da família e da procriação: "*vous que dans votre enfer mon âme a poursuivies/ Pauvres soeurs, je vous aime autant que je vous plains/ Pour vos mornes douleurs, vos soifs inassouvies/ Et les urnes d'amour dont vos grands coeurs sont pleins*" ("Mulheres malditas", *Flores do mal*, 1995, p.198-9).[23] Signo e prática da sexualidade estéril – como a do nascimento de Vênus da cabeça de Zeus –, a lesbiana é a negação da fatalidade do corpo, ela é, simultaneamente, o puro artifício e o puro místico, como a "prostituição sagrada", a mesma que no mundo contemporâneo vem a público sob a máscara de novas Vênus. O sagrado: a mulher que "é um ser terrível e incomunicável, como Deus", como o infinito que não pode ser conhecido porque ofuscaria o homem em sua finitude. A mulher é sem explicação, talvez porque "nada tenha a explicar".[24]

Baudelaire, o duplo de Safo, o escolhido para vigiar do alto do rochedo o mar, para ver se este, indulgente, devolveria, o corpo da poeta – a Safo viril, que foi amante e poeta,/ mais bela do que Vênus pelas tristes cores! [...] O círculo de trevas estriado pelas dores, desta Safo viril que foi amante e poe-

---

22 Baudelaire tinha o projeto, em 1845, de reunir seus poemas sobre os amores malditos em um volume que se denominaria *As lesbianas*, o que o poeta abandona sob censura, incluindo-os em suas *Flores do mal*: "As Lésbicas": "no ano de 1845 um jovem poeta francês projetava publicar com esse título um livro de versos que, entretanto, só apareceria dez anos depois, trazendo na capa outras palavras mais simbólicas embora ainda perversas [...]. Manteve as três peças malditas. O título *Flores do mal* foi, por sua vez, publicado com o escândalo merecido!" ("Lesbos" e "As mulheres malditas I e II" na edição de 1857).
23 "Vós que minha alma perseguia em vosso inferno,/ Pobres irmãs, eu vos renego e vos aceito,/ Por vossa triste dor, vosso desejo eterno,/ Pelas urnas de amor que inundam vosso peito!" Trad. Ivan Junqueira, p.198-9.
24 Baudelaire, "O pintor da vida moderna", 1995, p.854-81.

ta!". Baudelaire compõe, assim, como sentinela de olhar seguro e certo, sua própria imagem lesbiana, assumindo a função essencialmente feminina da expectativa e da espera (Fontes, 2003). Ele, o poeta, aguarda, como uma companheira – como uma mulher – o regresso "du cadavre adoré". Adoração, aqui, tem um sentido preciso, pois o poema celebra os "mistérios sáficos" em cadências rituais e litúrgicas: *"Ô vierges, ô demons, ô monstres, ô martyrs, / De la realité grands esprits contempteurs, / Chercheuses d'infini, dévotes et satyres, / Tantôt pleines de cris, tantôt pleines de pleurs"*.("Mulheres malditas", Flores do mal, 1995, p.198-9)[25] Virginais e demoníacas, monstros e mártires, mescla de profano e religioso, do místico e do erótico, o mundo feminino é, para Baudelaire, o ponto de encontro entre o sensual e o místico, o masculino e o feminino, o arcaico e o moderno, o latim e o francês. *"Franciscae meae laudes"*, poema escrito em latim e publicado nas Flores do mal, o atesta. Redigido em prosa eclesiástica, como um *Dies Irae,* é um poema de amor sem traço de blasfêmia: a referência mística santifica a inspiração erótica e esta erotiza a experiência mística: *"Velut stella salutaris / in naufragiis amaris / Suspendam cor tuis aris!"* No poema, *Maris stella* torna-se *"stella salutaris"*, nomeando não Maria Virgem mas Francisca, a "modista erudita e devota", isto é, a costureirinha para quem o poeta compôs os versos; quanto à eternidade cristã, a jovem modista a transforma em fonte da juventude – eterna e pagã, porque se trata da moda em Paris.[26] Quanto à língua da Igreja, ela é mobilizada para outros fins, mais licenciosos, que a língua latina permite, como se sabe pelos poetas romanos:

> não pareceria ao leitor, como a mim, que a língua da última decadência latina – suspiro supremo de uma pessoa de forte compleição, já transformada e preparada para a vida espiritual – é a mais apropriada para exprimir a paixão como a compreendeu e sentiu o mundo poético moderno? A misticidade é o outro polo deste ímã de que Catulo e seus sequazes, poetas brutais e puramente epidérmicos, só conheceram o polo da sensualidade. Nessa língua de maravilhamento, o

---

25 "Ó monstros, ó vestais, ó mártires sombrios / Espíritos nos quais o real sucumbe aos mitos / Vós que buscais o além, na prece e nas orgias, / Ora cheias de pranto, ora cheias de gritos". (idem, ibidem).

26 Lembre-se que, para Baudelaire, a moda é o elemento passageiro, frágil, leviano da estética. Ela resolve, sem o resolver, o conflito histórico, entre o passado e o futuro, porque ela é o traço de *repetição,* o que volta na forma do neo, do retrô.

solecismo e o barbarismo parecem forçar as negligências de uma paixão que esquece e desdenha as regras. (*OC* I, 1976, p.940)

A língua, como o homem moderno, que é *homo duplex*, é também como as mulheres. Duplos, porém invertidos. Não somente, na modernidade, Satã converteu-se no bom Deus, mas, sobretudo e de maneira radical, o Mal se transformou – mas continua a existir embora a modernidade não mais se aperceba dele. Não por acaso, Baudelaire evoca o *abismo* pascaliano. Se para os gregos este era o infinito, o caos do filósofo jansenista extravia ainda mais: "é uma esfera cujo centro se encontra em toda parte e a circunferência em nenhuma", que o poeta se apressa em denominar *spleen*. Da melancolia a seu deslocamento para uma palavra inglesa, o que se indica não é o abandono de Deus com respeito ao mundo e a experiência do precipício (*gouffre*), mas o sofrimento, a insignificância e a vertigem do "espírito tomado de angústia", o sentimento pascaliano do mal ontológico do homem. Pois a "paixão pelo presente" é um calvário sem remissão:

> assim vai ele [o poeta], correndo, procurando. O que procura? Certamente, tal como eu o caracterizei, este solitário dotado de uma imaginação ativa sempre viajando através do grande deserto dos homens tem uma finalidade mais alta do que a de um *flâneur*, um alvo mais geral, outro com respeito ao prazer fugitivo das circunstâncias. Ele procura algo que chamaremos aqui modernidade [...] Trata-se, para ele, de evidenciar na moda o que ela pode conter de poético no interior do histórico, de retirar o eterno do transitório. (Baudelaire, 1995, p.198-9)

Se a modernidade possui o Belo, este não mais corresponde a essências estáveis, sendo ela o subjetivo e o histórico no sentido da "tirania do provisório". Clássico na forma, anticlássico nos duplos reversíveis, trânsitos e paradoxos, Baudelaire mostra a modernidade prisioneira de sua própria duração, no desequilíbrio entre os prazeres e os dias. Tem fim a *aphrodisia*, os cuidados do corpo e de si à maneira clássica pois deles desaparece um de seus elementos mais marcantes, a "introspecção".[27] Assim, as rédeas do dó-

---

27 Lembre-se de que os "cuidados de si" na era clássica correspondiam a uma dietética, à prudência e ao equilíbrio na "erótica" dizendo respeito a uma "sabedoria prática". (Cf., em particular, Foucault, 1985, entre outros.)

cil corcel do *Fedro* de Platão se perderam, na modernidade o controle das paixões, agora, desmedidas e desordenadas, encontra o homem fora de si, do tempo, da lógica e da moral.[28]

Por isso, Safo é blasfema *e* crítica, mme de Merteuil, uma Eva, mas "satânica",[29] a Vênus grega, hoje moderna, é Vênus negra, não por ser venal, mas simulada. Baudelaire combina ainda o jansenismo de Pascal e o imoralismo do marquês de Sade, a vertigem de um mundo abandonado de Deus e os libertinos,[30] como Laclos, Sade, de Maistre. A inserção de Sade em Laclos, da *Filosofia da alcova* nas *Ligações perigosas*, permite a Baudelaire atribuir satanismo aos "libertinos". Ao pensar as questões de moral e moralidade para os séculos XVII e XVIII, Baudelaire o faz em confronto com o Mal, pensando suas configurações históricas na modernidade – a "imoralidade" dos séculos XVII e XVIII e a do XIX, fazendo-as passar por um descentramento – do ético ao religioso, ou mais precisamente, ao teológico, a partir da "consciência do pecado". A modernidade consiste em que "o valor do Mal caiu na cotação", ele perdeu o sentido do religioso, confundindo o sagrado e o profano, tudo tornando-se passível de adoração. Se os tempos libertinos com sua irreligiosidade sofriam condenação, isso se dava em consciência de causa, pois os libertinos sabiam-se em luta contra o pecado em suas práticas amorosas – com o que faziam, simultaneamente, a experiência e a prova da existência de Deus, da existência do Mal.

Contra a falsa moralidade do século XIX, a pertinência, para Baudelaire, de Sade, que jamais negou a perversidade da natureza do homem e em cujo pensamento desaparece a dicotomia do bem e do mal, fundamento da moral cristã; quando Sade recusa a naturalidade do Bem, rechaça igualmente qual-

---

28 Baudelaire interpela as paixões revolucionárias e a "luta entre as classes", tomando por emblema a Revolução Francesa. Diferentemente dos heróis revolucionários, o herói moderno não luta, com o que o poeta se afasta do puritanismo ascético e do rigorismo cívico da República Francesa. O messianismo ascético do presente – sacrifícios em nome das gerações futuras – é um dos traços teológicos da República virtuosa. A isso, Baudelaire prefere os "libertinos" que vivem "no presente".

29 O que interessa nos libertinos e, especialmente nas *Ligações perigosas*, é a maneira de dominar ou não o que se poderia designar por o Outro, significando este, ao mesmo tempo, uma personagem particular e o que nela ameaça escapar.

30 Laclos e suas *Ligações perigosas*, o marquês de Sade e sua *Filosofia da alcova*, e Joseph de Maistre reconhecem, segundo Baudelaire, o "caráter satânico" da Revolução Francesa (cf. Baudelaire, *Jornaux Intimes*, 1983).

quer "moral natural". Tanto Sade quanto seu "continuador", Baudelaire, arruínam a moral filosófica do século XVIII e XIX, em particular o rousseauísmo e sua concepção de um estado primitivo no qual o "homem é bom", a natureza um espaço da benevolência universal – visão que permitia ao autor do *Discurso da desigualdade* assimilar bondade e natureza. Contrariando esta concepção, Baudelaire escreve: "foi esta natureza infalível que criou parricídio e antropofagia e mil outras abominações que o pudor e a delicadeza impedem nomear". Pode-se afirmar, como diversos autores o fazem,[31] que a concepção moral de Baudelaire encontra suas raízes em particular em Sade, um Sade aclimatado ao pensamento artificialista próprio à modernidade – toda "virtude" é artificial, não natural; diversamente, porém, do Mal sadeano – que o leva à recusa de toda moral – Baudelaire preocupa-se com moral e religião:[32]

> há no homem uma misteriosa força da qual a filosofia moderna se isentou; no entanto, sem esta força inominada, sem esta inclinação primordial, uma multidão de ações humanas permanecerão inexplicadas e inexplicáveis. Tais ações só atraem *porque* são más, perigosas; elas possuem a atração do abismo [...] É agradável que determinadas explosões de antigas verdades saltem aos olhos de todos os complacentes (*complimenteurs*) da humanidade, de todos os sonolentos e adormecidos que repetem com todas as variações o tema – "eu nasci bom, vocês também, todos nós nascemos bons!" esquecendo – não! fingindo esquecer – a todos os igualitaristas contrariados – que todos nascemos *marquis pour le mal*.[33] (*OC* II, 1976, p.715)

O libertino Sade deslocado da erotomania e da erotologia para o plano filosófico e religioso do Mal produz, com suas influências sobre Baudelaire, um "ultracismo" ético, de tal forma que o pensamento dos extremos constitui a modernidade – e no caso a do "Segundo Império" –, método tanto mais eficaz quanto os devaneios humanitários do século XIX não

---

31 Cf. *Magazine Littéraire*, dedicada a Baudelaire.
32 Se, para Sade, moral e religião são invenções humanas, estranhas, ambas à ordem da natureza, o mesmo poderia ser dito de Baudelaire, mas a discussão tenderia ao infinito. Pois dever-se-ia enfrentar a questão acerca da religião em Baudelaire, que não é o eixo deste trabalho que se volta, preferencialmente, para a concepção baudelairiana da modernidade.
33 Nascemos todos "marquis" e não "marcados" para o Mal e este *marquis* só pode ser, na formulação engenhosa de Baudelaire, senão o marquês de Sade.

apenas revelam seus limites mas surgem como puro e simples absurdo: Satã torna-se Lúcifer, com o que Baudelaire fortalece e dá um sentido original à crítica ao progresso indefinido do homem. Pois, escreve Baudelaire, "a verdadeira civilização não se reconhece no gás, nem nas máquinas a vapor, nem nas mesas-brancas,[34] mas na diminuição dos rastros do pecado original"[35] (*OC* I, 1976, p.697) – oxímoro ao qual se segue outro na afirmação segundo a qual "os verdadeiros cristãos não acreditam no inferno" (idem, p.686).

Para apagar as reminiscências da natureza e tematizar o mal, Baudelaire volta-se para as mulheres –, as da antiguidade e as da modernidade. De onde sua idolatria por elas, as "rivais de Deus" e da "obra da criação", ambas apontando para um mistério comum: a mulher é tão insondável quanto Deus, Baudelaire tanto ama quanto odeia esses ídolos. A luta esgrimista baudelairiana é uma guerra metafísica pois diz respeito aos "primeiros princípios". A mulher, como Deus, é o absolutamente Outro, o incognoscível, objeto de um culto impossível – de maldição, portanto. As lesbianas da antiguidade e *les damnées* modernas levam-no a Deus, "o mais prostituído dos seres", o Ser por excelência, ele, o amigo supremo de todo indivíduo, reservatório inesgotável do amor (*Journaux Intimes*, 1983). O amor erótico não é apenas uma contrarreligião, mas também uma contranatureza, pois não mais existe transcendência ou imanência: Baudelaire desfaz a metafísica, ou melhor, o mito do Uno, pois este "sai de si" e se prostitui na *natura naturata*. Transvalorando o preceito segundo o qual "Deus faz bem tudo o que faz", esta ordem bemfeita é criada pelo demônio, Senhor do universo material, ao mesmo tempo que seu grande prisioneiro, sua perfeição coincide com seu encarceramento na matéria.[36] Contrariando ainda a afirmação "quem contemplou seus pe-

---

34 Sabe-se que para o conceito baudelairiano das "correspondências", encontramos a presença de Swedenborg, espíritas, cartomantes, quiromantes, grafólogos etc., como já indicado em nota anterior.
35 Observação saborosamente irônica, sobretudo porque seu contexto é o ensaio consagrado à primeira parte de *Os miseráveis* de Victor Hugo, romance, como se sabe, progressista e humanitarista, se assim se quiser.
36 A queda na "matéria" é o que Baudelaire entende por "satanismo" da modernidade. Walter Benjamin procura explicitar a multiplicidade dos sentidos nela implicados em suas *Passagens* e a crítica baudelairiana da "novidade", do "progresso", "da técnica", do *sex-appeal do inorgânico*, do fetichismo, da análise dos autômatos, dos contos de Hoffmann etc. A queda

cados é maior que aquele que viu anjos", Baudelaire considera que os seres, no fundo de si mesmos, só contemplam a Satã. Deus diabólico, diabo divino, a viril Safo, a mulher dândi moderna, o dândi Lúcifer correspondem, todos, à perfeição da anti-*physis,* signos do despaisamento do homem na modernidade capitalista: o deslocamento de populações inteiras, as fortunas rápidas asseguradas pelo comércio e pelos bancos, o caráter cabal dos contrastes e antagonismos sociais e políticos, a desvalorização simbólica das origens familiares e de nascimento em proveito da sociedade industrial amnésica, a emergência das classes trabalhadoras e proletárias que acampam às portas da civilização urbana.[37] A violência desses novos tempos foi frequentemente tratada, na época, sob a designação de "satânica". Trata-se de saber o que significa *bios* – o *viver* – na época do advento das massas, da multidão, do trabalho industrial e de seu antagonista – a *flânerie*. E mais ainda, da multiplicação ao infinito, não apenas das mercadorias, mas dos homens na multidão anônima onde desaparecem rostos, indivíduos e consciên-

---

progressiva na "matéria", além do fenômeno da transferência de meu desejo de consumo ao "desejo do outro", suposto possuir e desfrutar daquilo que eu ainda "não possuo", propõe o pré-prazer como forma de vida social das grandes massas, um "messianismo dos objetos" que promete felicidade e bem-estar pelo consumo de bens materiais mas frustra o consumo pois a "matéria" alienada e agente, além de transformar a qualidade em quantidade, confisca o tempo da fruição: quanto mais tecnologia se produz, de menos tempo o homem dispõe; a usura do tempo é também a perda da qualidade dialética do vivido. As diversas significações do modo de produção capitalista, das exposições universais da mercadoria no século XIX à inscrição da arte no mercado mundial, são todos temas abordados por Baudelaire que procura desfetichizar o fetiche pelo próprio fetichismo (mundo dominado pelas coisas, objetos parciais de desejos sempre diferidos e nunca realizados, desaparecimento do Sujeito consciente da filosofia clássica – "o homem não passa, na modernidade, de um caleidoscópio dotado de consciência", foi enunciado mais recentemente por Adorno nos seguintes termos: "até hoje ainda ninguém se dedicou a nenhuma verdadeira exploração da psicodinâmica do *gadget* e já seria tempo de realizar um estudo a fim de que se evidenciem os laços emocionais existentes entre o quadro objetivo das condições atuais de existência e os indivíduos que nele vivem" (Adorno, 2000, p.84). Que se atente para a imaterialidade da matéria nas transações financeiras, o fim da centralidade do trabalho e sua atomização planetária, a automação que, diversamente de criar "tempo livre" para a "autorrealização" de nossas aptidões intelectuais, artísticas, etc., produz desemprego e uma massa de "seres supérfluos". (cf. *Actuel Marx: violence de la marchandisation*, 2003).

37 Falar nas desordens e comoções da sociedade do século XIX, da Revolução Francesa até o Império, de Napoleão Bonaparte a Luís Napoleão seria pouco. Escritos políticos e a imprensa da época de Baudelaire exprimem a violência das relações sociais e os termos que recobrem insurreições e motins: "barbárie", "loucura", "furor", "embriaguez", "extermínio", "ódio", "mártir": violência, enfim (cf. Oehler, 1996).

cia – o que confere à multidão sua fisionomia *unheimlich*, de perturbante estranhamento, o insondável número de sósias no coletivo, que nos roubam a alma e o destino, fazendo de todos nós *estrangeiros absolutos*.

Paris permite ao poeta reconhecer o movimento da razão histórica efetuando-se sobre si mesma no cotidiano, razão histórica que é perda de si e exílio; a grande metrópole não é a capital cosmopolita de todos os povos, mas a "capital dos estrangeiros" em sentido próprio. Em Paris não há estrangeiros porque todos o são – eis o que reúne o habitante nativo e o estrangeiro "exótico". A Paris de Baudelaire é a "pátria comum de todos os estrangeiros". A "Paris do segundo império em Baudelaire"[38] é uma cidade mítica sem limites temporais; nela tudo se confunde, criando-se a atmosfera de exílio universal. Nela se presentifica o dândi – aquele que se isola no coração da cidade populosa: vestido todo de preto, botas envernizadas, altivamente desdenhoso em suas *manières* refinadas; sua pretensa insensibilidade e indiferença o distinguem e diferenciam como ser urbano na sociedade de massa. O dandismo[39] é, neste horizonte, expressão e efetuação da liberdade, da independência, da individualidade. O dândi vive à margem da sociedade: "a beleza do dândi", anota Baudelaire, "consiste, sobretudo, em sua expressão fria, que procede da resolução inabalável de não se sentir comovido por nada: dir-se-ia um fogo latente que se deixa adivinhar, que poderia mas não quer resplandecer".[40] O dândi, em meio à produção em massa das mercadorias e da multidão, tenta criar as condições da "raridade", da individualidade. Por isso, veste-se com uma gravata vermelho-berrante e com luvas cor-de-rosa:

---

38 Título do ensaio de Benjamin nas *Passagens*.
39 Talvez seja possível afirmar que Baudelaire tem um precursor em Byron, e na personagem de Don Juan, o protótipo do dândi. Com efeito, em *O pintor da vida moderna*, Baudelaire observa que os dândis ingleses descendem, todos, de Byron. Quanto a *Don Juan*, sob o olhar baudelairiano, ele é o *Impenitente* radical "le calme héros, courbé sur sa rapière/Regardait le sillage et ne daignait rien voir". A referência, aqui, é, principalmente, *O naufrágio de Don Juan* de Delacroix, em que o herói não é assediado pelo remorso em meio ao crepúsculo, na fúnebre nau que se dirige ao Hades. O dândi Don Juan não sente senão desprezo e indiferença por seu destino.
40 "O dândi". In: "O pintor da vida moderna", 1995, p.851-81. Lembre-se da maneira pela qual Walter Benjamin refere-se a Baudelaire e a seu dandismo da indiferença: "Baudelaire brilhou no céu do Segundo Império como um astro sem atmosfera" – o que, segundo o método dos "extremos" – que aproxima o poeta-filósofo (Baudelaire) e o filósofo-poeta (Benjamin) –, é uma estrela impedida de emitir sua luz.

"estamos em 1840 [...] Numa certa época, tivemos até luvas verdes. A cor só desaparecia como parte dos hábitos a contragosto. Baudelaire não era o único a usar luvas cor-de-rosa. Sua marca encontra-se na combinação destes dois efeitos com o negro de seu terno" (Benjamin, 2006, p.293).[41] O dândi é um "bode expiatório", como os "seres sagrados". Nele, como em *Don Juan*, a dor do remorso vinga Deus, mas orgulhar-se do remorso vinga o homem – como no poema O irreparável, em que "os mártires de um caminho em extravio se orgulham do martírio": "o remorso, peculiar ingrediente do prazer", anota Baudelaire em seus *Paraísos artificiais*,

> logo afunda na deliciosa contemplação do remorso, em uma espécie de análise voluptuosa; e esta é tão rápida que o homem, demônio natural, para falar como os Swedenborguianos, não se apercebe do quanto ela é involuntária e como, a cada segundo, aproxima-se mais e mais da perfeição diabólica. Ele *admira* seu remorso e se glorifica, ao mesmo tempo em que perde sua liberdade. Eis aí meu homem hipotético, o espírito de minha escolha, tendo alcançado este grau de alegria e liberdade que o constrange a se admirar a si mesmo. ("Paraísos artificiais", 1995, p.345-456)

A *"consciência no Mal"* é o antídoto ao torpor do progresso, cegamento definitivo, imersão na inconsciência do bom-senso: "por progresso entendo

---

41 Há, também, uma outra marca do dândi: seu desejo de detectar na realidade uma outra realidade, analogamente ao que Salvador Dali dizia da paranoia quando a ela se referia como uma outra interpretação possível do real e, assim, atividade lógica criadora. Algo se passa com o desejo amoroso na modernidade, tal como apreendido por Baudelaire, uma espécie de "projeção em cadeia de objetos parciais". Nesse sentido, embora em outro contexto, podemos aproximar o dândi Baudelaire de seu "herdeiro" Lacan, quando este trata do amor romântico, se levarmos em consideração as relações de Baudelaire com o romantismo (em particular com a pintura de Delacroix): "a matriz do amor romântico e do *amour fou* surrealista", escreve Leda Tenório da Motta, "é a poesia trovadoresca do século XII francês [...]. Analisando o rodeio dos cavaleiros em torno das impossíveis damas casadas e encasteladas que levam a peito conquistar, Lacan nos pede [...] para ponderar que todos os obstáculos interpostos à felicidade desses cantores apaixonados não só caucionam a inacessibilidade de seu objeto, mas lá se encontram para garantir o que está verdadeiramente em questão, por baixo das aparências: uma 'demanda de não-real'. E nos adverte que a paradoxal função que o poeta do amor cortês se põe a exercer, erguendo barreiras contra seu próprio desejo, nessa busca impossível ambientada numa Idade Média em que o casamento se torna sacramento, denota uma perfeita administração da solidão narcísica, e uma organização do vazio". (Cf. Motta, 2004, p.88-9). Também Löwy (2005) refere-se ao "marxismo gótico" do filósofo e a importância do amor cortês para o filósofo que tanto se dedicou a Baudelaire.

a atrofia progressiva da alma", escreve Baudelaire, "e a dominação progressiva da matéria" (in *Curiosités Esthétiques*, p.267). Adversário da crença acrítica no progresso indefinido, mecânico e externo ao homem, o progresso é "queda" progressiva do homem no Mal e perda dessa consciência. A humanidade "capitalista" da metrópole, com seu "estilo" e "elegância", afetações todas elas irrisórias, é "caricatural" e, como a caricatura, que começa a surgir nos jornais diários, é resumo de uma comunicação política da cidade – a moda é o efêmero, a comunicação e a vida momentâneas, a fisionomia moral e política da cidade e de seus moradores: "deixo de lado", observa Baudelaire,

> a questão de saber se, ao tornar a humanidade mais delicada (polida e urbana) na proporção dos novos prazeres que traz o progresso indefinido não seria sua tortura mais engenhosa e mais cruel; pois se procedendo a uma obstinada negação de si mesmo, não seria uma forma de suicídio incessantemente renovado e se, aprisionado no círculo de fogo da lógica divina, ele não se assemelharia ao escorpião que se traspassa a si mesmo com sua terrível cauda, este eterno *desideratum* que produz seu eterno desespero. (in *Curiosités Esthétiques*, op. cit., p.228)

Fatalidade e liberdade são a marca do progresso que revela a "natureza metafísica" do *homo duplex* pascaliano, pois o homem, desde a queda do paraíso,[42] encontra-se dilacerado entre "miséria" e "grandeza", "inferioridade" e "superioridade". É o homem sob o signo de Satã, o anjo caído, ao mesmo tempo Senhor do Mal e o Grande Vencido. Assim também o herói moderno, o dândi, que vive uma solidão excêntrica, pascaliana, dos dois infinitos, a miséria e a grandeza do homem diante do infinito. O dândi em sua duplicidade contraditória pode apresentar alguns traços da *bohème* que, como o dândi, mas também diferente em diversos aspectos – sobretudo políticos e morais – a ele se assemelha por seu estilo de vida e uma "atitude estética". A *bohème* se caracteriza pela falta ou recusa voluntária a um trabalho fixo e regular; frequenta bistrôs e cabarés populares, prefere a vida noturna, desfruta de uma liberdade sexual ostensiva, tem inclinação para a embriaguez e utilização de drogas, por vezes se vale de códigos secretos próprios a uma confraria de iniciados. Cabelos compridos, vestuário amaneirado ou excêntrico,

---

42 Baudelaire retoma, conferindo-lhe novos e ampliados sentidos, o *Paraíso perdido* de Milton em seus *Paraísos artificiais*.

negligência quanto ao aspecto físico, acompanhado de um ideal artístico, por assim dizer, buscado como uma vocação marginal e cultivado à revelia de normas, é um *outsider* com respeito às instituições legitimadoras como as Academias literárias e artísticas. Com tendências transgressivas, não se subordina a conformismos, desenvolve sua liberdade contra interditos e contra o poder, repudia o mundo da moral repressiva.[43] Na França, a partir da Monarquia de Julho e de Luís Filipe, a burguesia, pela primeira vez na Europa, é a verdadeira classe dominante. Desse ponto de vista, a *bohème* pode ser compreendida como a atitude mais aberta contra a persistência do *Ancien Régime*.[44] Quanto ao dândi, ao menos como Benjamin (2006, p.263-432) compreende Baudelaire, ele testemunha uma revolta que ainda não encontrou seu caminho e pode tomar qualquer direção, a das barricadas ou a do desprezo da massa. Benjamin o celebra como representante de uma casta altiva, uma "nova aristocracia" cultuadora do Eu, assustada com os estigmas da sociedade burguesa mas incapaz de a eles se opor. Trata-se de um "heroísmo aristocrático", sem entusiasmo e "tomado pela melancolia" que se insurge contra a maré na alta da "democracia" e do "nivelamento rebaixado" espiritual e do "gosto". Revolta sobretudo estética, como o atesta a predileção de Blanqui, o conspirador e seu *pathos* das barricadas, pelas luvas pretas. O dândi não se guia pela ética do trabalho, não é moderado em sua conduta, não procura estabilidade e prosperidade econômica. Não faltaram críticas ao caráter politicamente instável daqueles que Marx diluiu na *bohème* em seu *Dezoito brumário*, denominado-os *lumpenproletariat* e seu apoio ora aos poderosos, ora

---

[43] Théophile Gautier caracterizou a *bohème* como "o amor da arte e o horror por tudo que é burguês" (Cf. Traverso, 2004).

[44] Recorde-se que, em meados do século XIX, tanto na Inglaterra quanto na Alemanha, a burguesia industrial domina a economia mas seu estilo de vida e mentalidade permanecem modelados pela *landed gentry* e o *Junkertum*. Em outros termos, a burguesia instalou sua *Zivilisation* mas não desalojou sua antiga *Kultur,* a modernidade industrial permanecendo envolta nas formas culturais da tradição, ligadas a práticas obsoletas nas relações sociais. Para os conservadores, a *bohème* misturada à multidão citadina não passa de subversivos da ordem social e moral, aventureiros perigosos, atraídos pelas bebidas, drogas e violência. De qualquer modo, a *bohème* é francamente antiburguesa e procura reviver, em meio ao moderno, uma comunidade que permanece invulnerável aos constrangimentos do dinheiro, do utilitarismo calculista e das leis da produção mercantil. Se a liberdade da *bohème* é um protesto contra a exclusão social, por outro lado não se preocupa, por sua disposição "individualista", em inscrever-se em formas oficiais de cidadania como o recurso a instituições judiciais, por exemplo. São, então, "classes perigosas".

ao subproletariado urbano. Os insurretos de 1848 que apoiam o golpe de Estado de Napoleão III não passam de "aventureiros em cima das barricadas":

> são conspiradores que aderem a todo tipo de gente duvidosa [...] Ao lado dos desclassificados enfurecidos, cujos meios de subsistência são duvidosos, ao lado de dejetos, depravados e rebaixadamente aventureiros da burguesia, há vagabundos, ex-soldados, ex-condenados a trabalhos forçados que deixaram as prisões, escroques, charlatães, ladrões à mão armada, jogadores, leões-de-chácara de bordéis, trapeiros, mendigos.

Para Marx do *Dezoito brumário*, a *bohème* não é o povo, mas a plebe ou ralé.[45]

Mas os dândis diversamente da *bohème* se definem pelo *satanismo*, satanismo que revela uma "estranha espiritualidade". Baudelaire assim os caracteriza:

> são, ao mesmo tempo, o sacerdote e a vítima, todas as condições materiais complexas a que se submetem, desde a toalete impecável a qualquer hora do dia e da noite até as peripécias mais perigosas do esporte, são sempre uma ginástica apropriada para fortalecer a vontade e disciplinar a alma. Na verdade, eu não estava totalmente errado em considerar o dandismo como uma espécie de religião. (Baudelaire, *Art Romantique*, p.90)

O dândi é como Satã, cujos terríficos sofrimentos provêm da desproporção entre suas magníficas faculdades, adquiridas instantaneamente em um ato diabólico, e o meio, como criatura de Deus – em que foi condenado a viver. Ato satânico por excelência é a consciência levada ao seu estado máximo, dos poderes e da potência mesma de Deus – definição que por isso mesmo é também a de Satã. Eis por que Satã, como o dândi, foi "traído pela sorte", é o irmão gêmeo de Caim, portador de um segredo negado aos homens de seu tempo, escondido nas profundezas da matéria: só o conhecem aqueles que o invocam e compartilham seu exílio, os "párias malditos" aos quais Satã ensina "o gosto do paraíso"; diante da forma absoluta de seu crime, "o sentimento quase inefável, tanto ele é terrível, da alegria na maldi-

---

45 Sobre as diferentes considerações de Marx acerca da *bohème*, cf. Seigel, 1991; Kreuzer, 1968.

ção" (*Art Romantique*, p.226). Satã é, em seu travestimento, o maldito em sua semelhança perfeita com Deus – ou então, a imagem de Deus no espírito absolutamente privado de Deus. Essa incurável nostalgia do paraíso que é a dor do exílio, é a do poeta, de Satã, de Hermes, o Alquimista: "*Hermès inconnu qui m'assistes/Et qui toujours m'intimidas/Tu me rends l'égal de Midas/Le plus triste des alchimistes;/par toi je change l'or en fer/Et le paradis en enfer*"[46]. A consciência do exílio é a consciência da modernidade, a imersão cada vez mais profunda na matéria e a atrofia do espírito, a perda coletiva da "rainha das faculdades": a Imaginação (cf. O salão de 1859, *OC* II, 1976, p.619). De alguma forma é a Imaginação a "faculdade do artifício", uma vez que a modernidade é perda irreversível do "natural".

Artifício por excelência é a máscara do dândi, seu hábito de mudar de rosto – mas também e sobretudo a maquiagem da mulher. Com a maquiagem, a mulher "parece mágica" e "sobrenatural", a fim de vencer o "natural" e impactar os espíritos. O elogio da aparência levada a termo por Baudelaire desloca a tradição e aponta o moderno, uma vez que a trajetória da filosofia no Ocidente dualizou essência e aparência em nome da essência. Para Baudelaire, a "essência" se retirou do mundo e dela só resta a ausência que deve ser presentificada pelo "frívolo", pelo travestimento, pela maquiagem. Substituta da idealidade perdida, em que a sedução vai de braços dados com o fetichismo, a mulher é sósia de Satã, príncipe do travestimento e do disfarce, cuja força provém, a um só tempo, de sua contestação e de sua marginalidade. E aqui se superpõem as lesbianas, Madame Bovary, Georges Sand, o dândi. Pois a maquiagem, como a máscara do dândi, confere à mulher moderna uma *beleza antiga*. Assim, o pó de arroz no rosto vem a ser uma "mica de mármore", enobrecendo a mulher moderna como se fosse uma estátua grega. Na mulher, a consciência tácita do moderno, isto é, do efêmero, do contingente, do transitório, pois a maquiagem (como a moda) é sua maneira de consolidar e divinizar sua "frágil beleza". É sobretudo a mulher quem endossa a beleza da moda, a mulher do *demi-monde*. Qual um *ídolo*, pela moda, a mulher revela seu ser terrível, isto é, incomunicável (cf. "O pintor da vida moderna", *OC* II, 1976, p.713). É Mágica pela toalete, o

---

[46] "Hermes que oculto me conquistas/E para sempre me intimidas,/Tu me fazer igual a Midas,/O mais triste dos alquimistas". ("Alquimista da dor", *Flores do mal*, trad. Ivan Junqueira, 1995, p.164).

refinamento da maquiagem, suas atitudes, mas, antes de tudo, pelo seu olhar, "vago ou fixo", "distração indolente ou atenção fixa". O olhar ausente encontra-se também nos inúmeros poemas de Baudelaire sobre os gatos, olhar "cortante e que transpassa como um dardo" (cf. "O gato", XXXIV e LI, As flores do mal). Assim, Baudelaire atrubui à mulher, lá mesmo onde se encontra sua misogenia, um charme mágico; essas "mulheres mundanas" e seus *compagnons de route* – os dândis – são, segundo Baudelaire, "os narcisos da derrisão" que contemplam a massa citadina como "um rio que lhes devolve sua própria imagem" ("O pintor da vida moderna", 1976, II, p.719). A mulher moderna é narcísica, como os gatos.[47]

Reunindo, assimilando e assemelhando, por anacronismos, o politeísmo greco-romano, a filosofia antiga e a civilização moderna dita cristã, Baudelaire compôs: "*Ce qu'il faut à ce coeur profond comme un abîme, / C'est vous, Lady Macbeth, âme puissante au crime, / Rêve d'Eschyle éclos au climat des autans*".[48] Toda a onomástica baudelairiana – Safo, Lesbos, Lady Macbeth, Lethes, Styx, Afrodite, Lêucate, Vênus, Platão, Frineia, Flaubert, Georges Sand, escritores, filósofos, pintores, personagens lendárias e literárias clássicas e modernas, bem como referências geográficas – Lêucade, Capadócia, Hades e deuses – tem o sentido de sobrepor, mesclando-os às massas da grande metrópole moderna e sua linhagem direta, seus ancestrais antigos. Assim a justaposição de Vênus, Platão, Frineia e Safo em "Lesbos" foi só o começo de seu método. Há nas *Flores do mal* uma Circe homérica e um pensador austero – Antístenes, o cínico,[49] sereias e mulheres fatais. Como "A Beatriz",

---

47 Assim também o texto clássico de Freud: a mulher narcísica – cujo traço mais característico é do se bastar a si mesma – não responde ao desejo que desperta, trata todos os homens segundo uma mesma medida: "suas necessidades não as fazem tender a amar mas a serem amadas e lhes agrada o homem que preenche tal condição [...]. essas mulheres exercem a maior atração sobre os homens, não apenas por razões estéticas, pois normalmente são as mais bonitas, mas por razões psicológicas interessantes" (Freud, 1969, p.94).

48 "O que me falta ao coração e o que o redime/Sois vós, ó Lady Macbeth, alma afeita ao crime,/Sonho de Ésquilo exposto ao aguilhão dos ventos". ("O Ideal", As Flores do mal, trad. Ivan Junqueira, 1995, p.118)

49 Considerando-se discípulos de Sócrates, os cínicos, em suas práticas e ditos, contrariavam e questionavam convenções sociais e eram conhecidos por sua altivez moral. Recorde-se, aqui, o encontro de Diógenes de Sínope e Alexandre da Macedônia. Como o filósofo tinha por morada um "tonel" e andava com uma lanterna "à procura de um homem que não se deixasse influenciar pelas convenções sociais", o Imperador, amante da filosofia grega, lhe pergun-

evocadora da amada de Dante, mas em tudo seu contrário: ela é uma "Vênus negra". Essa Beatriz – humilha e é impenitente –, francamente, "sádica".

A modernidade é o lugar de duplos – sombras, simulacros e fantasmagorias. O que é o duplo, a fantasmagoria, o sósia senão sombras que perderam seus próprios corpos, *revenants* que não correspondem mais às coisas que são? A fantasmagoria não volta de lugar algum e não procede de nenhum, é simulacro tal como o de Lucrécio;[50] aquele que vem de longe e não diz respeito a um corpo e sim é um compósito engendrado de diferentes corpos, não sendo pois reflexo de um corpo real e existente, mas uma rede de partes e detalhes provenientes de diversos outros. Por isso, o simulacro não encontra correspondência no "real", mas se constitui de realidades e irrealidades, como as mercadorias, como a moda. "Ecletismo", se ecletismo houver, ele é a experiência da dúvida, pois no mundo contemporâneo qualquer identidade vacila, toda beleza está contaminada com o "pecado original".[51] O *spleen* baudelariano resulta da morte de Deus, o que faz do Eterno o equivalente da Queda: *"plonger au fond du gouffre, Enfer ou Ciel qu'importe?"*. Céu e inferno, Deus e Satã, anjo e demônio, a modernidade é o lugar do paradoxo e entre eles o do esquecimento do pecado original. Em sua desmemória, o presente se oferece a todas as formas do falso. Desse modo, quando Baudelaire teoriza o moderno é para considerar tanto a intransmissibilidade da tradição quanto para indicar a epifania do instantâneo e do inapreensível. Para Baudelaire há, no presente, um descompasso entre a tradição e sua transmissão

---

ta se este precisa de alguma coisa – a que Diógenes responde que Alexandre estava encobrindo o Sol e que se desviasse, portanto, dele (cf. Laércio, 1965).
50 Cf. Lucrécio, 1954, Livro IV.
51 Em contraste com o Platão da *República,* a modernidade baudelairiana não é uma caverna platônica. Com efeito, Platão "recalca" o conflito enunciado pela própria alegoria quando descreve corpos e sombras. Pois, se a propagação da luz revela instantaneamente sobras projetadas nas paredes da gruta, com o eco das palavras trocadas entre os homens no exterior da morada subterrânea não ocorre o mesmo, o som e o eco não são simultâneos – assim seu sentido é posterior a sua emissão, há sempre um intervalo entre o som e seu eco ou sentido, diversamente do corpo e sua sombra, do corpo refletido e seu reflexo. Há no som dois sons, sendo que Platão descuida em dizê-lo para garantir a identidade do real e a adequação das coisas a sua essência. A Baudelaire interessa o "intervalo", o momento do *choc*, as anamorfoses, tudo o que suspende o "lugar-comum": "o lugar-comum não consiste em um grupo isolável de ideias, não procede da lógica do verdadeiro e do falso, mas o que cimenta aos poucos ideias em circulação [...] privando-as de sua vitalidade em um movimento de clausura do pensamento" (Bayard, 2004, p.106).

– o que significa que o passado não coincide com sua desvalorização. Ao contrário, se a perda da aura – das coisas no universo regido pela lei do valor e da multiplicação das mercadorias, por um lado, é perda da auréola da arte e da poesia, por outro, a modernidade é o momento de *fundação* de um *choc* sobreposto ao passado. Tempos entrecruzados e simultâneos, o da antiguidade, o da modernidade, sua correspondência não se dá na forma tradicional da *adequatio*. Há um silêncio – na modernidade baudelairiana: o dos passantes, da multidão, do olhar que "olha sem ver" – justamente na época em que as revoluções se vinculam à liberdade da circulação da palavra. Os lazeres e o consumo de massa multiplicam observadores privados do olhar. Tem fim o sujeito consciente ao qual correspondia uma identidade subjetiva. Baudelaire fala de uma passividade que provém, antes, do sonho e da hipnose. Em "Sobre alguns temas em Baudelaire", Benjamin, comentando Baudelaire, menciona olhos que perderam a capacidade de olhar.

Lesbos e Paris, Safo e *les damnées*, a eternidade da beleza grega e a maquiagem moderna dão a compreender o presente – mundo, a um só tempo sem Deus mas tomado pelo terror divino. Pois não é uma das maiores astúcias do demônio fazer crer "que ele não existe?".

5. Modernidade e angústia:
cosmopolitismo e acosmismo

Já se caracterizou a modernidade como a época do fenômeno do fetichismo generalizado. O próprio Marx analisava a reificação (*Verdinglichung*) e o estranhamento (*Fremdheit*) decorrentes da cultura capitalista. Reificação significa: a desrealização (*Entwirklichung*) como experiência alucinatória de perda dos contornos de diferenciação do homem e das coisas, das demarcações entre o eu e o não-eu, entre o próprio e o estranho. Alguns autores, como Mario Perniola (2004), notam a proximidade desta circunstância com a psicose, sendo uma de suas características a aderência e a identificação ao mundo externo, cada um tornando-se o que vê, toca e sente. Que se pense nas *Memórias de um doente dos nervos* de Schreber quando descreve o processo de perda de sua identidade, o que coincide com a disposição de devir qualquer coisa e de ser tudo. Ele pode, com efeito, tornar-se a Virgem Maria ou uma meretriz, um santo nacional ou uma mulher nórdica, um noviço jesuíta ou uma jovem alsaciana nos braços de um oficial francês, um príncipe mongol ou até mesmo algo abstrato como a causa dos fenômenos atmosféricos. Em outras palavras, no mundo contemporâneo declina o "princípio de realidade", o exercício do pensamento como mediação com a realidade externa e o sujeito como autor do sentido do mundo, de seu mundo.

Também a vida social se vê destituída de dimensão simbólica e política, de tal forma que a soberania do Estado passa a funcionar como máscara de sua agressividade, poder e violência que se exercem para além dos limites legais e da política democrática. O Estado é tão somente o senhor da biopolítica, é poder sobre a vida nua, biológica, fora do campo dos direitos, da lei e de seus outros significados de coesão social. Ele é, melhor dizendo, o gestor do estado de exceção, pois se liberdade e segurança, direitos e responsabilidades caracterizam a democracia, ele suspende a norma vigente. O que designa a exceção é o desaparecimento das fronteiras entre fato e direito, a absoluta desproteção do indivíduo – o que se reconhece nas metrópoles modernas, nas "cidades-pânico" de que fala Paul Virilio (2004): "elas testemunham, melhor do que todas as teorias urbanas sobre o caos, que a maior catástrofe do século XX foi a cidade, a metrópole contemporânea dos desastres do progresso." (Cf., ainda, Jeudy, 1990). Trata-se das guerras da técnica, da energia nuclear civil, de Hiroshima, Nagasaki, Napalm, terrorismo de Estado ou de agrupamentos paramilitares. Lembre-se de que, de início, o Iluminismo filosófico e político prometera aprofundamento da democracia, alargamento do espaço público internacional e dos direitos do homem graças aos desenvolvimentos da técnica, em um teatro no qual cada um se expressasse sem segundas intenções.

Na obra *Paz perpétua*, Kant denunciava os reis engandores que assinam armistícios com a firme intenção de continuar a guerra. Para haver paz duradoura era preciso excluir da esfera da convivência política astúcias e maquinações, conferindo a todos o direito de se exprimir livremente, anulando a necessidade de dissimulações que fariam eclodir ódio, destrutividade e barbárie,[1] permitindo e favorecendo que cada qual ingressasse no regime do enfrentamento dos argumentos explícitos que qualifica a democracia. Hoje, diversamente, todos habitam uma espécie de *no man's land*, de onde se ausentam regulamentações e prosperam desregulamentações. A contemporaneidade oferece uma "política sem política" que se revela no desmoronamento da ordem comum quando a regra pan-inclusiva constituía o fundamento da instituição democrática: "com as políticas autoritárias e securitárias, trata-se de jogar uma parte do povo contra a outra – os que assustam contra os assustados, os não securitizados contra os segurados – e de dissolver cada vez mais o povo como categoria política" (Brossat, 2000, p.44).

---

[1] Peter Sloterdijk (2003, p.65) enfatiza que a liberdade de expressão encontra-se em dissolução na contemporaneidade: "antes da febre do politicamente correto, era legítimo defender opiniões as mais extremas, incluídas as antissemitas e racistas, o que é bem mais saudável que fazer suposições sobre as segundas intenções eventuais do outro [...] Ninguém mais pensa que o outro diz o que ele quer dizer. O *politically correct* desencadeia um processo que leva à paranoia generalizada". Nesse mesmo sentido, Adorno já considerara (2003) que a sobrevivência de elementos fascistas na democracia é mais grave que aqueles contra a democracia.

O decompasso entre noções clássicas para compreender o político e as condições do presente decorre, segundo Agamben (1985, p.62), do fato de "à abundância das análises conceituais do nosso tempo, responder uma singular pobreza de descrições fenomenológicas". Ao refletir sobre a ciência das experiências da consciência política e seu eclipsamento, Agamben encontra seu solo originário no estado de exceção, aliando em suas análises a biopolítica tal como Foucault a compreende – a vida nua, anterior ou fora dos direitos políticos – às análises schmittianas de Benjamin na *ODBA* e na tese n.8 de "Sobre o conceito de história". Com efeito, se na *ODBA* Benjamin reflete sobre o fascismo alemão a partir do conceito de soberania e do estado de exceção, tal como elaborado por Carl Schmitt, Agamben, por sua vez, o fará das experiências-limite dos campos de concentração e dos refugiados no mundo contemporâneo. Deve-se, pois, retornar à questão dos direitos do homem e do cidadão, a começar pela ambiguidade da declaração de 1789, pois "não está claro se os dois termos designam duas realidades distintas ou formam, ao contrário [uma figura linguística] na qual o primeiro termo já se encontra incluído no segundo" (Agamben, 2002b, p.30). Hannah Arendt, por sua vez, havia indicado a mesma dificuldade relacionando declínio do Estado-nação e o fim dos direitos do homem. Em 1935, as leis de Nuremberg separaram os alemães em cidadãos de pleno direito e os sem direitos políticos, criando uma imensa massa de apátridas, determinando ainda uma mudança decisiva na vida do Estado-nação moderno que se desfaz das noções de "povo" e de "cidadão".[2]

Com efeito, a identidade entre "homem" e "cidadão" é abalada pela presença dos refugiados em quem se opera o desvinculamento entre nascimento e nacionalidade, lembrando que os primeiros campos foram concebidos como espaço de controle para refugiados ao qual sucederam os campos de internamento, de concentração e de extermínio: "uma das raras regras que os nazistas observaram por ocasião da solução final", escreve Agamben (2002b, p.33),

---

2 Depois da Primeira Guerra Mundial muitos países europeus – como a Bélgica e a França – introduziram leis permitindo desnaturalizar ou desnacionalizar seus próprios cidadãos, aqueles considerados indignos da cidadania por terem cometido "atos antinacionais" durante a guerra e também contra os cidadãos naturalizados de "origem inimiga". Lembre-se também de Derrida e *O monolinguismo do outro* em que se refere às leis do governo de Vichy que retiraram a cidadania francesa dos judeus franceses residentes na Argélia.

foi as de enviar para os campos de extermíneo Judeus e Ciganos somente depois de privá-los totalmente de sua nacionalidade [mesmo daquela de segunda classe que foi a sua depois das leis de Nuremberg]. Quando seus direitos não são mais os do cidadão, o homem então é verdadeiramente *sagrado*, no sentido que dá a este termo o direito romano arcaico. Votado à morte.

Para Benjamin o fascismo só parece estado de exceção para aqueles que acatam a crença no progresso, pois o fascismo inscreve-se na continuidade histórica do capitalismo, o capitalismo é o estado de exceção em permanência. Tanto na *ODBA* quanto nas *Passagens* e nas teses "Sobre o conceito de história", seja a modernidade barroca, seja a do século XX, a modernidade, pelo vazio de normatividade, convoca uma decisão, decisão que é a exceção:

> se a exceção é a estrutura da soberania, a soberania é a estrutura originária na qual o direito se refere à vida e a inclui em si através da suspensão [do direito] [...] A exceção é uma relação de *bando* no sentido da palavra germânica que designa tanto a exclusão da comunidade quanto o comando e a insígnia do soberano. Aquele que foi banido não é, na verdade, simplesmente posto fora da lei e indiferente a ela, mas é *abandonado* ou seja, exposto e colocado em risco no limiar em que vida e direito se confundem [...] A relação originária da lei com a vida não é a aplicação mas o Abandono. A potência insuperável do *nomos*, sua força originária de lei é que ele mantém a vida em seu bando, abandonando-a. (Agamben, 2002a, p.36)

A soberania e a decisão sobre o estado de exceção inscrevem-se em uma hermenêutica da violência, no sentido em que guerra e paz, normalidade e estado de exceção são dois momentos do mesmo círculo do qual não é possível sair a não ser durante a trégua de um armistício, pois logo sucederá a recaída na violência. Existir significa estar exposto à repetição do estado de exceção. É soberano aquele que define o princípio de realidade quando se está sob o domínio de forças que nos escapam e que desempenham a antiga função das religiões. O poder heterônomo é, agora, o retorno do teológico-político que naturaliza a política e a "guerra justa", o que se torna possível em razão de uma amnésia coletiva e da cristalização de um presente sem reminiscências, sem memória representável e, assim, contestável. A democracia, ao contrário, desnaturaliza a ideologia, pois esta substitui "as incertezas da história pelas leis de ferro da natureza", as da economia e da técnica, pela transcendência do poder e das leis.

Do encontro excepcional entre o filósofo e o jurista, entre Benjmain e Carl Schmitt, desenvolve-se a perspectiva das análises da *ODBA*, obra que se constrói no âmbito da falência da democracia liberal na República de Weimar dos anos 1920-1930. De acordo com a *Teologia política* de Schmitt (1969, p.22), "a evolução da democracia de massa fez da discussão pública de argumentos uma formalidade vazia; [...] ela perdeu seus fundamentos morais e espirituais e não subsiste a não ser como um aparelho vazio, que só se mantém em pé pela virtude de sua mecânica, *mole sua*". Para Benjmain, a crise do parlamentarismo da República de Weimar tem seu antecedente na Revolução de 1830 na França: "os deputados discutem nos parlamentos enquanto as decisões são tomadas fora deles" – como escreve nas *Passagens*, pensando menos na legitimação da ditadura e na justificação do poder absoluto schmittianas, e mais no deciframento da aparição de uma nova forma de poder cujo ponto de fuga são as guerras (as guerras de religião do século XVII, as guerras teológico-políticas da modernidade, as guerras do capitalismo). Tome-se o capitalismo como religião:

> É preciso reconhecer no capitalismo uma religião, isto é, que o capitalismo serve, essencialmente, para apaziguar as mesmas preocupações, os mesmos tormentos e as mesmas inquietudes a que as religiões davam outrora uma resposta [...] A duração de seu culto é permanente [o consumo] [...] O capitalismo é uma religião puramente cultual, sem dogma [...] [É preciso comparar] as imagens dos santos das diferentes religiões e as notas dos bancos de diferentes Estados. (Benjamin, 2001, p.111)

O novo poder teológico-político é despojado, em princípio, de qualquer fantasmagoria espiritual, é sem ilusões – é desencantado – e manifesta-se como força da natureza. Por isso, se o drama barroco corresponde ao nascimento da modernidade, é pelo desencantamento psíquico de suas personagens e por estratégias e decisões técnicas que tomam o lugar da política. O drama barroco só conhece os acontecimentos políticos como atividade depravada de conspiradores, as personagens que representam a rebeldia não possuem nenhuma convicção revolucionária. A temporalidade barroca é monótona, é o tempo da história natural e não responde mais à lógica da luta de classes. O tirano não governa, dominado pela indecisão melancólica e pela inércia do coração. Ele é vagaroso. Da mesma forma, os cortesãos caracterizam-se pela infidelidade e raramente necessitam de tempo para trair seus senhores ou aliar-se ao inimigo. Não traem guiados por alguma convicção política, mas pela monotonia do tempo que transcorre em uma sucessão contínua: "A falta de caráter evidente em suas ações é o reflexo inconsolável, uma rendição desesperada diante de uma conjunção impenetrável de constelações malignas" (Benjamin, 1984).

Para compreender a contemporaneidade de Weimar, Benjamin (1984, p.178-9) considera o que se passou após a Primeira Guerra, do elogio à ditadura e à teologia política realizada por Schmitt: a política torna-se questão de *fait accompli*, não é mais experiência transformadora. Nesses termos, para Benjamin, a política é a catástrofe, a história "um declínio mortal". A República de Weimar é o sucessor do palco barroco e também seu duplo: traições, assassinatos, guerras, dirigidos pelos poderosos (o assassinato de Karl Liebknecht e Rosa Luxemburgo, entre outros), passividade e indiferença por parte dos governados. A suspensão das leis positivas, o imaginário da guerra justa, a violência em nome da paz perpetuam o estado de exceção e consolidam o Soberano. O estado de exceção mobiliza conceitos que pertencem ao campo teológico secularizado.

Eis por que Carl Schmitt escreve que "o estado de exceção na política corresponde ao milagre na teologia", como se fosse o resultado da intervenção e vontade divina ou domínio do acaso, e nesses dois aspectos, trata-se da política vivida como transcendência e heteronomia. Quando Benjamin observa, na *ODBA*, que os *Trauerspiele* não são dramas de tristeza mas composições escritas para enlutados, refere-se ao sentimento da perda de significação e o empobrecimento do mundo e do desejo de agir: "A despolitização da sociedade, por um lado, o ressurgimento do fundamentalismo religioso, por outro, não somente como experiências pessoais, mas como interpretação de ações políticas, é o retorno do teológico-político" (Chaui, 2004, p.110). Este se impõe na perda de confiança na justiça (tal como na Alemanha após a Primeira Guerra) – o que engendrava um mal-estar resultante do fato de que tudo poderia ser previsto e calculado, ou então seria pura obra da adivinhação e do acaso. Assim, o *Reichstag* é o parlamento despolitizado, pois onde não há política, confiança, leis justas e "cidadãos virtuosos" – uma vez que democracia e república requerem *mores* democráticos e republicanos –, há violência e terror.

A decepção da época weimariana com a república procede das relações entre democracia e representação política. Assim como é falso identificar democracia e representação, também o é refutar uma pela outra e isto porque as formas jurídico-políticas das constituições e das leis estatais não se fudamentam nunca em uma única e mesma lógica. O que se denomina "democracia representativa" e que é mais exato chamar de sistema parlamentar [...] é uma forma mista: uma maneira de funcionamento do Estado, inicialmente fundado no privilégio das elites "naturais" e desviado, pouco a pouco, de sua função pelas lutas democráticas [...] O sufrágio universal não é de forma alguma a consequência natural da democracia. A democracia não tem uma consequência natural justamente porque ela é a divisão da "natureza", o elo partido entre propriedades naturais e formas de governo. (Rancière, 2005, p.73)

O sufrágio universal é uma forma mista de governo, sua origem é a oligarquia, mas que é constantemente reelaborada pelo combate democrático e permanentemente reconquistada pela oligarquia que, por sua vez, não controla o corpo eleitoral que pode se comportar autonomamente com respeito àqueles que escolhe pelo voto. Além disso, o poder do povo encontra-se, sempre, aquém e além das formas jurídico-políticas:

aquém porque estas formas não podem funcionar sem referir-se, em última instância, ao poder dos "incompetentes" que funda e nega o poder dos "competentes", a esta igualdade que é necessária ao próprio funcionamento da máquina desigualitária [...] A democracia, longe de ser a forma de vida de indivíduos dedicados a sua felicidade privada, é o processo de luta contra esta privatização. (Rancière, 2005, p.61-2.)

Assim, a prática governamental privatizante – que tende a encolher o espaço público fazendo dele um assunto particular seu, rejeitando como questão privada as intervenções dos atores não estatais – é desprivatizada, redefinindo-se a distinção do que é público e que pertence a todos, do que é particular e onde reina a liberdade de cada um.

Se a força da democracia e a do povo encontra-se no reconhecimento e na expressão de sua vontade no *agon* do público e do privado, o palco barroco e o *Reichstag* são o espaço da esfera privada e da indiferença democrática que anunciam o pior: "É o absolutismo enquanto regime de exceção que retorna na modernidade [...] A sala do trono é prisão; a alcova, sepultura; a coroa, uma guirlanda de espinhos; a harpa, o machado do carrasco" (Dymetman, 2002, p.146). Tudo isso significa, no *Drama barroco*, a subordinação dos súditos ao poder e à decisão do ditador no estado de exceção.

O Estado, hoje, perde sua legitimidade e apenas fora dele, acredita Schmitt, pode existir salvação, uma vez que os parlamentos são o lugar da conversação infinita e da corrupção. O êxito das elocubrações schmittianas é o de fazer do parlamentarismo uma ilusão e, no caso, a ilusão segundo a qual a "discussão perpétua levaria à paz perpétua". A descrença nas instituições democráticas ocorre pela generalização da corrupção que se torna o melhor negócio já que ela desvia a atenção da política para sua judicialização, já que a classe política encontra-se sob suspeita.[3] O estado de exceção manifesta a natureza da acumulação capitalista: a lógica da acumulação vê-se ameaçada pelo estado de direito que, em seu precário funcionamento sob a pressão da economia, desenvolve nas massas tendências profundamente antidemocráticas em razão da descrença quanto ao exercício da ordem legal. Até porque a lei que, em sua natureza essencial, procurava criar justiça, coesão social, espaço comum compartilhado e solidariedades coletivas não encontra mais sua universalidade, devido à insegurança política ou mudança incessante nas leis: "Benjamin interesssava-se pelos efeitos desagregativos deste estágio do capitalismo que invadia as regiões mais recônditas da vida e do trabalho, para pôr à luz do dia um sentido desconhecido da crise de segurança, de crise *em segurança*" (Eildand; McLaughlin, 1999). A insegurança pode ter uma dupla origem, quer provenha do medo ou da angústia e encontra-se nos fundamentos da busca de proteção. Há,

---

3 Horkheimer reconhece no nazismo e nas sociedades midiáticas e de consumo de massa o advento de formas de vida social, compreendidas a partir da fragmentação política, o que dá espaço à figura do *racket* (cliques, gangs, gângsteres). Há *rackets* econômicos, *rackets* políticos, de empresas, acadêmicos, artísticos etc. Este modelo caracteriza a sociedade da dominação pós-burguesa: líderes de *rackets* negociam interesses particulares erigidos em interesse geral. Tais grupos caracterizam-se pela desconsideração ou rejeição completa dos sistemas formais da lei; particularistas, exigem lealdade daqueles que aceitam no grupo e que recebem "proteção". A teoria dos *rackets* daria a compreender melhor, para Horkheimer, o mundo contemporâneo que a teoria das classes de Marx: "Em lugar da ditadura do proletariado, Horkheimer temia um outro fim da sociedade burguesa. Ela recai na barbárie na qual a mediação econômica conduzida pela classe capitalista anônima é substituída pela dominação imediata da força dos bandos que, estruturalmente, são semelhantes aos *rackets* [...] Os exemplos de circulações recíprocas entre os Estados e os bandos de *rackets* são legiões e, na verdade, não apenas na América Latina; também na Itália, o compromisso histórico entre o Estado e a máfia deflagrou a mais recente crise do Estado. E nos países do socialismo de Estado liquidado, os *rackets* encontram-se apenas no início de uma carreira que se expande" (cf. Türke; Bolte, 1994, p.51; Cordeiro da Silva, 2002, p 105).

por um lado, o perigo real e reconhecível – uma tempestade de neve que poderia soterrar na montanha, a possibilidade de ser demitido de um emprego – mas também o medo incondicional, absoluto, aquele que existe por nossa própria condição humana no mundo. A estes dois riscos ou temores correspondem duas figuras da proteção e de segurança.

Contra uma infelicidade factual – o medo da tempestade de neve – há uma medida concreta – o refúgio em um abrigo. O perigo absoluto, ao contrário, requereria uma proteção contra o próprio mundo, suas indeterminações, surpresas e imprevistos, ele resulta do que não é nunca definitivamente controlado e, por isso, fonte de incerteza. No capitalismo contemporâneo insegurança e incertezas confundidas transformam o medo em pânico: "quais são as raízes do medo urbano moderno?", pergunta Mike Davis (2001, p.39-40), "qual é o último substrato psicossocial sobre o qual a política depositou camadas de espectros perigosos – medo dos pobres, medo do crime, medo da negritude e, agora, medo de Bin Laden?". As metrópoles tendem a converter-se em estado policial em que a força se privatiza como, um após o outro, foi privatizado o patrimônio público: transportes, energia, telecomunicações. Desaparece o universo pacientemente posto em ação nos Estados de bem-estar social, a sociedade da paz civil, fundamento das democracias.

Com as categorias heideggerianas de *Ser e tempo*, pode-se compreender que o medo se refere a um fato preciso, quanto à angústia, não tem um desencadeador verificável, sendo a angústia provocada por nossa simples exposição ao mundo, pela incerteza e indecisão nas quais se manifesta nossa relação com respeito a ele. O medo é circunscrito, pode ser nomeado; quanto à angústia, ela nos assalta de todos os lados, não se vincula a nenhuma situação particularíssima, pode sobrevir a qualquer momento e em qualquer situação. Benjamin, citando Thibaudet, indica a origem da angústia, do medo pânico, do sentimento do *unheimilich* no moderno: a multidão: "os homens vivem juntos, uns aos outros estrangeiros, um próximo a outros viajantes".[4]

---

4 Thibaudet apud Benjamin, 2006. A atomização generalizada é a experiência do choque, tão presente na poesia de Baudelaire, a quem Benjamin denomina "traumatófilo". O choque determina a dissolução do sujeito e da consciência. De onde angústia e pânico: "o ideal da experiência vivida sob a forma do choque é a catástrofe. Também no jogo aquele que perde corre para a ruína apostando cada vez mais pesadamente para se recuperar" (Benjamin, 2006).

Os indivíduos de uma comunidade conhecida desagregam-se, ao mesmo tempo, em massa e mônadas – o que decorre da modernidade econômica do capitalismo, cuja infraestrutura é o choque. Este, como forma preponderante da sensação, acentua-se pelo trabalho alienado, objetivado em um produto cuja posse e sentido escapam ao produtor na sociedade inconsciente de seus mecanismos e, por isso, inteiramente fetichizada.

A descontinuidade dos momentos de choque encontra sua causa na descontinuidade de um trabalho que se tornou automático, não mais admitindo a experiência tradicional que presidia a produção artesanal: "Ao choque experimentado por quem flana na multidão corresponde uma experiência inédita: a do operário diante da máquina" (Benjamin, 2006). Dito de outro modo, a forma do trabalho desagrega a experiência e a constituição de identidades e solidariedades, de onde o isolamento, a desconfiança. Nesse horizonte, se o medo agrega, o pânico e a angústia atomizam e dispersam indivíduos e grupos.

Ao centrar suas análises do moderno no "estado de exceção", Agamben, na senda de Benjamin, mostra que, na condição de *homo sacer*, a linha que separa o medo relativo do medo absoluto desparece. E no espaço do *unheimlich* máximo encontra-se o emblema do mundo contemporâneo, o campo de concentração:

> porque os campos constituem [...] um espaço de exceção em que a lei é integralmente suspensa, tudo lá é possível [...] Quem entrava no campo evoluía em uma zona de indistinção entre e a exceção e a regra, lícito e ilícito, em que toda proteção jurídica era inexsitente. Pelo simples fato de que seus habitantes foram despojados de todo estatuto político e reduzidos integralmente à vida nua, o campo é também o espaço biopolítico o mais absoluto que jamais fora realizado, em que o poder não tem diante de si senão a pura vida biológica sem mediação. Assim, o campo é o próprio paradigma do espaço político no momento em que a política torna-se biopolítica e em que o *homo sacer* confunde-se virtualmente com o cidadão.[5]

Agamben mostra de que maneira a supensão das regras do direito penal e carcerário dos prisioneiros políticos chamava-se, paradoxalmente,

---

5 Cf. Agamben, 2002b.

Schutzhaft, isto é, "detenção de proteção", medida policial preventiva que permitia aprisionar indivíduos independentemente de qualquer conduta suscetível de condenação, unicamente para evitar algum perigo para a segurança do Estado.[6] A novidade consiste aqui em que uma tal lei, que se aplicava durante a vigência do estado de exceção, passou a vigorar independentemente e fora dele. Benjamin, por sua vez, escreve nas *Passagens* que o interior burguês é justamente o espaço fetichista em que o indivíduo se acredita ilusoriamente protegido dos riscos com os quais o mundo externo o assombra. Com sua decoração luxuosa, móveis pesados e imponentes como que para durar para a eternidade, seu tamanho gigantesco, suas esculturas, os interiores são o duplo das fantasmagorias das passagens e das exposições universais do século XIX: "deste esplendor e deste brilho se cerca a sociedade produtora de mercadorias com seu sentimento ilusório de segurança".[7] O que se verifica no enfraquecimento dos vínculos da vida privada, não se tratando da invasão da esfera pública pelo espaço privado; ao contrário, é ela que ingressa no universo particular, antes ao abrigo do mundo externo: a precarização dos direitos e do campo do trabalho, a fragilização dos contratos duradouros – como casamento e também ser acionista de uma empresa – afetados pela impermanência dissolveram a faculdade de prometer, pois a promessa engaja o futuro e supõe o longo prazo. Claudine Haroche mostra de que maneira os empreendimentos no tempo longo e com vínculos fortes são substituídos por encontros breves, efêmeros e intercambiáveis, encontros em que as relações começam tão rapidamente quanto se desfazem.

Privadas do tempo e da duração que os sentimentos exigem, surgem "personalidades desengajadas", e ao solipsismo do indivíduo corresponde o sentimento de um não lugar na sociedade e no mundo – o *acosmismo* de que fala Hannah Arendt em *Origens do totalitarismo*. As ideias contemporâneas de sociedade e de vida em comum desconhecem as formas tradicionais da comunidade política daqueles que agem em conjunto para o bem comum. A atual modalidade da vida social pouco vale para o enraizamento.

---

6 A lei fora promulgada na Prússsia em 1851 e estendida por toda a Alemanha e reativada na Primeira Guerra Mundial.
7 Eiland; McLaughlin, 1999, p.xii.

Desse ponto de vista, o sentimento de ser estrangeiro no mundo não se realiza mais por sua compensação no horizonte do cosmopolitismo, da hospitalidade e do acolhimento que tendem à unidade da multiplicidade dos povos que compõem uma coletividade. Resultam, pois, particularismos, nacionalismo, exclusão. Fracasso do político e da decisão por uma cidadania mundial, portanto. A subjetivação contemporânea se dá na forma da recusa do estrangeiro, em vez de sua idealização, em lugar da fascinação do diferente que o cosmopolitismo e a hospitalidade supunham (cf. Derrida, 2001a; Levinas, 1974).

Sua impossibilidade encontra-se no interior do próprio modo de produção capitalista que produz igualdade abstrata na sociedade e no mercado, e monotonia e repetição na vida política e na história, o que anestesia a conciência operária criando a segurança irreal que provém do mecanismo de repetição: o jogo infantil e a produção em série das mercadorias fundam-se na repetição que protege a consciência dos choques da modernidade. Por isso, o desejo de repetição ou a compulsão à repetição terem sido invencíveis. Que se recordem as análises benjaminianas na *ODBA* sobre a melancolia: paixão triste, a melancolia é repetição neurótica ou histérica do passado e suspensão da possibilidade da memória porque a consciência encontra-se no lugar da recordação para inibi-la. Benjamin relaciona a memória com o fetichismo da mercadoria, uma vez que "toda reificação é um esquecimento", e a fantasmagoria surge daquilo que só parcialmente é lembrado e que se apresenta como espectro. Apoiando-se em Freud, Benjamin procura indicar que a consciência visa a proteger contra choques ou traumas. Desde o *Projeto de psicologia científica*, de 1895; *Para além do princípio do prazer*, de 1920; da *Nota sobre o bloco mágico*, de 1925, e *Inibição, sintoma, angústia*, de 1926, Freud postulara a existência de dispositivos protetores contra o fluxo de excitações externas, o eu sendo a parte do Id que se modifica pela influência do mundo externo, instância que se encontra na periferia do aparelho psíquico, no ponto de junção entre o mundo externo e os sistemas mnemônicos. No "bloco mágico", no qual tudo o que é grafado apaga-se assim que se levanta a folha tranparente sobre a qual se escreve, Freud considera que a inscrição das excitações vivenciadas nos sitemas psíquicos atestam a incompatibilidade entre a consciência e a memória. As excitações não podendo se tornar inconscientes são estocadas em outra parte que não a consciência, a saber, em dois outros sistemas, o pré-

-consciente e o consciente: "a consciência nasceria no lugar do rastro mnésico".[8]

Para Benjamin, trata-se da memória involuntária que diz respeito a acontecimentos que foram esquecidos inconscientemente porque foram vividos também inconscientemente. Por isso, a melancolia é "o estado de exceção dentro da alma".[9] Romper o mecanismo da repetição requer revisitar o passado, despertando-o de seu torpor mítico. Por isso Benjamin dizia sentir-se mais em casa em Paris do que em Berlim, pois a viagem entre as duas capitais era também um deslocamento do século XX para o mito do consumo do século XIX, a potência de sonho das novas tecnologias industriais: "o capitalismo foi um fenômeno natural com que um novo sono e novos sonhos envolveram a Europa, reativando forças míticas".[10] Cabe à história materialista desencantar o mundo industrial, recuperando o desejo utópico que dele decorre, visando à transformação social. Tomando Paris como emblema da modernidade, Benjamin procura decriptá-la, não a partir do que é possível lembrar com ela, mas do que foi esquecido, os registros da arte das passagens e os sonhos coletivos, as catástrofes do progresso e a destruição da técnica.

É preciso despertar para o sonho e do sonho, realizar suas esperanças: "os aviões bombardeiros evocam o que Leonardo da Vinci esperava do voo do homem que deveria subir aos céus para 'buscar a neve no cimo das montanhas e retornar para a espalhar nas ruas da cidade no verão'".[11] Cidade das utopias do progresso, Paris é também "a terra das três grandes revoluções, país dos exilados, origem do socialismo utópico, pátria de Quinet e de Michelet que abominam os tiranos, terra onde descansam os comunardos" (Benjamin,

---

8 "O bloco de notas mágico está agora virgem e pronto para receber novas inscrições [...] Ora, este bloco não se contenta em oferecer um receptáculo indefinidamente reutilizável, como é o caso da ardósia, guarda também traços duráveis do que nele está escrito da mesma forma que o bloco de papel tradicional; ele resolve o problema que a reunião destas duas funções coloca repartindo-os em dois componentes – dois sistemas [...] A camada que recebe a excitação – o sistema pré-consciente e consciente – não constitui traços duráveis, as bases da lembrança constituem-se em outros sistemas próximos." (GW, XIV, 6-7)

9 Em Luto e melancolia, Freud observa que o melancólico experimenta o sentimento de uma perda, mas desconhece o que nele se perdeu tendo perdido o objeto de desejo ou de idealização. Na melancolia há algo como a suspensão do sentido do luto e da tristeza.

10 Benjamin, 2006, p.39-67.

11 Benjamin, 2006, p.499-530.

1972-1989, v.II, p.203). Paris é não apenas a capital do século XIX, a capital do Mundo, a capital do Capital. Ela é "como que uma segunda pátria para todos os sem-pátria".

A condição do homem moderno é a do apátrida e dos refugiados políticos – o expatriamento, nos dois casos, corresponde à ontologia do presente, expatriamento que é a fonte do *unheimilich* que, paradoxalmente, corresponde à possibilidade da desalienação, vale dizer, do cosmopolitismo incondicional, isto é, a hospitalidade. Nesse sentido, Joseph Roth desenvolve seus escritos sobre o hotel como *Heimat*, como *Ersatz* da pátria perdida ou como a verdadeira pátria em oposição àquelas ilusórias dos Estados nacionais de nosso tempo. Ele mesmo, que escolhera viver em quartos de hotel em Paris, dizia-se um *Hotelbürger* – um cidadão de hotel ou um *Hotel-pátria*, o hotel tornando-se uma terra de ninguém que o colocava na situação de um "cidadão do mundo", do cosmopolita radical.

Essa *no man's land* é a cidade contemporânea com seus imigrantes e foragidos, todos na condição de insegurança política, social e jurídica. Cidades-pânico, nas palavras de J. P. Jeudy, nelas se inscreve a condição do homem moderno, que é a da fronteira. De onde a circunstância do cosmopolitismo radical, por um lado, isto é, a democracia como regime político da segurança física, moral e política, da igualdade, dos direitos, da justiça, das liberdades e do bem-estar; ou acosmismo e estado de exceção, de outro – com o que a contemporaneidade se afasta da democracia e é o predomínio do acaso. Porque Walter Benjamin considera as metrópoles o sujeito histórico moderno, os subúrbios tornaram-se o "estado de sítio das cidades".

6. Fetichismo e luxo: valor de exposição e imagens de desejo

As passagens de Paris do século XIX inauguram o capitalismo moderno. Lugar do consumo suntuário, elas constituem uma fronteira indecisa entre o exterior e o interior, pois são "íntimas como uma alcova", "públicas como uma paisagem", paraíso do valor de uso e império do valor de troca. A *spécialité* é a designação da mercadoria que surge na época da indústria do luxo, mercadoria que não se inscreve na lógica da compra e da venda. A prepotência de seu preço, desproporcionalmente grande em relação aos outros objetos, faz do consumo suntuário um campo de exclusão, esvaziando-o de qualquer utilidade. Por seu valor inacessível, cria-se, artificialmente, a raridade, com o que adquire estatuto semelhante ao da obra de arte, pertencendo, assim, mais ao campo da contemplação que ao da apropriação:

> as passagens são centros de mercadorias de luxo. Para expô-las, a arte pôs-se a serviço do comerciante. Os contemporâneos não se cansam de admirá-las. Em ambos os lados das galerias, que recebem luz do alto, alinham-se as lojas mais elegantes, de modo que tal passagem é uma cidade, um mundo em miniatura. [...] O desenvolvimento das passagens deve-se [ainda] ao início da construção metálica. Seus arquitetos constroem suportes imitando colunas pompeanas, fábricas imitando residências, assim como mais tarde as primeiras estações pareciam chalés. A construção desempenha o papel do subconsciente. (Benjamin, 2006, p. 54-5)

O objeto de luxo, *ideal-tipo* da mercadoria, instala-se em um cenário ultrafetichista, no sentido em que Marx dizia que, à força de estarem reduzidos à condição de coisa, os homens tomam as coisas por deuses. Trata-se do fenômeno da alienação em que o processo "social-natural" de reprodução da vida é subsumido pelo movimento "social-artificial" das mercadorias, indiferentes, estas, à lógica do valor de uso. A vontade humana se subordina à hegemonia dessa "vontade" puramente coisal da mais-valia e do capital. Como escreve Adorno (2008, p.84):

> parece que este tipo de regressão, altamente característica de pessoas que não se sentem mais sujeitos de seu destino, é concomitante a uma atitude fetichista com respeito às próprias condições que tendem a desumanizá-las. Quanto mais os indivíduos se veem transformados em coisas, mais investem as coisas com uma aura humana.

Isso quer dizer que a crítica do capitalismo é inseparável das formas de "despojamento de si" de que é vítima o trabalhador, uma vez que as razões primeiras da produção se alienam com respeito ao produtor:

> para viver é preciso, antes de mais nada, beber, comer, morar, vestir-se e outras coisas mais. O primeiro fato histórico é, pois, a produção dos meios que permitem satisfazer estas necessidades; como há milhares de anos, para simplesmente manter os homens vivos, a produção da vida material mesma [...] é um fato histórico, uma condição fundamental de toda a história que se deve, ainda hoje, cumprir, dia após dia, hora após hora. (Marx, 1982, p.57)

"Dia após dia", "hora após hora" dizem respeito à "falta de tempo" livre, sua subordinação aos fins da autoconservação. Na sequência, o capitalismo registra todo o tempo do trabalhador segundo as necessidades do mercado e da mais-valia, ampliando-se a produção de mercadorias e comprimindo os salários para que o trabalhador permaneça na carência, trabalhando sempre mais e ganhando sempre proporcionalmente menos – o que faz do trabalhador uma "propriedade do capital".[1] Apesar de as necessidades materiais de

---

[1] Aqui, encontra-se um dos problemas centrais da modernidade, poucos trabalhando muito e muitos semiempregados, desempregados ou desocupados. O *workaholismo* designa uma experiência do tempo do indivíduo que, tendo a possibilidade de escolha entre trabalhar mais ou trabalhar menos, não sabe decidir. Tanto a desocupação quanto o *workaholismo* implicam um déficit na ordem simbólica coletiva e compartilhada. Uma vez que o tempo não é mais uma experiência comum, o tempo "livre" é experienciado como tempo vazio no qual o indivíduo se ausenta de si, não sabendo reconhecer uma "ordem das urgências", o que é importante e o que é insignificante. (cf. Jappe, 2006; Gaulejac, 2005).

existência determinarem a produção social, elas não regulam a prodigalidade e o espírito de dispêndio. Assim, já no paleolítico, mesmo em condições de alimentação difíceis, não foram proscritas festas e ornamentos, havia um "luxo sem objeto faustoso" (Sahlins, 1974). Assim também nas religiões totêmicas, pagãs ou monoteístas, os objetos de luxo não se associam apenas a prestígio social, mas estabelecem um contrato entre os homens e os seres espirituais, deuses ou Deus, pois no cosmos mágico e metafísico, mítico ou teológico, os objetos sagrados são como talismãs. Honrar aos deuses é garantir-lhes vida luxuosa, banquetes com belos utensílios ou adornados de metais e pedras preciosas. São eles a garantia do trânsito entre o céu e a terra, da prosperidade e da ordem mundana. Do luxo sagrado ao luxo profano, do luxo público ao luxo privado, o capitalismo institui uma relação nova com o luxo, reunindo o artesanato de arte e a indústria e, em particular, o luxo determinado pela universalização do fenômeno do fetichismo e, portanto, da produção segundo a lógica do mercado.

A mercadoria, cheia de "argúcias teológicas", não traz consigo, por escrito, o que ela é, senão como hieróglifo ilegível.[2] É que a carência que ela deveria suprir se mistura aos desejos, às necessidades inconscientes que, tornadas conscientes, modificam todo sistema de necessidades. O que significa que o próprio homem estabelece necessidades, distintas estas do simples prolongamento da necessidade imposta pela natureza: "a mercadoria é, primeiramente, um objeto exterior, uma coisa que, por suas propriedades, satisfaz necessidades humanas de qualquer espécie. Que tenham por origem o estômago ou a fantasia, isso não muda em nada a questão" (Marx, 2004, p.41).

É nas *Passagens* que se encontram as mercadorias de luxo. Benjamin transcreve o *Guia ilustrado de Paris* de 1852: "as passagens, uma recente invenção do luxo industrial, são galerias cobertas de vidro e com paredes revestidas de mármore, que atravessam quarteirões inteiros [...] Em ambos os lados dessas galerias, que recebem a luz do alto, alinham-se as lojas mais elegantes" (Benjamin, 2006, p.54-5). "Sonho do coletivo", elas são o cenário fascinante em que as mercadorias se oferecem, sacrificando o valor de uso ao valor de troca. Eis por que de pouco valeria, aqui, a máxima "a cada um segundo suas necessidades" ou segundo seu trabalho. A começar pelas coisas, seu vitalismo

---

2 Cf. capítulo 4 da segunda parte deste livro.

e erotismo. Com efeito, o trabalho vivo é, para Marx uma noção metaeconômica, pois, na condição fundante do valor, como criador de valor, é qualidade e, como tal, não quantificável. Impassível diante da quantificação, não tem valor. Assim também, o próprio salário é uma soma arbitrária, uma falsa contraprestação à força de trabalho inserida no mercado como mercadoria, uma quantidade que quer atribuir preço ao que não tem preço.

Em *O capital*, a mercadoria, ao oferecer-se no mercado, aparece dotada de um valor próprio que determina os mecanismos da concorrência e sua acessibilidade. E isto porque também as "necessidades" são metaeconômicas, não apenas por suas características sociais e históricas, mas porque expressam desejos. Benjamin, aproximando Marx e Freud, entende o fetichismo da mercadoria em um sentido erótico, pois ela não reconduz ao trabalho do produtor, mas se relaciona com o consumidor, suscitando suas fantasias. O fetiche não se associa ao valor de troca e ao preço que oculta relações de produção, mas ao valor de uso, não um valor de uso abstrato, mas "qualitativo", diferenciado, singular, também não quantificável. Este valor de uso, paradoxalmente, não é utilitário, indicando o que excede a carência e sua satisfação, pois as coisas se tornam receptoras de forças vivas. Como o fetiche tribal, objetos inanimados possuem poderes inexplicáveis. São "feitiço" e "encantamento", "sortilégio" e "estupor". O fetiche é, assim, um *sex-appeal*, *sex-appeal do inorgânico*, reificação do vivo e animação do morto: "o dinheiro", escreve Benjamin (2006, p.554), "é aquilo que torna vivo o número, o dinheiro é aquilo que torna viva a jovem de mármore". Em meio às transformações do capitalismo, na mercadoria se encontram, um no outro, estupor e *sex-appeal*, manifestando-se a alienação na circulação das mercadorias e não no interior do processo produtivo:

> [em 1864] no mesmo ano que em Londres é fundada a Internacional, nasce a Exposição Universal. Aquela mesma mercadoria que favorecia a alienação como produto do trabalho de fábrica para o operário, uma vez exposta e entronizada na Exposição, assumia um outro nível de fetichismo: uma pele bem mais sutil e sedutora envolve a mercadoria, e esta nova veste dirigida ao consumo ingressa no corpo daquele mesmo trabalhador transformado em cliente. (Canevacci, 2007, p.143)

Benjamin não nivela fetichismo e mercadoria, mas compreende a mercadoria no duplo registro do processo produtivo e da circulação do valor, a um só tempo simples mercadoria e também mercadoria visual. *Medium* da consciência e do inconsciente, a mercadoria mescla facticidade e inorgânico, estupor e *sex-appeal*. Desafiando o dualismo de sujeito e objeto, no fetichismo se encontram, sem hierarquia, trabalho vivo e trabalho objetivado e morto. Com efeito, o "estupor da facticidade" e o *"sex-appeal* do inorgânico" referem-se à conexão do trabalho vivo e do trabalho morto na mercadoria: "assim como exposição (estupor) e produção (alienação) se cruzam através da estratégia da acumulação capitalista e de sua subjetividade projetual, o poder faz política mesclando estupor e alienação" (Canevacci, 2007, p.229). Se o vivo continua no morto é porque o tempo passado – morto – continua presente pelo acréscimo de trabalho vivo, por seus vestígios na mercadoria. O vivo que continua no morto é o *sex-appeal* do inorgânico, é fetichismo e erotismo. O fetichismo é poder próximo ao de uma metamorfose, a começar que "o fetichismo não é aquilo a ser liberado do trabalho alienado, mas o que libera".

Reencontrando a dimensão política do fetiche, Benjamin enuncia o caráter restritivo de seus significados em Freud – que o identificava ao "animismo regressivo" de natureza colonial – e em Marx – que o circunscreve no âmbito do trabalho alienado, devendo desaparecer em um mundo sem exploração e sem necessidade de ilusões (religiosas). Considerando o fetichismo em um plano autônomo com respeito às mercadorias, Benjamin indica a maneira pela qual ele existe na figura das tensões entre a religião e a constituição da vida social e afetiva. A "mercadoria visual" como "eróptica" (Canevacci, 2007) rompe com a lógica do valor de uso ou valor de troca, por um lado, com o inconsciente da vida social e o sintoma, de outro, pois o fetichismo desfaz dualismos – de sujeito e objeto, identidade e contradição, particular e universal, meios e fins, consciente e inconsciente, o vivo e o morto: "fetichismo é, de fato, uma palavra que, no senso-comum, evoca obscuras alusões de natureza mágica, animista, sexual, nunca inteiramente definidas; [...] é próprio do fetichismo 'desdefinir' as fronteiras dentro das quais se pode identificar seu poder de influência e de pertencimento" (Canevacci, 2007, p.181).

Desestabilizando a coerência marxista e a freudiana do mundo, o fetichismo benjaminiano questiona a tradição humanista do corpo, pois suas formas panoramáticas e as da metrópole visual desenvolvem-se em múltiplas correntes da tecnociência e da cultura capitalista: "o fetichismo é metamórfico, pós-colonial, pós-perversão, pós-alienação; além do dualismo e universalismo, é mimético; sacral; avatárico" (Canevacci, 2007, p.241). Isso não significa, no entanto, confinar o contemporâneo na esfera do homem-máquina, apesar de uma de suas presenças mais significativas serem bonecas e autômatos, nos quais a mímesis não é imitação do corpo pela máquina mas transgressão de um modelo de experiência estética. Para além da *catarsis* artística, o corpo vivo (*Körper*) não se transforma em corpo morto (*Leib*). Ambos encontram-se nas bonecas, na continuidade entre o animado e o inanimado, pois as coisas têm um "inconsciente físico":

> Sabe-se que é Longchamps que inventa a moda. Não vi nada de novo, mas amanhã todos os *Follets*, todos os *Petits Couries des Dames*, todas as *Psychés* comentarão, em seus suplementos, os novos modelos – que já tinham sido inventados e estavam disponíveis antes do dia da reunião em Longchamps. Desconfio até que em algumas carruagens, no lugar da dama que parecia estar ali sentada, houvesse apenas um manequim, colocado pelo proprietário e vestindo xales, sedas e veludo, conforme o seu gosto. (Gutzkow apud Benjamin, 2006, p.734)

O perturbante de um morto que é vivo e de um vivo que é morto se expressa na Olympia, o autômato, personagem na qual o princípio de identidade vacila e a segurança do real se desfaz. No conto de Hoffmann, "O homem de areia", o apaixonado que descobre ser a bailarina um autômato passa por um choque, pois "um é um Outro", com o que a personagem sofre a angústia da desrealização do que parecia ser e não é, o real se confundindo com seu fantasma. Como se o autômato possuísse alma e o que é vivo fosse o duplo do inanimado. Este efeito de desrealização – em que o animado troca de papel com o inanimado, duvidando da realidade do real, da objetividade do mundo e de sua própria existência – pode ser detectado por uma relação entre inconsciente e coisa, como se houvesse um inconsciente físico nas coisas. Assim os *intérieurs* do século XIX eram saturados de decorações e de estilos, onde o burguês vivia rodeado de objetos, móveis, enfeites, acertando o passo com a moda e com o luxo, em um espaço fetichista. De onde os modelos dos móveis dessa época – Luís XIII, Luís XIV, Luís XV, Luís XVI ou Diretório. Nesse sentido, Baudelaire (apud Benjamin, 2006, p.259) escreve:

> Os crepúsculos que dão cores tão ricas à sala de jantar ou ao chão são filtrados por belos tecidos ou por janelas altas, trabalhadas, que o chumbo divide em inúmeros compartimentos. Os móveis são grandes, curiosos, bizarros, ornados

de fechaduras e de segredos como almas refinadas. Os espelhos, os metais, os tecidos, a ourivesaria e a faiança aí executam para os olhos uma sinfonia muda e misteriosa.

Assim imerso no mundo de coisas, o interior burguês se transforma em interioridade do eu e o mobiliário assume a função de sujeito ativo. O mobiliário erotizado estabelece uma aliança entre o Id e o superego que transformam o Eu em tapeçaria. O inconsciente mobiliar atapetado é fixo, congela o tempo, cristaliza-o nas coisas. A esse interior se contrapõe a viagem que expressa a desmedida, como a "vastidão" baudelairiana que é o contrário do estreito, confinado, e do asfixiante, anunciando o horizonte e o aberto, a partida e o desconhecido, a extensão e o novo. É neste infinito que o dândi e o *flâneur* podem se isolar, recusando o princípio do cada coisa em seu lugar, desordenando e recompondo seu mundo, cujo elemento essencial é o luxo, tudo o que escapa ao que é rotineiro e banal. Diferentemente das necessidades, por natureza limitadas à alimentação, à vestimenta, à manutenção de si e dos próximos, o gosto, como os desejos com os quais se associa, pode ser constantemente renovado.

A ideia de bom gosto, participando do prazer estético, testemunha o ultrapassamento de um modo de vida rudimentar e de simples provimento das necessidades materiais de existência. Por virtude do refinamento do gosto, o consumo não mais se pauta pelas necessidades, mas organiza-se pelo desejo. Livre da servidão às necessidades do corpo, desenvolve-se a produção da vida estética. Não havendo "produção sem consumo", "toda competição entre luxo e poupança é ilusória", pois, como observa Marx, "a produção deve se tornar mais universal e mais luxuosa pela concorrência". As noções de bom gosto e da mau gosto dizem respeito não apenas à questão do belo e suas convenções, mas sobretudo a sua "autenticidade", sua "raridade e unicidade", sua "aura". Os objetos diretamente relacionados com o valor de uso ou manufaturados, como também aqueles das primeiras fases da industrialização são os que conservam o rastro "das mãos que lhes deram vida".[3] Razão pela

---

3 Marx cunhou as expressões "valor de uso" e "valor de troca" para descrever fenomenologicamente as modificações que a modernização produzia nas formas de produção capitalistas e nas condições sociais de trabalho. Na produção de valores de uso existe uma relação direta entre os trabalhadores que produzem um artefato e os próprios artefatos – uma vez que os trabalhadores controlam e compreendem todo o processo de produção e assim podem se benefi-

qual a "autenticidade" sugere para o objeto considerado valioso uma "distinção", mas cuja singularidade não pertence intrinsecamente à coisa, mas à interação entre um sujeito e sua experiência, à inscrição do objeto em uma tradição. Nesse sentido, Benjamin associa a obra aurática mais ao valor de uso do que à "autenticidade", mais ao fato de ser artesanal do que ser única.

Mas a Paris das multidões citadinas inaugura, por isso mesmo, o consumo moderno e a cultura de massa. O inédito e misterioso é que os produtos não são recepcionados como repetitivos e em série, mas como se fossem "únicos", portadores do trabalho vivo que os criou, que neles permaneceu como uma resistência ética contra a padronização em massa. Essa "autenticidade", degradada no *kitsch* com sua estética de saturação e artifícios são as "imagens de sonho" e "imagens de desejo". Ocasião de "emoções baratas", segundo Mercier (cf. *Nouveux tableaux de Paris*, de 1889), elas faziam as delícias do *flâneur*. A aura dos objetos, não tendo desaparecido inteiramente, dispersou-se em vários deles. A aura do objeto "único" sobrevive, pois, fragmentada, suas reminiscências criando objetos insólitos:

> assim como as rochas do mioceno ou do oceano carregam em si parcialmente a impressão de monstros desses períodos geológicos, situam-se hoje as passagens nas grandes cidades como cavernas com os fósseis de um animal extinto [...] Nas paredes dessas cavernas viceja a mercadoria como flora imemorial e estabelece ligações as mais desregradas. Um mundo de afinidades secretas revela-se nela: palmeira e espanador, secador de cabelos e Vênus de Milo, próteses e epistolário. A odalisca está deitada à espreita do lado do tinteiro e sacerdotisas erguem taças nas quais depositamos pontas de cigarro como sacrifícios de fumaça. Essas mercadorias expostas são uma charada. (Benjamin, 2006, p.582)

Termômetros que são obeliscos, colunas Vendôme da vitória imperial em tinteiros, *necessaires* que imitam cascas de nozes, o papel que imita o couro, animais empalhados, joias falsas, pesos de papel em vidro contendo cidades submersas e paisagens com neve: o *kitsch* vacila entre uma versão "ilegíti-

---

ciar diretamente de seu trabalho. O valor de uso implica assim uma proximidade entre a sociedade e as coisas que ela produz e consome. Com a grande indústria e com a produção segundo as leis da economia de mercado, o trabalhador encontra-se isolado do conjunto do processo produtivo, dada a especialização, mas, de maneira mais essencial, porque é segregado do sentido do trabalho que não mais traz consigo as marcas de seu saber.

ma" do bom gosto e uma cápsula do tempo onde este se cristaliza e se detém em miniaturas e *souvenirs*.

Aos desejos de consumo, o proprietário do capital responde, alimentando os caprichos e humores fúteis dos consumidores, "dobrando-se" a eles. Segundo Marx, o produtor interessado na venda desempenha o papel de mediador entre

> o consumidor e seus comezinhos caprichos; ele espreita cada uma de suas fraquezas, tudo em vista a dilapidar seu salário como contraparte de seus "bons serviços". Todo produto é um atrativo e uma fraude com a qual se quer seduzir o ser do outro, seu dinheiro; toda necessidade real ou virtual é uma fraqueza que atrairá o passarinho para o galho pegajoso.[4]

É neste horizonte que os objetos de luxo pretendem se apresentar como "alternativa" ao *kitsch*. O luxo não é o contrário da pobreza, mas do "gosto da massa", do "vulgar". Os objetos de luxo questionam tanto o marxismo quanto as virtudes burguesas ou operárias do cálculo e da poupança.

Porque o gosto monárquico e aristocrático revive nas passagens de Paris,[5] o dândi constitui uma nova aristocracia, não de estirpe ou riqueza, mas de estilo, adotando um modo de vida que lhe permite desfrutar seus dias e seu tempo. Em vez de produzir para o patrão e para o mercado, ele se produz a si mesmo, a seu modo de vestir e de viver, distinguindo-se pelos lugares que frequenta e pelas horas em que é visto por lá. O *flâneur* e o *dandy* cultivam o luxo para se fazerem notar.[6] *Dandy* e *flâneur* provocam um "choque estéti-

---

4 Para todas as citações, cf. Marx, 1968, p.91ss.
5 Lembre-se também do luxo público sob Napoleão III, que evoca as "pirâmides de Keops e os imperadores romanos da decadência". Benjamin analisa a dimensão política da urbanização de Paris, a personificação bonapartista do poder, a manipulação das massas pelo fausto grandiloquente de seus rituais e arquitetura: "os poderosos querem manter sua posição pelo sangue (polícia), pela artimanha (moda), pela magia (fausto)". A teatralidade monumental das perspectivas geométricas haussmanianas e suas cerimônias espetaculares são notadas por Benjamin, em particular o esplendor da decoração dos Champs Elysées, organizada para o aniversário do Imperador: 120 arcadas em perspectiva, apoiadas em uma dupla fileira de colunas, dois mil arcos-de-triunfo, cotejados por cinquenta colossos que se lhe assemelhavam, que recebem o Imperador quando ele entra em Paris, "ao galope de cinquenta cavalos de sua carruagem", para suscitar a "idolatria dos súditos ao soberano" (Benjamin, 2006, p.161-87).
6 Assim, o *dandy*, cuja origem remonta "ao jovem que se vestia de maneira extravagante para ir à igreja", torna-se o equivalente de "insubmisso", "elegante", "original" e o termo liga-se ao

co" também por seu modo de vida que, semelhante às *nouveautés* das vitrines, escapa à rotina, enganando o tédio da produção em série para o consumo da moda, bem como sua rápida substituição. O *dandy* faz de sua vida uma obra sua, no exercício permanente de sua arte, para torná-la admirável a todos os instantes, devendo, por isso, surpreender sempre, ser imprevisível.[7] Razão pela qual o dândi não concede a nenhum hábito e vem a ser o "gênio da improvisação": "o dandismo aspira a ser sublime sem interrupção". Antikantiano, seu imperativo categórico não é uma lei universal. Se a máxima moral prescrevia ao homem antes a morte que um falso testemunho, o que menos preocupa o *dandy* é a universalidade. Para ele é preferível a morte à banalidade ou à falta de gosto. Não tem a pretensão de exercitar um poder sobre a natureza ou de mudar o mundo: "ser um homem útil", anotou Baudelaire, "sempre me pareceu uma coisa detestável", afirmando, assim, a autonomia de sua vontade. Para isso concorrem o comércio e o luxo que ingressam, ambos, no âmbito da "surpresa". E tudo o que é inesperado, tem

---

snob, abreviação de *sine nobilitate* que os estudantes de origem burguesa na Inglaterra, carentes de títulos nobiliárquicos, colocavam na sequência de seus sobrenomes, querendo ostentar "boas maneiras" sem ter frequentado a "boa sociedade".

7 O gosto torna manifesta uma faculdade de apreciação no duplo sentido de avaliar, medir, julgar, analisar e também gostar, prender-se a, ter prazer. O *dandy* descende da corrente de emancipação com respeito aos valores teológicos, quando o ideário humanista da Renascença começou a afirmar os valores "deste mundo" que a ciência moderna logo iria dominar. As maneiras e o bom gosto preenchem o espaço que separa a moral e o direito, pois nascem da necessidade de atenção ao Outro, constituindo uma "arte da convivência", pois a *politesse* – o bom gosto nas maneiras – prescreve limites aos comportamentos, considerando regras, criando códigos não escritos, mas que tornem possível e confortável a vida em sociedade. Com a ascensão dos valores burgueses, o gosto perde sua força política de vida social e migra para o consumo material: "no século XIX, a burguesia se apodera majoritariamente dos códigos do bom gosto, da civilidade e do belo, fazendo do bom gosto a consagração de sua condição, exprimindo sua vontade de estampar seu sucesso, transfigurando-o em um suplemento de alma que lhe traz a arte da civilidade, [...] reconhecível, agora, não pelas 'belas maneiras', mas pela vestimenta e pela decoração de seus interiores domésticos [...] Até mesmo o mau gosto é, agora, detectável, bastando medir os diferentes distanciamentos com respeito às regras canonicamente estabelecidas pelos tratados [de boas maneiras] que serão sua mais fiel tradução". Assim a *sprezzatura* do nobre, que por um exercício reiterado do "controle de si", interiorizava a arte de se mostrar em público com elegância e graça, discrição e delicadeza, inteligência e contenção, como uma segunda natureza. Sabia submeter-se às normas e também infringi-las da maneira certa e no momento oportuno. Diluindo o estilo de vida aristocrático, o mundo burguês reeditou seus valores, na forma mas não no "espírito". Proliferam então publicações de manuais do *savoir-vivre* de fácil acesso e aplicação.

algo de novo, de miraculoso. Esses dândis do século XIX, descendentes de famílias nobres falidas sobreviviam recorrendo ao jogo ou a suas heranças. Sempre endividados, gastavam tudo que tinham. Sem o prestígio da riqueza ou de títulos de nobreza, os dândis se faziam notar pela elegância e se distinguiam pela competência de seus gostos e por seus conhecimentos nas artes, adotando uma existência estética. Na multidão parisina, o dândi evolui nas ruas e bulevares, afastando-se das prescrições uniformizantes da moda. Por sua maneira de ser singular, seu estilo não se universaliza. Figurino excêntrico, o de Baudelaire, que se veste com um terno preto, gravata amarela, luvas cor-de-rosa. Palidez, cabelos longos, amaneirado e extravagante, negligente na aparência, tudo nele é acompanhado de um ideal artístico.

Recusando-se (ou lhe faltando) um trabalho regular, o dândi frequenta bistrôs e cabarés populares, preferindo a vida noturna; desfruta abertamente de toda liberalidade sexual, inclinando-se, ainda, para a bebida e drogas. *Outsider*, o dândi tem uma vocação para o marginal e se cultiva à revelia de normas; transgressivo, inconformista, não se guia pela ética do trabalho, não procura estabilidade ou prosperidade econômica mas se orienta pelo "princípio do prazer". Em vez do trabalho, sua atividade é o jogo. Citando Edmund Bergler, Benjamin anota: "o jogo de azar oferece a única ocasião em que não é preciso renunciar ao princípio do prazer e à onipotência de seus pensamentos e desejos, e em que o princípio de realidade não oferece nenhuma vantagem sobre o princípio do prazer". O dândi é tão inclassificável quanto o são as *specialités* com suas "argúcias teológicas", pois a "especialidade" possui "artimanhas sutis na representação de objetos inanimados". Para Benjamin aquele que desfruta desse cenário não é nenhum homem moderno devotado ao consumo improdutivo de objetos de luxo, mas o *flâneur* que contraria o tempo taylorista que declara guerra à *flânerie*. O *flâneur* reconhece a ambivalência do mundo das coisas,[8] de todas as coisas: das passagens – moradia e rua simultaneamente, centro comercial e "templo da mercadoria" – e das mercadorias – valor de uso e valor de troca, coisa e *sex-appeal*.

Se a mercadoria é algo sensível e suprassensível, natural e sobrenatural, material e imaterial, é porque a Paris do rei burguês Luís Filipe e a do Segun-

---

8 Benjamin indica a obra de Baudelaire como a crítica ao princípio de identidade, aos dualismos e ao Uno. Todas as coisas têm um "duplo rosto". Como Satã, "o Senhor do Mal e o grande Vencido", "o príncipe traído pela sorte".

do Império de Napoleão III é a da especulação financeira, cuja palavra de ordem é "enriquecei-vos!". Fantasmagoria que se exprime no jogo das bolsas e aplicações financeiras, que ergue e destrói homens e fortunas, constituída pelo desejo inconsciente de perder na última aposta: "através de apostas cada vez maiores, destinadas a salvar o que perdeu, o jogador vai ao encontro da ruína absoluta" (Benjamin, 2006, p.555). No jogo, em que opera o acaso e a chance de romper a monotonia e a repetição, o jogo sucumbe ao valor de troca:

> a proscrição do jogo tem provavelmente sua razão mais profunda no fato de que um dom natural do ser humano que o eleva acima de si mesmo, quando voltado para os objetos mais elevados, é voltado para um dos mais vis, o dinheiro, rebaixando assim o homem. O dom de que se trata é presença de espírito. [...] O supersticioso prestará atenção a sinais, o jogador reagirá a eles antes mesmo de poder percebê-los [...] Somente quando esse reflexo é ativado, é que entra nitidamente na consciência "aquilo que está por vir".

Essa faculdade divinatória aliena-se, no mercado, transforma-se em cálculo controlado para prevenir surpresas:

> a aposta é uma forma de atribuir aos acontecimentos um caráter de choque, de destacá-los do contexto da experiência. Não é por acaso que se aposta nos resultados de uma eleição, na eclosão da guerra, de uma competição esportiva. Para a burguesia em particular, os acontecimentos políticos assumem facilmente a forma de partidas realizadas na mesa de jogo. Esse não é bem o caso para o proletário que está menos sujeito aqui ao acaso e mais afeito à repetição e às constantes dos acontecimentos políticos. (Benjamin, 2006, p.554.)

O panorama político que se instala nas Tulherias e em Compiègne sob Napoleão III é o reino dos *parvenus*[9] ao qual corresponde, na sociedade, a massa plebeia de deserdados que todas as manhãs esperam um trabalho na Place de Grèves sem saber, a cada dia, se terão como se alimentar ou não. Nesse universo "as pessoas se conheciam umas às outras como devedores ou credores, como vendedores ou fregueses, como patrões e empregados – so-

---

9 Os "novos-ricos".

bretudo como concorrentes" (Benjamin, 2000b, p.36-7), tudo se passando "ante o cinzento pano de fundo do despotismo" (Benjamin, 2000b).

No "paraíso do consumo", as passagens exibem ao pobre coitado que passa diante de uma vitrine objetos lindos e caros que não têm nenhuma empatia com ele. Benjamin observa que no mercado é o fetiche que toma a palavra, com isso descolonizando o conceito em suas dimensões antropológicas e logocêntricas, por um lado, e adotando, por outro, além de Marx, o fetichismo em sua acepção freudiana. Nesse sentido, a mercadoria-fetiche é o "perturbante" que revela o que deveria ter permanecido escondido – o sagrado da sociedade, capturado e contido no fetiche (cf. Canevacci, 2008), o enigma do consumo de massa de objetos em série que são experimentados como intimamente pessoais.

Em lugar da percepção do repetitivo e do mecânico em seus aspectos de objetos produzidos em série da cultura industrial, os objetos de luxo foram celebrados como sinal de um espírito moderno e cosmopolita que trocava tradição, antiguidade e autenticidade por quantidade e novidade. O mais banal e recente se transforma em objeto de coleção, tornando-se único entre todos, com um anel metafísico que rodeia certas coisas e experiências, facultando-lhes um "halo invisível".[10] Baudelaire é seu melhor intérprete. Ele é "uma espécie de peripatético, um filósofo da rua, meditando sem cessar através do turbilhão da cidade grande" (cf. Benjamin, 2000b, p.211). O objeto de luxo diz respeito à integração dos desejos no circuito do consumo, no momento em que se faz do proletário um consumidor que, com suas condições frugais de existência, tem suas necessidades estéticas satisfeitas pela mercadoria. Estigmatizando o luxo como "pobreza interior", Marx não deixa de enfatizar, porém, que

> prisioneiros de necessidades elementares, os sentidos só possuem uma existência diminuída, assim para o homem faminto, o alimento não tem qualidade humana, só possui um sentido abstrato. O alimento poderia muito bem apresentar-se sob sua forma mais primitiva sem que se pudesse dizer em que sua atividade se distingue de um pasto.

---

10 Sobre a aura, cf. Benjamin, "Pequena história da fotografia", "A obra de arte na época de sua reprodutibilidade técnica", "Alguns temas baudelairianos", "Paris, capital do século XIX", entre outros.

No auge do capitalismo suntuário, o consumo não é a ideologia da classe dominante, mas a universalização específica do imaginário dos dominados (cf. Balibar, 1991). E para manter o mercado em funcionamento, faz-se do estilo do objeto um motivo de consumo, o *design* fixando a desejabilidade necessária ao escoamento de um produto, embelezando-o: mobiliário, cafeteiras, colheres, os objetos se liberam de sua utilidade. As galerias de *design* confirmam o mecanismo do consumo para o qual não importam as coisas mas o que se comenta sobre elas: "é extremamente raro que o desejo de compra de um novo objeto nasça no instante em que é visto, sem que as conversas o tenham sugerido antes" (Tarde, 2006).

O "luxo eterno" (cf. Lipovetsky; Roux, 2005; Lipovetsky, 2006; Paquot, 2005; Olalquiaga, 2007) – desde a época de grande fervor religioso até o tempo das marcas e do *design* – veio alojar-se, para Benjamin, nas passagens. Ao substituir os tetos de madeira por superfícies de vidro por onde passava a luz do sol, elas criaram uma nova modalidade do olhar – o das vitrines – de que podiam participar todos os parisienses, ricos ou pobres, instituindo, pelo voyeurismo, uma "igualdade cidadã", a da contemplação: "as exposições universais foram a escola superior onde as massas, afastadas do consumo, aprenderam a sentir empatia pelo valor de troca: 'Olhar tudo, não tocar nada'" (cf. Benjamin, 2006, p.844). *Voyeurismo* e *flânerie* são a forma moderna da contemplação. Na senda de Baudelaire, Benjamin reconhece aí o ócio moderno e sua singular maneira de contemplação: a "atenção distraída", forma original da memória, condição prévia de assimilação e de recordação. Essa "atenção distraída" é como a do narrador tradicional que, transmitindo relatos e histórias, incorporava neles sua própria experiência, "como as mãos do oleiro no vaso de argila". Isso porque seu ouvinte não devia estar necessariamente concentrado, pois a atenção é risco de tédio. Na modernidade, em vez de reunir todos os esforços de uma atenção exclusiva, para conservar a memória de coisas e acontecimentos, é preciso se deixar distrair para que reminiscências e lembranças possam se imprimir em nós, contornando a resistência da consciência vigilante e atenta. Sua condição é o ócio. O ócio tem por referência a autodeterminação, a ociosidade, o tempo alienado: "na figura do dândi", escreve Benjamin (2006, p.840), "Baudelaire procura encontrar para a ociosidade uma utilidade como aquela que o ócio tinha anteriormente. A *vita contemplativa* é representada e substituída por algo que se poderia chamar de *vita contemptiva*", a contemplação do *flâneur* na sociedade do consumo. Assim, atraídos pelo brilho das coisas frívolas ou não necessárias, o *flâneur* busca, por sua empatia com a mercadoria, justamente o que nela é "inútil", supérfluo.

De Calderón à modernidade, "os ricos sonham, os pobres sonham". Por isso Benjamin, no arquivo "Materialismo antropológico, história das seitas", transcreve as *Mémoires* de Chodruc-Duclos, homem que fora rico em Bordeaux e fracassou como *parvenu* em Paris. Não conseguindo fazer fortuna, acabou como mendigo nas ruas da cidade. Atraindo os curiosos por sua excentricidade, era encontrado, maltrapilho, diariamente, pelo Palais-Royal; com suas longas barbas, discursava à maneira dos cínicos gregos antigos: "Água sustenta! [...] Eu me fartava de água porque não tinha pão". Por isso, Dumas o considerou um "Diógenes moderno", e Baudelaire o associou a Sócrates. Essa liberdade radical é a de quem é "espiritualmente livre", "como o caçador e o pastor o eram corporalmente". Nesse sentido, Baudelaire recorre a Chateaubriand para tratar do ócio, identificando-o naquele a quem a generosa natureza se oferecia outrora – ao selvagem: "É com prazer", anota Benjamin (2006, p.846), "que Baudelaire encontra em Chateaubriand uma referência aos dândis índios, um testemunho do tempo de antigo esplendor dessas tribos".

Na metrópole rica e opulenta, o *flâneur* sem poder aquisitivo desfruta do ócio e das mercadorias de luxo,[11] uma vez que estas não participam das transações monetárias. Como nelas a utilidade não é proporcional à quantidade de trabalho para produzi-las, nem à sua qualidade, tampouco ao material de que são feitas, revela-se seu valor devido a sua raridade e poder de sedução. Tais características evocam as mais recuadas experiências religiosas da potência criadora de Deus ou da natureza, revelando a presença de forças invisíveis no universo visível, potências espirituais que garantem a comuni-

---

11 O tempo, que se mistura ao mundo das mercadorias e seu fluxo incessante, é o tempo do vazio de significado e do tédio, fonte de ressentimento. O indivíduo convertido à condição exclusiva de consumidor é consumido pelo tempo com o qual não sabe o que fazer, como assenhorar-se dele para seus fins. Quanto mais a sociedade dispõe de tempo livre pelas revoluções tecnológicas, menos se consegue decidir a "ordem das urgências". Assim também no consumo: "a natureza criou os homens de tal maneira a poderem tudo desejar, sem poder tudo obter. O desejo de adquirir, sendo maior do que a capacidade de fazê-lo, resulta em descontentamento de quem possui e na pouca satisfação que consegue ter" (Maquiavel, 2007, Livro I, XVII). O tempo livre aberto à ociosidade do desemprego e ao desejo de ter é a forma contemporânea da "ociosidade psíquica" (Clot, 2002; Enzensberger, 1964).

cação entre o visível e o invisível. É dele, do invisível, que provêm a beleza do material e das formas, o talento do criador ou do artista, que se manifestam no visível em que se expõem à contemplação e à admiração. Por serem menos frequentes que os outros objetos, têm a capacidade de despertar a atenção, captar o olhar, estimular a curiosidade. Aqui a diferença entre a ociosidade e o ócio:

> Na sociedade feudal, o ócio – a desobrigação do trabalho – era um privilégio reconhecido. Na sociedade burguesa não é mais assim. O que distingue o ócio, tal como o conhece o feudalismo, é o fato de ele se comunicar com dois tipos importantes de comportamento social. A contemplação religiosa e a vida na corte representam, por assim dizer, as matrizes em que podia ser moldado o ócio do nobre, do prelado, do guerreiro. Estas atitudes [...] traziam vantagens ao poeta. Sua obra as favorecia pelo menos indiretamente, ao preservar o contato com a religião e com a vida na corte. [...] Na sociedade feudal o ócio do poeta é um privilégio reconhecido. É somente na sociedade burguesa que o poeta é considerado alguém que vive na ociosidade. (Benjamin, 2006, p.842)

Por isso, o proletário baudelairiano tem suas afinidades com o aristocrata muito mais do que com o burguês moralista e seu culto do trabalho e do enriquecimento. Ao desenvolver seu poder econômico, o mundo burguês procedeu à desvalorização dos valores aristocráticos e à valorização do dinheiro, pois todos os excluídos do prestígio de nascimento e de sangue e, por extensão, todos os que vivem na frugalidade de sua condição modesta, devem se desfazer dos hábitos ociosos dos nobres. Para o nobre, o luxo é uma compensação indispensável de casta, uma compensação simbólica às atitudes obrigatórias de sua condição que confinam a liberdade e que distingue seu status social; já o burguês não se contenta com a imagem das coisas, exigindo tê-las como um prazer, como posse daqueles que aspiram à fortuna e descartam tudo o que seja obstáculo a esse empreendimento. Eis por que Schuhl (apud Benjamin, 2006, p.839) contrapõe o cortesão nobre e o burguês negociante da bolsa:

> quem desfruta do ócio, escapa da Fortuna; quem se rende à ociosidade, não lhe escapa. A Fortuna que o aguarda na ociosidade é, contudo, uma deusa menor do que aquela da qual escapou quem se entregou ao ócio. Essa Fortuna não se sente mais em casa na *vita activa*; seu quartel general é a vida mundana. Os imaginários da Idade Média representam os homens que se dedicam à vida ativa ligados

à roda da Fortuna, elevando-se ou rebaixando-se segundo o sentido em que ela gira, enquanto o contemplativo permanece imóvel no centro.

As boas maneiras visam à prudência e por seu intermédio o homem pode alcançar a virtude que elas imitam. Mas com a desvalorização desses valores, a vida burguesa adotou a ética protestante do enriquecimento pela obra (cf. Weber, 2004). Nela o trabalho prevalece sobre o talento, a disciplina sobre o diletantismo, a aplicação sobre a *sprezzatura*, o sacrifício sobre a comodidade, o cálculo (Benjamin, 2006, p.844) sobre a improvisação, a regra sobre as circunstâncias, a retidão sobre a graça, esse "dom de Afrodite", a "deusa dos sorrisos". Redimensionando o ideal do homem da Corte, que se educava na arte de um saber-viver e que recusava qualquer atividade profissional e econômica, o dândi ascende à condição de homem livre não pelo "domínio de si", mas pela embriaguez e pelo excesso de poesia contra o prosaísmo do mundo burguês. Livre do trabalho, é o soberano de seu tempo e seus desejos.

Com a sociedade da abundância e do desperdício, uma nova sociabilidade entra em cena, que requer outra experiência do tempo:

> Deus terminou a tarefa da Criação; ele descansa e se refaz. É este Deus do sétimo dia que o burguês tomou como modelo de sua ociosidade. Na *flânerie*, ele tem a onipresença de Deus; no jogo sua onipotência; e, no estudo, sua onisciência. Esta trindade está na origem do satanismo de Baudelaire. A semelhança do ocioso com Deus indica que a fórmula (protestante) que diz que "o trabalho é o ornamento do cidadão" começou a perder importância. (Lafargue apud Benjamin, 2006)

A "fórmula" é protestante porque na tradição anterior a Lutero e Calvino a preguiça é condenada não por se encontrar ao lado do ócio mas da "falta de vontade" ou da "vontade fraca", alinhando-se com a apatia, presente no trabalho repetitivo e incessante com o qual o trabalhador não quer romper. No *Direito à preguiça*,[12] Lafargue critica o proletariado francês que em 1848 estampava a palavra de ordem do "direito ao trabalho". Com efeito, para ele, o assalariado é adepto da "religião do capital", a "pior das escravizações", devendo liberar-se da fadiga por meio das máquinas e do acesso generalizado ao "ócio". Este tempo é liberado principalmente do "tempo livre" – cuja

---

12 A palavra "preguiça" é originária do latim *pigritia*, derivada de *piger*, que significa "lento", "indolente", "pouco trabalhador".

medida é o tempo do trabalho alienado – e disponível para o luxo. Benjamin (2006, p.737) anota:

> Aristóteles declara que a escravidão deixaria de ser necessária se as lançadeiras e os plectros se movimentassem por si mesmos: esta ideia combina perfeitamente com sua definição do escravo: um instrumento animado [...] Não se passaram nem três séculos para que um poeta, Anphilos de Bisâncio, respondesse a Aristóteles cantando a invenção do moinho hidráulico que libera as mulheres do penoso trabalho da moagem [...] Nós gozaremos a vida da Idade de Ouro se conseguimos aprender a saborear sem pesares as obras de Deméter. [...] Este epigrama [...] já foi aproximado ao texto de Aristóteles, e ao que parece foi Marx quem o fez pela primeira vez.

A preguiça não é um direito, mas um dever que necessita de toda uma educação. Aqui retorna a questão enunciada por Aristóteles, para quem disposições políticas podem limitar o peso da necessidade sobre cada um ampliando as forças da vida, mas são insuficientes para propiciar o ócio. Para este é preciso que o homem saiba se valer de seu tempo: "a principal questão é, assim, saber a que é preciso consagrar o ócio" (*Política*, livro VIII, 3, 1337b). Sem isso, o tempo livre é vazio e assombrado pela monotonia e pelo tédio, o que levou Baudelaire a escrever que, no mundo moderno, "trabalhar, no fundo, entedia menos do que não fazer nada". Nesse sentido Pieper (2007, p.44) observa:

> A acídia medieval era uma realidade conceitual de natureza diversa com respeito à ociosidade moderna. Essa "preguiça do coração" significava a recusa tácita da exigência que a dignidade de sua função de monge lhe impunha, recusando o que Deus espera dele ou quem ele mesmo é. Em São Tomás de Aquino, a prescrição na qual "a vida em ato consiste no exercício, na criação e na atividade". Compreende-se que o oposto da acídia não é o trabalho mas o consentimento feliz que o homem atribui a seu próprio ser, ao mundo e a Deus, de onde provém uma figura singular da atividade que em nada se confunde com a do trabalho. A acídia é uma falta, uma ofensa ao "descanso no espírito de Deus". Sua antítese é a contemplação. Como "pecado capital", a acídia encontra-se no âmbito do *"caput"* que significa, de maneira mais essencial, "cabeça", "fonte": "os pecados capitais são aqueles de que, como de uma fonte, outros desregramentos, outros erros procedem, por assim dizer, naturalmente. O que provém da preguiça [...] é, segundo os antigos, uma falta de quietude interior e uma inaptidão ao ócio. Entre os filhos da acídia, os Antigos contavam o desespero. Considerar assim a

inaptidão ao ócio como "irmã do desespero" pode ser rico de ensinamentos e permite desmascarar, sob a suspeita divisa "trabalhar e não desesperar", a triste verdade de seu fundamento.

Na tradição grega, os medievais consideram a preguiça como uma atitude interior que condena ao ativismo perpétuo, à inaptidão, à ociosidade. O ócio só pode existir verdadeiramente se o homem se encontra consigo mesmo, confortável em seu próprio ser. A acídia é a não-coincidência do homem consigo mesmo.

O *otium*, diversamente do tempo livre ou das férias, é um estado de não atividade, de serenidade e silêncio, silêncio que não é mutismo mas se alimenta da concórdia que acompanha o diálogo daqueles que se amam. O *Gênesis* diz que "descansando de suas obras, Deus viu que tudo isso era muito bom". O ócio dos homens imita o descanso divino e dele participa. Nas *Passagens*, Benjamin (2006, p.844) anota:

> a descrição clássica da ociosidade em Rousseau. Essa passagem indica, ao mesmo tempo, que a existência dos ociosos tem algo de divino e que a solidão é um estado essencial do ociosos. No último livro das *Confissões*, lê-se o seguinte: "Tendo passado a idade dos projetos romanescos, e tendo a fumaça da vanglória mais me aturdido que lisonjeado, não me restava, como última esperança, senão viver em um ócio eterno. [...] É a vida dos bem-aventurados em outro mundo, e ela constituiria minha felicidade suprema, dali em diante, neste mundo aqui [...] Eu disse que a ociosidade dos círculos sociais tornava-os insuportáveis para mim, e eis-me procurando a solidão unicamente para me entregar à ociosidade" [...] A ociosidade dos círculos é mortífera, porque é uma necessidade. A da solidão é encantadora, porque livre e voluntária.

O trabalho analisado, em particular por Marx, é atividade útil e utilitária que não encontra seu sentido em si mesma, pois busca o que é lucrativo, visa a um *bonum utile* de natureza social. E a condição proletária de todo trabalhador consiste no fato de estar acorrentando ao processo de trabalho, o que é bem diferente do proletariado como classe social. Proprietário ou não, é proletário quem, por cumprir decisões que não são autodeterminações, encontra-se subordinado "às necessidades técnicas da produção racional de bens". Longe de se restringir às "classes trabalhadoras", a alienação abrange a sociedade moderna inteira.

Reavendo a tradição da Antiguidade e da Idade Média, Benjamin considera a atividade com fins à utilidade como a essência das artes servis. Nesse sentido, anota:

> na Grécia antiga, o trabalho prático era reprovado e proscrito; embora fosse executado essencialmente por mãos escravas, era condenado principalmente por revelar uma aspiração vulgar por bens terrenos (riqueza). "Platão [prescreve] nas *Leis* (VIII, 846) que nenhum cidadão deve exercer profissão mecânica; a palavra *banausos,* que significa artesão, torna-se sinônimo de desprezível [...] tudo que é artesanal ou envolve trabalho manual traz vergonha e deforma alma e corpo ao mesmo tempo. Em geral, os que exercem tais ofícios só se empenham para satisfazer [...] o desejo de riqueza, que nos priva de todo tempo de ócio. [...] O desprezo que se tem pelo artesão estende-se ao comerciante: em relação à vida liberal, ocupada pelo ócio do estudo (*scolé, otium*), o comércio e os "negócios" (*neg-otium, ascolia*) não têm, na maioria das vezes, senão um valor negativo". (Schuhl apud Benjamin, 2006, p.839)

A etimologia identifica as nuances da *skholé*, cujo significado seria "lazer", "tranquilidade", "tempo livre" e, por vezes, "preguiça". No grego a palavra a*rgos* (contração de *a-ergos*) quer dizer: "que não trabalha".

Marxista dadaísta, para Benjamin (2000a, p.9-69) as melhores coisas que o mundo animado pelo dinheiro pode oferecer deveriam ser grátis. Puro dom, prostitutas e livros levam-se para a cama, porque amor e leitura são a ocupação dos ociosos.[13] Pode-se dizer que o *flâneur* é preguiçoso, mas são os "ociosos", observou Francis Ponge, que movem o mundo. Os outros não têm tempo algum.

---

13 O "estudo" e a leitura dizem respeito à "contemplação" e ao "tempo da reflexão", aquele que não é medido por cronômetros. É o tempo da teoria – da teo-orein e do "cuidado com o ver", da arte e dos bens culturais que, diferentemente de serem impostos e construtos de "pessoas determinadas, por razões particulares, em determinado momento", têm sua permanência garantida nesta *philia* singular do *studium* que requer o ócio: "quem verdadeiramente [ama] um poema [...], ama-o porque considera que ele lhe pertence e lhe diz respeito de modo extremamente íntimo, imanente e vital. A decisão intelectual sobre o valor – ou ausência de valor – da poesia é o resultado da relação real que o leitor estabelece com ela. Não é porque decide que a poesia não tem valor que ele deixa de ter uma relação vital com ela: é antes porque não tem uma relação vital com a poesia que ela não tem valor para ele". (Cícero, 2009) A "crise na educação", a cultura da incuriosidade do mundo contemporâneo não provém de uma crise econômica, mas é crise na capacidade de amar. (Cf. Adorno, 1969)

Referências bibliográficas

ABENSOUR, M. Le guetteur des reves. Walter Benjamin et l'utopie. *Revue Tumultes*, n.12, p.86-7, abr. 1999.

ABENSOUR, M. Quelques réflexions sur la philosophie de l'hitlerisme de Lévinas. In: *La Philosophie de l'hitlerisme*. Paris: Fata Morgana, 1997.

ACTUEL MARX: *violence de la marchandisation*. n.34, Paris: PUF, 2003.

ADORNO, T. W. *As estrelas descem à Terra*: estudo sobre uma superstição secundária. São Paulo: Editora Unesp, 2008. [*Des étoiles à la Terre. La Rubrique astrologique du Los Angeles Times. Étude sur une superstition secondaire*. Paris: Exils, 2000.]

ADORNO, T. W. *Educação e emancipação*. Trad. Wolfgang Leo Maar. Rio de Janeiro: Paz e Terra, 2003.

ADORNO, T. W. Filosofía y Mestres. In: *Interventiones*: nueve modelos críticos. Caracas: Monte Avita, 1969.

ADORNO, T. W.; HORKHEIMER, M. *Dialética do esclarecimento*. Rio de Janeiro: Zahar, 1985.

AGAMBEN, G. *Profanações*. São Paulo: Boitempo, 2007 [*Profanazioni*. Roma: Nottetempo, 2005.]

AGAMBEN, G. *État d'exception*. Paris: Seuil, 2003a.

AGAMBEN, G. *L'ombre de l'amour*: le concept d'amour chez Heidegger. Paris: Rivages, 2003b.

AGAMBEN, G. *Homo Sacer? O poder soberano e a vida nua*. Belo Horizonte: UFMG, 2002a.

AGAMBEN, G. *Moyens sens fins:* notes sur la politique. Paris: Payot-Rivages, 2002b.

AGAMBEN, G. *L'ouvert*: l'homme et l'animal. Paris: Payot, 2002c.

AGAMBEN, G. *Notas marginais a "Comentários sobre a sociedade do espetáculo"*. Trad. Estela dos Santos Abreu. Rio de Janeiro: Contraponto, 1997.

AGAMBEN, G. *Idea della prosa.* Milano: Feltrinelli, 1985.
ALBERTI, L. B. *Da pintura.* São Paulo: Unicamp, 2009.
ALIGHIERI, D. *Divina commedia.* Trad. Cristiano Martins. São Paulo: Itatiaia/Edusp, 1979.
ANDERS, G. *Kafka:* pró e contra. São Paulo: Cosac Naify, 2007.
ANDERS, G. *L'obsolescence de l'homme.* Trad. De Cristophe David. Paris: De L'Encyclopédie des Nuisances/Ivrea, 2002.
ANDERSON, P. *Linhagens do Estado absolutista.* São Paulo: Brasiliense, 1985.
AQUINO, E. *Reificação e linguagem em Guy Debord.* Fortaleza: Uece/Unifor, 2006.
ARANTES, P. E. *Extinção.* São Paulo: Boitempo, 2007.
ARENDT, H. *A condição humana.* São Paulo: Forense Universitária, 2007.
ARISTÓTELES. *Ethica ad Nicomachum.* [*Ética a Nicômaco.* São Paulo: Abril Cultural, 1978a.]
ARISTÓTELES. *Politica.* [*Política.* São Paulo: Abril Cultural, 1978b.]
ARISTÓTELES. *Metafísica.* [*Metafísica.* São Paulo: Abril Cultural, 1978c.]
ARISTÓTELES. *De anima.* [Trad. A. Jannonparis e F. Barbotin. Paris: Les Belles Lettres, 1966.]
ARISTÓTELES. *Physica.* [*Physique.* Trad. H. Carteron. Paris: Les Belles Lettres, s.d.]
AUBERT, N. De l'accomplissement de soi à l'excès de soi: dépassement de soi et rapport à la finitude. In: *Les sentiments et la politique.* Paris: L'Harmattan, 2007.
AUBERT, N. *La culture de l'urgence:* la société malade du temps. Paris: Champs/Flammarion, 2003.
BACHS, P. The "Iron Cage" and the "Schell as Hard as Steel": Parsons, Weber, and the *Stahlhartes Gehäuse* Metaphor in *The Protestant Ethic and the Spirit of Capitalism. History and Theory*, 40, 2001.
BAIER, L. *Keine Zeit.* Munique: Kunstmann Verlag, 2000.
BALIBAR, E. Introdução. In: OLIVIER. *Le cour grandmaison, haines(s).* Paris: PUF, 2002.
BALIBAR, E. *Écrits pour Althusser.* Paris: La Decouverte, 1991.
BAUDELAIRE, C. *Charles Baudelaire, poesia e prosa.* Org. Ivo Barroso (vol. único). Rio de Janeiro: Nova Aguilar, 1995.
BAUDELAIRE, C. Jornaux Intimes. In: BENJAMIN, W. *Sobre alguns temas em Baudelaire*, v. XII, Abril Cultural, 1983.
BAUDELAIRE, C. Oeuvres complètes. Paris: Gallimard, 1976.
BAUDELAIRE, C. Lettres à sa Mère. *Correspondance*, I. Gallimard: Bibliothèque de la Pléiade, 1973.
BAUMAN, Z. *Modernidade e ambivalência.* Rio de Janeiro: Zahar, 1999.
BAYARD, P. *Peut-on appliquer la littérature à la Psychanalyse?* Paris: Minuit, 2004.
BENJAMIN, W. *Obras escolhidas I, Magia e técnica, arte e política.* 12.reimpr. São Paulo: Brasiliense, 2010 [1985].

BENJAMIN, W. *Passagens*. São Paulo: Imprensa Oficial/Belo Horizonte: Ed. da UFMG, 2006.
BENJAMIN, W. *Fragments philosophiques, politiques, critiques, littéraires*. Paris: PUF, Collège International de Philosophie, 2001.
BENJAMIN, W. *Obras escolhidas II, Rua de mão única*. 5.ed., 3.reimpr. São Paulo: Brasiliense, 2000a [1995].
BENJAMIN, W. *Obras escolhidas III, Charles Baudelaire, um lírico no auge do capitalismo*. 3.ed., 2.reimpr. São Paulo: Brasiliense, 2000b [1994].
BENJAMIN, W. *Écrits autobiographiques*. Trad. Christophe Jouanlanne e Jean-François Poivier. Paris: Bourgeois, 1994.
BENJAMIN, W. Gesammelte Briefe. Frankfurt: Suhrkamp, 1995.
BENJAMIN, W. *Écrits français*. Paris: Gallimard, 1991.
BENJAMIN, W. *Origem do drama barroco alemão*. São Paulo: Brasiliense, 1984.
BENJAMIN, W. Socrate. In: *Metafisica della Gioventù*. Turim: Einaudi, 1982.
BENJAMIN, W. *Illuminationen*. Frankfrut: Suhrkamp, 1981.
BENJAMIN, W. *Gesammelte Schriften*. Frankfurt: Suhrkamp, 1972-1989.
BENJAMIN, W. *Correspondance*. v.II. Frankfurt: Suhrkamp, 1979.
BENJAMIN, W. Manuscritos preparatórios. MS 480 1-3, v. I, 1243.
BENJAMIN, W. *Diálogo sobre a religiosidade do presente*. 1913.
BERGSON, H. *Matéria e memória*. São Paulo: Martins Fontes, 2006.
BESANÇON, J. (org.). *Les murs ont la parole:* maio 68. Paris: Eric Koehler, 2007.
BIRNBAUM, A. Faire avec peu: Benjamin et les moyens pauvres de la technique. *Lignes Adorno/Benjamin*, mars 2009 (Mimeogr.).
BLANQUI, L A. *L'éternité par les astres*. Paris: Futur Antérieur, 1978.
BLOCH, E. *O princípio esperança*. São Paulo: Contraponto, 2006.
BLOCH, E. *Traces*. Paris: Gallimard, 1998.
BOLLE, W. *Fisionomias da Metrópole Moderna*. São Paulo: Edusp, 2000.
BOSI, E. *O tempo vivo na memória*. São Paulo: Ateliê Editorial, 2003.
BOSI, E. *Memória e sociedade - lembranças de velhos*. 3.ed. São Paulo: Cia. das Letras, 1994.
BOUGANIM, A. *Walter Benjamin, le rêve de vivre*. Paris: Albin Michel, 2007.
BRISSAC, N. *Cenários em ruínas*. São Paulo: Brasiliense, 1987.
BROCCHINI, I. *Trace et disparition:* à partir de l'oeuvre de Walter Benjamin. Paris: Harmattan, 2006, p.49-52.
BROSSAT, A. *L'animal democrartique*. Tours: Farrago, 2000.
BÜRGE, N. *Minima sociaux et conditions salariales*. Paris: Fayard, 2000.
CALABRESE, O. *A idade neobarroca*. Trad. Carmen de Carvalho e Artur Morão. Lisboa: Edições 70, 1988.
CALLADO, T. *Walter Benjamin:* a experiência da origem. Fortaleza: UEC, 2006, p.42-3.
CANETTI, E. *Masse et Puissance*. Trad. R. Rovini. Paris, 1966.

CANEVACCI, M. *Fetichismos visuais*. Trad. Osvando de Morais e Paulo Schettino. São Paulo: Ateliê Editorial, 2008.

CANEVACCI, M. *Una Stupita Fatticità*: fetichismi visuali tra corpi e metrópole. Milão: Costa e Nolan, 2007.

CANEVACCI, M. Slides apresentados no XVII Encontro Internacional de Cinema de Salvador/Bahia, Teatro Castro Alves.

CANEVACCI, M. *Cultura extreme*. Roma: Metemi, 1999.

CARDOSO, I. *Para uma crítica do presente*. São Paulo: Editora 34, 2001.

CASSIRER, E. *A filosofia das formas simbólicas*. São Paulo: Martins Fontes, 2001.

CASSIRER, E. *Die philosophie der symbolischen formen*. Gross: Stefan, 1995.

CASSIRER, E. *Filosofia das formas simbólicas*. México: Fondo de Cultura Económica, 1985.

CASTIGLIONE, B. *Il cortegiano*. Einaudi, 1965.

CASTORIADIS, C. *La montée de l'insignifiance. Les carrefours du labyrinhte, IV*. Paris: Seuil, 1996.

CAVAILLÉ, J. P. De la dissimulation honnête. *Revue Sigila*, n.8, 2001.

CAYGILL, H. *Dicionário Kant*. Trad. Álvaro Cabral. Rio de Janeiro: Zahar, 2000.

CHAMPIGUY, R. The Theatrical Aspect of Cogito. *Review of Metaphysics*, n.12, 1959, p.370-7.

CHAPMAN, G. *Plays and Poems*. Ed. Jonathan Hudson. London: Penguin Books, 1998.

CHAUI, M. *Simulacro e poder*: uma análise da mídia. São Paulo: Perseu Abramo, 2006.

CHAUI, M. O retorno do teológico-político. In: CARDOSO, S. (org.). *Retorno ao republicanismo*. Belo Horizonte: UFMG, 2004.

CHAVES, E. Sexo e morte em *Rua de mão única*. In: SELIGMANN-SILVA, M. (org.). *Leituras de Walter Benjamin*. São Paulo: Annablume, 1999.

CHAVES, E. *Mito e história*: um estudo da recepção de Nietzsche em Walter Benjamin. 1993. Tese (Doutorado) – Depto. de Filosofia, Universidade de São Paulo.

CHEVALIER, J. (ed.). *Pensées*. Paris: Gallimard, 1954.

CHIAPELLO, È.; BOLTANSKI, L. *Le nouvel esprit du capitalisme*. Paris: Gallimard, 1999.

CÍCERO, A. Os estudos literários e o cânone. *Folha de S.Paulo*, 7 fev. 2009, Folha Ilustrada, p.E14.

CLOT, C. Y. Le temps de travail et désoeuvrement: le problème du temps em psychologie du travail. In: ZAWADZKI, P. (org.). *Malaise dans la Temporalité*. Paris: Publications de la Sorbonne, 2002.

COHEN, M. *Profane Illumination:* Walter Benjamin and the Paris of Surrealist Revolution. Berkeley, Los Angeles/London: University of California Press, 1995.

COLI, J. O suspeito, o detetive a paranoia. In: NOVAES, A. (org.). *Ensaios sobre o medo*. São Paulo: Senac/Sesc, 2007, p.211-2.

COLI, J. Frankenstein. In: *O corpo despedaçado*. São Paulo: Discurso Editorial, 2003.

COMPAGNON, A. *La seconde mainou le travail de la citation*. 3.ed. Paris: Seuil, 1979.

COMTE, A. *Cours de Philosophie Positive*. v.2. Paris: Gallimard, 1997.

CORDEIRO DA SILVA. *A percepção da barbárie*: construção e desmoronamento da teoria crítica de Max Horkheimer. 2002. Tese (Doutorado) Depto de Filosofia, Universidade Federal de Minas Gerais.

CRITCHLEY, S. Le traumatisme originel: Levinas avec la psychanalyse. In: *Rue Descartes/19*. s.d.

D'AGOSTINO, M. H. *Geometrias simbólicas da arquitetura*. São Paulo: Hucitec, 2007.

D'ANNUNZIO, G. Poema paradisíaco. In: PRAZ, M. *La chair, la mort et le diable*. Paris: Denoël, 1977, p.223-4.

DAVIS, M. The Flames of New York. *New Left Review* 12, nov.-dez. 2001, p.39-40.

DEBORD, G. *La planète malade*. Paris: Gallimard, 2004.

DEBORD, G. *A sociedade do espetáculo*. Rio de Janeiro: Contraponto, 1997.

DEBORD, G. *Commentaires sur la Société du spectacle*. Col. Folio. Paris: Gallimard, 1996 [1992].

DERRIDA, J. *De l'hospitalité*. Paris: Calmann-Lévy, 2001a [1997].

DERRIDA, J. *Mal de arquivo*: uma impressão freudiana. Rio de Janeiro: Relume-Dumará, 2001b.

DERRIDA, J.; VATTIMO, G. (org.). *A religião*. São Paulo: Estação Liberdade, 2000.

DESANTI, J-T. *Introduction à l'histoire de la Philosophie*. Paris: PUF, 2006.

DESCARTES, R. *Discurso do método*. Trad. Jacó Guinsburg e Bento Prado Jr. Col. Os Pensadores. São Paulo: Abril Cultural, 1973a.

DESCARTES, R. *Meditações metafísicas. Segunda meditação*. Trad. Jacó Guinsburg e Bento Prado Jr. Col. Os Pensadores. São Paulo: Abril Cultural, 1973b.

DESCARTES, R. *Oeuvres Complètes*. Org. C. Adam, P. Tannery. v. X. Paris: Vrin, 1996.

DEWERPE, A. *Espion, une anthropologie historique du secret d'État contemporain*. Paris: Gallimard, 1994.

DUARTE, R. *Teoria crítica da Indústria Cultural*. Belo Horizonte: UFMG, 2008.

DUARTE, R. et al. (org.). *Kátharsis*: reflexões de um conceito estético. Belo Horizonte: C/Arte Editora, 2002.

DUPUY. J.-P. A catástrofe, o império da técnica e o desaparecimento da natureza: a tentação de apagar a política com a técnica. In: NOVAES, A. (org.). *O esquecimento da política*. Rio de Janeiro: Agir, 2007.

DUVA, M..; CUYER, E. *História da anatomia plástica*. Paris: Société Française d'Édition d'Art, 1898.

DYMETMAN, A. *Uma arquitetura da indiferença*: República de Weimar. São Paulo: Perspectiva, 2002.

EHERENBERG, A. *La fatigue d'être soi. Depression et société*. Paris: Odile Jacob, 1998.

EILAND, H.; MCLAUGHLIN, K. Introdução. In: BENJAMIN, W. The Árcades Project. Harvard University Press, 1999.

ELIAS, N. O processo civilizador. Rio de Janeiro: Jorge Zahar, 1994.

ENZENSBERGER, H. M. Theórie de la trahison. In: *Politique et Crime*. Paris: Gallimard, 1967.

ENZENSBERGER, H. M. *Politik und Verbrechen*. Frankfurt: Suhrkamp, 1964.

EPICTETO. *Manual de Epíteto filósofo*. São Paulo: Cultura, s/d.

ERÍGENA, E. *De divisione naturae libre patrologia*. Series Latina, CXXII. Paris, 1923.

ESPINOSA, B. *Ética*. Belo Horizonte: Autêntica, 2008.

ESPINOSA, B. *Tratado teológico-político*. Milano: Einaudi, 1972.

ESPINOSA, B. *Traite théologico-politique*. Paris: Appuhn/Garnier-Flammarion, 1965.

FABRINI, R. (org.). *Interpretação*. São Paulo: Louise, 1998.

FERRAZ, J. *Walter Benjamin: o olhar que vê sem ser visto*. 2003. Tese (Doutorado) Depto. de Filosofia, Universidade de São Paulo.

FERREIRA, J. R. Hélade, pan-helenismo e identidade helênica Gênese e consolidação da ideia de Europa. *De Homero ao fim da época clássica*, v. I. Coimbra: Imprensa da Universidade, 2005.

FINLEY, M. *O mundo de Ulisses*. Trad. Armando Cerqueira. Lisboa: Presença, 1988.

FOLGHERA, J-D. (ed.). *Sobre a ressurreição*. Paris/Roma: Desclée, 1955.

FOLHA DE S.PAULO. Os estudos literários e o cânone. *Folha Ilustrada, Folha de S. Paulo*. 7 fev. 2009, p.E14.

FONTENAY, E. *Le silence des bêtes: La philosophie à l'épreuve de l'animalité*. Paris: Fayard, 1998.

FONTES, J. B. *Eros, tecelão de mitos*. São Paulo: Iluminuras, 2006 [2003].

FOUCAULT, M. L'Écriture de Soi. *Dits et Écrits II (1976-1988)*. Paris: Gallimard, 2001.

FOUCAULT, M. *Em defesa da sociedade*. São Paulo: Martins Fontes, 2000.

FOUCAULT, M. *Dits et écrits*, t. I. Paris: Gallimard, 1994.

FOUCAULT, M. *História da sexualidade*, v.II. Rio de Janeiro: Graal, 1985.

FOUCAULT, M. *Les mots et les choses*. Paris: Gallimard, 1972.

FREUD, S. Lê moi et le ça. *Essais de psychanalyse*. Payot, 2001.

FREUD, S. *A interpretação dos sonhos*. Trad. Ismael de Walderedo. Rio de Janeiro: Imago, 1998.
FREUD, S. *O mal-estar na civilização*. Rio de Janeiro: Imago, 1997.
FREUD. *Além do princípio do prazer*. In: Obras psicológicas completas: edição Standard Brasileira. Rio de Janeiro: Imago, 1996.
FREUD, S. *Psicopatologia da vida cotidiana*. Rio de Janeiro: Imago, 1987.
FREUD, S. Pour introduitre la narcisisme. In: *La vie sexuelle*. Paris: PUF, 1969.
FREUD, S. Malaise dans la culture. Trad. A. Bernan e J.-P. Grossein. Paris: Gallimard, 1966.
GABEL, J. *Mensonge et maladie mentale*. Paris: Allia, 1998.
GAGNEBIN, J. M. *Sete aulas sobre linguagem memória e história*. São Paulo: José Arizana. Cordeiro Leite Filhos, 2005.
GAGNEBIN, J. M. Atenção e dispersão: elementos para um discussão sobre arte contemporânea entre Benjamin e Adorno. In: DUARTE, R., FIGUEIREDO, V., KANGUSSU, I. (orgs.). *Theoria aesthetica*: em comemoração ao centenário de Theodor W. Adorno. Porto Alegre: Escritos, 2004.
GAGNEBIN, J. M. *Linguagem, memória e história*. Rio de Janeiro: Imago, 1997.
GAUCHET, M. *Le désenchantement du monde. Une histoire politique de religion*. Paris: Gallimard, 2005.
GALILEI, G. *O ensaiador*. Trad. Helda Barraco. São Paulo: Nova Cultural, 2000.
GAULEJAC, V. *Les sentiments et la politique*. Paris: L'Harmattan, 2007.
GAULEJAC, V. *La société malade de la gestion*. Paris: Seuil, 2005.
GIRARD, R. *La violence et te sacré*. Paris: Grasset, 1972.
GOLDNAGEL, W. *Lês martirocrates*: derives et impostures de l'idéologie victimaire. Paris: Plon, 2004.
GORZ, A. *O imaterial*: conhecimento, valor e capital. São Paulo: Annablume, 2005.
GRACIÁN, B. *Oráculo manual, el héroe, el criticón; agudeza y arte de ingenio*. Trad. M. Gendreau-Massaloux e P. Laurens. Paris-Lausanne: L'Âge d'Homme, 1983.
GUENANCIA, P. *Descartes et l'ordre politique*. Paris: PUF, 1983.
GUÉRIN, D. (org.). *Ni dieu ni maître - anthologie de l'anarchisme*. 2v. Paris: La Decouverte, 2005.
GUERRIERO, A. A alma da mercadoria. *Jornal Expresso,* 22 jul. 2006.
GUILHERME, J. História da anatomia do descaramento. *Revue d'Esthétique.* n.2, 1969.
HABERMAS, J. *Strukturwandel der Öffentlichkeit*. Darmstadt: Hermann Luchterhand, 1962.
HAROCHE, C. Processus psychologique et sociaux de l'humiliation: l'appauvrissement de l'espace intérieur dans l'individualisme contemporain!. In: *L'Humiliation et le Politique*. No prelo.
HARVEY, D. *A condição pós-moderna*. São Paulo: Loyola, 2002.

HAUG, W. F. *Crítica da estética da mercadoria*. Trad. Erlon José Paschoal. São Paulo: Edunesp, 1996.
HEGEL, J. G. F. *Esthétique*. Paris: Flammarion, 1979.
HEIDEGGER, M. *Os conceitos fundamentais da metafísica:* mundo, finitude, solidão. São Paulo: Forense Universitária, 2006a.
HEIDEGGER, M. *Ser e tempo*. Petrópolis: Vozes/Editora Universitária São Francisco, 2006b.
HEIDEGGER, M. La época del imagen del mundo. In: *Sendas Perdidas*. Trad. José Rovina Armengol. Losada, 1979.
HEIDEGGER, M. A época da imagem do mundo. *Holzwege*. Trad. francesa *Chemins qui ne mènent nulle part*. Paris: Gallimard, 1969.
HEIDEGGER, M. Ultrapassamento da Metafísica. In: *Essais et Conférences*. Trad. André Préau. Paris: Gallimard, 1958.
HEINE. Soucies babyloniens. *Poèmes et legendes, OC*. t.13. Paris: Akademie Verlag e Editions du CNRS, 1978.
HERÁCLITO. *Os Pensadores*. São Paulo: Abril Cultural, 1973.
HOBBES, T. Leviathan. São Paulo: Abril Cultural, 1979.
HORKHEIMER, M. Egoismus und Freiheitsbewegung. *Zeitschrift für Sozialfarschung*, n.5. Munique: Tachenbulch Verlag, 1980, p.220-21.
HORKHEIMER, M. *Dämmerung*. Frankfurt: Fischer Verlag, 1974.
JACQUEMOND, O. *Les trois secrets:* en hommage à Guy Debord. Paris: Sens & Tonka, 2005.
JAPPE, A. *As aventuras da mercadoria*. Trad. José Miranda Justo. Lisboa: Antígona, 2006.
JAPPE, A. *Les aventures de la marchandise:* pour une nouvelle critique de la valeur. Paris: Denoël, 2003.
JAPPE, A. *Guy Debord*. Petrópolis: Vozes, 1999.
JEUDY, H.-P. *La machinerie patrimoniale*. Paris: Sens & Tonka, 2001.
JEUDY, H.-P. *Le désir de catastrophe*. Paris: Albier, 1990.
KANT, I. *Crítica da razão prática*. São Paulo: Martins Fontes, 2002.
KANT, I. *Leçons d'éthique*. Paris: Fayard, 1997.
KANT, I. *Crítica do juízo*. São Paulo: Iluminuras, 1995.
KANT, I. *Crítica da razão pura*. Trad. Manuela Pinto dos Santos e Alexandre Fradique Morujão. Lisboa: Calouste Gulbenkian, 1994.
KANT, I. *Antrhopologie du point de vue pragmantique*. Trad. A Renaut. Paris: Garnier-Flammarion, 1993.
KANT, I. *Lógica*. Tempo brasileiro, 1992.
KANT, I. *Prolegômenos a toda metafísica futura que possa apresentar-se como ciência*. Trad. Tânia Maria Beernkopf. Col. Os Pensadores. São Paulo: Abril Cultural, 1974.
KANTOROWICZ, E. *Os dois corpos do rei*. São Paulo: Cia das Letras, 1998.

KONSTAN, D. In: BRESCIANI, S., NAXARA, M. (org.). *Ressentimento:* história de uma emoção. Campinas: Editora da Unicamp, 2001.
KORSCH, K. *Karl Marx.* Paris: Champs Libre, 1971
KORSCH, K. *Marxismo e filosofia.* Milão: Sugar, 1968.
KOYRÉ, A. *Do mundo fechado ao universo infinito.* 4.ed. São Paulo: Forense Universitária/Edusp, 2006.
KREUZER, H. *Die Bohéme. Beiträge zur ihrer Beschreibung.* Metzler: Stuttgart, J. B, 1968.
KRISTEVA, J. *Soleil noir*: dépression et mélancolie. Gallimard, 1987.
KUJAWSKI, G. *Viver é perigoso.* São Paulo: GRD, 1986.
KURZ, R. *Avis aux naufragés.* Paris: Lignes/Manifestes, 2005.
L'ENVIE et le désir: les faux fréres. *Revue Autrement*, Paris, fev. 1998.
LA ROCHEFOUCAULD. *Máximas e reflexões.* São Paulo: Iluminuras, 1995,
LACAN, J. O amor cortês em anamorfose. *O seminário.* Livro 7: A ética da psicanálise. Trad. Antonio Quinet. Rio de Janeiro: Zahar, 1988.
LAÉRCIO, D. *Vie, doctrines et sentences des philosophes illustres.* Trad. Robert Genaille. Garnier, 1965.
LAFORGUE, P. *Oedipe à Lesbos.* Paris: Eurédit, 2002.
LAPORTE, J. *Le bestiaire de Platon.* Paris: Kimé, 1998.
LARUE, A. *L'autre mélancolie:* acedia ou les chambres de l'esprit. Paris: Hermann Éditeurs des Sciences et des Arts, 2001.
LEDER, A. Introduction à une analyse des transformations de l'intuition du temps dans la culture contemporaine. In: ZAWADISKI, P. (org.). *Malaise dans la temporalité.* Paris: Publications de la Sorbonne, 2002.
LEFORT, C. Marx: de uma visão da história a outra. In: *As formas da história.* São Paulo: Brasiliense, 1986.
LEIBNIZ, G. *La monadologia.* Firenze, 1985, parágrafo 65.
LEVINAS, E. M. *Totalité et infini.* Paris: Grasset, 2003 [1993].
LEVINAS, E. M. *Liberté et commandement.* Paris: Minuit, 1988.
LEVINAS, E. M. Dialogue. In: *Du dieu qui vient à l'idée.* Paris: Vrin, 1982.
LEVINAS, E. M. *L'éthique comme philosophie première.* Paris: Minuit, 1977.
LEVINAS, E. M. *Autrement qu'être ou au-delà de l'essence.* Haya: Edition La Haya, 1974.
LIBERA, A. *Histoire, epistémologie, language,* 8/2. 1986.
LIPOVETSKY, G. *Le bonheur paradoxal.* Paris: Gallimard, 2006.
LIPOVETSKY, G. *O império do efêmero.* São Paulo: Cia. das Letras, 1989.
LIPOVETSKY, G.; ROUX, E. *O luxo eterno:* da idade do sagrado ao tempo das marcas. Trad. Maria Lucia Machado. São Paulo: Cia. das Letras, 2005.
LOGOPOULOS, A.-P. As belas-artes e a concepção de arte na Grécia antiga. *Revista de História da Arte e Arqueologia.* n.1, 1998. Departamento de Pós-graduação – História, Unicamp.

LÖWY, M. *Walter Benjamin: aviso de incêndio.* São Paulo: Boitempo, 2005.
LÖWY, M. *La guerre des Dieux.* Trad. inglesa Michael Gibson. Paris: Du Félin, 1998.
LUCRÉCIO. *De la Nature.* Trad. Henri Clouard. Paris: Gallimard, 1954.
LYOTARD, J.-F. *Le différend.* Paris: Minuit, 1984.
MANN, T. *Betrachtungen eines unpolitischen.* Frankfurt am Main: Fischer Verlag, 2001.
MAQUIAVEL, N. *Discursos sobre a Primeira Década de Titio Lívio.* São Paulo: Martins, 2007.
MAQUIAVEL, N. *O príncipe.* I, 6. São Paulo: Abril, 1973.
MARCUSE, H. *A ideologia na sociedade industrial.* Rio de Janeiro: Zahar, 1973.
MARX, K. *Manuscritos econômico-filosóficos de 1844.* São Paulo: Boitempo, 2008 [1980].
MARX, K. *O Capital.* Rio de Janeiro: Civilização Brasileira, 2004 [*El Capital.* Cidade do México: Fondo de Cultura, 1966.]
MARX, K. *Dezoito brumário e cartas a Kugelmann.* São Paulo: Paz e Terra, 2002.
MARX, K. O fetichismo da mercadoria. In: *El capital.* v. I. Cidade do México: Fondo de Cultura Económica, 1986.
MARX, K. *Das kapital I.* In: *MEGA.* Berlim: Dietz Verlag, 1983.
MARX, K. *A ideologia alemã.* São Paulo: Hucitec, 1982.
MARX, K. *Manuscritos econômico-filosóficos.* Trad. Julieta Campos. México: Grijalbo, 1968.
MARX, K.; ENGELS, F. *Manifesto comunista de 1848.* São Paulo: Alfa-Omega, s/d.
MATOS, O. Benjamin e o feminino. In: TIBURI, M. et al. (orgs.). *As mulheres e a filosofia.* São Leopoldo: Unisinos, 2001.
MATOS, O. Imagens sem objeto. In: *O iluminismo visionário: Walter Benjamin, leitor de Descartes e Kant.* São Paulo: Brasiliense, 1999.
MATOS, O. Descartes: o Eu e o Outro de Si. In: NOVAES, A. (org.). *A crise da razão.* São Paulo: Cia. das Letras, 1996a.
MATOS, O. *Os arcanos do inteiramente outro: a Escola de Frankfurt, a melancolia, a Revolução.* São Paulo: Brasiliense, 1996b.
MATOS, O. Algumas reflexões sobre o amor e a mercadoria. In: *História viajante, notações filosóficas.* São Paulo: Nobel, 1995.
MATOS, O. Benjamin e a questão do método. In: *O iluminismo visionário: Benjamin, leitor de Descartes e Kant.* São Paulo: Brasiliense, 1993.
MATTEI, J. F. *A barbárie interior: ensaio sobre o i-mundo moderno.* São Paulo: Edunesp, 2001.
MATTHIEUSSENT, B. *Expositions: Pour Walter Benjamin.* Paris: Fourbis, 1994.
MAUSS, M. Essai sur le Don. Forme et Raison de l'Echange dans les Sociétés Archaïques. *Sociologie et Anthropologie.* Paris: PUF, 1991, p. 145-71.

MAY, C. La marchandisation de l'âge de l'information. *Revue Actuel-Marx*, n.34, 2003.
MEIER, C. *Política e graça*. Brasília: UNB, 1997.
MERLEAU-PONTY, M. *O olho e o espírito*. Trad. Pedro Moraes. Col. Os Pensadores. São Paulo: Abril Cultural, 1975.
MEZZI, D. (org.). *Politiques de Caïn:* en dialogue avec René Girard. Paris: Desclée de Brower, 2004.
MICHAUD, Y. *L'art à l'état gazeux; essai sur le tromphe de l'esthétique*. Paris: Hachette, 2003.
MILNER, M. *La fantasmagorie*. Paris: PUF, 1982.
MILNER, Q.-C. *Constats*. Paris: Gallimard, 2002.
MOISÉS, L. P. *Fernando pessoa e seus principais heterônimos*. São Paulo: Martins Fontes, 2002.
MOTTA, L. T. *Literatura e contracomunicação*. São Paulo: Unimarco, 2004.
MOTTA, L. T. Um riso azul claro. Pequeno exercício crítico em torno de Machado de Assis insólito. In: *Imagens do Brasil? 500 anos*. São Paulo: Educ, 2000.
MOTTA, L. T. *Lições de literatura francesa*. Rio de Janeiro: Imago, 1997.
NAGET, H. Benjamin, I Mass Media e Il Problema della Legittimazione. In: *Caleidoscopio Bejaminiano*. A Cura di Enzo Rutigliano e Giulio Schiavoni. Roma: Eidizioni dell'Instituto Italiano di Studi Germanici, 1987.
NIETZSCHE, F. *Assim falou Zaratustra*. Rio de Janeiro: Civilização Brasileira, 1988.
NIETZSCHE, F. A partir de quantas mortes uma verdade se torna uma verdade? In: *Genealogia da moral*. São Paulo: Brasiliense, 1987.
NIETZSCHE, F. *Fragmentos póstumos*. Buenos Aires: Aguiar, 1950.
NIETZSCHE, F. *Die Geburt der Tragödie aus dem Geiste der Musik*. 1872.
O ESTADO DE S. PAULO. Caderno Internacional. Edição de 6 de maio de 2006, p.A 32.
OEHLER, D. Bárbaros e bestas/monstros, demônios – O Inferno/Satã – o Mal. In: *O velho mundo desce aos infernos*. Trad. José Marcos Macedo. São Paulo: Cia. das Letras, 1999.
OEHLER, D. *Le Spleen contre l'oubli-juin 1848*. Paris: Payot, 1996.
OLALQUIAGA, C. *El reino artificial*: sobre la experiencia kitsch. Barcelona: Gustavo Gili, 2007.
ORTEGA Y GASSET, J. *Obras completas*. 2.ed. Madri: Revista do Occidente, 1950.
PALHARES, T. H. P. *Aura:* a crise da arte em Walter Benjamin. São Paulo: Barracuda, 2006.
PAQUOT, T. *Éloge du luxe:* de l'utilité de l'inutile. Paris: Bourin, 2005.
PERNIOLA, M. *Contro la comunicazione*. Torino: Einaudi, 2004.
PERNIOLA, M. *Pensar o ritual*. São Paulo: Studio Nobel, 2001.
PERNIOLA, M. *Pensando o ritual*: sexualidade, morte, mundo. São Paulo: Studio Nobel, 2000.

PERNIOLA, M. *Il sex-appeal dell'inorganico*. Torino: Einaudi, 1994.
PIEPER, J. *Le loisir, fondement de la culture*. Trad. Pierre Blanc. Genebra: Ad Solem, 2007.
PINHEIRO MACHADO, F. *Bild und Bewusstsein der Geschichte*. Munique: Katl Alber, 2006.
PINHEIRO MACHADO, F. A pesquisa sobre o teatro barroco. In: *Imanência e história:* a crítica do conhecimento em Walter Benjamin. Belo Horizonte: UFMG, 1994.
PLATÃO. *Banquete*. Paris: Edições Les Belles Lettres, 1970a.
PLATÃO. *Crátilo*. Paris: Edições Les Belles Lettres, 1970b.
PLATÃO. *Fédon*. Paris: Edições Les Belles Lettres, 1970c.
PLATÃO. *O político*. Paris: Edições Les Belles Lettres, 1970d.
PLATÃO. *República*. Paris: Edições Les Belles Lettres, 1970e.
PLATÃO. Leis. *Oeuvres Complètes*. Livro I, v.VI. Trad. Emile Chambry. Paris: Garnier, 1946.
POULET, G. Piranèse et les poètes romantiques français. In: *Trois essais de psychologie romantique*. Paris: Corti, 1966.
POULET, G. *Études sur le temps humain*. Plon, 1950.
POUND, E. *The Cantos*. London: Faber and Faber, 1975.
PRAWER, S. S. *Karl Marx and the World Literature*. Oxford: Clarendon Press, 1976.
PREMUDA, L. *História da iconografia anatômica*. Milão: Martello, 1957.
QUEVAL, I. *S'accomplir ou se dépasser:* essai sur le sport contemporain. Paris: Gallimard, 2004.
RAMONEDA, J. *Depois da paixão política*. São Paulo: Senac, 2003.
RANCIÈRE, J. *La haine de la démocratie*. Paris: La Fabrique, 2005.
RAULET, G. *Le caractère destructeur, esthétique, théologie et politique chez Walter Benjamin*. Paris: Aubier, 1997.
REIJEN, W. V.; VAN DOORN, H. *Aufenthalte und Passagen*. Frankfurt: Suhrkamp, 2001.
RIBEIRO, R. J. O discurso moralista. In: *A última razão dos reis*. São Paulo: Cia. das Letras, 1992.
RIBEIRO, R. J. *Ao leitor sem medo*. São Paulo: Brasiliense, 1984.
RIFKIN, J. *The Age of Access, the New Culture of Hypercapitalism Where All of Life is a Paid-For Experience*. New York: Putmam, 2000.
ROCHLITZ, R. *Le désenchantement de l'Art*. Paris: Gallimard, 1992.
RULLANI, E. Le capitalism cognitif: du déjà vu. *Multitudes*. n.2, maio de 2002.
RUSCH, P. Le piège du nom. In: *Walter Benjamin:* critique philosophique de l'art. Paris: PUF, 2005.
RUSCONI, G. F. *La teoria critica della società*. Bolonha: Il Mulino, 1970.
RUSKIN, J. *A lâmpada da memória*. São Paulo: Ateliê, 1998

RUSSO, M. *Fisiologia e filosofia em Albrecht von Haller*. São Paulo, 2002. Tese (Doutorado) Departamento de Filosofia da Universidade de São Paulo.
SAFATLE, V. O esgotamento da forma crítica como valor estético. In: *Rumos – Artes Visuais 2005-2006*. São Paulo: Itaú Cultural, 2006.
SAFATLE, V. O real da ilusão cristã: notas sobre Lacan e a religião. In: SAFATLE, V. (org.). *Um limite tenso*: Lacan entre a filosofia e a psicanálise. São Paulo: Edunesp, 2003.
SAHLINS, M. *Stone Age of Economics*. University of St. Andrews, 1974.
SANTOS, B. S. Entrevista com Boaventura de Souza Santos. *Margem Esquerda*, n.8, 2006.
SCHEERBART, P. Il terrore che viene dal vitro. In: *Scheebartiana*. Milão, 1982.
SCHMITT, C. *Théologie Politique*. Trad. J.-L. Schlegel. Paris: Gallimard, 1988.
SCHMITT, C. *Der Situation des Parlamentarismus*. Berlim: Duncker und Humbolt, 1969.
SCHMITT, C. *Hamlet o Hecuba*. La irrupción del tiempo en el drama. Valência: Universidade de Murcia, 1993.
SCHMITT, C. *Il Nomos della Terra*. Milão: Adelphi, 1991.
SCHOLEM, G. *História de uma amizade*. São Paulo: Perspectiva, 1985.
SCHOLEM, G. Walter Benjamin. In: *Walter Benjamin und sein Engel*. Frankfurt: Suhrkamp, 1983, p.61.
SCHWARTZ, V. R. O espectador cinematográfico antes do aparato do cinema: o gosto do público pela realidade na Paris do fim-do-século. In: CHARNEY, L., SCHWARTZ, V. (orgs.). *O cinema e a invenção da vida moderna*. São Paulo: Cosac Naify, 2001.
SEIGEL, J. *Paris bohème. Culture et politique aux marges de la vie bourgeoise 1830-1930*. Paris: Gallimard, 1991.
SELIGMANN-SILVA, M. A (perda da) antiguidade e o nascimento da Modernidade. In: *O local da diferença*: ensaios sobre memória, arte, literatura e tradução. São Paulo: Editora 34, 2005.
SIMMEL, G. *Der begriff und die tragödie der Kultur*. Berlin: Philosophiche Kultur, 1911.
SLOTERDIJK, P. *Colère et temps*. Trad. Olivier Mannoni. Paris: Libella/Maren Seel, 2007.
SLOTERDIJK, P. *Écumes*. Trad. Olivier Mannoni. Hachette, 2005a.
SLOTERDIJK, P. *Im weltinnerraum des kapitals*. Frankfurt: Suhrkamp, 2005b.
SLOTERDIJK, P. *Sphäre III*. Frankfurt: Suhrkamp, 2005c
SLOTERDIJK, P. *Les battements du monde*. Paris: Pauvert, 2003.
STIEGLER, B. *La télécratie contre la démocratie*. Paris: Flammarion, 2006a.
STIEGLER, B. *Mécreance et discrédit – les sociétés incontrolables et les individus désaffectés*. Paris: Galilée, 2006b.

STIEGLER, B. *Reenchenter le monde:* la valeur esprit contre le populisme industriel. Paris: Flammarion, 2006c.

STIERLE, K. *La capitale des signes:* Paris et son discours. Paris: Maison des Sciences de l'Homme, 2001, p.510.

STOICHILA, V. *Breve storia dell'ombra. Dalle origini della pittura alla pop-art.* Milão: Saggiatore, 2000.

SVENDSEN, L. *Petite philosophie de l'ennui.* Trad. Hélène Hervieu. Paris: Fayard, 1999.

SWEDENBORG, E. *Les mots et les choses.* Paris: Gallimard, 1972, p.32.

TARDE, G. *L'opinion et la foule.* Paris: Du Sandre, 2006.

TAUBES, J. *La théologie politique de Paul Schmitt, Benjamin, Nietzsche et Freud.* Paris: Du Seuil, 1999.

THE FLAMES OF NEW YORK. *New Left Review*, 12, nov./dez. 2001, p.39-40.

TIEDEMANN, R. Introdução. In: BENJAMIN, W. *Passagens.* Belo Horizonte: UFMG, 2006, p.17.

TRAVERSO, E. *La pensée dispersée.* Paris: Lignes, 2004.

TÜRKE, C.; BOLTE, G. *Einführung in die Kritische Theorie.* Darmstadt: Wissenschaftliche Buchgesellschaft. Fakultät für Philosophie, Pädagogik und Publizistik, 1994, p.51.

VARIKAS, E. Les figures du paria: une exception que éclaire la règle. *Tumultes.* n.21-2, nov. 2003.

VELTZ, P. La nouvelle révolution industrielle. *Revue du Mauss.* n.18, 2001.

VERNANT, J.-P. Édipo sem complexo. In: *Mito e tragédia na Grécia Antiga.* São Paulo: Duas Cidades, 1977.

VIRILIO, P. *Ville panique.* Paris: Galilée, 2004, p.94.

WEBER, M. *Sociologia da religião.* Campinas: Unicamp, 1992.

WEBER, M. *A ética protestante e o espírito do capitalismo.* Lisboa: Presença, 1990. [São Paulo: Companhia das Letras, 2004.]

WEBER, M. *Ensayos sobre sociología de la religión.* v.I. Madri: Taurus, 1983.

WEISBACH, W. *El Barroco: arte de la contrarreforma.* Madri: Espasa-Calpe, 1948.

WILLER, C. *Um obscuro encanto: gnose, gnosticismo e a poesia moderna.* Introdução. Tese (Doutorado) – Estudos comparados de literatura de língua portuguesa. Departamento de Letras clássicas e vernáculas, FFLCH-USP, 2007.

WITTE, B. *Walter Benjamin, una biografía.* Buenos Aires: Amia, 1997.

WOHLFARTH, I. *Hombres del extranjero: Walter Benjamin y el parnaso judeoalemán.* Trad. Escher Cohen e Patricia Villaseñor. México: Taurus, 1999.

WOLFF, F. *Aristóteles e a política.* São Paulo: Discurso Editorial, 1999.

ZAWADZKI, P. (org.). *Malaise dans la temporalité.* Paris: Publications de la Sorbonne, 2002.

SOBRE O LIVRO

Formato: 16 x 23 cm
Mancha: 27,7 x 44,9 paicas
Tipologia: Horley Old Style 10,5/14
Papel: Pólen Soft 80 g/m² (miolo)
Cartão Supremo 250 g/m² (capa)
1ª edição: 2010

EQUIPE DE REALIZAÇÃO

Edição de texto
Renata de Paula Truyts (Preparação)
Alberto Bononi e Eliza Andrade Buzzo (Revisão)

Editoração Eletrônica
Studio Lume

Capa
Megaart

Impressão e acabamento